明中都资料钩沉

王剑英 著

王红
夏玉润 整理

全国百佳图书出版单位
时代出版传媒股份有限公司
黄山书社

图书在版编目(CIP)数据

明中都资料钩沉 / 王剑英著. — 合肥 : 黄山书社,
2022.5

ISBN 978-7-5737-0199-2

Ⅰ.①明… Ⅱ.①王… Ⅲ.①都城(遗址)-史料-中
国-明代 Ⅳ.①K928.648

中国版本图书馆CIP数据核字(2022)第086016号

明中都资料钩沉
MINGZHONGDU ZILIAO GOUCHEN
王剑英 著

出 品 人 贾兴权
责任编辑 石松 向焱
责任印制 李 磊
装帧设计 熙宇文化
出版发行 黄山书社(http://www.hspress.cn)
地址邮编 安徽省合肥市蜀山区翡翠路1118号出版传媒广场7层 230071
印 刷 合肥华苑印刷包装有限公司
版 次 2023年1月第1版
印 次 2023年1月第1次印刷
开 本 710mm×1010mm 1/16
字 数 470千
印 张 25.5
书 号 ISBN 978-7-5737-0199-2
定 价 148.00元

服务热线 0551-63533706
销售热线 0551-63533761
官方直营书店(https://hsss.tmall.com)

编选说明

1994 年，王剑英先生将自己一生的学术成果，编成《王剑英著作论文目录》，本书在此基础上进行编选。

为了收集王先生一生的学术成果，他的夫人陈毓秀老师，女儿王燕、王红在家中多次翻寻整理；笔者前往上海图书馆、国家图书馆、首都图书馆等处查阅复制。我们不仅把《王剑英著作论文目录》中的文章基本找齐，还发现了一批从未问世、有关明中都方面的调查报告、工作记录、信件和自绘地图。在陈毓秀老师和黄山书社编辑石松、向焱的指导下，并与王红老师反复研究，确定本书如下编选方案。

一、本书仅限于明中都内容。

二、将王先生《明中都城考》以外的文字加以整理，编选成《明中都资料钩沉》，单独出版。

三、本书分为"《明中都城考》补遗""学术论文""调查及工作记录""相关信件""自绘地图""附录"等。现分述如下：

(一)《明中都城考》补遗

我们在王剑英的遗稿中，发现《明中都城考 · 文物篇》附录了两篇文章：

1.《前言》

1981 年 5 月，王先生在撰写《明中都遗址考察报告》(初稿)的同时，还撰写了一篇长约 1.2 万字的《前言》。此文系统地撰写了 1949 年以来的 30 年间，尤其是在"文化大革命"中明中都皇城城墙遭受毁坏的过程；记录了他在凤阳五七干校期间发现、考察明中都的详细经过；记录了 1975 年冬，他作为国家文物事业管理局五人调查组的一员，赴凤阳调查明中都的全过程及撰写的相关汇报材料；记录了 1981 年 3 月，他在滁县地区文化局帮助下，再次返回凤阳，对明中都遗址进行为期半个多月考察的经过。可能因为这篇《前言》文字较长，王先生在此稿首页的右上角，用红字写下"此稿不用，仅供参考"八个字。但正是这篇文章，保存了 1949—1981 年以来明中都变迁过程，记录了王先生考察、撰写与保护明中都遗址的经过，十分珍贵。

2.《初稿》

即《明中都城考·文物篇》的“初稿”，撰写于1975年，全文近2万字。王先生在书稿上注明“第一稿，内容过繁，改变体系，重写”等字样，“初稿”遂被弃用。近半个世纪过去了，王先生当年考察的明中都遗址，在当今城市建设中再次受到毁灭性的破坏，部分遗址已荡然无存。因此，“内容过繁”的“初稿”，却为我们保存了当年明中都遗址的部分信息。通过比较“初稿”与“定稿”（考察篇）之间的差别，对于我们研究明中都遗址变迁的细节及了解更多信息具有重要作用。

3.《有关明中都砖窑的调查》

本文撰写于1981年3月王剑英在凤阳考察明中都遗址期间，文中许多内容为《明中都城考·考察篇》所无，近日在整理先生遗物时发现，特补之。

以上《前言》《初稿》《有关明中都砖窑的调查》，作为《明中都城考·考察篇》之补遗，予以收录。

（二）学术论文

据《王剑英著作论文目录》载，王先生撰写学术论文共34篇，其中“北京史”8篇、“明中都”9篇、“考据”4篇、“明史”6篇、“历史地理”7篇。

我们从“明中都”9篇中选出3篇，这3篇文章是王先生《明中都城考》专著的延伸成果；另从“北京史”8篇中选出4篇，这4篇文章是对元明清都城的原创性研究，并把明中都放在元、明、清都城史的高度来进行对比研究。这些文章的学术观点多为首次提出，在当时引起学界的重视，至今仍有指导意义。

（三）调查及工作记录

在审校王先生的遗稿中，发现他撰写了数篇关于明中都的“调查材料”“调查报告”“工作汇报”。阅读这批材料，发现王先生对明中都的贡献绝非仅仅是《明中都城考》这部专著。他在考察明中都之时，正是扒拆中都皇城城墙时期，他抽出时间，多次给领导和群众作学术普及报告，向凤阳人民反复宣传：明中都遗址是朱元璋留给凤阳人民珍贵的文化遗产，是国家乃至世界文化遗产中的瑰宝，应该给予保护。正是这些宣传，使“中都城”逐渐成为凤阳干部群众的议论中心，从而形成了凤阳干部群众热爱家乡文化遗产，并要求对其加以保护的强大舆论。这些使得凤阳县领导逐渐改变了对明中都的态度，使明中都的人为破坏得到了一定程度上的抑制。1975年10月26日至11月16日，受国家文物管理局的委派，他与另外 4 名专家一起到凤阳调查明中都遗址，先后执笔撰写了《关于保护明中都皇城遗址和皇陵石刻》的“六点建议”以及《安徽凤阳明中都皇城及皇陵的调查报告》《关于对明中都皇城、皇陵保护工作的汇报》等，向国家文物事业管理局以及安徽省、滁县地区、凤阳县等有关部门及领导及时反映明中都遗址继续被破坏的现象。正是这批材料、这些建议，在安徽省、滁县地区各级领导中产生了较大反响。在国家文物事业管理局的过问下，有效地抑制了明中都遗址被人为破坏的速度。今天，我们看到明中都皇城遗址已成为国家考古遗址公园，成为凤阳城市的骄傲，不禁感叹当年王先生为之奔走呼号之价值所在。

（四）相关信件

这是王剑英先生写给复旦大学以及合肥、滁县（州）、凤阳、蚌埠、盱眙等相关单位以及领导、友人、学生等的信件。王先生给朋友、同事、学生等写信，大多采用复写的方式，一信多份。

信件的内容主要围绕宣传明中都、考察明中都、呼吁明中都的保护工作以及解决明中都相关遗址的疑难问题。从这些信件可以看出，心系明中都的保护，是王剑英离开凤阳后的工作、生活的重要组成部分。

（五）自绘地图

收明中都地图 6 幅，是王剑英先生于 1973—1975 年期间自绘的明中都草图。除《明中都城图》外，其余草图均为首次发现。另 1 张是王剑英先生用自行车车轮圈数，折换成华里、公里、米的数学算式。正是这些数据，成为整个明中都地图尺度的依据。它与用先进的科学手段测绘的地图对比，相差无几，说明王先生有着极高的地理历史知识才华与绘图功底。

此外，在整理王先生遗物时，又发现他绘制的两张中都外城城墙的地形图，亦收录其中。

（六）附录

收录了评价王先生学术成果及纪念王先生对明中都研究与保护有着重要贡献的几篇文章。

四、几点说明

（一）本书编排均按撰写时间先后为序。

（二）书中尽量保持王剑英先生手稿原貌，包括用词习惯，如“建国成立前（后）”、“解放（前）后”、华里、公尺，等等皆不作更动。

（三）本书部分文章、信件之后加以解释，以“按”出之，以便读者了解相关背景。

（四）文中〔 〕内文字，皆为作者王剑英先生原稿所加。为补文、更正前面的文字、衍文等多种。

（五）参照《明中都城考》署名约定，最初本书仅署王剑英之名。后考虑成书的实际情况，出版社编辑石松、向焱建议，需增加整理者姓名。经协商，确定增加参加本书实际整理工作的夏玉润、王红二人。

夏玉润

2020年9月于上海双佳翠庭

目 录

四、相关信件

五、自绘地图

附　录

一、《明中都城考》补遗

《明中都遗址考察报告》(初稿)前言

一

《太祖洪武实录》载，洪武二年(1369年)九月癸卯，诏建城池宫阙于临濠(临淮)西二十里凤凰山之阳为中都；八年(1375年)四月，明太祖朱元璋亲至中都验工赏劳；甲辰，告祭天地于中都圜丘，亲撰祝文，说建都凤阳的工程“功将完成”，但是，由于工匠和江南移民等的反抗，朱元璋被迫认了罪，停下了这个工程。随后，命皇太子及秦、晋、燕、吴、楚、齐、靖江诸王驻凤阳讲武练兵。洪武十六年(1383年)，“撤中都宫室名材”建大龙兴寺，但只是撤了部分宫室，并未全部拆除，蜀王仍来凤阳住了四五年。明成祖即位以后，把建文帝的儿子和弟弟都废为庶人，关到凤阳皇城内宫里达57年之久。明成祖自己也在“千官万骑”的陪同下，三次亲自来到凤阳。天顺三年(1459年)，“撤皇城内中书省等衙门房五百余间”依式重建龙兴寺。这次不但把中都午门左右的中书省、大都督府和御史台三个衙门统统撤了，连剩下的宫室也都撤了。因为仅中书省等三个衙门绝没有五百余间这么多的建筑，而自此以后不但另在皇城外修筑“高墙”，禁锢罪宗，皇城也从此成了封闭的绝境，不再有皇族来居住了。景泰中修的《寰宇通志》说“中都宫殿，在……万岁山南”；到天顺、成化间编撰的《中都志》就说：“宫殿……今遗址存。”可知，真正拆尽宫殿是在天顺三年。

崇祯八年(1635年)，始奏准“容民避难”于皇城之中，“因而结茅其中，民居日密”。清康熙六年(1667年)，凤阳县治自山后移入明皇城，从此改称县城。到抗日战争前，县城即明皇城内有居民上万人，千把户，街道整齐，濠梁门(即东华门)至涂山门(即西华门)为白玉石大街，街南有南北小街六条，街北无街。衙门、店铺、居住均在南城，北城多农田。原皇城正殿位置，于康熙二十五年(1686年)从山后移来凤阳县儒学，当地人称之为“红(黉)学”，乾隆、咸丰、光绪历经修缮重建，柱子两人不能合抱，白玉石台阶，雕龙石栏、石柱为明初原物。皇城城墙完好。

抗日战争期间，城内居民跑了三分之二，不少房顶坍塌。解放后，城内尚有四五百户。1952年，华东军区准备利用完好的凤阳县城作为战犯监狱，把城内居民全部迁出，公私房全部拆除。“红(黉)学”也拆去盖了县粮食局仓库，殿台石料作了烟草研究所的房基和墙基。由于原来居民的上告，改变了计划，但重新迁回城内的居民不多了，至今只有百把户，称“县城大队”，分东门、西门、南门、北门四小队，均从事农业。

皇城内龙须沟，即内金水河，原是好好的。南部金水河岸全有石岸，北部则无石岸。桥梁也是好好的，除大殿前状元桥(内五龙桥)外，已全无雕花石栏、石柱。1957 年，安徽省第四监狱叫劳改犯扒了文华大桥、四眼井东北大桥。第四监狱全是扒桥建的。1969 年第四监狱撤销，改为教育部“五七”干校本部，现为凤阳党校。

1958 年大炼钢铁时，凤阳县委副书记未经呈报批准，以建高炉和沼气池为由，下令扒拆了东华门里侧南北两边各一小段约 15 米城墙。后有人向上反映，安徽省委宣传部部长陆学斌立即通知县委，予以制止。

1961 年 7 月，安徽省人民委员会公布皇城为第二批省级重点文物保护单位。当时皇城城墙、城门、角楼台基整个是完好的，女墙也几乎是全的。午门石雕全在墙上。殿台上也础石均存，雕龙白玉石栏等则倒在地上。(刘建桥①补充:1962 年，由副县长王宝太出面，召开全县各机关负责人会议，制止扒拆县城。会后，府城镇专门贴发布告，扒拆城墙的现象得以禁止)

1966 年秋，凤阳县四清分团通知城北、门台、周圩、汤府、梨园、江山、大通桥、总铺、黄泥铺、殷涧、大庙等公社来扒拆城砖，砌井筑坝。(刘建桥补充：当时负责看护县城的李忠庭②不同意扒城，便找到了四清分团。分团负责人高峰说：“你不要管闲事，出问题由我们负责。”李忠庭因多次到四清分团，不准他们扒城墙，反被分团领导下令关押起来。李忠庭是个单身汉，关押期间无人送饭，几乎被饿死)“文化大革命”开始后，四清分团又组织红卫兵扒拆城砖，拆卖城砖提成作为外出串连经费。这次拆城，面积大，东华门以北的东城被拆到底，以南的扒掉一半。1967 年，四清分团撤走，停了一个时期，没有继续再拆。

凤阳群众过去一直爱护城墙，没有扒拆城砖的现象。1968 年，城北公社、门台公社各生产队社员都来扒拆城墙，4 个月间，把皇城北门两侧城墙扒掉一半。

---

①刘建桥(1933—2012 年)，自 20 世纪 50 年代起，工作于凤阳县文化馆。1974 年前后分管全县文物保护工作，曾配合王剑英考察明中都，1976 年调入新成立的凤阳县文物管理所。这里的“补充”，是指 2003 年 9 月夏玉润将此文阅读给刘建桥听时，经刘建桥回忆，给予口头补充，由夏玉润记录后补入。下同。

②李忠庭，城西公社农民，孤老一人，因身材较高大，人称“李大个子”。凤阳县文化馆长期聘用他负责中都皇城的看护工作。他工作认真负责，为保护中都皇城做出了一定的贡献。

同年8月,凤阳县革命委员会成立,县财政局局长提出拆城由县财政局统一管理,拆卖城砖的款项作为地方财政收入。

1969年4月,经县委批准,成立“拆城小组”,组织城西公社(包括后来划出新成立的二十营公社)各生产队劳动力两千多人大兵团作战扒拆城砖(刘建桥补充:第一个月,每人每月工资45元,后两个月改为计件工资,每块砖一分七)。三个月后,改由城西公社扒城墙专业队来干,一百多人一直干到1972年。在这几年里,装运城砖的各色车辆云集皇城周围,穿梭不绝,还用火车载、轮船装,远销上海。单是卖给上海就有几百万块,卖了20万元。这几年,凤阳城西公社各处新盖的公私建筑,几乎清一色全都是用这种长40厘米、宽20厘米、厚11厘米,每块重达25公斤的大城砖盖起来的。(刘建桥补充:1967年,先是城北公社社员开始扒城砖卖钱。接着城西、门台公社社员也上城扒砖,这样人越来越多,扒砖人员真是人山人海。县领导知道后,认为这样乱扒,不如组织人去扒,收入归县财政,于是成立了“扒拆城墙领导小组”。搬运站工作人员全部调到城墙上看管扒拆,每人每月工资60元。当时每块城砖卖出去1角2分,每块除付扒拆费6分或3分,还要付给看管城砖人的工资。财政局的人说,我们没有收入多少钱。城砖卖至蚌埠、五河。凤阳还派人到上海卖砖。当时长江大桥未通,城砖用火车运到浦口后要全部卸下,装船过江后,再装上火车。当时的装卸是用老吊①,破损很大。城砖运至上海后,上海以破损太大为由,不愿按原价付款。县财政局一算账,不划算,还赔本,也就不卖了)

拆城刚开始不久,省文化局就派石谷风同志来凤阳制止,指出皇城是省级重点文物保护单位,未经撤销,不得扒拆。县委宣传小组田广顺说:“光说话不管用,最好下个文。”省文化局和省博物馆先后两次起草了通报,但都未批发。直到1972年召开的安徽省文物工作会议,会上公开点名批评了凤阳,凤阳才把拆城小组解散,大规模地拆毁皇城破坏文物的现象才停止下来。这年6月,凤阳县革命委员会发了《关于加强文物保护工作的通知》,成立了文物保护领导小组。这时,皇城东墙、北墙和午门以东的南城墙均已扒拆,仅剩下午门、东华门、西华门、玄武门四门和午门以西的南城墙和西城墙是完好的。

大规模扒拆城墙的现象制止了,但是零敲碎打的扒拆城砖的活动继续在进行,几乎一天也没有停下来。东华门、玄武门、北城墙下部就是在县里发了文件以后才被扒拆的。从1973年的冬天到1974年上半年,仅县直机关与府城镇就有二十多个单位与城西公社社队私自挂钩,买了新扒城砖10万多块。有的生

---

①起重机

产队以搞集体副业为名，明目张胆地多次扒拆城砖。1974 年 7 月 15 日，县委又发了《关于严禁扒拆城墙并予妥善保护的紧急通知》，并决定将县城（皇城）交给城西公社负责保护。

1974 年春，县委决定在临淮兴建化肥厂，立即动工，要城西公社搞 30 万块砖。公社武装部部长把任务派给生产队，让南门生产队扒午门城门楼砖，西门、北门生产队扒挖西华门内大桥，马王桥生产队扒挖外金水桥（俗称外五龙桥、马王桥），东门生产队扒挖东华门内大桥。东门成产队长朱永昌不同意扒桥，并予以抵制，不久把他撤换了。

1974 年 7 月，城西公社为了盖办公楼，又组织"四类分子"扒挖内金水桥。（刘建桥：县委拨一万元给城西公社盖办公大楼，城西公社组织"四类分子"挖午门内五龙桥。我多次找公社，公社叫我找县里，我找到县委书记谷志瑞，谷书记说："这样扒城砖不好，你给他们讲讲去，不要扒了，就说是我讲的。"——乖乖，我怎能这样传话呢！我和宣传小组组长陈彭年一起找到县人武部书记鲍启豪，请他出面制止。鲍说："这也难怪城西公社，你县里给人家一万元盖办公大楼，试问这一万元怎能够？这明明是叫人家去扒城砖，再找已经没有用了。"我们听后，无话可说）县革委会发出严禁扒拆城墙的通知以后，这些拆城挖桥的活动照常进行，一天也没有中断过。还让东门生产队拆桥挖砖，拆下的城砖，除建化肥厂、盖公社楼房外，还卖给别的单位。

1975 年，前进大队以给下放知识青年盖房为由，扒拆了四眼井大桥；南门生产队以开水沟为名，在午门西边扒拆了一段城墙，扒城砖 5 万块，卖了 3000 元。8 月 18 日，县城大队以给大队盖厨房为名，在完好的西城墙上从底往上扒了一大片城砖，卖给在金董大队蹲点的干部 5000 块；（刘建桥补充：晚上买了小公鸡送给看城人李忠庭，叫他不吱声。公社书记也批了条，给李忠庭化肥一千斤）东华门、玄武门也都扒了。我曾问城西公社副书记，县里不是下了紧急通知，怎么还在扒拆？副书记说："嗨！那还不是一张白纸！"（刘建桥补充：国务院于 1974 年 8 月 8 日下达了《关于加强文物保护工作的通知》。我拿了这个文件向县领导汇报。县领导说："你们去找城西公社嘛！"我又找到城西公社副书记，副书记看了看文件说："这个国务院文件没有明文讲要保护凤阳这座县城嘛！"真是叫人哭笑不得）这样，县委虽然发了严禁扒拆城墙的紧急通知，但是皇城城墙并没有被认真"妥善保护"起来，而且把埋在地下金水河上的几乎所有的白玉石大桥都挖了。好在这些桥的桥基很深，越到底下，积水越深，不好挖了，因此差不多仍有半条桥埋在地下。

从 1974 年秋，有不少生产队还扒挖了道路旁边的雕花白玉石、柱础，甚至午门须弥座上的龙凤石雕，把它拉去砌坑烤烟，把石雕烧成石灰，并说这样可以“一举两得”。这几天，我们还亲眼看到有的人在砸东宫遗址上的白玉石础，有的人在拆西华门门口的砖，有的人在刨东华门遗址下的砖，有的人在挑西南角楼外已扒在墙根下的砖。

二

1969年夏，我随教育部全体，下放“五七”干校劳动锻炼，初次来到凤阳。当时中都皇城的午门还是很完整的。我看了午门内外须弥座上精细的白玉石浮雕，极为惊异。询问群众，说是明初朱洪武准备在此建都，因刘伯温反对，没有搞成，只建了一个空城。我沿砖砌平整的斜道登东华门城楼，又登玄武门和午门城楼，城墙基本完好，东北两面已有扒拆。1969年冬至1970年春夏，我随（“五七”）干校卡车来午门东装砖，见自东华门至午门正在扒拆城墙，砖垛自城根一直码到护城河边。后来又看解放军在扒午门东圈顶，洋镐下去，火星迸发，城砖劈开了也没有分开，十分坚实。

1973年初，我在复旦大学图书馆查找资料，偶然看到《凤阳县志》，粗略翻阅了一下，看到有关明初建中都的一些记载，才初步了解不是没有搞成，而是基本建成了；不仅有皇城，还有二道城和外围的中都城；不仅有宫殿，而且还有太庙、太社稷，有圜丘、方丘，有中书省、大都督府、御史台等中央官署，有国子学、会同馆、观星台，有中都城隍庙、功臣庙、帝王庙，有金水河、百万仓，有中都留守司、教场，还有皇陵、龙兴寺，许多开国功臣的宅第、坟墓等。1973年春我返回干校以后，就利用身在凤阳和干校把土地、工厂、校房交出等待分配的机会，一面抄录《凤阳县志》和光绪《凤阳府志》，一面开始实地调查访问。由于得到当时干校领导张健同志的支持，借到了一辆自行车。从这年4月起，常常身背水壶，带点馒头咸菜，清晨就骑车出门，到处寻找遗址，访问群众，测量绘图，至晚方归。

由于年代久远，建置变革，广大群众对明初中都的情况不甚了解。如为了寻找南左甲第门的位置，我多次从鼓楼南行，见人就问，一直到达亮岗东北的岗集，都未找到，既看不到城门遗址，也看不到中都城埂遗址，当地群众只知道老北门，即北左甲第门城根遗址，独山城根遗址、门台子城门遗址、涂山门遗址等其他遗址都不甚了解。他们都不知道有“南左甲第门”的名称，只知道有一圈“外罗城”。一直到后来，找到了钟楼遗址南的前右甲第门遗址，我从那里到洪武门遗址之间的中都城南城根遗址，看到了正好竖立在它北侧的高压电线杆，才找到了南左甲第门的确切位置。道路两侧两个瓦砾废丘天天摆在那里，不知来回走了多少次，都没有把它看成是遗址。此后，中都九门和六十多里长的中都城遗址先后都被找到了。即使部分地段已无痕迹，只要把已知部分直线延长即可相连接。

方志载，钟楼、鼓楼相距五里，当时这条路上尚无里程碑，没有工具，就用自行车蹬圈测量，结果是6里。我怕记错了，分段反复测算，还是6里，后来才发现明里180丈为1里，华里150丈为1里，正相符合。短的用头上缺了3尺的皮尺测量，长的都用自行车测量，测绘了一幅明中都遗址复原的平面草图。一年后，看到五千分之一的地形图，基本相符，实在高兴。看《皇陵碑》文，发现府志、县志所载各有相异，就亲自攀梯，爬到7米高的碑上，与原碑逐字校对改正。时间长了，社员跟我熟了，告诉我他家有龙瓦或凤滴水愿意给我，一看才下午四时，就架起自行车，跟他们一起劳动、抢场，待收工时再一起去取。为了了解有关中都的历史和遗迹，我东至临淮、钟离古城，南至皇陵、大庙、徐府，西至官沟、刘府和蚌埠的曹山，北至长淮卫、方丘和淮北的郭府。有时中途遇雨，农村道路泥泞，自行车推不动，还得扛着车走。经过半年左右的时间，走遍了凤阳的山山水水，社社队队，初步摸清了中都遗址的情况，有尚未找到的，也有文献上所未曾记载的。

同年10月，到南京查阅文献资料，主要阅读并抄录了南京地理研究所藏的《凤阳新书》，南京图书馆藏的《中都志》《临淮县志》，南京大学藏的《明实录》《大明会典》《大明一统志》等。1974年春节回北京，又到北京图书馆（今国家图书馆）看了万历《凤阳县志》、万历增补的《中都志》图，康熙《凤阳府志》、《高皇帝御制文集》以及其他有关的图书，掌握了有关中都的较为原始的文献资料。返回凤阳以后，继续进行遗址的调查。

1974年夏，凤阳县文化馆请我把明中都的资料编写一下，在编写过程中，我得到了凤阳县委、各有关单位、地区文化局、省文化局和“五七”干校领导的关怀、支持，到1975年春节前，写完了《明中都城考》上编历史篇初稿。凤阳县公安局、人民银行、农林局等单位帮着打字，建设局帮助测量绘图，凤阳师范帮着绘制插图，把初稿印了出来。

《明中都城考》送到国家文物事业管理局以后，引起了整个文物局的重视，说过去只知道凤阳有个皇城，不知道有这么一整套中都。故宫博物院副院长、中国建筑史学会会长单士元同志说：“我过去知道朱元璋想把凤阳建为中都，但到底建成了没有，一直模模糊糊，很不清楚；现在剑英同志把营建中都的详细过程，它的布局设计、规模体制都弄清楚了，有文献资料，有实地遗址考察，有明代的地图，有今天的测量图，有文字叙述，又有遗址遗物的照片，因此，《明中都城考》实实在在比萧洵《故宫遗录》叙述元代宫室的贡献还要大，使一套已经湮没无闻的明代中都重新复活了；过去我一直以为北京故宫是照南京明故宫建的，现在才弄清楚原来连南京明故宫也是照凤阳明中都改建的。”单老的意见代表了一些历史、考古、文物、历史地理、古建筑史专家的意见，认为这是一个重大的发现。国家文物局立即组织了一个调查组，由故宫博物院杨伯达、单士元、李怀瑶，中国科学院考古研究所徐萍芳和我五人组成，于（1975 年）10 月 26 日到达凤阳，对明中都遗址和皇陵遗址进行调查。参加调查的还有省文物工作队队长葛柏和，省博物馆副馆长常秀峰，滁县地区文化局刘乐山，凤阳县文化馆馆长蒋汝成和刘建桥。调查组在省、地、县的大力协助下，对凤阳明中都皇城和皇陵的历史、艺术、科学价值，以及它的保护情况，作了初步的调查，指出：

明中都皇城建于公元 1369 年（明洪武二年），在我国古代都城发展史和建筑、雕刻艺术史上都占有重要地位，它继承了宋元时代的传统，同时又开创了明清时代的新风格；明清的故宫，就是参考着中都皇城而修建的。因此，它具有重要的历史、艺术、科学价值。

皇陵建于洪武初年。陵前的石雕具有很高的艺术水平，与南京的明孝陵和北京的明十三陵（均为全国重点文物保护单位）具有同等重要的价值。皇陵碑也是研究朱元璋的重要历史资料。

以上两处文物……是当时阶级斗争、生产斗争和科学实验的遗物，是奴隶们创造历史的实物例证，是对群众进行阶级教育和历史唯物主义教育的生动教材，也是研究明初历史和朱元璋的政治路线的实物资料，可以为巩固无产阶级专政服务。

调查组针对以上两处文物保护单位受到不同程度的破坏，特别是皇城的破坏情况十分严重，直至目前，破坏仍不断发生的情况，根据《国务院关于加强文物保护工作的通知》（国发［1974］78 号）和《文物保护管理暂行条例》两个文件的精神，提出了《关于保护明中都皇城遗址和皇陵石刻》的六点建议：

一、皇城的城垣、城门、宫殿、桥梁、河湖水系等地上建筑和地下遗址及遗物，均在保护范围之内。在皇城之外的有关建筑和遗址，如鼓楼、承天门、涂山门、独山城根等，也应予以保护。

二、皇陵的石刻及皇陵碑应严格进行保护。建议维修倒斜残破的石像，迁移石刻之间的树木和公路，建立保护围墙。

三、对破坏、损毁、盗窃文物的分子，应给予处分。

四、县委对这两处省级文物保护单位制定出保护和管理工作的具体措施，并纳入农田基本建设规划，加以保护。

五、如需要修路盖房、开沟挖渠、深翻土地时，有关部门应事先会同省革委会协商，并且必须取得一致意见以后才能动工。意见有分歧时报请上级决定。

六、设立保护管理文物的专门机构，负责文物保护管理、调查研究、宣传、搜集、发掘等具体工作，并建立科学的记录档案。

调查组于 11 月上旬，分别向凤阳县委、县革委会的主要领导，滁县地委、地区革委会的主要领导，安徽省委宣传部、省革委会文化局主要领导作了调查汇报。凤阳县委副书记兼城西公社书记支道友说："皇城破坏经历了四个阶段：1958 年到 1966 年以前是小干；1966 年到 1968 年是大干；1969 年到 1971 年是组织起来有计划地干；1972 年以后是我们城西公社偷偷摸摸地干。1966 年开始扒拆皇城的时候，群众大多数是有看法的，不愿意把好的皇城扒掉。后来省里虽三令五申要保护，我们却认为已经扒成这样了，价值就不大了，因此只当耳边风。1973 年我们公社还提出了'砸烂旧县城（指皇城），建设新凤阳'的口号。"县革委会副主任宁金茂说："过去我们对中都皇城的重要价值不认识，以为是没有用的了，只算经济账，卖几块砖，没有算政治账，使中都皇城遭到了破坏。"凤阳县委书记、革委会主任谷志瑞说："中都皇城已经破坏成这样了，是否仍为省级文物保护单位，要省里表个态。"滁县地委副书记、地区革委会主任高峰说："过去不理解明中都是一个很有价值的文化遗产，认为拆砖盖房是'古为今用'，造成了很大的破坏，因此要吸取经验教训，提高认识。"省、地、县各级领导对由于认识不清、措施不力，使明中都皇城遭到严重破坏一事，承担了责任，并对如何坚决制止继续破坏，加强宣传教育，设立文物保护管理机构，划定保护范围、竖立重点文物保护单位标志等，提出了许多具体的意见，特别是安徽省委宣传部副部长韩寅同志对如何重视和加强中都文物保护工作，提出了应该采取的一系列具体措施和意见，坚决要把皇城遗址保护下来。

1975 年 12 月 8 日，国家文物事业管理局发了《关于凤阳明中都遗址保护意见》的文件，原则上同意杨伯达等同志提出的六点建议。文件指出：首先要进行遗址保护范围的划定工作；在一般保护区内经过批准和清理发掘之后，才能兴工动土，在重点保护区内非有特殊情况不能改变原来的面貌。

1976 年 8 月 2 日，安徽省革命委员会发了《关于公布凤阳明皇陵为省级文物保护单位的通知》，省革委会研究决定将凤阳明皇陵列为省级文物保护单位，予以公布，并划定了明皇城和明皇陵遗址的保护范围：

皇城护城河以内的砖城、午门、金水桥、奉天门、奉天殿、华盖殿、谨身殿、东宫、西宫等遗址和鼓楼，为重点保护区。护城河以外的二道城城基、承天门址、钟楼址、涂山门址、独山城根、老北门城根等，为一般保护区。

皇陵、神道两旁的石人、石马、石兽、石龟、石碑、亭殿遗址和陵墓等，为重点保护区。从神道、亭殿遗址、陵墓边缘各向外伸延七十到一百五十米的范围，为一般保护区。

文件还就明皇城和明皇陵的保护工作作了一些具体的通知：如建设工程特别需要，必须对保护区进行发掘或迁移时，在一般保护区内经过批准和清理发掘后，才可施工；在重点保护区内，非有特殊情况，不能改变原来面貌；为了保存建筑群遗址的完整，皇城内遗址地面耕作深度不得超过一市尺，不得挖平填平，改变原来地形；皇城残存砖城必须保存现状，其余城址和城门、角楼要保存现状，不得挖平取土；皇陵和皇城内外一切遗物概归国有，任何单位和个人不得占为己有、损毁和贩卖。

1976 年 11 月 17 日，凤阳县革委会向各区、镇、公社革委会并县直有关单位转发了省革委会《关于公布凤阳明皇陵为省级文物保护单位的通知》。

1975 年 11 月，国家文物局调查组在凤阳的时候，亲眼看到了西门生产队社员扒拆城墙，午门洞口丢失的两块浮雕，皇陵石人被卡车撞倒，城西公社筑路翻越中都宫殿殿台，挖深一米左右等严重破坏遗址的情况。地方各级领导对保护文物思想认识上还跟不上去。县城大队书记庞克祥说："过去公社也讲过几次，只当耳边风，想只要自己不贪污，为集体搞点，没有事。"县委书记谷志瑞说："既然中都皇城重要，文物局为什么不早来？现在搞成这样了才来，晚了，搞迟了！"1976 年省委第一书记来凤阳，地、县分管文物的领导和有关同志伴同他到皇城去看一看，希望他能说两句把中都皇城遗址保护好的话，他却说："北京、南京城墙不是都扒了吗？"又说："把那些水沟都填了种粮食。"结果金水河被填了。现在一下雨，积水不能宣泄，造成内涝，平日居民洗衣，也得出城到护城河里去洗，感到很不方便。

国家文物局、省革委会、省文物局、地区革委会、地区文化局、县革委会、县文化局一再发布文件，1980 年地区文物会议再次批评了凤阳明中都皇城遭到极大破坏的问题，凤阳县又关押处分了几个扒拆城砖的分子，扒砖拆城的活动现在停止下来了。

1976年3月,凤阳县正式成立了文物管理所,开始搜集石雕,进行修复皇陵石像、皇陵公路改道和收回龙兴寺、鼓楼的工作。但是,许多工作进展迟缓,省级文物保护单位的标志至今尚未竖立,石刻间的树林尚未迁移,搜集来的一百多块石雕,1976年闹地震时,被县文化馆干部盖防震棚时填了墙脚,搜来的字砖被砌了墙,仅有的应天卫、扬州卫送砖的墨书大城砖也被填了箱子。

三

1981年3月,滁县地区文化局组织了明中都遗址普查工作,所属滁县、全椒、天长、来安、定远、凤阳七县和琅琊山的搞文物、摄影、拓片的同志和凤阳文物管理所的同志共15人参加了普查,我和我的女儿王红也从北京赶来参加。实际工作超过了一个月。普查工作由地区文化局刘思祥负责。

普查工作开始前,滁县地区文化局局长白振亚、省文物局局长洪沛同志等都极为关心和支持,亲自作了指示。我来凤阳以前,国家文物局罗哲文,故宫博物院单士元、杨伯达,考古研究所徐萍芳等同志都期盼我们取得好的成果。

我从1975年11月参加国家文物局调查凤阳明中都皇城和皇陵返回北京后,修订和增补了《明中都城考》历史篇,在国家文物局的资助下于1976年2月刻印了二稿。接着,又写了《明中都城考》文物篇的中都城、禁垣和皇城。此后,因编写全国通用历史教材,工作繁重,多年来就没有时间再来继续写了。今年初,刚好有一段工作间隙,就来凤阳参加遗址调查工作。

我的遗址调查工作,主要有下列几项:

一、中都宫殿的建筑情况;

二、丈量查实圜丘、观星台等遗址,校订补充过去已经掌握的资料;

三、寻找太庙、太社稷、功臣庙、帝王庙等尚未确知的位置;

四、寻找砖窑,以证明地方烧砖,究竟是不是或有没有在凤阳烧的;

五、皇陵初建时究竟是向南的,还是原来就像洪武十一年时那样向北的。

经过一个多月来的努力,取得了不少成果。

一、经过仔细的逐块的勘察,皇城内大部分土地上都有大量的琉璃瓦屑,皇城北部到处都能拾到龙凤瓦当、龙凤滴水、五彩琉璃的残片。皇城北部地下有整齐的宽在1.2~1.5米的大城砖墙基脚,说明明初后宫是建筑了的;东宫和西宫遗址上的居民,在挖沼气池的时候,全都发现地下有1.8米深的夯土层,地下和地面尚有不少未移位的大石础;调查了奉天门的大小位置,发现了文华殿地面石础和武英门的地下石础；了解了原来后宫“龙须沟”即金水河的水系分布；发现了东华门往北沿城根也有一条白玉石大街。这些虽不能使我把明中都宫室图复原出来，但是已证明朱元璋说的“今功将完成”是确实的。由于遗址尚有石础，城墙在地下，表土覆盖层极薄，浅的只有半锹一锹，二三十厘米，深的也不过1米左右；中都建筑又全都是在原土层上盖起来的，罢建中都以后，一直没有在上面搞过高大建筑，土层不乱；地形面貌尚未改变；地面遗留石础、石栏、石刻等，触目皆是，是一个极为难得和完整的宫殿群遗址。因此，完全应该被列为全国文物保护单位。这个遗址的历史和现状，对保护、发掘和整理为遗址陈列场所都比较容易。这对进一步加以地下探测，制定规划，清理遗址，庭园绿化，并逐步对部分遗址进行遗址陈列，对外开放，提供了极为良好的前景。

二、进一步调查和测量了圜丘、观星台。圜丘的地形基本保持当初原状，地下尚有未曾移位的大石础，应增列为重点保护区。独山顶上的观星台也保持着地形原貌，可增列为重点或一般保护区。

三、找到太庙、太社稷、功臣庙、帝王庙的遗址，测量了部分遗址的尺寸。

四、在独山一带找到了数以百计的大城砖窑址。

五、进一步核实了金水河的位置，了解了皇城北部龙须沟的分布情况。

六、投入了很多力量来普查中都城砖，找到许多过去尚未掌握的府、县地名砖和字号砖；给城砖拓了片，照了相；清查了皇城墙上和鼓楼台基上各种地名砖、卫所砖、字号砖排列情况。

七、进一步了解解放前县城即皇城内的情况，以及解放后皇城遗址遭到拆城、挖桥等严重破坏的情况。

八、进一步了解解放前皇陵的情况，了解汪氏老母坟的情况。

但是，由于调查时间太短，在短短一个月内，要把所调查的材料都写成报告，时间实在是太短、太仓促了。因此，只能写一个极为粗糙的草稿供有关单位和同志作参考。已经写好的，有的数据不全或有疑问，也没有时间去补测，有的应该增补或修订的也没有时间来顾及。有关中都城砖调查的部分，是我女儿王红写的。

这次来凤阳，时隔五年，凤阳确实变了样了。农业生产赶上去了，农民生活改善了，到处都在盖新房。过去盖房几乎清一色全用皇城大城砖，这回都改成石砌墙了；过去都是茅草屋顶，这回很多改成了洋瓦。皇城内外到处走走，看到金水河因平整土地被填了，前右甲第门(在钟楼遗址南)被扒低了，在它东、西两侧原来高出地面两三米的中都南城埂也被“平整”，变成一条路了。鉴于以上情况，我认为，必须进一步重申保护好中都遗址，增加武英殿、文华殿、后宫、圜丘、方丘、观星台为重点保护区，增加长春门、独山门、朝阳门、南左甲第门、洪武门、前右甲第门、后右甲第门（门台子）、北左甲第门（老北门）、中都城根及独山大水关等水关遗址，东安门、西安门、北安门、中都皇城禁垣（二道城）遗址为一般保护区。

必须尽快回收散存在各家各户、路旁、沟边、塘中、桥上的中都石雕，城砖也要回收，以供遗址陈列和将来部分修复之用。中都的石雕是明中都建筑的精华所在，也是祖国的石雕艺术的精品，现在已是一年比一年减少了，目前群众正准备盖房，如不及时收回石雕、石础，等填了墙基或砸了，就会造成难以弥补的损失，是很难用金钱来计算的。

编者按：此文写于1981年3月滁县地区文化局组织的明中都遗址普查结束之时。王剑英先生最初是把此文作为《明中都遗址考察报告》的前言，后在此稿的首页右上角用红字写下“此稿不用，仅供参考”的字样。

此文系统地撰写了明中都历史变迁及1949年以来的30年间，尤其是“文化大革命”中遭受破坏的情景；记录了王剑英1969—1975年在凤阳“五七”干校期间，发现、考察明中都的详细经过；记录了1975年冬，他作为国家文物事业管理局5人调查组的一员，赴凤阳调查明中都的全过程及撰写的相关汇报材料；记录了1981年3月，他在滁县地区文化局帮助下再次返回凤阳，对明中都遗址进行为期一个多月的考察，并且提出了明中都遗址“重点保护区”“一般保护区”的保护范围及具体遗址。上述这些文字，成为我们了解王剑英与明中都的珍贵资料。

在整理的过程中，遵守原文不动的原则，且作如下微调：1. 更正了文稿中的错字、错误；2. 增加了刘建桥同志的回忆，用仿宋字体加入括号内；3. 将原文划分三部分，以便读者阅读。

《明中都城考·文物篇》(初稿)

一、中都外城城门与城墙

明中都城墙及其九门,绝大部分现在地表上仍留有遗迹,清晰可辨。有些地段,土城高达十米,蜿蜒数里;个别城门遗址,土台屹立。但也有部分地段,地面上几乎已见不到痕迹了。明中都城遗址周长□□,九门位置均可指认。现分别叙述于后。

(一)洪武门遗址

洪武门是中都城的正南门。洪武门遗址北面正对午门、承天门,离承天门遗址1185米,离午门1620米。洪武门遗址东北400米,为留守司,俗称"刘守司""刘守寺",都是错误的。遗址西南为城西公社水库,水库是截拦凤凰嘴山涧水和皇城西沟水而成。遗址南稍偏东50米,为水库滚水坝。遗址中心北边28米为11万伏高压线。

洪武门遗址,当地人称之为"双古堆",原海拔33.797米,遗址四周平地海拔27.68米,相对高度6米。1973年冬平整土地,把它扒低了不少,扒成了两个坡度平缓的小丘,在上面种植作物。1974年冬,从正在扒挖城砖和基石的坑址测量,洪武门遗址东西宽63.5米,南北长35米。

原位于洪武门南100米的龙凤桥,因水库筑成后即将淹于水中,就把它拆了。现龙凤大石桥的建址已在水中。

由洪武门往东,是由涧水切割而成的河谷。它的北岸,南北宽约150米,相对高度相差四五米。中都南城墙遗址就在这斜坡上,城墙遗址南100米左右,即为宽三四十米且很深的涧水。凤阳到皇陵、大庙的公路,就在洪武门东280米处斜穿城址而过。

在洪武门东900米外,金水河由北向南流,越过城址,复东南与涧水合。金水河与涧水汇合的地段,切割成相当深陡的地形。金水河穿越中都城址处,当有一个较大的水关遗址。

过金水河继续向东至南左甲第门，由于陡坡和山涧的位置已逐渐向南移了300米，因此，城址位置也逐渐变为较为平缓的平原了。

从洪武门遗址到南左甲第门遗址，相距正好1500米，明朝180丈为一里，合明里两里半。这一段城埂，已无遗迹，不可辨认。但是，一条11万伏的高压线路正好架在原来中都城埂的位置上，因此，又极为便于寻找。

（二）南左甲第门遗址

南左甲第门遗址在凤阳府城南门外，背面正对鼓楼。遗址北距鼓楼820米，离府城南门桥470米。城南公社在遗址的北边，老人桥在它的南边365米。府城经老人桥往南的南北大道在遗址双古堆中间穿过。南左甲第门遗址俗称老人桥双古堆，仅存大道两旁东西两个对峙的平缓的土堆，直径各有□□米，西边的一个高出附近地面约3米，东边的一个略高一些，约高出地面4米。由于遗址仅存两个瓦砾堆，已不呈门址的轮廓和形象，附近又都是民房，因此很不引人注意。笔者为了寻找这个遗址，曾在这条大道上来回很多次，但都没有找到。直到找到与它对称的前右甲第门遗址后，才把它找到。由于11万伏的高压线路正好架在遗址的上面，东西穿过，所以再找寻起来，就很容易辨认了。

从南左甲第门遗址往东到大水塘，全为平地，已看不到任何城埂遗迹。大水塘是由于1958年在王菜园南边利用陡坡地形修筑大坝，拦截由西南向东北流的涧水，形成了一个东西宽300米、南北长500米的水库，后来因水库占地太多，开坝降低水位，成了大水塘。

在大坝东边135米，涧水穿越中都南城埂位置，东北流为独山涧。涧水穿越城址处，当有一个较大的水关遗址。

在涧水东边两三百米处，有一段一百多米长的东西向高垄，非常突出明显。最初，我以为它是中都南城埂遗址，直到有了详细的地形图，才断定中都南城埂位置还在它的南边35米左右。还有，在大坝的东边，有一条宽约15米，长达700米，东西向连续不断的水塘和水田。我初以为这是城壕，中都南城埂就在它的北岸。后来，当地一位上了年纪的社员告诉我，城埂还在它的北边，这是1958年“大跃进”时开挖的引水渠。大塘开坝降低水位以后，水不来了，这里也就改成了水塘、水田，有的还在重新填平。据地形图测算，中都南城埂位置在这一条东西向的水塘、水田北边110米。11万伏高压线正好架设在城埂的位置上。高压线继续往东，穿越合蚌公路和到东教场的大路，经五里庙（城东公社所在地）北边，直达独山东城埂南段的延长线上，为中都城的东南城拐。

从南左甲第门遗址到中都城东南拐位置，东西长3020米。这一段，除了南左甲第门遗址外，其余都是水田，一点也看不到中都城埂的遗址了。城埂位置在五里庙北边400米。东南城拐位置在五里庙东北700米，在独山东城埂遗址南端的南边340米。

（三）独山东城埂遗址

独山东城埂紧挨独山东麓，南北长1570米，合3华里多，宽10米左右，朝阳门北有150米左右一段，竟宽达30米。独山东城埂遗址高度一般都超过海拔37米，最高处达38.4米，只有少数地段稍不足37米，此城埂地面高出8～10米。由于独山涧在凤阳府城的东边，独山涧两岸的宽阔地带，海拔只有20米左右，是中都城内地势最低的部位，而独山东城埂又位于独山南边海拔30米的岗脊上，这样又抬高了城埂的相对高度。从府城东望，但见长城屹立，颇为雄伟。

独山东城埂外面，是很陡的坡，下面就是濠。朝阳门南边，濠宽170米，长700米，有水；朝阳门北边，浚濠无水，北端有水塘。濠东是小山。城高濠深，独山屹立，形势险峻。

由于这一段独山东城埂，洪武初原是砌完了砖墙的，直到乾隆二十年（1755年）才扒拆掉城砖，又因保存较好，现在成了中都外城遗址中最为完整的部分了，城埂北段外侧，墙基平整，可能还基本上保存了原状。现城埂外侧都植了小松树；内侧都是杂树荆棘，北段则种了庄稼。

朝阳门遗址

朝阳门遗址正当这段独山东城埂的正中间，南北距城埂两端各为785米。遗址南距东南城拐1110米，西面正对城府东街，有大路直达。

现朝阳门遗址只剩一个豁口。据当地社员反映，这几年曾在朝阳门城基位置挖出大量当时砌为城基的大石条。

（四）独山大水关遗址

独山西麓为独山涧。独山涧沿独山北麓折而东流，过山麓后水面逐渐开阔，夏秋水大时，南北宽七八百米，东西三里多，汪洋一片，明代称为“东湖”，以与方丘北边的“西湖”相对称，现当地俗称“老塘湖”。冬季水小时，则仅成一溪，并修筑了堤岸。两岸播种为麦田。独山五孔大水关遗址就在独山东北麓、独山东城埂的向北延长线上、老塘湖西端靠近北岸的部位。

独山桥遗址的位置不清楚，从附近的地形观察，可能就在独山的西北麓，因为在那里的对岸，有一条高台地，从西北伸向东南直抵涧岸，在这里跨独山涧建桥，是最理想的位置。

由于明朝中期以后独山涧以下水道淤塞，河床日高，独山五券大水关的基址和独山一券大石桥的基址，当已埋于地下，仍可发掘。

（五）独山门遗址

独山门遗址在独山涧北岸，与朝阳门遗址相距1670米，离独山东城埂北端880米，离独山涧岸仅150多米。独山门至独山涧北岸这一段，城埂遗址还仿佛可寻，再往南，已为大水冲刷，夷为平地，地面上已经没有任何痕迹了。

独山门遗址双古堆高出附近地面五六米，东西宽23.5米，南北长47.5米，碎砖瓦砾，为一荒丘。古堆的西北侧，尚有残存石砖、方石。由于原来测绘的1:5000地形图上没有绘出独山门遗址的位置，1975年1月13日下午，笔者与凤阳基建局季安山、吴忠政两位同志又进行了复测，测量了独山门遗址南至独山城埂北端和北抵凤临公路的距离；还测量了方位角度，以南对独山城埂为0°，西对九华山最高峰测量塔（103.66米）为90°28′。

由独山门遗址往北，经三拐弯到凤临公路的笔直大道，即是中都城东城埂的位置。当地群众反映，大道下面有大城砖，还带领指认路上土中的残砖，就是原来在土中的城砖。十里铺大队四清西队（三拐弯）韩云富说："解放初，群众把大水冲出在大路上露头的城砖和独山门遗址、独山桥遗址的大城砖脚扒了盖房。1973年起，挖扒大石条，今年（1975年）又继续挖石条。现大路地下一米，还有砖城脚。"

越过凤临公路，笔直往北，是一条路面宽达□□米的土大路，路基比两岸农田高出1米上下。靠近公路的四五百米一段，可以行驶拖拉机。再往北，路面约有三分之二种植了作物，仅留存一侧为小道。又往北走两三百米，利用路基原来比两岸农田高的地形，把它改成为引水渠道，连自行车都不好骑了。到靠近长春门遗址一段，则连路基都扒平了，变成了农田。在1962年测绘的1:5000地形图上，从凤临公路往北，经长春门遗址，直达世子坟中都城东北城拐，标绘出了一条南北笔直的大道。因此，靠近长春门遗址一段的大道被平整掉，是1962年以后的事。这条南北笔直的大道，就是中都城东城埂的遗址。

从独山门遗址到长春门遗址，距离为1950米，比独山门到朝阳门遗址距离1670米，长了280米。所以，明中都东面三个门虽然是南北对称，但是距离并不相等。当初设计时，为什么把独山门位置定在这里，可能是为了让它和独山大水关和水道靠近一些，以便交通和相互照应。

明中都城九门，其他各门大多都是正对皇城、鼓楼、钟楼等主要建筑，只有独山门西面正对日精峰（九华山），而正对东华门的位置，正好是独山峰顶，不能在那里筑城门。独山东南麓已设置了朝阳门,因此独山门只能北移到适当的位置上。现独山门南临独山涧大水关,东边的古大道至今仍保存,西边700米处原有七里桥大道直达宫门,离东安门7华里,离东华门7.8华里,合明里6.5里。带我去看七里桥位置的十里铺大队60多岁的李九德说,他小时候常到七里桥大石洞来玩,现在桥下水干了,桥也拆掉了,河道和桥两边的路也平掉了,又在附近另外开了新的水渠,因此没有亲眼见过七里桥的年岁小些的人,都说不清它的具体位置了。从东华门、东安门一直往东,过柳庄,折而东北过七里桥,又向东出独山门,沿东湖北岸东经独山铺至太平桥、过濠河到临淮一线,原是明初以来的凤临大道,独山门是要冲。到光绪十年(1884年),才在原凤临大道的北边新修了一条"通临淮大路","由郡城北龙兴寺山门起,至临淮马公祠止,挑修计长二千六百二丈二尺(合17.3华里),两旁启土成渠,俾田水有所蓄"。[①] 于是,把山后东流折南汇入独山涧的水道在袁家坝截断了,迫使山水沿凤临新路北流,灌溉沿途农田。由于新路比旧道地势高,新路修筑以后,因水位日高而夏秋水涝季节泥泞难行的旧道就废弃了;独山门也不再成为凤淮往来的要冲,七里桥下的河床干涸了,七里桥东到独山门和西边一段的大道被平整掉了,最后连七里桥也扒掉了。

(六)长春门遗址

长春门遗址双古堆东西宽36米,南北长60米,因在上面种植作物,已扒成两个南北相连的平缓土丘,只比四周平地高出3米多些。1962年测绘的1:5000地形图上绘制了长春门遗址的地形,标高30.68米,附近平地标高27.46米,相对高度3.22米。由山后街(明时凤阳县治)至柿子园(城北公社)的大道在长春门遗址北侧通过,因此遗址北边被切削成较陡的土壁。长春门遗址的石块也被扒挖过。

从长春门遗址往北,到"世子坟"中都城东北城拐,长1420米,现为土路,有的地方仅比附近土地略高。由于凤临公路以北中都城东城埂的遗址,都是位于地势由西向东逐渐下降的平缓斜坡上,所以城埂遗址稍高出于地面,看起来也很不明显。

世子坟生产队的干部和社员都反映,在靠近世子坟的一段东城埂遗址下面,曾扒出过不少大城砖,在中都城东北城拐南边90米处,像一个水关,这是很可能的。从城拐往南,有280米长一段,海拔都在20米以下,此处海拔只有18

①《凤阳县续志》卷3/1a。

米，可能有一个小水关。在长春门北490米处，有一个低崖低海拔18米，可能有一个小水关。

从五里庙中都城东南城拐，到世子坟中都城东北城拐，全长6150米，整个城埂遗址几乎都清晰可辨，独山门北边和世子坟南边群众都反映地下有砖城脚。独山东一段土城埂，还很雄伟。朝阳、独山、长春三个城门的遗址都在地面上。

（七）中都城北城墙遗址和北左甲第门遗址

中都城东北城拐在世子坟自然村南口。《凤阳新书》："辽世子墓……相传世子朝南京，道卒，太祖命葬于此。"①按：辽王植是洪武二十六年正月癸亥②"就藩广宁，以宫室未成，暂驻大凌河北"的③，辽世子道卒葬此，当是在此以后的事。1973年，74岁的王福之大爷带我去认看世子坟，说他13岁那年，有人放牛，牛蹄陷入土中，发现了这个世子坟。近年居民挖了墓砖盖房。1974年11月，世子坟党支部（书记）汪庭高同志再一次带领我测定世子坟与中都城东北拐的位置，世子坟在中都城北城埂外侧，离东北城拐仅数十米。因此，《凤阳新书》说它在"县东南四五里"是错误的，方位应是东北，离山后的明凤阳县治五六里。《凤阳县志》说"在县东十里"也不确切，清凤阳县治移入旧中都紫禁城后，方位仍然应是东北，距离相当。现世子坟遗址在世子坟自然村中南部。治淮委员会图上把世子坟写作"狮子峰"，那是讹误。

中都城东北城拐，在世子坟遗址南侧往东数十米。以中都城东城埂遗址为路基的土路，到东北城拐后，继续往北，直到津浦铁路南侧的东西大道。东北城拐在津浦铁路北线南175米，南线则在城拐南450米。

由城拐折而往西，中都城北城埂遗址为一村前小道，东西向，可通行平板车。过400米，小道止，变为农田，北城埂遗址就消失了。小道往北80米，即为世子坟西达琉璃岗、老北门的大道。大道基本上与中都城北城埂位置平行。

琉璃岗在世子坟西1公里半。据说是因明初建中都时在这里烧造琉璃砖瓦而得名。琉璃窑址尚未寻访到。在琉璃岗西南方向，有东西长达760米的一段中都城北城埂，位置在海拔20米线以下，其中有110米一段，只有海拔16米，是整个中都城遗址中除独山大水关外最为低下的地方了。这里肯定有一个较

①《凤阳新书》卷3/20a；《凤阳县志》卷4/22b。

②《国榷》卷10/738。

③《明史》卷117《诸王传》二。

大的水关,位置东距东北城拐1710米,西离中都北城墙遗址东端500米。在它西边300米处,从地形看,可能还会有一个较小的水关。站在琉璃岗上西望,西边又是高岗和耸立在那里的中都北城墙遗址,这一段开阔的低洼地带,颇像山洼河谷。群众反映,在中都城埂位置这条线上犁地,经常会发现很多大城砖。因此,在地下可能还有砖城脚残存。

往西过海拔20米线70米,即是中都城北城墙遗址的东端。中都城北城墙遗址从这里开始,径直向西,经过北左甲第门,直达蒲北岗南边,东西绵延,长达1556米。城墙遗址北附近地面高出6米左右,东段北左甲第门一带,城址正好位于岗背上,相对高度达9米左右,因此更显得高峻。

北左甲第门遗址,东距世子坟、中都城东北城拐2950米,离中都北城墙遗址东端750米。城门基石头已被挖走,成为中都城北城墙遗址上的一个豁口。从山后街到十里程的大道经过这里。

北左甲第门,当此俗称"老北门",因位于凤阳县治的正北面。现老北门自然村在北左甲第门外正北一里津浦线北边。津浦线南线即在北左甲第门内,离遗址仅80米。

津浦铁路线在中都城北城埂位置北边,与城埂东西平行。(津浦铁路)复线从临淮关分出为南线,在世子坟、中都城东北城拐南450米处,自东向西穿越中都城东城埂位置,进入明中都城;西行到北左甲第门西边240米处,斜切中都城北城墙遗址,为一豁口,越出中都城,西北至蒲北岗西南,复合为双轨。

在津浦复线穿出中都城北城墙处的西边150米处,城墙遗址被挖断,土壁陡立,下面是方方正正的积水深池,宽十多米,尚未测量。群众说,这里是水关。从地形看略呈谷形,看来是不久前挖水关取城砖的遗址。这是中都城"四面水关共一十八座"①中唯一被完整发掘的水关遗址。

中都城北城墙遗址西端,在蒲北岗自然村(大队所在地)西头的南边400米,中间相隔津浦路的南北两线。城址高出地面6米多。城址两端上面长满了刺槐等杂树。从蒲北岗到山后街西边的大道,就紧挨在城墙遗址西端的西边。

北左甲第门左右的一段北城埂,和朝阳门南北一段东城埂,是中都城墙遗址保存到现今最好的两段。

北左甲第门东边城埂750米,西边城埂800米,共长1550米,合3华里多,折合明里为2.6里不到。独山东城埂上1570米,合3华里多,折合明里为2.6里多些。与《凤阳新书》记载的里数不符。嘉靖三十三年《尹令奏疏》"但土城

---

①《凤阳新书》卷3/7b。

外砌砖石,仅及北门二里一段,东门一里一段"①,大概只是一个约略估计,未尝核测。

《凤阳新书》作"土城……惟东、北砖垒约四里余"②,也只是大约略估。现经实测,东、北两段,共砌砖石墙明里五里多,并在独山门北、长春门北和北左甲第门东等处,群众都反映挖到砖墙脚。可是从遗址的实际情况看,明中都城的外砌砖石部分,实际上比文献记载的还要多些。

从中都北城埂遗址再往西,原来仅只土筑,未曾砌砖,又是位于南高北低的斜坡上。凤阳山(凤凰山)后的两水,都向这里流泻,年长日久,风雨剥落,到现在几乎就很难找到中都城北城墙的遗址了。可能是没有像东城埂那样利用城埂修成大道,因逐渐扒平成农田而毫无痕迹了。

当地群众说,有些地段还有断断续续的城埂遗址可寻。以实地踏勘看,从后右甲第门遗址(门台子)往东,沿安徽省门台子烤烟厂仓库南墙一直往西,直到方丘湖农场办公室南边,有一条东西长达将近1000米的大道,颇像中都城北城埂的遗址。但从1∶5000的地形图上看,这条大道的位置并不正好在现仍保存的中都城北城埂的延长线上,而是在它的北边10~30米。因此,更大的可能是原来在城埂外、沿着城埂平行的大道,而并不是城埂遗址。

在中都城北城埂遗址西端再往西540米处,是一条大涧。凤阳山(凤凰山)后的两水,都汇注到这里,北流入方丘湖。这里当有一个相当大的水关。再往西650米,又是一个略呈谷形的地形,可能有一个小水关。在门台子东边,方丘湖农场办公室西边,也是一个略显谷形的地形,当有一个水关。

从北左甲第门到后右甲第门,距离为3185米。

(八)后右甲第门遗址

后右甲第门遗址在老门台子街的北端,南边离合蚌公路175米,北边距烤烟厂仓库西南墙角50米。遗址仅存一个瓦砾废墟,高出地面不到2米,在道边民居背后,很不引人注意,如果没有熟悉情况的同志指认,是很不容易找到的。但当地居民和凤阳境内上了岁数的人都知道。门台子的地名就是由此而来的。门台子当是"门台址"之讹。在乾隆时修的《凤阳县志》及《(凤阳县)续志》"乡坊"中,都还没有出现"门台子"的地名,当是津浦铁路修筑以后才发展起来的新兴集镇,现门台子区革委会所在地和主要街道建筑都在明中都城里,烤烟厂、铁

①《凤阳新书》卷7/21b。

②《凤阳新书》卷3/6b。

道等北半部地区，则已在明中都城外。

从后右甲第门遗址一两处暴露出来的切割剖面看，原来筑城门台基时，一层碎砖屑、一层夯土层，层层相积的原土层，还很清楚，未曾翻乱。但遗址面积有多大，由于西南部分被民房压盖，东、北两边小道，也不清楚是否即是边缘，因此未能测量。

从后右甲第门遗址往西，地势急剧下降达 5 米，为一谷地。在门址西 270 米处，有一山涧水道，承受整个马鞍山北麓雨水，北泻入方丘湖，因此这里当有一个较大的水关。从这里再往西 775 米，中间相隔一个岗地，又有一个谷形地形，有一条较大的山涧水，承受马鞍山西麓和老尖山东北麓的全部雨水，因此当有一个较大的水关。

再往西 480 米，就到了中都城的西北城拐。从后右甲第门遗址到中都城西北拐为 1650 米。合蚌公路从门台子往西与中都城北城埂位置平行。中都城北城埂的位置，就在今合蚌公路的北边 170 米。

中都城北城埂，总长 7785 米。由于北城埂大致上是沿着一条海拔 20 米线修筑的，地势南高北低，从山麓到城埂，距离只有一两千米，地势则下降了二三十米，坡度不小。城基线上，高岗低谷犬牙交错，山后雨水都从这里北泻入方丘湖。因此，这条线上，不仅水关较多，而且有些地段，尤其是后右甲第门遗址以西，几乎已经找不到城埂遗址了。

（九）中都城西北城拐

中都城西北城拐在后右甲第门遗址西 1650 米，南距合蚌公路 170 米，南面正对去大青营的大道。当地不少上了年岁的群众，都能指认城拐的位置，现在五个坟堆东西排列在城拐外侧。城拐本身已无明显的标志，它的西侧略呈台地状。城拐往南的土路，即是中都城西城埂的遗址。

中都城西城埂遗址在合蚌公路 134 公里里程碑西 92.6 米处穿越公路，即为大道，可通行卡车、拖拉机。大青营大队就在大道的东侧，即位于中都城里的西北角。

大道沿马鞍山西路一直往南，逐渐变为小道，翻越马鞍山与老尖山相连的山脊南下，经过涂山门遗址，又变为大道，南下穿越凤刘（刘府）公路，遗址变成塘埂、小道，直达凤凰嘴山西南中都城西南城拐，因此中都城西城埂遗址基本上都能有迹可寻。蚌埠市和凤阳县大体上以这条城埂遗址为分界线，直至涂山门南边，离凤刘公路北 600 多米处才西走为南北分界。

大青营西南，有一段大路稍向西偏，最多达 110 米。看来是原城埂位置正当河谷，容易为山水冲刷，因此稍西移至高脊处，有可能原来的中都城埂在这里也不是南北笔直的。在中都城西北城拐南600米，即电灌站西北方高压线穿越灌渠的地方，应当有一个较大的水关，马鞍山西麓的老尖山北麓的山水，都汇注到这里向北宣泄。现在中都城西城埂西侧修筑了大青营水库。

马鞍山北边的西麓，地形陡险。中都城埂看起来已被山水冲净，但少数上了年纪的群众，仍能确切指认若干残存的城埂，有的已淹在水库东边边缘的水中了。

在翻越山脊的地方，乱石荒草，虽然地图上绘有道路，实际上是连什么山道也没有了。翻越山脊后，因开了石塘，有一段路也稍向西偏让了一些。下山坡往南，逐渐变为大路，并高出两边农田。道宽4～6米，但路面上有三分之二以上种了庄稼，实际上仅留了边上一条小道。到接近涂山门遗址时，才保持了大道的路面。

从大青营西北城拐到山脊为2970米，从山脊到涂山门遗址为1400米。涂山门遗址离中都城西北城拐4370米。

（十）涂山门遗址

涂山门遗址正对西安门、西华门，在西华门、西安门向西的延长线上；三门呈一直线，有土路相通。遗址距离中都皇城西安门遗址为2350米，遗址距离中都紫禁城西华门为2740米，遗址距离中都紫禁城中心线为3190米。涂山门遗址和西安门、西华门、紫禁城中心线的距离，也就是明中都西城埂和皇城西城埂、紫禁城西城墙和中都城中轴线的距离。

涂山门遗址土台壁立，呈长方形，高出附近地面4米左右，原来城门的样子，还能看得出来，中间有门道，是中都九门遗址中保存得最完整的一个。1970年起，开始刨挖城门基石头和残存土中的碎砖盖房。石门洞券挖出不少，冯庄生产队用六个石门券并排，搭成一条小石桥。

从涂山门遗址往南的明中都城西城埂，尚高出地面一米左右，最高处可达2米，现为大道，接凤阳经刘府直达淮南市的公路。“凤刘公路”东段，利用明朝东起鼓楼、西至钟楼的“云济街”旧基，以及钟楼往西的“子顺街”旧基，都是东西向的，直到接近中都城西城埂才斜向西南方向，沿城外500米的一个小山包“赖山”的东南麓通过。与中都城南城埂东西平行的11万伏高压线路到“南吴家”北边，就沿水道斜向西北，在凤刘公路南100米处穿过中都城西城埂，到中都城外穿过凤刘公路，西北至蚌埠。

在中都城西城埂外侧，有条从与马鞍山相连的张家山麓开始的水道，沿着城埂南下，在陈家庄穿过改建南移的凤刘公路新线大桥，继续南流220米，折而转向东南，穿越东城埂进入中都城，此处当有一个水关。再往南850米，还有一水道，宣泄焦山、团山东麓的雨水，此处也当有一个水关。1973年冬至1974年春，钟楼大队社员利用凤刘公路以南到凤凰嘴山北麓的一段中都城西城埂，培筑成堤坝，在两个水关外面形成了南北两个狭长的大塘。在南边的南吴大坝外侧的大塘，水面达300亩。

中都城西城埂缘凤凰嘴山麓而上，变成了山腰小道，到凤凰嘴山麓，直至中都城西南城拐一段城埂，已被扒平成岗脊，种植了庄稼。

从涂山门至凤刘公路为1135米，从凤刘公路至中都城西南城拐为2005米，中都城西南城拐离涂山门为3140米，中都城西埂总长为7510米。

（十一）凤凰嘴遗址

凤凰嘴山是一座小山，海拔65.3米，比附近地面只高出二十多米，但是从中都城西南部的地形来看，凤凰嘴山却是一个制高点，居高临下，又当马鞍山西麓的南北延长线上，因此筑中都城时特意西南突出一角，把凤凰嘴山包在中都城内，称为"凤凰嘴"。"凤凰嘴"和"凤凰嘴山"想来也是营建中都时起的名，以与凤凰山相称。凤凰嘴、中都城西南城拐的西城埂和南城埂的西端，从地形、地貌上还能清晰地辨认出来。

凤凰嘴山的东侧，有一条斜向东北至中都城南城埂西端的大路。有的群众说，这就是原来的"外罗城埂"，"九连张"在中都城外。当地群众把中都城叫"外罗城"，把皇城叫"内罗城"。但是《凤阳新书》和康熙《凤阳府志》的图上，凤凰嘴的城墙呈方形，不呈斜角形，当不会都画错。从地形上看，也以"大牛营"西端南北垂直线上利用西高东低的坡形地形筑城，利用大牛营东边的涧水为濠最为理想。这样，九连张就不是在中都城外，而是在中都城里。由于当时仅筑土城，尚未砌砖，遗址无存，成了今天明中都城墙中唯一留下尚不能确切断定位置、测量长度的部位。但是在中都城南城埂南100米与450米处，当有两个较大的水关，只要这两个砖砌水关的位置发现了，凤凰嘴东城埂的位置和凤凰嘴南城埂的长度就能确切测定。如若凤凰嘴确实呈方形，东城埂当长1290米，南城埂当在1000米上下。

（十二）前右甲第门遗址

前右甲第门在中都钟楼正南。遗址明显呈台址状，东西宽50米，南北长40米，东西两端隆起，较四周平地高出将近4米，中间因城门洞陷塌而凹下一些；

是中都九门中，除涂山门外，保存较好的一个遗址。1975 年 1 月，我和钟楼大队书记张华云同志一起去勘测前右甲第门遗址时，看到门遗址北侧有零星挖出堆放在那里的大城砖。

前右甲第门两侧的中都城南城埂遗址非常明显，东西笔直一线，宽达四五米，高出平地一两米，东边有好几百米甚至超过 3 米，像大堤一样屹立在那里。忽高忽低，没有把它扒平整作为大道，行人骑车，有时在埂上蜿蜒前进，有时在埂下外侧另辟小道。似乎还保存着中都土城遗址的自然状态。除了独山东城埂和老北门北左甲第门两侧北城埂外，这是中都城址中保存最好的一段。但那两段明初原都砌了砖石，到清朝乾隆时候才扒掉砖的。而前右甲第门两侧当初原未砌砖，因此作为土城遗址来看，是保存得最为完好的地段了。这段城埂遗址上并没有种庄稼，但发现有取土脱泥坯的。

前右甲第门西边的城埂遗址长 500 米左右，要待凤凰嘴东城埂位置确定以后才能最后测定。前右甲第门东边的城埂遗址达 1075 米，到城西公社水库西边就终止了。

前右甲第门遗址离中都城西城埂为 1635 米，离洪武门遗址为 1520 米。

11 万伏高压线路在前右甲第门遗址北边 98.7 米，基本上与中都南城埂平行，东头挨近洪武门遗址，西头离南城埂遗址稍稍远一些，达 120 米。洪武门以西的这段高压线路完全在中都城里，与洪武门以东正好在中都南城埂位置上稍有不同。

二、皇城、禁垣

（一）西华门、东华门、玄武门

1. 西华门及其门洞砖雕

西华门是中都皇城（即宫城）的西门，砖砌，三券，东西向，南北宽 70.40 米，东西长 36.15 米，高□□米。南端有宽 8.15 米、长 35.60 米的上城斜道，斜道紧挨城墙，并与之相联结。

西华门正券宽 5 米，左右两券宽 4.20 米，洞券之间相隔 2.50 米。券洞门由 10 层大城砖砌成，自下而上的砌筑程序是：横陡、竖卧、横陡、竖卧、竖陡、竖卧、横陡、竖卧、竖陡、竖卧，三券相同。券拱砌筑程序与午门基本相同，仅中层次序稍有差异。正券高 7.6 米，左右券高 6.6 米。

西华门三券门洞两侧的底部，各镶砌一条长 28.5 米、高 30 厘米的砖雕。

砖雕的花纹都是花卉,深度 3 厘米,中间相间一些方胜。

砖雕的上面,有一排砖砌的壁灯龛。壁灯龛宽 37 厘米,高 39 厘米,深 70 厘米。壁灯龛一排共 11 个,相隔距离不等,最短 235 厘米,最长 320 厘米,一般是 260 厘米左右。

西华门和午门及东华门、玄武门一样,全都是清水砖,外表没有抹灰。

城楼建筑仅存一些不甚明显的土丘。

2. 东华门

东华门是中都皇城(即宫城)的东门,砖砌,三券,东西向,与西华门东西对称。东华门的位置与西华门一样,位于宫城的南部,以东华门正门洞券中线为测点,则南距东南城拐 202.5 米,离东北城拐 762.5 米。东华门与西华门之间的连结直线,正好在奉天门前通过。因此,东华门、西华门的位置,是由奉天门的位置所决定的,从奉天门出来,正南对午门,向东对东华门,向西对西华门。

东华门遗址,镜向西,1974 年

上图是东华门的照片。现东华门的砌砖和洞券已经拆除,仅存土台遗址。土台由碎砖夯土层筑成。碎砖全是大城砖的碎块碎屑,也有不少是在窑里没有烧透的半青半红的碎块。碎砖夯土层极为细实平整,每层 17 至 22 厘米不等,平均 20 厘米,与大城砖的高度相等。

3. 玄武门

玄武门是中都皇城(即宫城)的北门,砖砌,三券,与午门南北相对称。

下图是玄武门台基内侧的西南一角和宫城北墙西段的照片。(远处是位于宫城外北侧的凤凰山主峰,俗称宝盒山)

现玄武门已拆除,仅存土台遗址。

玄武门遗址,镜向北,1974 年

(二)角楼遗址

中都皇城(即宫城)的东南、西南、东北、西北四隅各有角楼一座。

据《明实录》记载,午门东南、西南角楼台基与午门、东华门、西华门城楼台基相同,俱高五尺九分;而玄武门东北、西北角楼台基与玄武门城楼台基相同,俱高五尺九寸五分,比南边的几个城楼台基和角楼台基高出八寸六分。中都城的城楼和角楼为什么要北高南低而不一样高呢?这是因为中都"席山建殿",原不在一个水平面上,北高南低,相差 6 米左右。因此,北边的城楼和角楼如不稍加抬高,视线可能遮挡,而稍予增高,均能一目了然,就可以增加宫阙的深邃感觉和雄伟气势。

现东南、东北、西北三个角楼台基的城砖均已拆除,仅存土台壁立。

西南角楼台基仍完好。角楼台基呈"L"形。台基突出于宫城城墙外 1.15 米,这可能是出于考虑守城防御的需要。台基东西长 44.05 米,南北长 43.85 米。东北缩进 16 × 15.8 米一角,因此台基东端有 16 米一段南北长 28.05 米,北端有 15.8 米一段东西长 28.05 米。

角楼台基的中央,有一块东西、南北各长 24 米、宽 12 米的"L"形土基,上面没有铺砌城砖,当是角楼遗址。台基的其余部分,均有铺砌城砖的残存遗址。角楼东南侧有条 3.5 米宽的东西向的砖砌道。

现城拐外南 8 米处地面上和西 4 米处地面上尚留有 115 厘米见方、46 厘米厚的础石两块,城拐外别无其他遗址,当是角楼的础石,从角楼台基上滚落下来后,遗留在地面上尚未被抬走的。这两块础石现在已成了明中都角楼的仅存遗物了。

（三）皇城之墙

1. 中都皇城的状况

明中都皇城即宫城，俗称紫禁城，康熙六年以后改为凤阳县城，至 1969 年以前还是基本完好的。

1969 年秋，笔者初到凤阳，还从砖铺平坦的上城斜道登上东华门，但见草木青葱，景色幽丽，女墙堞堞，古建质量很高。

现宫城南城墙西段和西城墙基本完好，东城墙、北城墙和南城墙东段已经拆除，南城墙西段的东端和西城墙的北端也有一小段拆除了城砖。拆除城砖的部分城基尚存，上面堆积的碎砖土堆尚不清楚。

明中都宫城的长度，1960—1962 年蚌埠市城市建设局的测图、凤阳县档案馆旧存的《凤阳明皇城平面图》、1975 年 1 月凤阳县文化馆请凤阳县建设局测的《明中都紫禁城遗址实测图》的尺寸不完全一致，现在把这三种尺寸都列在后面，保留因测量点不一致和制图造成的误差，以待精密复测时校正。

	东城墙	西城墙	南城墙	北城墙	总周长
蚌埠市测图	955	967	890	890	3702 米
皇城平面图	955	955	900	900	3810 米
遗址实测图	965	965	875	875	3680 米

把它折合成明里和华里：

	明里（周长）	华里（周长）
蚌埠市测图	六里又三十丈	七里又六十丈
皇城平面图	六里又六十三丈	七里又九十三丈
遗址实测图	六里又二十四丈	七里又五十四丈

所以，概括地说，明中都皇城（即宫城）周长明里六里或六里多，合华里七里或七里多，都是不错的。

2. 皇城的结构

中都皇城底宽 6.9 米，顶宽 6.4 米，据《明实录》记载，城高三丈九尺五寸，女墙高五尺九寸五分，共高四丈五尺四寸五分，合 15.15 米。

中都宫城的基础是埋在地底下的大方石。有一次，我在西城墙外北端城根下，看到一处扒了一个 3 米左右的深坑，我一直爬到坑底观察，看到大城砖一直砌到地底下，最下面是大方石。大方石是否像午门地底下一样平铺砌四层，尚不清楚；大方石仅铺外侧，还是内侧也铺，不清楚；是否整个宫城底层基础都铺砌了方石,还有待以后的发掘来说明。

凤阳县基建局何遂之同志告诉我,为了了解城墙在地下究竟还有多深,曾在北城墙东段试挖过一次。一直挖到 18 米深,最下面是长 120 厘米、宽 50 厘米、厚 20 厘米的特大型砖。大砖由试挖的县印刷厂的几个青年小伙子抬了回去。18 米除去地上部分,与我在西城外看到的 3 米左右的深坑是相符的,但我看到的是大方石板。这里有两种可能,一种是由于部位不同而用料不同,再一种可能是由于石料不足,就烧大型砖来替代,这还有待于进一步探测才能作出说明。

在宫城南城墙西段,有一段城墙全部是用花岗石大条石砌筑的,在地面上尚高 1 米左右,然后在它上面再砌筑城砖。现在尚保存完好的城墙的其他部位,地面上看得到的都是一色的城砖,地下基础是否砌有石条,尚待发掘。

中都皇城(即宫城)全是用长 40 厘米、宽 20 厘米、厚 11 ±0.5 厘米规格的大城砖砌筑起来的。城墙里外两面砌砖,中间是土芯。西城墙外侧中段上部有一处坍塌,看到城砖十层,尚未见土;南城墙西段外侧城根有一个掏出来的洞穴,连洞口深 2 米多,也没见用土;西南城拐的南城墙西端,有两条裂缝,深 2 米以上,没有见土,从上面三处观察,城墙的砌砖超过 2 米。西南角楼东边上部有段缺口,可以看到城墙顶部两侧砌砖是衔接封顶的,如果这不仅仅是封顶的几层砖,那砌砖的厚度就宽达 3 米以上。再从已经拆去城砖的城埂遗址来看,堆积的碎砖碴屑也不是很多的。因此,可以作出判断,中都皇城(即宫城)基本上都是用砖砌起来的,土芯极小。中都宫城是砌筑得十分坚实牢固的,前面提到的掏的那个洞穴,深 2 米多,宽约 3 米,全都是用工具砸碎的,没有扒下整块砖的痕迹;那条深 2 米以上的裂缝,全部都是把整砖碎裂开来的,没有从砖缝拔脱的整砖。但筑砌的质量也有较差的部位,如上面提到的塌处,靠中间的部分则是用一般灰沙筑砌的,用手就能把城砖扒拆下来。

据《明史 · 汤和传》记载,中都皇城(即宫城)是汤和负责修筑的。后来,明太祖朱元璋又命令他到浙东西沿海筑城防倭,汤和运用他修筑凤阳中都皇城的经验,筑了 59 个卫所城。这些沿海城戍,到 150 年后的嘉靖年间倭寇骚扰东南沿海时,"皆坚致,久且不圮,浙人赖以自保,多歌思之"。因此,凤阳中都皇城(即宫城)可以说是明初修筑城垣的代表作,是明初修筑其他各地城垣的标本和典范。

3. 中都宫城城墙上的地震记录

上面提到的西南角楼下面及其东边的砖裂缝共有两条,都是从城墙基部直达顶端的砖裂缝,宽 10 ~ 20 厘米,深 2 米以上,所有的砖全部都是由强力的作用把整块砖中间掰碎裂开的，没有一块是从砖缝拔脱分开的。这一方面证明中都宫城砌筑的坚实，另一方面也证明中都宫城砌砖这样把它掰开，一定是一种巨大的自然力量，而不是一般的人力或机械力量所能做到的。因此，我判断这是一次地层断裂留下的痕迹。

查阅方志，当地最大的一次地震发生在康熙七年（1668 年）六月十七日。康熙《凤阳府志》载：是日，“凤阳地大震，七日乃止”①。康熙《临淮县志》载：“地大震，倾塌城垣民舍无算。”②临淮城垣由于不够坚实，因此“倾塌无算”；而中都皇城因为砌筑坚牢，抗震能力强，未能使它倾塌，但最终在城墙上留下了几条断裂缝。因此我判断这两条断裂缝，很可能就是这次大地震留下的实物记录。从城墙断裂缝和方志记载的建筑物破坏的情况来判断，震级在 7 级以上，烈度在 10 度左右，是一次强烈地震。

此外在宫城西城墙外侧中部，还留有几段总长近百米的水平错裂缝。由于城墙砌筑时，所有的砖裂缝都是呈水平直线的，所以现在留在城墙的水平错裂缝极为明显，可以精确测量。

从凤阳的位置和地形来看，正当自河南东来的东西向大断裂带的东端和自安徽北至山东的南北断裂带的交汇处，凤阳东边的女山湖畔还有火山遗址，因此正处在构造地震发生的主要场所。

中都皇城（即宫城）的构造，不仅经过强烈地震的考验，证明它是一座极其坚固的古代建筑，并且自身还记录了极为珍贵的自然史上的科学资料。

（四）承天门、东安门、西安门、北安门遗址

承天门、东安门、西安门、北安门是中都皇城外墙的城门。明朝后期，把原来称作“皇城”的里城改称“宫城”或“紫禁城”，而将原来皇城的外墙专称为“皇城”，考见《明中都城考 · 历史篇》。为叙述方便，现称皇城里城为“宫城”，称皇城外墙为“皇城”（禁垣）。

1. 承天门遗址

承天门是皇城的正门，正南。承天门地面已无建筑，仅存遗址。

承天门遗址北面正对午门，相距 435 米；南面直对洪武门，相距 1185 米。遗址呈台状，高出地面 5 米，中间为大道切断，当地俗称“马王桥双古堆”，因俗称为“马王桥”的外五龙桥，就在承天门遗址的北边 200 米。西古堆东西长 49

---

①康熙《凤阳府志》卷 3/13b 祥异。

②康熙《临淮县志》卷 1/14a 祥异。

米,南北宽36米,西端北部向西延伸,高度逐渐降低一两米。东古堆东西长59米,南北宽36米,比西古堆略低。遗址的顶部栽植了柿树,均已成林。

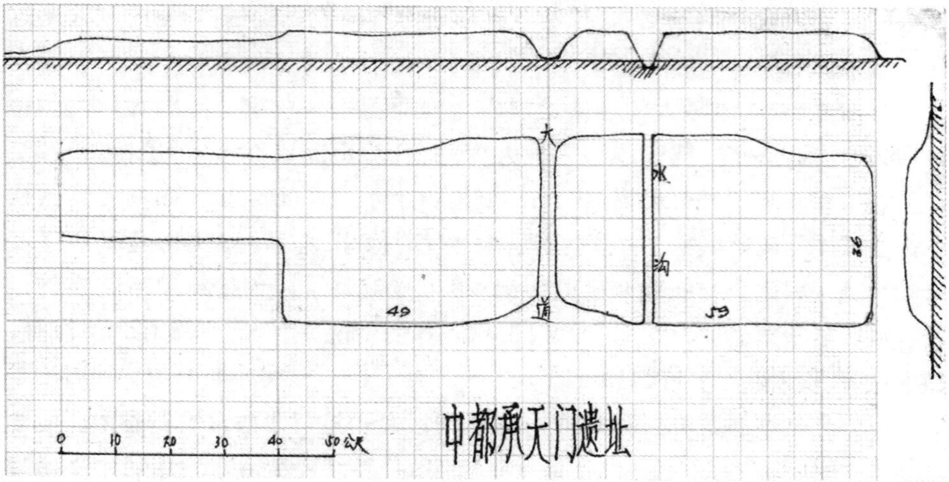

东古堆上开挖了一条水沟,在切割的立面上,把修筑承天门城楼台基时的夯土层极为清楚地暴露了出来。夯土层由一层碎砖、一层黄土夯实,再一层碎砖、一层黄土夯实,自遗址底部直达顶端。夯土层相当平整,厚度均匀。每层碎砖厚十多厘米,每一层夯土不到20厘米,合起来每个间隔层都是30厘米,可见建筑时对夯土的质量要求是很高的。

在西古堆南侧的台址夯土层里,除大城砖的碎屑外,还伴杂着大量的琉璃碎片,包括龙凤瓦当、龙凤滴水的碎片。1975年10月,国家文物管理局派调查组去凤阳考察明中都城遗址的时候,故宫博物院杨伯达同志发现了这一现象,并据此判断承天门的营建时间当晚于营建宫殿的时间,否则不可能有这样大量的琉璃碎片用来作为夯筑台基的材料。

2. 东安门遗址

东安门是中都皇城的东门,正对东华门,相距395米。

东安门遗址正当十字路口,东面公路直达凤阳府城北门外汽车站,西面有大道通入"老城"(即中都宫城),南面公路通大庙、刘府,至淮南,北面土公路直达万岁山(现称雷达山)下。

遗址呈南北向,长椭圆形,比四面平地略隆起,北部为荒草坟地,南部是荒闲土地。遗址中部为台状土台址,东西宽19米,南北长52米,中部偏南为大道切断成南、北两个土台。南土台因四周扒取黄土拉走,已成一土堆,最高处只比附近地面高出2米多。北土台北侧轮廓还很清晰,南侧被不断刨土呈内切圆土壁,高达3米左右,没有看到碎砖夯土层。北土台靠近大道边,表土已取走,暴露出一条宽 3.96 米、东西长 19 米,用石灰、筛土、小卵石夯实成的三合土层。往北相隔4.33 米,又有一条宽 3.57 米的三合土层。三合土层厚度 50 厘米,表面相当平整。

从遗迹的长方形土台,带状东西向三合土层,以及遗址前面的南北大道稍向东突出这些现象来判断,中都东安门建筑可能是三券城门洞,而不是像北京西安门那样平房三楹、各一门的样子。《凤阳新书》说,中都皇城“砖石修垒”“砖券”①,是可信的。

以上是 1973 年秋勘察测绘中都皇城东安门遗址时候的情况。1974 年春,因加宽淮南公路路面及植树,拉走了南土台的土。下半年,在东安门遗址北土台靠近大道的北边,新建了一个土产门市部,在原南土台的位置,新建了三排平房。这样,中都东安门遗址的地表情况就更看不清楚了。

3. 西安门遗址

西安门是中都皇城的西门,正对西华门,相距 395 米,与东安门东西相对称。

西安门遗址正当中都宫城西华门直达中都城西门涂山门遗址的大路上,南北有土路在此垂直相交。

1974 年 3 月,测绘了西安门遗址。遗址范围东西宽 36.5 米,南北长 56 米,南部有突出部分,可能是上马道。由于大道在遗址中部东西穿过,遗址呈南北两个平缓的荒丘,高出地面 2.5 米。

遗址的西边是一条从北向南的涧水,东边是一条环绕遗址的拱形水沟。水沟壁上可以清楚地看出整齐的碎砖夯土层。碎砖屑大都发红,是没有烧透的废城砖。在水沟的上面,发现有用蟠龙白玉石栏杆铺搭的小桥。在遗址上,还发现有白玉石建筑装饰石雕。在遗址土层中,还发现了一些五彩凤滴水和大量的琉璃碎片。

1974 年 3 月,城西公社前进大队挖掘排水渠穿越西安门遗址时,发现了碎砖夯土层下面还有大量密集的木桩。3 月 18 日下午,凤阳县委办事组组长李清义同志找笔者在城西公社书记支道友同志(现为县委副书记)伴同下,前往现场察看,木桩全部一色是松木,抽测了一部分,最长 207 厘米,最短 160 厘米,直径最大 20 厘米,最小 10 厘米,以 12 ~ 15 厘米的为最多。每个松木桩下端全都砍削成锐角 10°左右的三角尖。有的三角尖上还书写了毛笔字。由于天色已晚,倒翻困难,只在十多米长、一人多高的木桩垛上层找到了墨笔书写的“□□所赵景玉”“昌陵兰石”“晏百户”“百户陈王”等字样。木桩埋入地下已有六百多年,

---

①《凤阳新书》卷 3/8a。

但除上部顶端的木桩表层有腐朽现象外，木桩中部和下部的松树皮仍色泽鲜艳，木桩的尖端好像是刚砍过的一样，墨书的字也像是新写的一样。木质坚硬如新，没有腐烂，生产队利用它来制造农具、门窗、家具。

中都西安门遗址雕饰石条

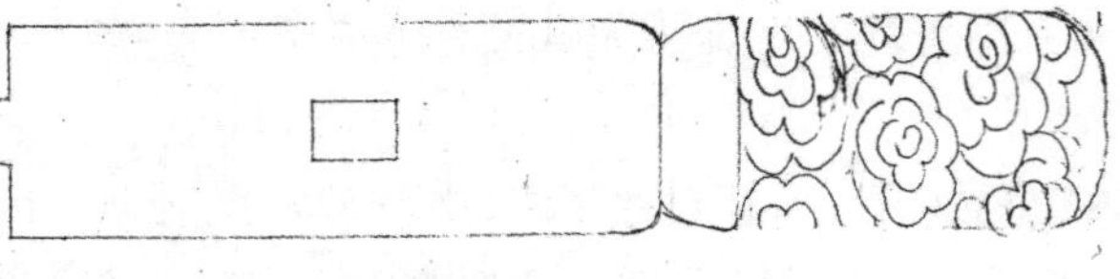

中都西安门遗址的白玉石栏桩

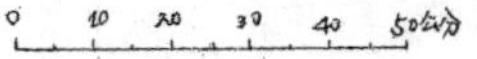

1974年春发现木桩时，只开挖了一条东西长23米，宽一两米的深沟，木桩范围有多大不清楚。1974年冬到1975年春，又挖掘了西安门遗址，起吊遗址地下的松木桩。从已挖掘的范围来推测，可能整个西安门遗址底层都是松木桩。

为什么要打竖桩？从剖面来看，是和地下的黏土层密切相关的。木桩的顶端完全随黏土层的深浅而有高有低，并不在一条水平线上，所以，碎砖夯土层也是有深有浅，底层是随竖桩顶端的有高有低而时深时浅。木桩的下端，三角尖也基本上一直插到黏土层的底部。黏土呈青灰色，稍带绿色，极为细腻，风干以后，极为坚硬。

当地群众普遍反映，在城脚根和筒子河岸都发现过大量成排的木桩，因此有可能凡是底层有淤泥的部位，都是先打了木桩，再在上面用碎砖一层层填土夯实，然后再在上面修筑重量大的建筑物，以增加它的稳固性。至于为什么不把淤泥黏土层挖去，换置上碎砖夯土层，不太了解，可能施工有困难，而且不如打竖桩牢实。

4. 北安门遗址

北安门是中都皇城的北门，在凤凰山主峰背阴山坡的台地上。

凤凰山山峰海拔88米，在中都皇城中轴线稍东35米，由于它和午门、玄武门有相当大的距离，因此穿过城门洞远望，似乎却当正中，不易察觉它的偏差。

凤凰山，当地俗称宝盒山、梅山、煤山，在方志中查不出这些名称的来历。凤凰山原是天然的山峰，峰顶较为平缓，从遗迹来看，营建中都宫阙时，山脊稍有培植增高，以增加它的气势。

凤凰山主峰的北麓，有一块南北深达 120 米的平缓山坡，像个广场一样，直到北端，地势才急剧下降，使这块平缓的山坡显得像个天台一样。从地形图上测算，北安门的位置当在凤凰山主峰顶端西北方向 100 米不到的地方。遗址表面没有什么痕迹，没有像承天门、东安门、西安门那样的土堆。平坡上到处都是砖砾。在平坡北部正中，民兵挖了条进行军事训练的战壕。从土层的切面看，有些地段几乎完全是砖砾的堆积层。从上面的现象可以推测，北安门是没有城楼台基的。从地形来看，从北面平地高瞻，中都皇城北门建筑在山崖之上，崇高峻险，也没有必要再先筑台基以抬高它地位的必要了。

在凤凰山主峰的西麓上，满布了大量琉璃碎片和砖砾。琉璃主要是黄色和绿色的琉璃瓦砾。

（五）中都皇城城便遗址

……

编者按：在整理王剑英先生的遗物时，发现了此篇未完成的王剑英手稿及插图——“文物篇”初稿。此文撰写于 1975 年，即王剑英先生返回北京后，“历史篇”二稿定稿之后，便“试写了一小部分，就停下来了”。

1981 年 3 月，王先生在滁县地区文化局的帮助下再次对明中都遗址进行了考察，增补了大量内容，重新撰写了《明中都遗址考察报告》。这篇 1974 年开始撰写的“文物篇”初稿便弃之未用，故王先生在书稿上用红笔书写“第一稿，内容过繁，改变体系，重写。(19)75.7.14”的字样。

40 年过去了，王先生当年考察的明中都遗址，在当今城市改造、市镇建设中，再次受到毁灭性的破坏，部分遗址甚至荡然无存。因此，这篇原稿中的“内容过繁”，却为我们保存了当年明中都遗址的信息。这次出版，仅对原稿中的错字进行更正，对原稿缺漏漫漶无法辨识之字，以“□”表示。

有关明中都砖窑的调查

明中都城砖是外地烧好了运来的，还是来人在凤阳烧造的，文献上没有记载，也一直弄不太清楚。我曾在皇陵东北、城南公社岗集大队附近，看到过烧造大城砖的废窑址，有很多发红的半截砖。据《凤阳新书》卷七载《致仕指挥尹令奏疏》记载，成化二十三年、嘉靖十四年、嘉靖三十三年都在中都城南开设窑灶数十余口，重修皇陵。但明初建中都时，是不是也这样，仍不清楚。1974 年凤阳县委办公室李清义同志告诉我，独山东北老塘湖（即东湖）一带曾发现过整窑的大城砖，为此我多次前往独山门外一带社队察看，向老农打听，均无结果。

1981 年 3 月，我再次来凤阳调查中都遗址。3 月 8 日，我在朝阳门内独山南大道上向独山小队石常福（61 岁）打听，他说，1958 年修小铁路发现到处都是砖窑，独山周围就发现了几十座，都已平了；也有整窑未起的大城砖，因常年泡在水下，出土见风就粉了。王献福的 69 岁父亲也说窑很多。80 岁的乔振同说，独山西庄这一片都有烧大城砖的窑，窑孔是空的，未塌，比一间房、两间房大。窑上的黄泥不长庄稼，因此一年四季都能看得出，挖一二铲土就有了，有的还露在地面。又说独山城外砌了半截子城墙，前几年姚湾小队在掏洞挖砖时，塌方压死了不少人。乔振同还说，县城（皇城）府城（鼓楼一带）周围也都有砖窑。接着，他的儿子乔建民带了铁锨陪我去找了几个窑址，一个在大路南边缘，两个在路北地里，因起窑很费事，就在周围麦地里捡了一些碎砖，说都是从这些窑里翻出来的，上面有“金字”“字六”“六”“八（六）号”“户”等字样。这些字号砖出在凤阳当地，就有了证明。

卫所烧砖，差不多全是中都留守司、凤阳卫、怀远卫、长淮卫等驻本地的卫所，必然都是在凤阳烧造的。

地方烧造的城砖范围很大，东至海州，西至江西、湖南，都要烧成后运至凤阳，过于劳费，因此派人来凤阳烧造的可能性很大。

城东公社独山小队一带所以砖窑很多,因为要筑的城就在旁边,这是很合理的。找到窑址的所在地,当地群众很易辨认,而且砖窑很浅,因此必要时可以打开几个砖窑,进一步澄清就地烧砖的问题。

1981 年 3 月 7 日

编者按:1981 年 3 月,在滁县地区行署文化局刘思祥等配合下,王剑英、王红父女俩来凤阳对明中都遗址进行考察,其中对明中都字砖的调查是工作的重点之一。为了调查城砖的烧造地点,王先生对原城东公社独山大队独山小队等地进行了考察,对这一带窑址的分布有了初步了解,便在凤阳调查期间撰写了此文。后因在《明中都遗址考察报告》(即《明中都城考·考察篇》)中专门撰写了"明中都城砖"一文,此文未采用。

另:文章落款日期是 3 月 7 日,文中的内容却是 3 月 8 日。"7 日"有可能是笔误。

二、学术论文

明初营建中都及其对改建南京和营建北京的影响

一、明初建都地点的选择

朱元璋带兵不久，冯国用向他建议："金陵龙蟠虎踞，帝王之都，先拔之以为根本，然后四出征伐，倡仁义，收人心，勿贪女子玉帛，天下不足定也。"①朱元璋接受了他的意见，率军渡江。宋龙凤二年、元至正十六年（1356 年）三月，朱元璋率领的一支红巾军攻克集庆，改集庆路为应天府。置大元帅府，以元江南行御史台（南台）为军府。七月，朱元璋进大元帅为吴国公，置江南行中书省。1364 年，称吴王，建百司官属。1366 年八月，拓应天城，命刘基等卜地作新宫于旧城东钟山之阳。旧城为 10 世纪初期五代十国时期吴国修筑的金陵城，南唐改称江宁府，定为都城，北宋初改称昇州，真宗时复称江宁府，南宋为建康府，元为集庆路，明称应天府。第二年，吴元年（1367 年）九月，圜丘、方丘、社稷、太庙、宫室、皇城全部完工。这就是吴王新宫，也是为建立明朝而准备的第一个都城。

1368 年正月，朱元璋即皇帝位，国号明，建元洪武，自南台旧内迁入新宫。当年三月，北伐军占领汴梁。明太祖朱元璋立即亲自率领禁军数万，逆河而上，到达汴梁。改汴梁路为开封府。在那里待了两个多月，察看形势，部署军事，准备定都，认为"君天下，非都中原不可"②。八月下诏，以应天为南京，开封为北京，"朕于春秋往来巡狩"。

可是，下诏后的第二天，大将军徐达率领的北伐军攻占了元朝的都城大都，元顺帝逃奔塞北，元亡。遂改大都路为北平府。接着，明军于十二月攻克太原。洪武二年三月，占领奉天路，改名西安府。元朝灭亡了，黄河流域平定了，政治形势发生了巨大的变化，还要不要在开封建都了呢？于是，明太祖会议群臣，并亲自再一次赶到开封，细细察看形势。经过对在关中、洛阳、开封、北平、南京等

①《明史》卷 129《冯国用传》。

②《高皇帝御制文集》卷 15《黄河说》。

地建都的利弊进行比较，认为南京离中原太远，难以控制中原，中原又民生凋敝，运输艰难，物力、人力全都要依靠江南，明太祖于是选择了他的家乡，说："临濠则前江后淮，以险可恃，以水可漕，朕欲以为中都，何如？"群臣都说："好！"九月癸卯，"诏以临濠为中都……有司建置城池宫阙，如京师之制"①。特别应当注意的是，当时应天称南京，还没有"京师"的称谓，明太祖在《龙兴寺碑》里也说："洪武初，欲以（凤凰）山前为京师，定鼎是方"，这是当时实在的情况。

临濠，古钟离，隋唐以后称濠州，吴元年为临濠府，洪武六年（1373 年）改名中立府，七年又改名凤阳府，八年迁凤阳府治于新城。原钟离县亦先后改名中立县、临淮县，并析西乡置凤阳县。临淮县仍治旧城。

在营建中都的过程中，胡子祺上书请都关中，举了天下可都的形胜之地河东、汴梁、洛阳、关中，并无临濠②。刘基乞归乡里，临行时也说："凤阳虽帝乡，然非天子所都之地，虽已置中都，不宜居。"③这些意见，朱元璋当时都没有听进去，并且加紧进行营建中都的工程。营建中都的工程连续不断地进行了六年，到洪武八年四月丁巳，才以"劳费"，下诏"罢中都役作"。

同年九月辛酉，"诏改建（南京）大内宫殿"，即按照凤阳明中都的城市规划和建筑设计，改建南京的宫室、社稷、太庙等等。经过整整两年，到洪武十年（1377 年）十月，全部完工。这就是明初改建南京的工程。洪武十一年（1378 年）改称南京为"京师"，罢北京，仍称开封府。

明太祖晚年，曾有迁都关中的考虑。洪武二十四年（1391 年），命皇太子朱标巡抚陕西，图关洛形势。皇太子归来，献陕西地图，病中"上言经略建都事"④。第二年，皇太子病死，迁都关中的事也就作罢不提了。

燕王朱棣即皇帝位以后。永乐元年（1403 年）下诏，以北平为"北京"，称"行在"，改北平府为顺天府。永乐四年（1406 年），诏以明年五月建北京宫殿，但未曾动土。永乐十四年（1416 年），复诏群臣议营建北京。十五年六月兴工，十八年十二月，宫阙、太庙、社稷、天地坛、山川坛等全部完工。这就是永乐时期营建北京的工程。同年，迁都北京。第二年，改称京师为南京，北京为京师。明成祖之所以迁都北京，固然北京是他原来的封地，但是，更为重要的是自元顺帝退出塞外以后，北京一直是明朝对抗蒙古族严重威胁的主要军事根据地。明成

---

① 《明太祖实录》卷 45，洪武二年九月癸卯。

② 《国榷》卷 4，洪武三年七月乙巳。

③ 《太祖洪武实录》卷 99《附刘基传》。据《明史·太祖本纪》，洪武四年三月丁未，"刘基致仕"；《刘基传》："明年，赐归老于乡。"

④ 《明史》卷 115《兴宗孝康皇帝传》。

祖在他的一生里,曾8次亲自带兵出塞。《天府广记》说:“明太祖洪武初,欲建都于元故都,修撰鲍频力谏而止”①,大概是怕不安全。而明成祖把都城迁到北京来,在政治上、军事上都是积极的姿态。

马文升概括明初建都的过程说:明太祖朱元璋“即位之初,始欲建都于汴梁,随又建都于凤阳,终复迁都于金陵(应天)”。到明成祖朱棣的时候,又“迁都北平”②,并保留南京的整套官署,成为南、北两京的制度。

我国历史上迁都的事是一再出现过的,但是在一个朝代的初期,反复考虑、选择建都的地点,先后多次营建、改建都城,是不曾有过的。在这50年间四次营建、改建都城的过程中,有所继承,也有所发展。其中营建中都的城市规划和建筑设计,对后来改建南京、营建北京,起了很大的影响。因此,明初营建中都,在中国古代都城的规划设计历史上,占有十分重要的地位。

二、明中都的城市规划和建筑设计

明中都在城市规划、建筑设计方面,突出的有下列几个方面:

(一)明中都宫城位置的选定

南京吴王新宫选择在旧城东两里的钟山西南方。那里虽是钟山之阳,却并不是山陂,而是一个相当大的湖泊,叫燕雀湖,与玄武湖隔山相对。玄武湖在钟山之阴,称后湖;燕雀湖在钟山之阳,称前湖。当时吴王新宫就是填了燕雀湖之后,在上面建筑起来的。这样,吴王新宫的位置不仅偏东,不在都城的中央部位;而且地势低洼,形成了“宫城前昂后洼,形势不称”的不良后果。(见图1、2)

营建中都的时候,吸取了南京填湖筑宫的教训,选择临濠府城(今凤阳临淮关东端)西南20里凤凰山的正南方,在平缓的坡地上“席山建殿”,使宫城高亢向阳;又“枕山筑城”,让皇城禁垣蜿蜒直上,把凤凰山主峰和与其相连的万岁山峰都包绕在内,使宫阙显得气势雄伟。(见《明中都城考》第10页卷首《明中都总图》)

(二)明中都城墙的设计和修改

明中都有皇城、禁垣和中都城三道城墙。据《太祖洪武实录》记载和实地考

①孙承泽《天府广记》卷1《建置》。查明史无此人名,进士题名碑亦无此名。

②马文升《题为因灾变思患豫防以保固南都事疏》,载《明经世文编》卷62。

察，知道明中都城的原设计呈正方形，皇城居中，东西对称，每边3门，共12门，周45里。明朝一里为180丈，合华里为54里。南城墙筑于大涧北岸的斜坡上，利用自然地形，以涧为濠。西城墙外是绵延相连的群山，可依山为险，作为天然屏障。北城墙筑在海拔20米线的边缘上，往北则地势急剧下降，为一内泄湖，秋水涨时，东西可达10里，能凭水为阻。凤凰、万岁诸山都被包绕在明中都城的中部（见《明中都城考》第88页《明中都城原设计复原图》）。

明中都城在修筑的过程中，又修改了原来的设计，东城墙向东推展了将近3里，把崛起于涧岸的独山包进了城内，成为明中都形势的要害。西南城墙也突出了一角，称凤凰嘴，把凤凰嘴山也包了进来，成为西南隅的城守险要。修改后的明中都城有9门、18水关，全长50余里，合华里近61里，呈扁方形，皇城稍偏西，而万岁山则恰好成了明中都城两条对角线的交叉点。于是万岁山不仅成为全城的制高点，而且又变成了全城的中心点（见《明中都城考》第89页《修改后的明中都城平面图》）。

（三）明中都宫阙的建筑设计

凤阳明中都的宫阙，总的说来，是继承了南京吴王新宫的设计。即正殿为奉天殿，前为奉天门，后为华盖殿、谨身殿，都翼以廊庑，左右为文楼、武楼。谨身殿之后为内宫，正中是乾清宫、坤宁宫，两侧序列六宫。周以皇城，南为午门，东为东华，西为西华，北为玄武。明中都宫殿、门阙的设计和名称都相沿未改。甚至宫城内的金水河道也完全按照南京的样子开挖。南京的金水河道，是按地势最低下的原燕雀湖的西南边缘疏浚而成的，受自然地形的约束，没有别的更为理想的排水通道。明中都金水河道，原可以随心规划，也全都照搬了过来，这些都是明中都继承吴王新宫的一面。

在营建中都的过程中，明太祖与臣下一起研讨了历代都城各项建筑的制度和理论，参看了元朝的宫室图样，要创有明一代的制度。因此，明中都宫阙主要的还不在于它的继承性，而是它的创新和发展。主要有：

1. 规模比吴王新宫宏伟，且扩大了；

2. 增加了一些新的建筑，如：

（1）午门增筑两观；

（2）东华门内和西华门内增建文华殿和武英殿；

（3）午门、奉天门、奉天殿等的左右和两庑都增筑了门；

3. 所有外露的石构、部件，全都精雕细刻成了精致的石雕艺术品，如：

（1）午门白玉石须弥座上，连续不断地雕刻了形象生动优美的飞龙、翔凤、狮子耍绣球、麒麟、奔鹿和各种花卉图案；

(2)所有白玉石栏杆板的两侧也都分别雕刻了龙、凤、狮、花卉等等；

(3)丹陛前御道纹用龙、凤、海马、海水、云朵；

(4)御道踏级纹用九龙、四凤、云朵；

(5)大殿用的蟠龙石础，每一块都是2.7米左右见方、面积超过7平方米的庞然大物。石础面上盘着一圈高15厘米、宽32.5厘米的蟠龙，内圈直径1.25米；

(6)宫殿的石构件中还有不少粗犷的虎、象、狮、鹿等雕刻，充满民间气息，栩栩如生。

4. 东华门、西华门等门洞里都有砖雕的花卉。

不仅宫阙如此，整个明中都建筑也都是高标准的，如圜丘有巨大的蟠龙石雕，城隍庙有精致的石栏，鼓楼台基3个门洞的出入口也都砌了白石洞券。皇城内外还铺砌了一些白玉石大街等等。

(四)明中都集中太庙、太社稷于阙门左右

营建吴王新宫的时候，把太庙建在皇城的东北，太社稷建在宫城的西南，这是符合历代都城左祖右社的总的法则的。到营建中都的时候，明太祖认为这样还“未尽合礼”，于是就把象征皇室正统的太庙移到阙门之左，把象征疆域版图的太社稷移到阙门之右，非常集中、十分突出地把它们摆到了午门前的东、西两侧，这是明太祖建都指导思想中一个非常突出的表现。

(五)明中都中轴线、东西横街和东西南北之间相互对称的整体布局设计

明中都中轴线纵贯全城。南端从凤阳桥起，进正南门洪武门入中都城，经洪武街、大明门、御道，进承天门，入禁垣，再经端门、外金水桥(外五龙桥)，进午门，入皇城(宫城)，过内金水桥(内五龙桥)，进奉天门，至奉天殿。奉天殿是中轴线的中心。再北经华盖殿、谨身殿，入后宫，经乾清宫、坤宁宫，出后宫，又经玄武门，出皇城，经苑囿，越凤凰山巅，至北安门，出皇城禁垣，下凤凰山，径北，直指中都城北门玄武门(未建)，全长13华里半。中轴线两侧，如六宫、门阙，文楼和武楼，文华殿和武英殿，太庙和太社稷，中书省和大都督府，左右千步廊等等，都是左右对称的(见《明中都城考》第96页《明中都午门以南设计建筑平面图》)。

明中都皇城禁垣外大明门前，设计修筑了一条东西横向的干道云霁街，东

起鼓楼，西至钟楼，全长5明里，合今6华里。云霁街上的建筑，也都安排成东西对称的。大明门往东，为中都城隍庙、金水桥、国子学、鼓楼；大明门往西，为功臣庙、金水桥、历代帝王庙、钟楼。

明中都的城门、街、坊，也都是东西相对、南北相称的。

明中都的圜丘和山川坛、朝日坛和夕月坛是东西对称的；圜丘和方丘、皇陵和十王四妃坟、凤阳府和凤阳县是南北对称的。

（六）明中都对建筑和山景关系的安排

由于明中都是“席山建殿”“枕山筑城”，背后日精峰、万岁山、凤凰山、月华峰东西相连，环抱宫阙，长达10里，位于城中，东部又有独山高峙城边，如何处理好建筑和山景的关系，在明中都的整体设计中占有重要的位置。

明中都对这些绵延相连的小山进行了绿化，栽植了松柏树木，安排了建筑和园林。独山顶上设置了观星台，璇玑、玉衡、铜盘等列置于松林之巅。日精峰前，后来撤了中都宫殿材料修建了大龙兴寺。这是一座规模宏大、建筑壮丽的大型寺院。万岁山前开辟了苑囿，是一个规模很大的皇家果园，“竹树茂盛”，“花开如绣”。把宫阙安排在这样一个胜境环列的妩媚风光里，使中都的建筑布局显得更为开阔，也把宫阙衬托得更为壮丽和气势磅礴。

更为精彩的是鼓楼和钟楼的安排和处理。鼓楼位于中都皇城禁垣外东南方一里半，“筑台，下开三券，上有楼九间，层檐三覆，栋宇百尺，巍乎翼然，琼绝尘埃，制度宏大，规模壮丽。登焉，则江、淮重湖萦纡渺弥，一目而中都诸山空濛杳蔼，隐见出没于云空烟水之外。上置铜壶滴漏、铜点更鼓，以警朝夕”①。钟楼位于皇城禁垣外西南方一里半，也是“下有台，开三券，上有楼，重檐三覆，中悬铜钟，以警朝夕”。鼓楼、钟楼双双对峙于中都皇城前面的东西两侧，用这样的前景把散列环峙于宫阙之外的诸景收拢起来，集中到明中都的主体建筑宫阙上来，把宫阙衬托得更为壮丽、雄伟，也更使明中都建筑显出了深度和层次。如若没有这样一对高大的建筑，明中都建筑就会显得散，宫阙就会显得局促一隅。因此，鼓楼和钟楼的布局设计，在整个明中都的城市规划和建筑设计中，占有举足轻重、十分重要的地位。

（七）中都的日渐废毁和规模巨大的明中都遗址

洪武八年罢建中都以后，有些未了的工程仍继续进行了一段时间。凤阳也

①《凤阳新书》卷3。

着实繁华热闹过一阵。后来，由于宫殿和中书省等衙门长期闲置不用，就先后把它们拆了，用这些材料修建和重建龙兴寺。会同馆改成了凤阳府。中都国子监后来并入南京国子监，原址改成凤阳府学。太庙、太社稷、圜丘、功臣庙、观星台、钟楼等因常年未予维修，日渐颓废。方丘、十王四妃坟因濒临淮河，屡次为淮水冲毁。皇陵祭殿、龙兴寺、鼓楼、凤阳府等，在明末焚毁。康熙时，移凤阳县治入旧明皇城，移府城隍庙于中都城隍庙旧址。乾隆时为了修筑凤阳府城，又拆除了皇城禁垣、中都九门，各处砖城、废址。太平天国时期，凤阳府、县两城尽遭焚毁，重建的鼓楼、龙兴寺以及府城隍庙等无一幸免。到新中国成立时，明中都建筑仅剩一座皇城（宫城）和鼓楼台基是完好的。1961 年，明皇城被列为安徽省重点文物保护单位。但是，在"文化大革命"中，由于极左思潮的影响，这座可称得上是中国历史上最为豪华的明中都皇城，也遭到了严重的破坏，现在仅存残破的午门、西华门和南墙西部、西墙两段城墙了。明初集中全国物力、人力悉心经营的明中都，现在仅存遗址了。

由于明中都是在平地原土层上建筑起来的，并非由旧城改建，因此地层不乱。罢建中都以后，还没有进行过大规模的改建。明初建筑虽地面上几乎不存了，但遗址清晰可辨。宫殿成废墟，城门为土堆，城墙有的变成了公路、大道，有的土埂还相当高耸雄伟，云霁街大道仍在，圜丘还是一个圆形的废址。在凤阳方圆几十里的地面上，到处都是精美的石雕、巨大的城砖。尤其是在地下，夯土层、砖砌的城基、墙脚、殿基、桥基和石础、石雕、琉璃，到处皆是。现在，遗址上居民鲜少，建筑不多，是一套十分完整的都城遗址。明中都遗址规模巨大，覆土层仅有几十厘米，清理发掘都不困难。1982 年 3 月 11 日，国务院正式公布明中都皇城和皇陵石刻为第二批全国重点文物保护单位。

三、营建中都对改建南京的影响

营建中都对改建南京的影响，大致有下列几个方面：

第一，洪武八年四月丁巳，"诏罢中都役作"以后，放弃了定都凤阳的打算。同年九月辛酉，又下诏"改建（南京）大内宫殿"。诏书说："朕今所作，但求安固，不事华丽，凡雕饰奇巧，一切不用，惟朴素坚壮，可传永久。"经过两年多一点时间，"改作大内宫殿成"。据《实录》记载，改建后的大内，"制度皆如旧，而稍加增益，规模益宏壮矣"。既然"制度皆如旧"，而且"不事华丽，凡雕饰奇巧，一切不用"，为什么还要把 8 年前刚刚建成的吴王新宫拆了重新改建呢？因为吴王新宫与刚营建起来的凤阳明中都宫阙相比，不仅中都华丽的雕刻奇巧是无可比拟的，就是在“规模”上也比吴王新宫“宏壮”得多，在建筑上也比吴王新宫坚实、牢固得多。因此，即使“制度皆如旧”，“但求安固”，“惟朴素坚壮”，也要把原来的吴王新宫拆了，照凤阳中都宫阙的样子全都进行改建。这是改建南京工程中最主要的一项。现存南京明故宫的午门遗址上，至今我们仍能清楚地看到当时增筑翼楼的痕迹。如果说吴王新宫是吴国工匠建的，明北京是明朝工匠建的，那么营建中都和改建南京，可以说是由元朝留下来的工匠建的，因此，在建筑工艺上还必然会保留着某些元朝的风格。例如，明中都的石雕，明南京的增筑翼楼，也都可以说是直接受了元大都宫廷建筑的影响。

第二，把太庙和太社稷按照凤阳明中都的布局，分别从皇城东北部和宫城西南部移建到午门前的左右两侧。这对改建南京来说，又是一个重大的项目。因此，在改建太庙和太社稷的时候，明太祖还都亲自分别撰写了祝文。

第三，在营建明中都的同时，南京增建了圜丘和方丘的斋宫、斋房，新建了朝日坛、夕月坛、山川坛，这些也都不能不说是与中都营建相同的项目有关。

第四，修筑南京城。《实录》载，丙午年（1366 年）八月庚戌朔“拓建康城”。吴元年（1367 年）二月丁未朔“拓都城讫工”。从后来筑城的实际情况来看，可能当时只是开拓了五代十国时期吴国修筑的金陵城的东北墙，以便在它的东北方建吴王新宫，筑皇城。大概是由于松江爆发了钱鹤皋领导的反对计亩征砖的农民起义，复加当时张士诚还困守平江（苏州），吴地尚未平定，因此都城一直没有砌筑起来。洪武四年（1371 年）十月，开始修筑南京城垣。但是，似乎筑到鸡鸣寺背后六朝“台城”的时候，又停顿了下来。看来，当时明太祖还拿不定主意，究竟要把南京城建成什么样子。因为洪武五年（1372 年）正月甲戌定明中都城基址的时候，还是方方正正的。到洪武六年六月明中都皇城完工，修筑南京城的工程就全面开工了。原来在中都筑城的军队 7 万多人，突然只剩下 7000 多人，只有原来的十分之一，以至要从浙江调军队来增守中都。当时，筑城的工程是由军队承担的，因此，我判断是把筑中都皇城的军队调到南京来修筑京城了。筑南京城和筑明中都皇城，可能使用的是同一套班子人马。因此，洪武八年（1375 年）十月乙未“筑凤阳皇陵城”（也是一个周六里多的砖城）的时候，修筑南京城的工程很可能又停顿了下来。洪武十七年（1384 年）二月丁卯，“修筑京城仪凤门”，这就到了离旧城西北方相当远的狮子山下，把狮子山包在城内，成为江防险要，洪武十九年（1386 年）十二月乙酉，又“新筑后湖城”，即是放弃了从台城向西沿六朝建康城北城墙旧址的设想，改变为从鸡鸣寺背后沿玄武湖西岸折而向北，利用六朝时候的“十里长堤”筑城。然后沿北边的直渎山等岗阜筑城，与狮子山连接起来，再南下把原旧城西北的清凉诸山全部包在南京城内，与原应天城相衔接。这对明太祖来说，在筑城的指导思想上是一个巨大的跃进。

修筑南京城的时候，已经天下太平，但是明太祖居安思危，为子孙后代着想，就又更多地考虑了军事上的城防险要。他摒弃了定中都城址时应该尽可能四方四正的传统设计思想的束缚，选择了因地制宜完全利用当地的自然地形，把所有的险要尽可能地都包在城中，以加强和巩固城防、江防。这就又不能不说是受了明中都城修改设计，把独山和凤凰嘴山包在城中的影响。因南京的山川形势，把南京城修建成这样一个极不规则的形状，不但是在南京城的历史上所没有的，在我国古代的都城中，也是独一无二的。由于雨花台在城南，钟山在城东北，特别是天堡城居高临下，压在城边，成为南京城防的薄弱环节，于是又加筑外郭，把钟山、雨花台、幕府山统统都包在其中。但是，外郭并没有起到防卫的作用，后来湘军攻陷太平天国的天京，辛亥革命联军攻占南京，都是先攻占了这些险要，并从这些城防的薄弱环节攻进南京城的。这也就证明了明太祖筑城时的深谋远虑是十分必要的。（见图 1，图 2）

第五，南京的鼓楼、钟楼建得也比较晚，大概是由于城址未定和一直找不到非常合适的部位。后来筑城的方案大致定了，就学明中都样子，把它们放到功臣庙西边的高岗上，让它们稍接近于全城的中心，使宫城偏东的形势得到一些平衡和改善。

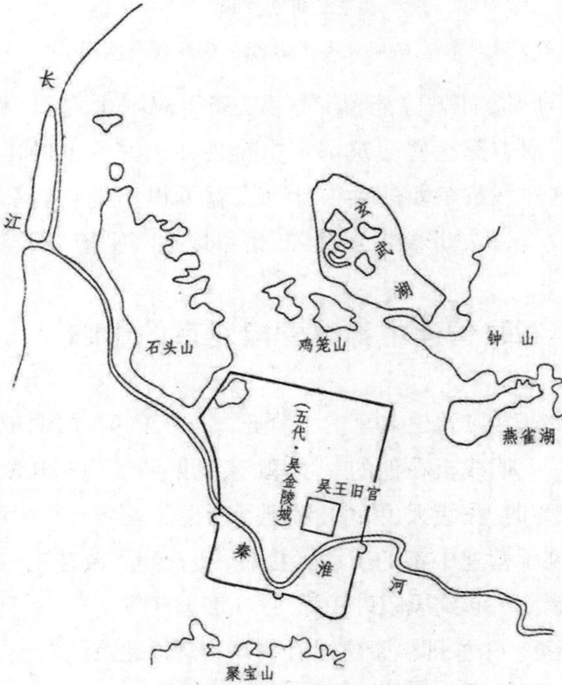

图 1　营建南京前的应天府城

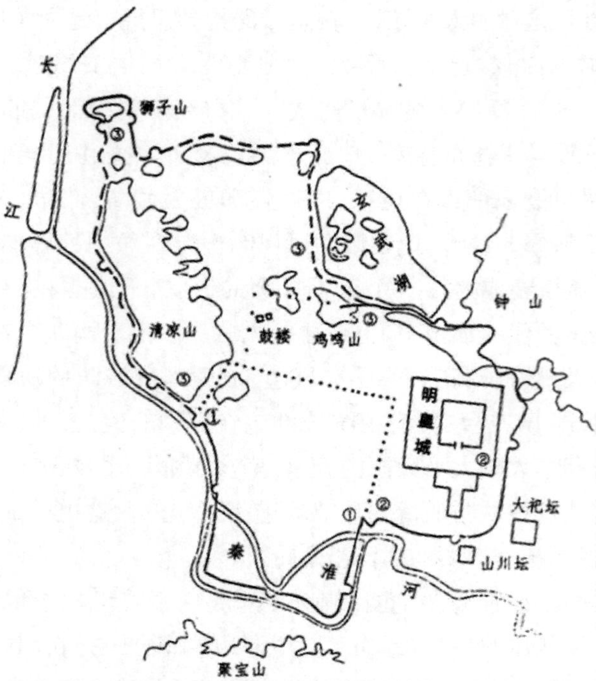

图 2　明南京城

①旧金陵城　②拓城筑吴王新宫　③筑成南京城

第六，改建国子监、都城隍庙、历代帝王庙于鸡鸣山之阳，和功臣庙并列。这很明显也是受了明中都这些建筑都集中排列在云霁街上的影响。只是由于南京皇城前没有这样一条东西的大街，因此，就不得不把它们都移到了西北方的鸡鸣山下。同时，在此处形成一组建筑，也可以适当平衡一下都城的布局。

四、营建中都对营建北京的影响

永乐十五年(1417 年)营建北京的工程正式开工的时候，明成祖朱棣已是一位年近 60 岁的人了。明成祖在他的一生里，亲眼见到了明初几次大规模的营建都城的工程。七八岁时，在应天(南京)看到了营建吴王新宫。少年时代，两次去凤阳祭祀皇陵，看到了营建中都的工程。接着，又看到了改建南京的工程。青年时代，奉命与兄弟诸王一起到凤阳讲武练兵，在那里住了 4 年，直到 21 岁，才到他的封国北平去当燕王。朱棣即皇帝位以后和开始营建北京的时候，又多次去过凤阳。因此，明成祖对凤阳明中都的规划布局建筑设计的印象是十分深刻的。明成祖在营建北京的过程中，吸收了明中都都城规划和建筑设计上所取得的成果。

（一）营建北京宫殿

《明成祖实录》说：“初，营建北京，凡庙社郊祀坛场宫殿门阙规制，悉如南京，而高敞壮丽过之。”《大明会典》说：“营建北京，宫殿门阙，悉如洪武初旧制。”其实，除了照南京后来改建的大内金水桥，增建的端门、午门楼各5间，长安东西二门以外，其余全部都和凤阳中都的宫殿门阙一样；所不同的，仅只是遵照明太祖“但求安固，不事华丽，凡雕饰奇巧一切不用，惟朴素坚壮，可传永久，吾后世子孙，守以为法”的祖训，没有再照凤阳明中都宫阙那样搞豪华奢丽的石雕。因此，北京的宫殿门阙是凤阳明中都宫殿门阙南京翻版的再翻版，都是沿用了明中都的规划制度，而稍稍作了一些变动。而这与元大都正殿和寝殿之间均由柱廊连接，主体建筑两侧缺少文华殿、武英殿等建筑是很不相同的。

（二）堆万岁山于宫城之后，建日精门、月华门于后宫左右

元朝在大内西北太液池中原有万岁山，那是金人堆筑，元中统三年（1262年）修缮，元至元八年（1271年）命名的。永乐营建北京的时候，在宫城的正北面，即金、元万岁山的东边，另用拆燕王旧宫即元故宫大内废弃的土渣和开挖筒子河的废土就近堆筑了一座土山，命名“万岁山”，原万岁山恢复旧名“琼华（花）岛”。在宫城背后堆筑“镇山”万岁山，明显是模仿凤阳明中都“席山建殿”，筑宫阙于万岁山之阳的意思。明中都命名“万岁山”，是学了元大都，现在北京反过来又照明中都在宫城正北重新堆筑一座万岁山。元大都只有孤零零一座土山万岁山，明中都则东西相连还有两座山，于是改称东边的盛家山（俗称九华山）为日精峰，改称西边的马鞍山为月华峰，这显然也是学了元大都大明门左右有日精门、月华门的意思。现在回到北京，万岁山东西两边没有土山，不好对称命名，就又恢复了日精门、月华门的名称，把它们安在后宫乾清宫东西两庑的门上。历史上的相互继承、模仿、创新、改制，竟会如此相巧，从元大都开始，轮回一周，又回到了原地北京。

（三）宫城位置南移

据《考古》1972年第1期《元大都的勘察和发掘》一文附图，元大都宫城在今故宫位置稍偏北一些。永乐宫城南移以后，即在原来元大都后宫的位置上堆筑一座“镇山”万岁山，并把它摒撤到宫城之外去，从当时的斗争形势看，不能说是毫无意义的。

把永乐营建的北京宫城，和原元大都宫城相比，有了明显的差别：

第一，改变了宫城长宽之间的比例。据《元大都城》图，南北和东西之间的比例是4:3，明中都和南京的宫城是10:9，略呈长方形，北京则取乎其中，6.5:5，比明中都和南京的宫城略长了一些，比元宫城则缩短了一些。因此，明宫城北门玄武门比元宫城北门厚载门向南移了大约400米，而明宫城南门午门前推到原来元故宫前周桥的边缘，比元故宫正门崇天门只南移了大约300米。

第二，环宫城挖了城壕筒子河。

第三，宫城内挖了金水河，筑了金水桥。

第四，午门前增筑了端门和承天门。

第五，承天门前金水桥为五孔，比元周桥三孔多两孔。

这些都明显地继承了明中都的格局。

（四）建太庙、社稷于阙门左右

建太庙于午门前东侧，建社稷于午门前西侧，这是营建明中都规划体制的精华之处，北京完全遵制照办。元朝的太庙是在齐化门（今朝阳门）内北边，社稷是在平则门（今阜成门）内北边。（见图3，图4）

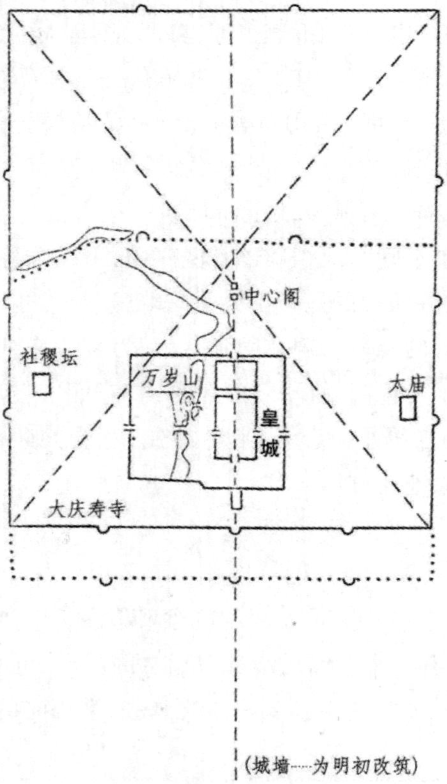

图3　元大都

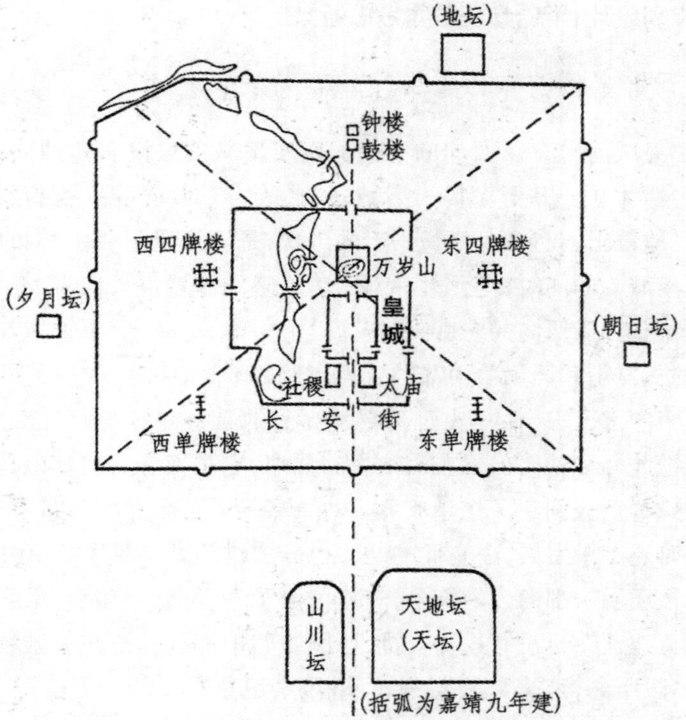

图 4　明永乐营建北京

（五）推展北京南城墙

把北京城的南城墙向南推移了将近 800 米。如从承天门算起，到正阳门瓮城南端为止，则整整有 1000 米，即长达 2 华里。南城墙的推展，在营建北京的工程中，是一项具有关键性的改造。

第一，伸延了京城和皇城、宫城之间的距离，增加了宫阙的纵深度和雄伟气势。确定了正阳门、大明门、承天门的位置，列置了六部（刑部除外）和五军都督府等中央官署于中轴线两侧，改变了元大都官署分散的状况。明中都原是左侧为中书省，右侧为大都督府、御史台。洪武十三年（1380 年）罢中书省，分设六部，改御史台为都察院以后，刑部、都察院、大理寺并称三法司，建于南京太平门外，北京也仿南京，单独一组，建于西城，与中都不同。

第二，开拓了长安街。

第三，使万岁山成了全城的中心点。万岁山原已堆成了全城的制高点，南城墙推展以后，又成了全城东北西南和西北东南两条对角线的交叉点，名副其实地成为北京城的中心点。

这些安排和布局都跟凤阳明中都一模一样。因此，堆万岁山、宫城南移、城墙南推的规划设计，可能是从整体考虑通盘定下来的。

（六）开辟皇城前东西大街（东、西长安街）

元大都皇城前没有东西向的大街。南京皇城前也没有东西向的大街。只有凤阳明中都才有云霁街横贯于皇城之前，成为东西向的主要街道。因此，可以十分明显地看出，北京东、西长安街的出现，是直接受了明中都布局设计的影响，在推展南城墙的同时，把元大都南城墙原来的位置空了出来，修筑成了北京城内的主要街道，东西向的东、西长安街。

北京的长安街和凤阳明中都的云霁街也有不同。

第一，明中都云霁街的东、西两端是高大的鼓楼和钟楼。北京继承元朝原来的布局，把鼓楼和钟楼仍留在中轴线的北端，也是很合适的。但是，北京仍在东、西这个位置上分别建了东单牌楼和西单牌楼，反映了学习明中都规划设计的意图，同时还有了发展，在它们的北边也分别建筑了东四牌楼和西四牌楼。

第二，凤阳明中都的云霁街上，安排了国子学、都城隍庙、功臣庙、历代帝王庙等建筑，营建北京时没有这样安排，原因是明中都云霁街在皇城禁垣之南，离禁垣还有一段距离，云霁街是第一线，皇城禁垣是第二线。但是北京比凤阳少了一个层次，长安街即在皇城根前，承天门、太庙、社稷和皇城外墙都推到了第一线，再安排别的建筑都不甚相称了。这样，就影响了国子监、都城隍庙、功臣庙、帝王庙等一组建筑的安排。结果，西端原有的一座大庙大庆寿寺留了下来；国子监、都城隍庙也都利用了元朝的旧址，没有再迁建；帝王庙因已有元世祖庙，也未再建筑。这些，都是根据当地的具体情况作了变通。

（七）筑京师九门

元大都原有 11 门，明初北城墙缩进后，剩 9 门。明中都原设计 12 门，罢建中都后，撤了 3 门，只筑了 9 门。北京南城墙推展后，如果在原元大都的东南、西南拐角处留出城门，恢复 11 门，也是比较合适的。但是北京没有这么做，这可能也和明中都仅有 9 门有关。

（八）定大祀坛、山川坛位置

洪武改建南京的时候，改定为天地合祀礼，于洪武门外东南圜丘旧址建大祀殿，废掉了太平门外玄武湖边的方丘（具体地点未详）。南京大祀殿位置偏东，离中轴线很远，山川坛位置也在中轴线东侧，位置不对称。永乐营建北京，也只建了大祀殿和山川坛，但位置则照凤阳明中都圜丘和山川坛的布局，安排到中轴线东西、两侧的对称位置上，改变了南京因循旧址而造成的缺点。

(九)嘉靖建圜丘、方泽坛、朝日坛、夕月坛、帝王庙

嘉靖九年(1530年)，恢复明初天地分祀礼，于大祀殿南建圜丘，即天坛，于安定门外东北建方泽坛，即地坛，制度和凤阳明中都的圜丘、方丘相同。

朝阳门外的朝日坛，即日坛，阜成门外的夕月坛，即月坛，也都是嘉靖九年建的，制度大概也和南京、中都的相同。

永乐营建北京的时候，没有建帝王庙。嘉靖九年，又建帝王庙于阜成门内。

北京的这些建筑，虽然都是在永乐营建北京之后一百多年建筑的，但是，从中仍能看到一百五六十年前明初营建中都的影响。

借召开全国历史地理学术讨论会的机会，对明中都遗址做了一些粗略的介绍，对改建南京、营建北京的影响，也做了一些初步的探讨。如有错误不当之处，请批评指正。

1982年3月13日

《大明皇陵之碑》考释

1948 年,余考入燕京大学研究院研习史学,时中国史研究导师为邓之诚文如先生,西洋史研究导师为齐思和致中先生。1949 年,从文如先生作硕士论文,命习明史。1969 年,下放安徽凤阳教育部"五七"干校劳动。1973 年起,借余暇遍访凤阳文物遗迹,并探索有关文献,发现了为《大明会典》《大明一统志》《明史》等所不载的明初太祖朱元璋营建的明中都遗址及其营建过程和变迁,撰成《明中都》一书;又踏实皇陵遗址,攀登皇陵碑顶,逐字核对碑文,今值文如先生 100 周年诞辰,特撰写此文以为纪念。

额篆:大明[1] 皇陵[2] 之碑[3]

[1] **大明:** 小明王韩林儿宋龙凤二年、元顺帝至正十六年(1356 年)三月庚寅,朱元璋率领红巾军一支攻克集庆,改集庆路为应天府,置大元帅府。七月,置江南行中书省。1361 年 ,进吴国公。1364 年, 称吴王,建百司官属。1366 年,小明王韩林儿卒,改明年为吴元年。1368 年正月乙亥,朱元璋即皇帝位,定国号曰"大明",建元洪武。

[2] **皇陵:** 皇陵在明中都城西南 10 里太平乡, 今凤阳西南 8 公里,1949 年后建为皇陵农场,是朱元璋父母的葬地。朱元璋的父亲叫朱世珍,母亲陈氏。洪武元年(1368 年)正月,朱元璋即皇帝位,追尊父母为仁祖淳皇帝、淳皇后。朱元璋大哥、大嫂、二哥、二嫂、三哥、三嫂和两个侄子的坟也都附凤阳皇陵。万历《大明会典》卷 90/21a"国初追封诸王坟":"南昌王、妃王氏,盱眙王、妃唐氏,临淮王、妃刘氏,山阳王,招信王,以上坟附凤阳皇陵。"南昌王是朱元璋的大哥重四朱兴隆,盱眙王是二哥重六朱兴盛,临淮王是三哥重七朱兴祖,山阳王是大哥的儿子圣保,招信王是二哥的儿子旺儿,朱元璋兄、嫂、侄儿的王、妃谥号都是洪武元年追封的。

皇陵是一组规模很大的建筑群,有皇城、砖城、土城里外三道城。砖城周 6

里128步，开4门，俱有五间重檐城楼。外绕土城一座，周28里。设皇陵卫并祠祭署，置陵户3342户，分为64社，供祭、直宿、洒扫。皇陵的正门正红门，东北斜向，正对中都城的正南门洪武门，一出中都城，跨过凤阳桥，踏上两侧栽植松楸的十里大道，就能遥望到远处郁郁葱葱一片林海里金碧辉煌的皇陵建筑群。进入陵域以后，沿着神路，穿过松柏林和一重又一重的红门、红桥、棂星门、御桥，直达金门、皇堂，气氛庄严肃穆。唐顺之《皇陵行》说："迢遥复道中天起"，"重门列戟园陵肃"，"壮哉兹陵从古无"，"百里无人敢樵牧"。北京图书馆藏柳瑛《中都志》万历刊本（微胶）里有一幅万历四十一年（1613年）凤阳县知县万嗣达增补的《皇陵总图》。柳瑛《中都志》（南京大学图书馆藏成化刊本）卷4"陵寝·皇陵"和袁文新《凤阳新书》（中国科学院南京地理研究所图书馆藏天启刊本）卷4"宗祀篇·皇陵"都详细记载了皇陵的建筑，请参看原书或拙著《明中都》。

从北京图书馆藏曾惟诚《帝乡纪略》万历间刊本（微胶）里的《祖陵图》看，洪武十九年（1386年）修缮的朱元璋祖父朱初一的坟墓泗州祖陵的主体建筑设计跟凤阳皇陵完全一致，而跟南京孝陵、北京长陵不同，可以看出，泗州祖陵和凤阳皇陵是明初的山陵制度，与宋陵相类，到营建南京孝陵和北京长陵的时候，制度才为之一变。

[3]**大明皇陵之碑**：简称皇陵碑，在砖城内皇城前金水河御桥北金门前左侧，东向，与右侧无字碑东西对峙，相距48米。皇陵碑完好，分碑额、碑身和碑座3部分。碑额宽217厘米，高182厘米，厚70厘米。中下部篆刻"大明皇陵之碑"，宽71厘米，高61厘米。顶部及四周雕为蟠龙，下边为云朵。碑身高420厘米，宽189厘米，厚63厘米，刻《大明皇陵之碑》碑文，26行，行56字，字径6厘米，楷书，共1101字。徐乃昌《安徽通志金石古物考稿》卷6/1a："《皇陵碑》拓本高一丈一尺五寸，广五尺七寸，二十六行，行五十六字，字径一寸六分，正书"，与原碑实测大致相当。碑座宽195厘米，高135厘米，厚70厘米，与龟趺相连为一体。石龟高约2米，宽2米，长4米不到。皇陵碑总高度为7.37米。原有碑亭已不存，仅存残础11块。碑亭遗址4米见方，高出四周地面1米左右。

皇陵碑碑文为明太祖朱元璋亲自撰写，叙述了他的家庭出身、本人经历、元末农民起义和他参加起义军的情况，以及东渡大江、统一全国的简略过程。《皇陵碑》是研究朱元璋的重要历史资料，也是一件具有重大历史价值的文物。1982年，成为国务院公布的第二批全国重点文物保护单位明中都皇故城及皇陵石刻的组成部分。

碑文：

大明皇陵之碑

孝子皇帝[1] 元璋谨述：洪武十一年夏四月[2]，命江阴侯吴良[3] 督工新造皇堂[4]。予时秉鉴窥形，但见苍颜皓首[5]，忽思往日之艰辛。况皇陵碑记[6] 皆儒臣粉饰之文，恐不足为后世子孙戒[7]，特述艰难，明昌运，俾世代见之。

序言说明亲自撰写《皇陵碑》碑文的缘由。

[1]**孝子皇帝：**朱元璋对他的先父先母仁祖淳皇帝、淳皇后的自称。

[2]**洪武十一年夏四月：**据《明太祖实录》（中央研究院历史语言研究所校印本）卷118仅记"是月，重建皇陵碑。上以前所建碑恐儒臣有文饰，至是复亲制文，命江阴侯吴良督工刻之"。具体日子不详。

[3]**江阴侯吴良：**据《中都志》《皇明文衡》（《四部丛刊》印行本）所载吴伯宗《吴良神道碑铭》，吴良，凤阳府定远县人，初名国兴，后赐今名。元末群雄并起，吴良、吴祯兄弟从朱元璋起兵里中，渡大江，定建康，从1357年起，镇守东南要冲喉襟之地江阴，对付兵食富强的勍敌张士诚。洪武三年（1370年），天下大定，论功行赏，吴良以有守江阴之功，封爵为江阴侯。《明史·吴良传》：洪武八年，"督田凤阳"。宋濂《凤阳府新铸大钟颂》：同年，"诏江阴侯吴良监铸（钟楼）大钟……侯遂请濂为之颂"。至是，督建皇陵。《明史·吴良传》：洪武"十二年，齐王封青州。王妃，良女也，遂命良往建王府"。《神道碑铭》："齐王受封青州，命公营建王府、宫殿、社稷。公经营区画，部署军卒，并手偕作，功成而民不知劳。公留青州二载，得疾而薨，享年五十有八。""追封江国公……赐葬钟山之阴。"

[4]**督工新造皇堂：**据旧《皇陵碑》文，洪武二年（1369年），"姑积土厚封，势若冈阜，树以名木，列以石人、石兽，以备山陵之制而已"，未尝说有地面建筑。《凤阳新书》卷5/32a："是年，修治皇陵。先是度量界限，将筑周垣，所司奏民家坟墓在内者当外徙。上曰：'此坟墓皆吾旧邻里，不必外徙，春秋祭扫，听其出入不禁。'"而洪武三年（1370年）葬的追封燕山侯孙兴祖墓，则在今皇陵土城遗址内西南方，可知洪武二年皇陵的"周垣"是并不很大的。到洪武八年（1375年）十月乙未"筑凤阳皇陵城"，规模为之一变，洪武十二年（1379年）闰五月丁巳"皇陵祭殿成，命称曰'皇堂'"前后，皇陵才成为一个规模巨大的建筑群。因此，"督工新造皇堂"仅仅是举其象征性的中心建筑物，其内容是包含着整个皇陵的改建。

明太祖朱元璋十分注意创建有明一代的制度，凡制礼作乐，营建宫阙、坛庙等等，无不与大臣们引经据典详细论述，对此《实录》均做了记载。丙午年夏四月丁卯议改葬仁祖典礼，洪武二年二月丁丑议仁祖陵加尊号礼，《实录》也都有记录；而改建皇陵，实际上是重建皇陵这样重大的事件和巨大的工程却只留下“新造皇堂”“重建皇陵碑”几个字，没有再更多说一句，可以说是缺载，这是为什么呢？我看，主要是把陵墓改变了方向。由于在皇陵正北偏东的凤凰山下新建了准备迁都来定鼎是方的中都城，为了便于出城谒陵，就把常规的坐北朝南的陵墓特意改变成了坐南朝北，这是违反常规的，没有什么可引经据典的。但明太祖朱元璋从总体设计布局来看，觉得只有这样改好，就这么定了。《凤阳新书》卷4/56a：“洪武十一年……夏四月，命江阴侯吴良督建殿宇、城垣，植冢木，立华表，树石人、石兽，勒石建亭”，说的倒是实话，不仅仅是“督工新造皇堂”，还有具服殿、神厨、斋宫、混堂、官厅、直房等其他“殿宇”，并把石人、石兽等从陵墓的南边搬移到了陵墓的北边重新竖立，勒石建亭，重建皇陵碑。乾隆《凤阳县志》卷4/30b陵寝概括叙述改建或重建后的皇陵：“其间享殿具备，殿左右庑、官厅、直房、神厨、宰牲厨、酒房等屋共数百间，金门、红门、棂星门数十间，御桥、红桥，水关数十座，碑亭二座，祠祭署、铺舍各数百间，松柏数百株，石人、马数十对。”

[5]**苍颜皓首**：朱元璋生于元文宗天历元年（戊辰，1328 年），时年 51 岁，所以如此苍老，当为操劳所致。

[6]**皇陵碑记**：指旧《皇陵碑》。《明太祖实录》卷 39/3a，洪武二年二月乙亥，“诏立皇陵碑。先是命翰林侍讲学士危素撰文，至是文成，命左丞相宣国公李善长诣陵立碑”。

旧《皇陵碑》碑文尚保存在郎瑛《七修类稿》一书中，现据乾隆四十年（1775年）耕烟草堂重刊本卷 7“国事类”所载转录全文如下：

奉天承运，大建武功，以有天下，实由祖宗积德所致。

兹欲撰文，词臣考摭弗周，则记载弗称，敢以上请。于是上手录大概，若曰：

朕幼时，皇考为朕言：“先世居句容朱家巷，尔祖先于宋季元初，我时尚幼，从父挈家渡淮，开垦兵后荒田，因家泗州。”朕记不忘。

皇考有四子：长兄讳某，生于津律镇；仲兄讳某，生于灵璧；三兄讳某，生于虹县；皇考五十居钟离之东乡，而朕生焉。十年后，复迁钟离之西乡。长兄侍亲；仲兄、三兄皆出赘。既而复迁太平乡之孤村庄。

岁甲申，皇考及皇妣陈氏俱亡弃，长兄与其子亦继殁。时家甚贫，谋葬无所，同里刘大秀悯其孤苦，与地一方以葬皇考皇妣，今之先陵是也。葬既毕，朕茕然无托，念二亲为吾年幼有疾，尝许释氏，遂请于仲兄，师事沙门高彬于里之皇觉寺。邻人汪氏助为之礼，九月乙巳也。

是年蝗旱，十一月丁酉，寺之主僧，岁歉不足以供众食，俾各还其家。朕居寺时甫两月，未谙释典，罹此饥馑，彷徨三思，归则无家，出则无学，乃勉而游食四方，南历金斗，西抵无锡，北至颍州，崎岖二载。泗州盗起，剽掠杀人，时承平既久，列郡骚动，仍还皇觉寺。

又四年，颍、濠、蕲、黄有警，濠城亦破，朕杂处兵间，与元兵相拒。期年，元兵败去，得其义兵三千人于定远，遂立帅之。夜袭元将知枢密院事老张。既遁，得其民兵男女七万人，攻逐元将参政野先。乃移师滁州，转战和阳，渡江击采石，抚太平，定业建康。将相协心，贤能匡赞，西平陈友谅，东翦张士诚，南廓八闽，百粤奉款。中原顺服，兵进幽燕，元君弃宗社而去，朕以十五年间，遂成大业。

仰惟先陵奇秀所钟，虽治葬之时厄于贫窭，衣衾棺椁不能具备，赖天地之佑，祖宗之福也。今富有天下，顾无以惬人子之情，兹欲启坟改葬，虑泄山川灵气，使体魄不安，益增悲悼。姑积土厚封，势若冈阜，树以名木，列以石人、石兽，以备山陵之制而已，谨献陵曰皇陵，汝其据事直言无讳。

臣善长以上手所录付词撰文臣。

善长等钦承明训，黾勉论次，惟古先帝王若虞、舜、汉高祖，皆起自侧微，以成德业之盛。盖天将降大任于圣明，必先有以起之。今皇上述二亲之劬劳，与夙昔之出处，刻石以昭先烈，俾后世子孙知积累之厚，创业之难，思以继承无疆之基。诗云："永言孝思，孝思惟则。"呜呼盛哉！谨拜手稽首而为之铭，曰：

皇矣上帝，厥命煌煌，监观四方，有道者昌，
惟今天子，奋迹田里，叱风驱霆，仗剑而起。
汝颍始兵，蔓于濠梁，渊潜时晦，觇其施张。
元君既否，紊乱政理，命将出师，反斁人纪。
贪残污秽，肆彼剽攘，战功败衄，赏罚无章。
猛士阴兵，险平萃止，总戎惊奔，归者如水。
滁和来斗，形势莫当，江流浩浩，瞬息可航。
采石破倾，当涂风靡，宣歙畏威，耄倪忻喜。
经营建业，实帝故乡，号令之行，肃如秋霜。
乃伐僭王，歼之彭蠡，削平两浙，殪彼蛇豕。
闽广既服，百粤来王，青齐献款，底平豫章。
师震幽燕，君臣北徙，空城尽开，图籍弗毁。

乃作礼乐，乃垂衣裳，重译表献，大开明堂。
永怀上世，原其本始：句容族居，川回山峙，
载渡淮海，辟除榛荒，或濠或泗，莫处弗常。
钟离之乡，卜葬如此。化家为国，灵秀钟美。
积善弥久，天赐祯祥。修之于己，惟德乃长。
浚河之原，以达其委，基岱之高，以观其止。
奉天理物，君德是扬，丕扬大业，传叙无疆。
尝敕相臣，申命国史，昭昭后昆，受天之祉。

夏原吉《一统肇基录》(《广百川学海》甲集本)暨潘柽章《国史考异》(《功顺堂丛书》本)卷1/3a转引的旧《皇陵碑》，仅摘引所述先祖，文字且稍有改易。

又乾隆《句容县志》卷10艺文志载旧《明皇陵碑》仅至"钦承明训，黾勉论次"而止，全缺铭文；序言开端多以下文字："岁在戊申正月己亥日，高帝即位于建业，国号大明，建元洪武，告祭昊天上帝皇地祇，追高祖为玄皇帝，庙号德祖，曾祖为恒皇帝，庙号懿祖，祖为裕皇帝，庙号熙祖。皇帝御谨身殿，左丞相宣国公李善长奉旨刻石于临濠之先陵。善长伏念皇帝奋迹淮甸，收揽群雄"；其余文辞，多有相异。其中关系紧要者有下列数处："西抵无锡"作"西抵光、息"；"颍、濠、蕲、黄有警"，"濠"作"豪"；"移师淮州"作"乃驻师滁州"；"善长以上手所录付词撰文臣，善长等钦承明训……"作"善长以手录付词臣，〔危〕素等钦承明训……"，录之备考。

《明太祖实录》卷39/3b洪武二年二月丁丑："上仁祖淳皇帝陵名曰'英陵'。……遂命俟英陵碑石成，遣太常行祭告礼。"则两天前的"诏立皇陵碑"原当为诏立"英陵碑"。碑文中的"谨献陵曰'皇陵'"，亦当原为"英陵"。《实录》同年五月甲午朔，"更英陵曰皇陵"，如碑文已刻成，则当剜改，今旧碑不存，已无可考矣。

[7] **皆儒臣粉饰之文，恐不足为后世子孙戒：**当指碑文序言"奉天承运，大建武功，以有天下，实由祖宗积德所致"，结语"刻石以昭先烈，俾后世子孙知积累之厚……思以继承无疆之基"及铭文"奉天理物，君德是扬，丕扬大业，传叙无疆"等辞，并不包括朱元璋亲自写的手录大概。比较两个碑文，可以看出其中区别。重建的皇陵碑碑文最突出的就是"特述艰难"，详细叙述了当时的情景，并且就只有"辞"，而没有"铭"文了。

其辞曰：昔我父皇，寓居是方[1]，农业艰辛，朝夕彷徨。俄尔天灾流行，眷属

罹殃[2]**，皇考终于六十有四，皇妣五十有九而亡；孟兄先死，合家守丧。**

简叙家庭情况。

[1]**昔我父皇，寓居是方**：除旧皇陵碑碑文中朱元璋手录叙述祖先自句容朱家巷世居迁出后辗转淮河两岸的简略情况外，有朱元璋自叙的《朱氏世德碑》，记述更为详细，复叙渡江后访求故乡宗族的情况。

《高皇帝御制文集》（北京图书馆藏明刊本）中未收，仅载徐祯卿《翦胜野闻》（《纪录汇编》本）。潘柽章《国史考异》卷1高皇帝上有转录，郎瑛《七修类稿》又据别本校注。兹据《国史考异》本转录《朱氏世德碑》于下：

本宗朱氏，出自金陵之句容，地名朱巷，在通德乡。上世以来，服勤农业。五世祖仲八公娶陈氏，生男三人：长六二公，次七二公，其季百六公，是为高祖考。娶胡氏，生二子：长四五公，次即曾祖考四九公。娶侯氏，生子曰初一公、初二公、初五公、初十公，凡四人。初一公配王氏，是为祖考妣，有子二人：长五一公，次即先考，讳世珍。

元初，籍淘金户。金非土产，市于他方。先祖困于役，遂弃田庐，携二子迁泗州盱眙县。先伯考五一公十有二岁，先考才八岁。先祖营家泗上，置田治产。及卒，家日消。由是，五一公迁濠州钟离县，其后因至钟离居。

先伯娶刘氏，生子四人：重一公、重二公、重三公生盱眙，重五公生钟离。先考娶陈氏，泗州人，长重四公，生盱眙；次重六公、重七公，生五河；某其季也，生迁钟离后戊辰年。先伯考有孙六人，兵兴以来相继浸没。先兄重四公有子曰文正，今为大都督。重六、重七俱绝嗣。

甲申岁，父、母、长兄俱丧，次兄守业，又次兄出赘刘氏，某托迹缁流。

至正十二年，天下大乱，诸兄皆亡，淮兵大起，掠入行伍。龙凤元年，帅师渡江，驻兵太平。为念先考君尝言世为朱巷人，宗族俱存，平日每有乡土之念，即访求故乡宗族之所，遂调兵取句容。明年，克金陵。而朱巷距城四十里，举族父兄昆弟四十余人至，始得与之叙长幼之礼，行亲睦之道。但朱氏世次自仲八公之上不可复考。今自仲八公高曾而下，皆起家江左，历世墓在朱巷，惟先祖葬泗州，先考葬钟离，此我朱氏之源流也。

[2]**俄而天灾流行，眷属罹殃**：《明太祖实录》卷1/1b："岁甲申（元顺帝至正四年，1344年），上年十七，值四方旱蝗，民饥，疾疠大起。四月六日乙丑，仁祖（朱世珍）崩；九日戊辰，皇长兄重四（朱兴隆）薨；二十二日辛巳，太后（陈氏）崩。

上连遭三丧，又值岁歉，与仲兄（重六朱兴盛）极力营葬事。”

田主德[1] **不我顾，呼叱昂昂。既不与地，邻里惆怅。忽伊兄之慷慨，惠此黄壤**[2]**。殡无棺椁，被体恶裳，浮掩三尺，奠何肴浆。**

叙殡葬父母情状。

[1]**田主德**：指地主刘继德。谈迁《国榷》（古籍出版社校点本）卷1/258：“四月庚申朔。乙丑，翁卒；戊辰，伯兄兴隆卒；辛巳，陈妪又卒。同仲兄辈勉丧事。所佃刘氏继德田，数责进，谯呵不绝。”

[2]**忽伊兄之慷慨，惠此黄壤**：旧《皇陵碑》：“时家甚贫，谋葬无所，同里刘大秀悯其孤苦，与地一方以葬皇考皇妣，今之先陵是也。”大秀，刘继祖字。解缙《天潢玉牒》（涵芬楼影印本《记录汇编》）：“（长兄）南昌王（重四朱兴隆）与其子山阳王（圣保）相继殁。时家贫甚，谋葬无所。同里刘继祖慨然悯其孤苦，与地以葬。”《国榷》（续上注）：“刘氏兄继祖以总管致仕，好施予。朱翁迁太平之孤庄村，与继祖及赵文达等邻。至是继祖闵之，妻姜（娄）氏劝予葬地。”

袁文新《凤阳新书》（中国科学院南京地理研究所藏天启原刊本）卷2/42a《乡贤列传·刘继祖》：“刘继祖，字大秀，濠州人，胜国总管学老子也。学老……素善生产，广阡陌，而好行其德，于人乐施予。……继祖……有父风，嗣父产业……日益积德累善云。……时仁祖既定居，乃率诸王业农事。……而继祖与仁祖尤深相得也，且家为比邻。……建元至正四年甲申夏，灾疫流行，先南昌王（长兄）薨，顷之，仁祖、淳皇后相继崩逝，仓卒无葬地。太祖告于其田主刘德，德不许。适继祖子从德家归，以告继祖。继祖与妻娄氏辄启太祖：‘吾饶于地，曷不谓我？任择用，岂吝耶！……遂厝淳皇帝、淳皇后。”

明太祖朱元璋对刘继祖惠赠他下葬父母之地十分感激。洪武七年（1374年），设皇陵祠祭署，敕刘继祖子“刘英为署令，掌祀事，祭则代上行献礼，专保山林，奉香火，子孙世守”；皇堂竣工以后，奉旨命刘英祖先配享淳皇帝后，追赠刘继祖为义惠侯，妻娄氏义惠侯夫人。《高皇帝御制文集》卷3/10b《追赠义惠侯刘继祖诰》：“朕昔寒微，生者为衣食之苦，其死者急无阴宅之难。吁，艰哉！尔刘继祖发仁惠之心，以己之沃壤慨然惠朕。朕得斯地，乐，葬皇考妣于是，至今难忘……”同书卷3/11a《追赠义惠侯夫人娄氏诰》：“曩者朕寓居是方，家遭流疫，父母俱亡，无地可葬，因尔夫妇怜悯困苦，乐惠斯地，以致朕皇考妣阴宅于是，至今难忘。”同书卷17/14b《祭义惠侯刘继祖及妻夫人娄氏文》：“昔朕皇考妣薨逝，赖尔惠朕葬地，遂得安于阴宅。”《凤阳新书》卷7/3a并载两诰。

既葬之后，家道惶惶。仲兄[1]少弱，生计不张。孟嫂携幼，东归故乡[2]。值天无雨，遗蝗腾翔。里人缺食，草木为粮。予亦何有，心惊若狂。乃与兄计[3]，如何是常。兄云去此，各度凶荒。兄为我哭，我为兄伤。皇天白日，泣断心肠。兄弟异路，哀动遥苍。汪氏老母，为我筹量，遣子相送，备醴馨香[4]。空门礼佛，出入僧房。

叙述为生计所迫出家为僧，时年17。

[1]**仲兄：**二哥重六公朱兴盛，父母长兄殁后，守业。

[2]**孟嫂携幼，东归故乡：**大嫂王氏，有子朱圣保、朱文正及女。故乡当是钟离东乡或盱眙。

[3]**乃与兄计：**据《朱氏世德碑》，时长兄已与父母俱丧，"次兄守业，又次兄出赘刘氏"；旧《皇陵碑》："遂请于仲兄。"故与兄计，乃是与"少弱"而"守业"且"生计不张"的二哥重六朱兴盛商量。

[4]**汪氏老母，为我筹量，遣子相送，备醴馨香：**旧《皇陵碑》："葬既毕，朕茕然无托，念二亲为吾年幼有疾，尝许释氏，遂请于仲兄，师事沙门高彬于里之皇觉寺，邻人汪氏助为之礼，九月乙巳也。"《高皇帝御制文集》卷6/6b《赐署令汪文、刘英敕》："朕本农夫，家贫，丧父母，身当幼冲，百无所措，幸邻人汪姓者保护之。"《凤阳新书》卷2/56a《二母传》："汪氏老母，母所居名孤庄村，高皇侧微，从淳皇自明光集徙居于其里。岁荒，不能度，独母识焉，备礼遣子相送入於皇，师沙门高彬。"1974年春，凤阳大庙出土《明故松山汪公墓志铭》："公之先在世居钟离之荒庄村，姓曹氏。其七世祖讳均者，所居邻于仁祖，先卒。其配即太祖所称汪氏老母是也。老母识太祖于尘埃中，奉礼笃至。及太祖即位，召母次子，赐姓汪，赐名文，钦除著令，世奉香火，守护皇陵，因姓汪。"是汪氏老母系曹均妻汪氏，及赐汪氏老母所生曹均次子姓汪，始改姓汪。

居未两月，寺主封仓。众各为计，云水飘飏，我何作为，百无所长。依亲自辱，仰天茫茫。既非可倚，侣影相将。突朝烟而急进，暮投古寺以趋跄。仰穹崖崔嵬而倚碧，听猿啼夜月而凄凉。魂悠悠而觅父母无有，志落魄而佒佯。西风鹤唳，俄淅沥以飞霜，身如蓬逐风而不止，心滚滚乎沸汤。一浮云乎三载[1]，年方二十而强。时乃长淮盗起[2]，民生攘攘，于是思亲之心昭著，日遥盻乎家邦。已而既归，仍复业于於皇[3]。

叙游食三年间的艰苦和心情，颇具感情，为旧《皇陵碑》所未述。复业於皇，已年过20。

[1]**一浮云乎三载**：旧《皇陵碑》："是年（甲申）蝗旱，十一月丁酉，寺之主僧，岁歉不足以供众食，俾各还其家。朕居寺时甫两月，未谙释典，罹此饥馑，徬徨三思，归则无家，出则无学，乃勉而游食四方，南历金斗（合肥肥水之一支施水，亦称金斗河，此当指合肥），西抵无锡（当在今汝南一带。一本作'西抵光息'），北至颍州，崎岖二载。"御制《龙兴寺碑》（载《凤阳新书》卷8/24b、康熙《凤阳府志》卷38/15b、乾隆《凤阳县志》卷14/6b、徐乃昌《安徽通志金石古物考稿》卷6/3b）："昔幼时师高彬者，托身于寺四年。初栖之时，其年蝗旱，寺罢僧饭，师长弗济。彼时朕年十有七岁，方为行童五十日，于教茫然。因师弗济，且父母长兄不逾二旬尽皆崩逝，家道零落，归无所恃，出无所怙，虽如是，亦飘然西游庐、六、光、固、汝、颍，三年后归。"

[2]**长淮盗起**：旧《皇陵碑》作"泗州盗起"。《元史·顺帝纪》：至正六年（1346年）壬寅，"山东、河南盗起"；七年二月己卯，"河南、山东盗蔓延济宁、滕、邳、徐州等处"，当即指此。

[3]**已而既归，仍复业于於皇**：朱元璋出家的皇觉寺，又称於皇寺。朱元璋究竟游历了多少年，什么时候回於皇寺的？旧《皇陵碑》说是"崎岖二载，泗州盗起……仍还皇觉寺"；本碑文说："一浮云乎三载，年方二十而强。时乃长淮盗起……已而既归，仍复业于於皇。"朱元璋开始出游之日，旧《皇陵碑》记是甲申（至正四年，1344年）十一月丁酉，长淮盗起当在七年二月左右，相隔两年三个月左右，说"二载"多、"三载"都可以。朱元璋生于元文宗天历元年戊辰（1328年）九月十八日，御制《龙兴寺碑》："托身于寺……彼时朕年十有七岁"，《实录》亦载朱元璋出游之年为"岁甲申（至正四年），上年十七"，此"十七岁"为虚岁，即中国旧时习惯的算法，则"年方二十而强"为至正七年（丁亥，1347年）九月十八日20岁生日之后，而"长淮盗起"为这年二月左右，正合。解缙《天潢玉牒》（《纪录汇编》本）："崎岖二载，仍还于皇觉寺。久之，见有红衣道士在寺西北，言这寺中有好人。至正乙酉也。"至正乙酉是五年（1345年），误矣。碑文接着说，"住方三载，而雄者跳梁，初起汝颍，次及凤阳之南厢"。据《元史·顺帝纪》，颍州刘福通起义为至正十一年（1351年）五月辛亥，上推三年，为八年五月；旧《皇陵碑》说："又四年，颍、濠、蕲、黄有警，濠城亦破。"《龙兴寺碑》亦说："三年后归，归方四年，天下乱。"据朱元璋《纪梦》（《纪录汇编》本），"陷濠城"为"壬辰二月二十七日"。壬辰是至正十二年（1352年），上推四年为八年二月。因此，吴晗《朱元璋传》说"过了三年多，一直到至正八年……回到皇觉寺"是有道理的，虽然他并没有解释理由。碑文的"已而"是一个模糊的时间概念，并没

有确指回於皇寺是在什么时候,从上面的推算看,朱元璋回返於皇寺的时间,当在至正七年九月十八日他20岁生日之后,八年二、五月之前,具体月日,文献缺载,不必确指。

御制《龙兴寺碑》记:"於皇旧寺……于元至正十二年……为乱兵焚。……旧寺之基,去皇陵甚近,焚修不便,于是择地是方……更寺名龙兴。"《实录》:洪武十六年九月甲子,"建凤阳大龙兴寺成。寺即旧於皇寺也,自宋有之,为金所废。元时复创寺。……元末复废,至是重建。经始于四月朔,是日落成,去於皇旧址十五里,于是赐名大龙兴寺,上自为文记之。"据《凤阳新书》卷首《中都形胜总图》,龙兴寺在凤凰山东段日精峰(盛家山)南麓,"於皇里"则在皇陵西北土城外。1973年12月9日,予实地考察了"老於皇庙"遗址,在今皇陵外墙遗址北约半里"二十营子",遗址尚未平整,在四周高低不平的耕地中,有一块平整的长方形土地,略高于附近耕地,南北长八九十米,东西宽七八十米。正中偏北有一块南北呈长方形的高台地,当是主要殿宇的遗址。高台地东南方,有大井一口,深约六丈,井口直径95厘米,上覆整块石凿成的大井栏圈。今二十营子村仍有庙东队、庙西队。"二十营子"之名当与20家"亲邻"有关。

住方三载,而又雄者跳梁[1]。初起汝、颍,次及凤阳之南厢[2]。未几陷城,深高城隍,拒守不去,号令彰彰。友人寄书,云及趋降[3]。既忧且惧,无可筹详[4]。傍有觉者,将欲声扬,当此之际,逼迫而无已。试与知者相商,乃告之曰:"果束手以待非?亦奋臂而相戕!"知者为我画计,且祷阴以默相。如其言往,卜去守之何祥[5]。神乃阴阴乎有警,其气郁郁乎洋洋,卜逃、卜守则不吉,将就凶而不妨。即起趋降而附城,几被无知而创。少顷获释,身体安康[6]。

叙卷入起义军的经过。述其当初为难情状,为旧《皇陵碑》所未及。时年25岁。

[1]**住方三载,而又雄者跳梁:**据《元史·顺帝纪》:至正十一年(1351年)五月辛亥,颍州人刘福通起事,以"红巾"为号,攻陷颍州。六月,据朱皋,攻破罗山、真阳、确山,进略舞阳、叶县等处。九月,下汝宁府及息州、光州,众至10万。时谓之"红军",亦称"香军"。权衡《庚申外史》(《宝颜堂秘笈》本):"(至正十一年)五月,颍州'红军'起,号为'香军',盖以烧香礼弥勒得名也。"时,朱元璋回返於皇寺已3年。

[2]**次及凤阳之南厢:**凤阳,周为钟离国,战国属楚,秦属九江郡,汉置钟离县,属九江郡,晋立为钟离郡,治所在今临淮镇东北五里津浦铁路线北侧,淮河南岸

台地上。古钟离城遗址仍完好,称"东古城",建国后仍称古城公社古城大队。南北朝时,北魏与梁对峙,复在其西夹濠水筑城,称为"魏城",南人称之为"虏城"。至北魏末,郦道元《水经注》所载钟离县已为魏城,即今临淮镇之东端,钟离古城遂废。《括地志》称"钟离国故城在濠州钟离县东北五里"。隋开皇三年(583 年)改为濠州,因水为名。《元和郡县图志》载:唐元和三年(808 年),以"'濠'字中间误去'氵'",复加"氵"为濠水、濠州。濠州仍为唐、宋以来沿淮重镇。吴元年,升为临濠府。洪武六年,改为中立府。七年八月庚子,又改为凤阳府。析县之太平、清洛、广德、永丰四乡置凤阳县;十一年,又割虹县南八都益之。八年十月丙申,迁凤阳府治于临濠新城。原濠州治所钟离县,洪武三年九月改曰中立县,是年十二月,又改为临淮县。碑文此处所说的"凤阳",是洪武七年以后的名称,当时称濠州;南厢,指濠州所属定远县。

明太祖朱元璋《高皇帝御制文集》卷 14/13b《纪梦》:"昔当辛卯(至正十一年,1351 年)……汝、颍(刘福通)、蕲、黄(徐寿辉)民皆为逆。次年,徐、宿(李二)炽然盗起,蔓及钟离、定远(郭子兴),民弃农业执刃器趋凶者数万,……壬辰(至正十二年)二月二十七日,陷濠城而拒守之。"俞本《皇明纪事录》:(据钱谦益《国初群雄事略》卷 2/45 滁阳王所引)"至正……十二年正月,定远县富民郭姓者,聚众烧香,称亳州制节元帅。十一日起定远,二月二十六日克濠州",较《纪梦》所记早一日。《明太祖实录》卷 1/2b:"壬辰春二月乙亥朔,定远人郭子兴、孙德崖及俞某、鲁某、潘某等起兵,自称元帅,攻拔濠州,据其城守之。"

[3]**友人寄书,云及趋降**:《纪梦》:"(农民军)哨掠四乡,焚烧闾舍,荡尽民财,屋无根椽片瓦,墙无立堵可观。……官军久不见至,失民依望,弃顺效逆之心萌矣。俄而胡帅至,乃彻里不花,率骑三千,会陷城,州主谋营城南三十里,声攻城而逡巡不进,惟是四掠良民,得之则以绛系首,称为乱民,献俘于上,请给其功。于是良民受害,激动前日萌逆之心,是有呼亲唤旧,相继入城,合势共守以相拒。"於皇寺在濠州城西南 30 里,正受威胁,"友人寄书,云及趋降",即是"呼亲唤旧",入城以共守。《明太祖实录》卷 1/3a:"有故人自乱雄中以书来招曰:'今四方兵乱,人无宁居,非田野间所能自保之时也,盍从我以自全。'"吴晗《朱元璋传》指为汤和。按:"友人""故人"文献中均未指名。《信国公神道碑铭》(《皇明文衡》卷 74/6a):"王姓汤氏,讳和……倜傥饶智略。元至正间,豪杰多起兵据郡县,王亦思自奋拔,以取富贵。壬辰岁,闻滁阳王(郭子兴)据濠,兵势强,率所厚壮士千余人仗剑从之。"故推测为汤和是极其可能的。

[4]**既忧且惧,无可筹详**:《明太祖实录》:"壬辰春二月……辛丑(二十七日),乱兵焚皇觉寺(即於皇寺),寺僧皆逃散。上亦出避兵,日暮,上归,念无所逃难,

甚忧之。"《纪梦》:"予当是时,尚潜草野,托身缁流,两畏而难前。欲出为元,虑系绛以废生;不出,亦虑红军入乡以伤命。"

5 **卜去守之何祥:**《纪梦》:"于是祷于伽蓝,祝曰:'岁在壬辰,纪年至正十二,民人尽乱,巾衣皆绛,赤帜蔽野,杀人如麻,良善者生不保朝暮,予尤恐之,特祝神避凶趋吉,惟神决之。若许出境以全生,以珓投于地,神当以阳报;若许以守旧,则以一阴一阳报我。'祝毕,以珓投之于地,其珓双阴之。前所祷者两不许。予乃深思而再祝曰:'神乃聪明不佞,余笃然而祈之,神不为我决,既不出而不守旧,果何报耶?请报我阳珓,予备粮以往。"以珓掷于地,其珓仍阴之。就而祝曰:'莫不容予昌(倡)义否?若是,则复阴之。'以珓掷地,果阴之,方知神报如是。再祝曰:'倡义必凶,予心甚恐,愿求阳珓以逃之。'珓落,仍阴之。更祝神:'必逃,神当决我以阳',以珓投于地,神既不许,以珓不阴不阳,一珓卓然而立,予乃信之,白神曰:'果倡义而后吉乎?神不误我,肯复以珓阴之。'以珓投于地,果阴之。予遂决入濠城。"

6 **少顷获释,身体安康:**《高皇帝御制文集》卷15/1a《道德经序》:"朕本寒微,遭胡运之天,更值群雄之并起,不得自安于乡里,遂从军而保命,几丧其身而免。"同书卷18/4a《祭滁阳王文》:"曩者群雄鼎沸之时,民不堪命,王乃奋臂定远,拔濠城而守之。朕方从军,几被他人所害,惟王能活我,致有今日,尽平天下,家国已成,再生之恩终世难忘。"《纪梦》:"以壬辰(至正十二年,1352年)闰三月初一日至城门,守者不由分诉,执而欲斩之。良久得释,被收为步卒。入伍几两月余,为亲兵,终岁如之。"《明太祖实录》:"上以四境逼迫,讹言日甚,不获已,乃以(壬辰)闰三月甲戌朔旦抵濠城,入门,门者疑以为谍,执之,欲加害。人以告(郭)子兴。子兴遣人追至,见上状貌奇伟异常。人因问所以来,具告之故。子兴喜,遂留置左右,寻命长九夫,常召与谋事。久之,甚见亲爱,凡有攻讨,即命以往。往辄胜,子兴由是兵益盛。……上时未有室,子兴……与(次夫人)张氏谋曰:'昔马公与吾相善,以女托我,今不可负,当为择良配。然视众人中未有当吾意者',因言上度量豁达,有智略,可妻之。张氏曰:'吾意亦如此。今天下乱,君举大事,正当收集豪杰,与成功业,一旦彼或为他人所亲,谁与共成事者。'子兴意遂决,乃以女妻上,即孝慈高皇后。"张氏婿视之,军中呼曰"朱公子"。

张来仪《敕赐滁阳王庙碑》:"至正壬辰(十二年,1352年),汝、颍兵起,(滁阳)王(郭子兴)识天下当变,乃召所结宾客子弟拔濠梁据之。时皇上潜居民间,为讹言所逼,惧祸将及,遂挺身入濠梁。抵其城,为门者所执,将欲加害,人以告王,王亲驰活之,抚之麾下。间召与语,异之,取为亲兵。居数月,王谓曰:'汝单居,当为汝婚。'王暮归,与夫人饮食,语及斯事,次夫人忽惋惜谓王曰:'方今兵乱，正当收召豪杰，是子举止异常，若不抚于家，而使为他人之亲，是失智矣。'王悟，遂以（养）女（马氏）妻之，孝慈皇后是也。"（载《中都志》卷4/9b；程敏政《皇明文衡》卷64/4b）。钱谦益《国初群雄事略》卷2/47（中华书局点校本）特作按语："按：滁阳王夫人张氏，次夫人亦张氏……《实录》但云子兴夫人张氏，遂殁次夫人之贤，余故表而出之……滁阳事，实高帝手藁以授来仪，宜其不殁次夫人之德也。"

从愚朝暮[1]，日日戎行[2]。元兵讨罪，将士汤汤。一攫不得，再攫再骧，移营易垒，旌旗相望。已而解去[3]，弃戈与枪。予脱旅队，驭马控缰，出游南土[4]，气舒而光。倡农夫以入伍，事业是匡。不逾月而众集[5]，赤帜蔽野而盈冈。率渡清流[6]，戍守滁阳[7]。

叙参加红巾军后初期的情况。

[1]**从愚朝暮：**"愚"当指孙德崖、俞某、鲁某、潘某及彭大、赵君用等。《滁阳王庙碑》："王（郭子兴）为人勇悍善战，时军帅四人（指孙德崖等）名位皆在王上。王素刚直，不屈人下，每遇事，四人瞋目语难，而王剖决通敏，数以非语侵之，众故含忿。未几，（徐州）客军首帅赵（君用）、彭（大）以兵来驻濠，二姓皆僭称王（赵君用称永义王，彭大称鲁淮王），王等遂为所制。一日，众挟赵势，拘王于狱，将害之，皇上自军驰归。或曰：'勿往！'曰：'再生父母，有难可不赴乎?！'遂入王家。明日，彭帅闻，遣人释王以归。"

[2]**日日戎行：**《国初群雄事略》卷2/50：至正十二年（1352年）壬辰九月，"太祖攻怀远县及安丰"；十月，"太祖破元平章月乞察儿营，克焦山陈章营，攻塔岗，招安壮丁"；至正十三年（1353年）癸巳，"太祖克凯里、萧县寨"；四月，"攻宋山寨，克含山县，攻平塘营，克灵璧县、虹县"。

[3]**元兵讨罪，已而解去：**《明太祖实录》卷1/4b："是冬（至正十二年），元将贾鲁与月哥察儿围濠城，城中极力拒守。癸巳（至正十三年）春，元将贾鲁死。夏五月壬午，元兵解围去。"

[4]**予脱旅队，出游南土：**《纪梦》："当时，予虽在微卒，尝观帅首之作，度之既久，甚非良谋。明年春，元将贾鲁死，城围解，予归乡里收残民数百，献之于上官，授我为镇抚。当年冬，彭、赵僭称，部下者多凌辱人。予识彼非道，弃数百人，内率二十四名锐者南游定远。"《明史·太祖本纪》："时彭、赵所部暴横，子兴弱，太祖度无足与共事，乃以兵属他将，独与徐达、汤和、费聚等南略定远。"查继佐《罪惟录》（浙江古籍出版社标点本）卷1/4载二十四人姓名为：徐达、汤和、

吴良、吴祯、花云、陈德、顾时、费聚、耿再成、耿炳文、唐胜宗、陆仲亨、华云龙、郑遇春、郭兴、郭英、胡海、张龙、陈桓、谢成、李新、张赫、张铨、周德兴。陈建《皇明资治通纪》、何乔远《名山藏》、谈迁《国榷》误胡海为胡大海,《通纪》《名山藏》误陈桓为陈植,高岱《鸿猷录》误李新为李新才。

[5]**倡农夫以入伍,不逾月而众集:**旧《皇陵碑》:“得其义兵三千人于定远,遂立帅之,夜袭元将知枢密院事老张。既遁,得其民兵男女七万人。”《纪梦》:“忽有义旅来归者三千,率统之。六月,取横涧山,破义兵营,得军二万余人。”《明太祖实录》:“得(驴牌寨)壮士三千人。后七日,率之而东,夜袭元知(枢密)院老张于横涧山。黎明,入其营,老张弃军遁去,降其民兵男女七万,得精壮二万,悉加训练。”

[6]**清流;**指清流河,源出定远县界,东流经滁县东二里,东南注于滁河。

[7]**戍守滁阳:**滁阳,即滁州,今安徽滁县。《纪梦》:“入滁阳,葺城以守之。”《滁阳王庙碑》:“时皇上方驻滁阳,知众不可共事,独坚守以待,复遣人赂彭、赵左右。赂行,王得纵归。滁阳王兵共四万,其麾下仅万人,皇上所部三万有奇。”

思亲询旧,终日慨慷。知仲姊已逝,独存驸马与甥双[1]。驸马引儿来我栖,外甥见舅如见娘。此时孟嫂亦有知,携儿挈女皆从傍[2]。次兄已殁又数载,独遗寡妇野持筐。因兵南北,生计忙忙。一时会聚如再生,牵衣诉昔以难当。于是家有眷属,外练兵钢。群雄并驱,饮食不遑。

叙军中眷属会聚情状,亦为旧《皇陵碑》所未述。时年 27 岁。

[1]**仲姊已逝,独存驸马与甥双:**《高皇帝御制文集》卷 18/10b《祭仲姊曹国长公主文》:“更思父母初逝,兄弟相离,姊我是别。当是时也,天各一方,悲伤痛切,惟鬼神知我。此时,虽居至尊,未尝有忘。”李文忠《先考陇西恭献王(李贞)圹志》(据安徽嘉山出土圹志抄录):“先考讳贞姓李,世居泗州之盱眙,醇厚笃实,与先妣孝亲曹国长公主事仁祖皇帝能尽孝道。岁癸巳(至正十三年,1353年),先妣去世。”据《明史·公主传》,朱元璋大姊嫁王七一,早卒。二姊嫁李贞,“洪武元年二月,追册主为孝亲公主。……三年,改册主陇西长公主。五年,以文忠贵,加册曹国长公主”。驸马,即二姐夫李贞,洪武元年二月封恩亲侯驸马都尉。五年,进右柱国曹国公。十二年冬卒,赠陇西王,谥恭献。甥,即李文忠。《明史·李文忠传》:“李文忠,字思本,小字保儿,盱眙人,太祖姊子也。年十二而母死,父贞携之转侧乱军中,濒死者数矣。逾二年,乃谒太祖于滁阳。太祖见保儿,喜甚,抚以为子,(一度)令从己姓。”《明太祖实录》:“上姊夫李贞携

其子保儿自淮东来见，上以姊早殁，见之甚喜，因养为己子，俾姓朱氏，更名文忠，教之读书，常使居左右，随侍出入，虽马上，亦随事诲之。文忠时年始十四。”

[2]**孟嫂携儿挈女皆从傍**：大嫂王氏携侄子朱文正及侄女。侄女后嫁王克恭，封福成公主。

暂戍和州[1]，东渡大江[2]。首抚姑孰，礼仪是尚[3]。遂定建业[4]，四守关防，砺兵秣马，静看颉颃[5]。群雄自为乎声教[6]，戈矛天下铿锵。元纲不振[7]乎彼世祖之法，豪杰何有乎仁良[8]。予乃张皇六师，飞旗角亢[9]。勇者效力，智者赞襄[10]。亲征荆楚，将平湖湘[11]，三苗尽服，广海入疆[12]。命大将军东平乎吴、越[13]，齐、鲁耀乎旌幢[14]。西有乎伊、洛、崤、函，地险河、湟[15]。入胡都而市不易肆，虎臣露锋刃而灿若星铓[16]。已而长驱乎井陉，河山之内外，民庶咸仰[17]。关中即定，市巷笙簧[18]。玄菟、乐浪以归版籍[19]，南藩十有三国而来王[20]。

简述渡大江，定建业，平天下，“遂成大业”的概略过程。

又旧《皇陵碑》：“转战和阳，渡江击采石，抚太平，定业建康。将相协心，贤能匡赞，西平陈友谅，东翦张士诚，南廓八闽，百粤奉欸，中原顺服，兵进幽燕，元君弃宗社而去，朕以十五年间，遂成大业。”《纪梦》：“明年春，兵入和阳，与元兵战；三月，而元兵解去。乙未夏六月，亲渡采石江，下姑孰。丙申，入建业，集兵十万，坚守江左，秣马厉兵。后三年，发兵四征。又三年，西定湖湘，东平吴越，所得壮士精弱半之七十余万。江南已定，臣民推戴，以明年戊申正月即皇帝位。”

[1]**暂戍和州**：和州，今安徽和县。和州古称历阳，故亦称和阳。《纪梦》：“又明年（元至正十五年，1355 年）春（正月），兵入和阳，与元兵战，三月，而元兵解去。”《皇明本纪》：“正月戊寅（二十一日），上率师取和州。……明旦，元兵遁去。王命上往收败军，及总守和阳。……辛巳（二十四日），元兵十万攻和阳，上以万人守，连兵三月，元兵数败，解去。”《滁阳王庙碑》：“王命皇上守和阳。既而信流言，亲至和阳视师。值王仇人（孙德崖）亦在其中，闻王至，移军异处。皇上礼送行者，俄为所厄。王闻，惊惧得疾，寻卒。”《天潢玉牒》：“太祖转战和阳，会（滁阳）王卒，遂并其兵。”《元史·顺帝纪》：至正十五年“二月己未，刘福通等自砀山夹河迎韩林儿至，立为皇帝，又号小明王，建都亳州，国号宋，改元龙凤。”《明太祖实录》：乙未（至正十五年）夏四月丁丑：“时汝、颍倡乱者杜遵道、刘福通等自砀山夹河迎韩山童之子林儿为帝，居于亳，遣人诣和阳招诸将，欲为己用。诸将诣张天祐曰：‘公度自能率众御元兵乎？不然，公当往。’天祐自揆不

能，遂往。上时发兵及亲率将士取和阳西南民寨，次第平之。天祐寻自亳归，赍杜遵道檄，推子兴之子为都元帅，天祐为右副元帅，上为左副元帅。上曰：‘大丈夫宁能受制于人耶！’遂不受。”高岱《鸿猷录》：“后以诸将议，欲藉为声援，从之。纪年称龙凤，然事皆不禀其节制。”《明史·太祖本纪》：“然念林儿势盛可倚藉，乃用其年号以令军中。”《罪惟录·太祖纪》：“然军中唯左副元帅进止，遂奉宋朔，设位，军出入必告。”

[2]**东渡大江**：俞本《皇明纪事录》（转引自《国初群雄事略》卷2/58）：“六月初二日，上亲领将士万余，乘风斗快船渡江，无船者以苇荻作筏而济。江东士民值太平日久，无不股栗待命，遂克采石及太平府芜湖县。是时，三帅虽共府置事，运筹决策皆自上裁。将士乐战，军民倾向，权归于上矣。”《明太祖实录》：乙未六月丙辰（初二日），“舳舻齐发，……上曰：‘采石大镇，其备必固；牛渚矶前临大江，彼难为备御，今往攻之，其势必克。’乃引帆向牛渚。……常遇春奋戈先登，诸军鼓勇继之。采石镇兵惊溃，遂拔之。缘江诸垒，望风迎附。诸将以和阳饥乏，见粮畜，各欲资取而归。上察诸军无进取意，乃谓徐达等曰：‘今举军渡江，幸而克捷，当乘胜径取太平，若听诸军取财物以归，再举必难，江东非我有，大事去矣。’因令悉断舟缆，推置急流中，舟皆顺流东下。诸军大惊，问故。上曰：‘成大事者不规小利，此去太平甚近，舍此不取，奚为？’于是诸军皆听命。”牛渚矶，今名采石矶。

[3]**首抚姑孰，礼仪是尚**：姑孰古城，东晋时筑，因城南临姑孰溪得名，一作姑熟，为长江重要渡口，京师建康西南门户。元为太平路，明为太平府，今为安徽当涂。朱元璋一向注意军纪，因此“号令严明，军容整肃”。《明太祖实录》卷3/3a：“上之发采石也，先令李善长为《戒戢军士榜》，比入城即张之。及拔城，士卒欲剽掠，见榜揭通衢，愕然不敢动。有一卒违令，即斩以徇，城中肃然”；“耆儒李习、陶安等率父老出城迎上，……曰：‘我辈今有主矣。’”“丁巳，上召陶安、李习，与语时事。安因献言曰：‘方今四海鼎沸，豪杰并争，攻城屠邑，互相雄长，然其志皆在子女玉帛，取快一时，非有拨乱救民安天下之心。明公率众渡江，神武不杀，人心悦服，以此顺天应人而行吊伐，天下不足平也。’上曰：‘足下之言甚善。吾欲取金陵，足下以为如何？’安曰：‘金陵，古帝王之都，龙蟠虎踞，限以长江之险，若取而有之，据其形势，出兵以临四方，则何向不克！’其言合上意。由是礼遇安甚厚，事多与议焉。”自从朱元璋接受儒生冯国用、李善长、陶安等人“倡仁义、收人心”“知人善任、不嗜杀人”“禁焚掠”“招贤纳士”的建议，并予以实施以后，得到了地主阶级的欢迎和拥戴，大批地主阶级的才识之士开始进入朱元璋的幕府，与之合作，为其出谋划策，对其后朱元璋能在江南站住脚跟，战

胜群雄,平定天下,起了极大的作用。

[4]**遂定建业**:至正十五年(1355 年)六月红巾军副元帅朱元璋率军渡江取太平以后,七月,即开始进攻集庆路。九月,张天祐、郭天叙二元帅战败身死。朱元璋独任元帅府事,为都元帅。十六年三月庚寅(初十日),朱元璋率军攻克集庆。《明太祖实录》:"上入城,悉召官吏、父老、人民,谕之曰:'元失其政,所在纷扰,兵戈并起,生民涂炭。汝等处危城之中,朝夕惴惴,不能自保。吾率众至此,为民除乱耳。汝宜各安职业,毋怀疑惧。贤人君子有能相从立功业者,吾礼用之;居官者,慎毋暴横,以殃吾民;旧政有不便者,吾为汝除之。'于是,城中军民皆喜悦,更相庆慰。辛卯……得儒士夏煜、孙炎、杨宪等十余人,皆录用之。""七月己卯朔,诸将奉上为吴国公,以元御史台为公府,置江南行中书省,上兼总省事。"又俞本《皇明纪事录》:"是月,亳都升上为枢密院同佥……寻升上为江南等处行中书省平章";"己亥(龙凤五年,至正十九年,1359 年)十二月,克处州,亳都升上为丞相同佥";"辛丑(龙凤七年,至正二十一年,1361 年)正月,亳都升上为吴国公",钱谦益《洪武实录辨证》、潘柽章《国史考异》认为俞本《纪事录》"所记封爵次第甚详,是吴公之建号在辛丑,而非丙申明矣"。《国史考异》卷 1/12a 有专节考异,谓:"史臣于龙凤间事多所避讳,故凡除拜位号之制,俱削不载,至以吴公之封为出诸将尊奉,不几诬乎!"并引《世德碑》等所记与之皆合,云:"孰谓文献不足征哉!"吴晗《朱元璋传》、黄云眉《明史考证》均是其说。

[5]**四守关防,砺兵秣马,静看颉颃**:《明史·朱升传》:"太祖下徽州,以邓愈荐,召问时务。对曰:'高筑墙,广积粮,缓称王。'太祖善之。"吴晗《朱元璋传》解释:"意思是要他第一巩固后方,第二发展生产,第三缩小目标,长远打算,对朱元璋后来事业极有影响。"余则认为本《皇陵碑》碑文所述"四守关防,砺兵秣马,静看颉颃"释之更为确切,且为朱元璋本人的理解、记述和战略决策。

几乎与朱元璋渡江取集庆路同时,高邮张士诚也渡江取常熟,并于至正十六年丙申(1356 年)二月陷平江路,改为隆平府(今苏州);三月,改至正丙申为天祐三年,国号大周;并攻占湖州、松江、常州、杭州。至正十七年,朱元璋派兵先后占领长兴、常州、江阴、常熟,于是"士诚兵不得四出,势渐蹙",遂降元,然"擅甲兵土地如故"(《明史·张士诚传》)。吴良奉命守江阴,"太祖谕良曰:'江阴,我东南屏蔽,汝约束士卒,毋外交,毋纳逋逃,毋贪小利,毋与争锋,惟保境安民而已。'良奉命惟谨,备御修饰。……士诚数以兵攻常州、江阴、建德、长兴、诸全,辄不利去。当是时,太祖数自将争江、楚上流,与陈友谅角,大军屡出,金陵空虚,士诚不敢北出侵尺寸地,以良在江阴为屏蔽也"(《明史·吴良传》)。故"高筑墙"者,"四守关防""保境安民"之形象语言,非真高筑城墙也。

《明太祖实录》卷6/5b，戊戌（至正十八年，1358年）十二月庚辰，“上自宣至徽，召故老耆儒，访以民事，有儒士唐仲实、姚琏者来见，上问之，曰：‘丧乱以来，民多失业，其心望治甚于饥渴，吾深知之。’仲实对曰：‘自大军克复，民获所归矣。……主公英明神武……未尝妄杀，出民膏火，措之于衽席之上，开创之功，超越于前代。然以今日观之，民虽得所归，而未遂生息。’上曰：‘此言是也。我积少而费多，取给于民，甚非得已，然皆为军需所用，未尝以一毫奉己。民之劳苦，恒思所以休息之，曷尝忘也。’仲实等曰：‘诚如是，民之生息可待矣。’”同书卷6/5a，同年十一月辛丑，“立管领民兵万户府。谕行中书省臣曰：‘古者寓兵于农，有事则战，无事则耕，暇则讲武。今兵争之际，当因时制宜，所定郡县，民间岂无武勇之材，宜精加简拔，编辑为伍，立民兵万户府领之，俾农时则耕，闲时则练习，有事则用之。事平，有功者一体升擢；无功，令还为民。如此，则民无坐食之弊，国无不练之兵，以战则胜，以守则固，庶几寓兵于农之意也。”同书卷12/1b，（至正二十三年）癸卯二月壬申朔，“申明将士屯田之令。初，上命诸将分军于龙江等处屯田。至是，康茂才屯积充牣，他将皆不及。乃下令申谕将士曰：‘兴国之本，在于强兵足食。……自兵兴以来，民无宁居，连年饥馑，田地荒芜，若兵食尽资于民，则民力重困，故令尔将士屯田，且耕且战。……康茂才所屯得谷一万五千余石以给军饷，尚余七千石……自今诸将宜督军士及时开垦，以收地利，庶几兵食充足，国有所赖。’”《明史·邓愈传》载赐邓愈书曰：“尔戍襄阳，宜谨守法度，……小校以下，悉令屯种，且耕且战。”邓愈于是披荆棘，立军府，营屯练卒，储粮积谷，为明军北伐做好了充分的物资准备。吴元年（1367年），复“新附地田租三年”，“其赐民今年田租”；洪武元年（1368年）正月庚戌诏：“命将北征，齐鲁之民馈粮给军，不惮千里，……已免元年田租。遭旱，民未苏，其更赐一年。顷者，大军平燕都，下晋、冀，民被兵燹，困征敛，北平、燕南、河东、山西今年田租亦与蠲免。河南诸郡归附久，欲惠之，……今晋、冀平矣，西抵潼关，北界大河，南至唐、邓、光、息，今年税粮悉除之。”三月庚子，“振陕西饥，户米三石”（均见《明史·太祖本纪》）。这些，不经过“砺兵秣马”“广积粮”，有了充足的粮食储备，是根本无法做到的。而兵行所至，即予免粮赈灾，与兵至则征粮加赋相比，民皆欢悦，其政治影响与军锋相配合对推动明朝完成统一战争的力量是极其巨大的。

颉颃：相抗衡，指元末群雄并起相争的局面。“静看颉颃”，就是冷静地观察形势，采取对自己最有利的策略，即“缓称王”，不效法群雄相继称王称帝，以缩小目标，保存实力，等待将来有利时机的发展。朱元璋1356年渡江攻占集庆的时候，徐寿辉、韩林儿都先后称帝。徐寿辉是长江中上游红巾军的首领，1351年八月在蕲水发动起义，十月称帝，以蕲水为都，国号天完，改元治平。分兵四出，先后攻克湖广、江西北部，东及江浙，西至川陕。1356年，迁都汉阳。韩林儿是白莲教首领韩山童之子，1355年，被红巾军首领刘福通迎至亳州，拥立为小明王，国号宋，年号龙凤。力量都很强大。张士诚1353年起兵于泰州，1354年正月据高邮，称诚王，国号大周，改元天祐。1355年五月渡江，1356年二月陷平江路，改称隆平，据之，遂与朱元璋为邻境。朱元璋在这种形势下，接受了宋的官职，称龙凤年号，与张士诚相持。1357年六月，刘福通攻汴梁，并分兵三路北伐：关先生、破头潘、冯长舅、沙刘二、王士诚九月越太行山，进入山西，1358年十月占领大同，十二月攻克上都，进军辽阳等路；白不信、大刀敖、李喜喜攻关中；毛贵由海道入山东，于莱州屯田积谷，1358年三月，田丰进逼大都。朱元璋乘红巾军声势大振，元政府无暇顾及的良好时机，先后攻占了婺州、诸暨、衢州、处州等处，次第消灭了东南一带孤立的元军据点，遂西与陈友谅、南与陈友定、东南与方国珍、东北与张士诚为邻。时红巾军三路之间配合很差，兵力分散，北伐没有成功，汴梁亦为元军收复。徐寿辉于1360年闰五月为其部将陈友谅所杀。陈友谅遂称帝，国号大汉，改元大义，建都江州，并约张士诚合攻朱元璋，朱元璋面临严峻的局势。时朱元璋名义上还是宋小明王下面的江南等处行中书平章丞相同佥，尚未称公称王。

[6]**群雄自为乎声教**：除前述韩林儿、陈友谅称帝，张士诚称王外，川蜀的徐寿辉部将明玉珍亦于1362年春三月自称皇帝，即位于重庆，国号大夏，纪元天统。

[7]**元纲不振**：即朱元璋屡次致书扩廓帖木儿书中所说的“元失其政，中原鼎沸”，“元政不纲，中原大乱”和祭察罕帖木儿文中说的“元政不纲，大臣窃命，守将擅兵于外，是致干戈鼎沸”，泛指元朝统治集团内部的倾轧和斗争。元顺帝后期，“怠于政事，荒于游宴”，至正十六年(1356年)，掌握了国家大权的哈麻、雪雪兄弟阴谋废顺帝，立皇太子爱猷识理达腊，事败被杀。其后，皇太子及其生母奇皇后仍谋废立。宫廷内于是分为两派，一派拥护皇帝，一派支持太子。各自分别和统军将领孛罗帖木儿或扩廓帖木儿相勾结。当时，元朝军队已在农民起义军的打击下土崩瓦解，依靠地主武装起家的察罕帖木儿、答失八都鲁、李思齐、张良弼等逐渐崛起，形成了新的军阀集团。答失八都鲁在北方红巾军打击下兵败病死，其子孛罗帖木儿继之；察罕帖木儿死后，其养子扩廓帖木儿继之。扩廓本姓王，名保保，察罕之甥。察罕无子，自幼养以为子。自从扩廓组织地主武装，镇压红巾军，顺帝赐名扩廓帖木儿。皇太子为了控制朝政，以扩廓帖木儿为外援，讨伐孛罗帖木儿，进逼大都。顺帝即杀孛罗，扩廓随皇太子入京。奇皇后要扩廓逼顺帝让位，扩廓不从，请求带兵外出。顺帝封扩廓为河南王，代皇太

子总制关、陕、晋、冀、鲁诸道兵马，出征南方，驻河南。但李思齐等不服调遣，与扩廓发生冲突，互相攻伐，打得不可开交。顺帝罢扩廓兵权，另立抚军院，由皇太子总制天下兵马，专防扩廓。由于元统治集团内部的纷争和混战不息，无暇南顾，为朱元璋的发展创造了良好的机会。

[8]**豪杰何有乎仁良：**1357 年九月，南方红巾军部将倪文俊谋杀其首领徐寿辉不果，为另一部将陈友谅袭杀，陈遂自称平章。1359 年十二月，陈友谅以江州（今九江）为都，迎徐寿辉居之，自称汉王。1360 年闰五月，陈友谅弑其主徐寿辉，遂称皇帝，并约张士诚合攻朱元璋。

[9]**张皇六师，飞旗角亢：**“张皇”，扩大。“六师”，即六军。周制，天子有六军。“飞旗”，旌旗飘扬。“角”，二十八星宿之一，东方苍龙七宿第一宿，为“天王帝坐廷”；“亢”，二十八星宿之一，东方苍龙七宿第二宿，“亢为疏庙”，“天子内朝”。意思是到了形势完全成熟，时机十分有利的时刻，就一改过去“静看颉颃”的态度，全力投入争夺天下的角逐了。

[10]**勇者效力，智者赞襄：**“勇者”指徐达、常遇春等一批将领。朱元璋派兵攻灭张士诚，北取中原，均用徐达为大将军，常遇春为副将军。《明太祖实录》洪武二年六月丙寅，“功臣庙成，命论次诸功臣之功，以徐达为首，次常遇春，次……凡二十有一人。于是命死者塑其像于庙祀之，仍虚生者之位”。王世贞《史乘考误》二、钱谦益《功臣庙考》、夏燮《明通鉴》卷 2“考异”认为，21 人及其名次，是永乐初修实录时的定制，已非建庙时定的名单。

“智者”指刘基等一批谋臣策士。《明史 · 刘基传》：“既至，陈时务十八策。太祖大喜，筑礼贤馆以处基等，宠礼甚至。……太祖问征取计，基曰：‘士诚自守虏，不足虑。友谅劫主胁下，名号不正，地据上流，其心无日忘我，宜先图之。陈氏灭，张氏势孤，一举可定。然后北向中原，王业可成也。’……会陈友谅陷太平（今当涂），谋东下，势张甚，诸将或议降，或议奔据钟山，基张目不言。太祖召入内，基奋曰：‘主降及奔者，可斩也。’太祖曰：‘先生计安出？’基曰：‘贼骄矣，待其深入，伏兵邀取之，易耳。天道后举者胜，取威制敌，以成王业，在此举矣。’太祖用其策，诱友谅至，大破之。……太祖方亲援安丰（张士诚将吕珍袭安丰，杀刘福通）。基曰：‘汉、吴伺隙，未可动也。’不听。友谅闻之，乘间围洪都（今南昌）。太祖曰：‘不听君言，几失计。’遂自将救洪都……友谅走死。其后太祖取士诚，北伐中原，遂成帝业，略如基谋。”《明史 · 叶兑传》：“以布衣献书太祖，列一纲三目，言天下大计。时太祖已定宁越（今金华），规取张士诚、方国珍，而察罕兵势甚盛，遣使至金陵招太祖，故兑书于三者筹之为详。其略曰……后数岁，削平天下，规模次第略如兑言。”

[11]**亲征荆楚，将平湖湘**：《明史·太祖本纪》：至正二十三年（1363 年）“夏四月壬戌，友谅大举兵围洪都（今南昌）。……秋七月癸酉，太祖自将救洪都。……友谅兵号六十万，联巨舟为阵……丁亥，遇于康郎山（在余干县西北 80 里鄱阳湖中）。……己丑，友谅悉巨舰出战。……纵火焚友谅舟……友谅气夺。辛卯，复战，友谅复大败。……八月壬戌，友谅……突湖口。太祖邀之，顺流搏战，……友谅中流矢死。……先是，太祖救安丰，刘基谏不听。至是谓基曰：‘我不当有安丰之行，使友谅乘虚直捣应天，大事去矣。乃顿兵南昌，不亡何待。友谅亡，天下不难定也。’壬午，自将征陈理（友谅子）。……冬十月壬寅，围武昌，分徇湖北诸路，皆下。……二十四年春……二月乙未，复自将征武昌，陈理降，汉、沔、荆、岳皆下。……秋……八月……（徐）达徇荆、湘诸路。九月甲申，下江陵，夷陵、潭、归皆降。冬十二月庚寅，达克辰州，遣别将下衡州。二十五年春正月己巳，徐达下宝庆，湖湘平。”高岱《鸿猷录》论曰：“友谅之勇悍雄略，虽或未及项羽，而慓迅狡猾，出没飘忽，大困而气不馁，屡踬而势复振。观其龙江败归，还袭安庆；九江之失，疾奔武昌。及徐达召还，不旋踵而有江州之入。是皆败衄之后，旬日之间，而能陷城却敌，……故能开拓封疆，奄有荆、楚，亦一世之雄也。所惜者昧于强弱之势，昡于先后之机。我圣祖在金陵，可与合从而不可图者，乃先自相仇敌，攻战至无虚日。至于河南形胜之地，韩林儿、刘福通辈，又皆非勘定之才也，顾不能进取襄、邓，以窥中原，其策已缪矣。及其东下也，金陵无衅可乘，则拥众远涉江湖，以取龙江之败。及我圣祖出援安丰，金陵可乘矣，乃老师南昌，而不能捣根本之虚，虽天命有在，未可力争，而用兵之道当如是哉？况其器小而志骄，性猜而多忌，拔一太平，遽称大号，至以受命之礼于草莽行之……其视我圣祖之宏规伟度，天壤悬绝……虽然我圣祖之所以得肆力于友谅者，则以士诚之乏远图耳。观其鄱阳之战，亟命徐达归守建康；友谅既殂，诸将劝之西蹙武昌，竟不从而班师者，拳拳以东吴之乘虚为虑耳。但英雄驾驭之术，不欲以机事告人，而区区戎简辈，岂足以测圣心哉！士诚坐守吴会，而不能出一旅以扰金陵，则天所以成灭汉之功也。”

[12]**三苗尽服，广海入疆**：“三苗”是用来泛指少数民族人数较多的西南地区，以与上文“荆楚”相对称，并非专指哪一族或几族；“广海”则指东南沿海地区，亦与上文“湖湘”相对称。内容则包含下列相隔时间很长的一系列事实。

吴元年（至正二十七年，1367 年）九月，克平江，执张士诚。吴亡之后，十月，即命汤和等乘胜攻浙东，方国珍降。

洪武元年（1368 年），汤和等执陈友定，福建平。汤和等以舟师攻取广东，元守将何真降。杨璟等取广西。

四年(1371年),命汤和、廖永忠率舟师入川,傅友德率车骑由秦陇取蜀,明升出降,夏亡。

但碑文是以极其概括的文学笔法总叙平定南方,并非编年叙述史实,因此,在时间顺序上多与后文相互交叉。

[13]**命大将军东平乎吴、越:**“大将军”,指徐达。“命大将军”,与前文“亲征”相对称,自此朱元璋不再亲征,均命徐达等统率军队出征。《明太祖实录》:乙巳(至正二十五年,1365年)冬十月辛丑,朱元璋命徐达、汤和等“率马步舟师水陆并进,规取淮东泰州等处”,时徐达为中书左相国,常遇春为平章。至丙午(至正二十六年)八月辛亥,始“命中书左相国徐达为大将军、平章常遇春为副将军,帅师二十万伐张士诚”。《明史·张士诚传》:“当是时,士诚所据,南抵绍兴,北逾徐州,达于济宁之金沟,西距汝、颍、濠、泗,东薄海,二千余里,带甲数十万。……太祖既平武昌(陈友谅残余势力),师还,即命徐达等规取淮东,克泰州、通州……拔高邮,取淮安,悉定淮北地。于是移檄平江(今苏州,张士诚据以为都,改称隆平),数士诚八罪。徐达、常遇春帅兵自太湖趋湖州……遂围湖州。……士诚知事急,亲督兵来战,败于皂林。……守将李伯升等以城降,嘉兴、松江相继降。潘原明亦以杭州降于李文忠。二十六年十一月,大军进攻平江,筑长围困之。……二十七年九月,城破,士诚……至金陵(应天),竟自缢死。”

[14]**齐、鲁耀乎旌幢:**《明史·太祖本纪》:“二十七年(1367年)……冬十月……庚申,召诸将议北征。太祖曰:‘山东则王宣反侧,河南则扩廓跋扈,关、陇则李思齐、张思道枭张猜忌,元祚将亡,中原涂炭。今将北伐,拯生民于水火,何以决胜?’遇春对曰:‘以我百战之师,敌彼久逸之卒,直捣元都,破竹之势也。’太祖曰:‘元建国百年,守备必固,悬军深入,馈饷不前,援兵四集,危道也。吾欲先取山东,撤彼屏蔽,移兵两河,破其藩篱,拔潼关而守之,扼其户槛。天下形胜入我掌握,然后进兵,元都势孤援绝,不战自克,鼓行而西,云中、九原、关、陇可席卷也。’诸将皆曰‘善’。甲子,徐达为征虏大将军,常遇春为副将军,帅师二十五万,由淮入河,北取中原。……十一月……壬午,徐达克沂州,斩王宣。……辛丑,徐达克益都。十二月……己酉,徐达下济南。……洪武元年(1368年)……二月……癸丑,常遇春克东昌,山东平。”因此,平山东是“北取中原”战略的一个组成部分,但这里行文是把它放在“东平乎吴、越”之后,作为“东”方的战役来叙述的。

[15]**西有乎伊、洛、崤、函,地险河、湟:**接上文,“西有乎伊、洛、崤、函”亦为“北伐中原”的一个组成部分。《明史·太祖本纪》:“洪武元年(1368年)……三月……己亥,徐达徇汴梁,左君弼降。……夏四月……戊申,徐达、常遇春大破

元兵于洛水北，遂围河南。梁王阿鲁温降，河南(今洛阳)平。……丙寅，冯胜克潼关，李思齐、张思道遁。"明军占领汴梁以后，河南诸州相次降附，扩廓帖木儿退据太原，黄河即成了河南防守的险要。"地险河、湟"即指此。《后汉书·郡国志》，"河南尹巩县有湟水"，《水经注》卷15"洛水"："洛水又东，径巩县故城南……又东，浊水注之，即古湟(一本作黄)水也。""西有乎……"是与前文"东平乎……"相对应。

[16]**入胡都而市不易肆，虎臣露锋刃而灿若星铓：**"胡都"，指元都大都，今北京。《明史·太祖本纪》：洪武元年秋七月辛卯，谕大将军徐达等："中原之民，久为群雄所苦，流离相望，故命将北征，拯民水火。元祖宗功德在人，其子孙罔恤民隐，天厌弃之。君则有罪，民复何辜。前代革命之际，肆行屠戮，违天虐民，朕实不忍。诸将克城，毋肆焚掠、妄杀人，元之宗戚，咸俾保全。庶几上答天心，下慰人望，以副朕伐罪安民之意。不恭命者罚无赦。""己酉，徐达会诸将兵于临清。壬子，常遇春克德州。丙寅，克通州，元帝趋上都。……八月……庚午，徐达入元都，封府库图籍，守宫门，禁士卒侵暴。"《明史·徐达传》："顺帝帅后妃太子北去。逾日，达陈兵齐化门，填濠登城。监国淮王帖木儿不花……等不降，斩之，其余不戮一人。封府库，籍图书宝物，令指挥张胜以兵千人守宫殿门，使宦者护视诸宫人、妃、主，禁士卒毋所侵暴。吏民安居，市不易肆。"

[17]**已而长驱乎井陉，河山之内外，民庶咸仰：**《明史·徐达传》："(克元都)捷闻，诏以元都为北平府，置六卫，留孙兴祖等守之，而命达与遇春进取山西。遇春先下保定、中山、真定，冯胜、汤和下怀庆，度太行，取泽、潞，达以大军继之。时扩廓帖木儿方引兵出雁门，将由居庸以攻北平。达闻之，与诸将谋曰：'扩廓远出，太原必虚。北平有孙都督在，足以御之。今乘不备，直捣太原，使进不得战，退无所守，所谓批亢捣虚者也。彼若西还自救，此成擒耳。'诸将皆曰：'善。'乃引兵趋太原。扩廓至保安，果还救。达选精兵夜袭其营。扩廓以十八骑遁去。尽降其众，遂克太原。乘势收大同，分兵徇未下州县。山西悉平。"井陉为自真定"直捣太原"必经之关隘。"河山之内外"，当指黄河之内、太行山之外，即山西。

[18]**关中即定，市巷笙簧：**《明太祖实录》：洪武元年(1368年)四月甲子，"初(李)思齐、(张)思道闻王师取河南，即驻兵潼关以拒。……及王师至，思齐弃辎重走凤翔，思道奔鄜城。"二年三月庚子，"大将军徐达师至鹿台(在陕西高陵县西南三十里，当西安渭河北岸)，遂入奉元路。初，元行省平章李思齐据凤翔，副将……等守关中，张思道……等驻鹿台以卫奉元。及闻大兵入关，思道等先……遁去。(徐)达至，遣都督佥事郭子兴将轻骑直捣奉元，而自率大军继进，

渡泾、渭，至三陵坡，父老千余迎降。达遂按兵，令左丞周凯入城抚谕。明日，达整师入，改奉元路为西安府”。“市巷笙簧”，当是当时情景。《明史·太祖本纪》接着简叙平定关中过程如下：洪武二年三月，“常遇春至凤翔，李思齐奔临洮”；四月丁丑，“冯胜至临洮，李思齐降”；八月癸未，“徐达克庆阳，斩张良臣，陕西平”。五年六月戊寅，“冯胜克甘肃，追败元兵于瓜、沙州”。至洪武十一年重建皇陵碑时，除仍在塞外保存着相当实力的北元和云南的元梁王外，都已归明朝统治。

[19]**玄菟、乐浪以归版籍：**“玄菟”“乐浪”，汉郡名，指朝鲜，时称高丽。《明史·朝鲜传》：“明兴，王高丽者王颛，太祖即位之元年，遣使赐玺书。二年……颛表贺，贡方物，且请封。帝遣（使）……赍诏及金印诰文，封颛为高丽国王，赐历及锦绮。……是自贡献数至，元旦及圣节皆遣使朝贺，岁以为常。”高丽虽行“洪武”年号，仍以在位国王纪年，未尝归入明朝版籍。此处之所以说“玄菟、乐浪以归版籍”，当是针对北元与之争夺的形势，强调仍在明朝势力的控制之下。《明史·朝鲜传》：洪武七年，“是岁，颛为权相李仁人所弑……立禑。八年，禑遣（使）……来告哀。……十年，使来请故王颛谥号，帝曰：‘颛被杀已久，今始请谥，将假吾朝命，镇抚其民，且掩其弑逆之迹，不可许。’……其夏，复遣（使）……贡马及方物，却不受。”北元于是乘间拉拢高丽，郑麟趾《高丽史》载：辛禑三年（明太祖洪武十年）二月，北元遣使赍册命来，“今以牟尼奴（辛禑小字）为征东省左丞相高丽国王”，于是高丽“始行北元‘宣光’年号；中外决狱，一遵《至正条格》（元朝没有完备的法典，这是元顺帝时颁发的法律文书，包括制诏、条格、断例三部分）”。

同年七月，北元使来“请挟攻（明）定辽卫（今辽宁辽阳）”，高丽“不应攻辽之请”。洪武十一年夏四月，元嗣君爱猷识理达腊卒，高丽就摆脱北元，“复行‘洪武’年号”。洪武十八年（1385 年），明“封禑为高丽国王，赐故王颛谥恭愍”。

洪武二十五年（1392 年），掌握高丽大权的将领李成桂自立，王氏高丽传国数百年至是绝。李成桂“请更国号，帝命仍古号曰‘朝鲜’”。

[20]**南藩十有三国而来王：**《明史·太祖本纪》记载洪武十年以前入贡的南藩诸国有占城、安南、爪哇、西洋、浡泥、三佛齐、暹罗、真腊、琐里、览邦，十一年入贡诸国中据《明太祖实录》记载阇婆在四月，应在 13 国之内，共计 11 国，彭亨、百花在十一月，已在七月建皇陵碑之后，不在 13 国之数内。又七年入贡的阿难功德国，《实录》二月戊戌作“西天阿难功德国”，当在南藩 13 国之数。尚缺一国。《明史》标点本七年有“撒里、畏兀儿入贡”，按《实录》六月壬戌：“撒里畏兀

儿者，鞑靼别部也”，标点本误断为二，“撒里”并非单独一国，且系西域，不属南藩。占城，今越南中南部。安南，今越南北部。爪哇，今印尼爪哇岛。西洋，《明史·外国传》作西洋琐里；“琐里，近西洋琐里而差小”。《殊域周咨录》八作“琐里，又曰西洋琐里”。然《明史·外国传》西洋琐里与琐里两国并列。琐里，今印度南部科罗曼德尔海岸。浡泥，今加里曼丹岛。三佛齐，今印尼苏门答腊岛巨港。暹罗，今泰国。真腊，今柬埔寨。阿难功德国，位置不详。览邦，今印尼苏门答腊岛直落勿洞。阇婆，今印尼爪哇岛。《明史·外国传》六：“阇婆……或曰爪哇即阇婆，……太祖时，两国并时入贡……或本为二国，其后为爪哇所灭，然不可考。”

倚金陵而定鼎[1]，托虎踞[2]而仪凤凰[3]。天堑[4]星高而月辉沧海，钟山镇岳[5]而峦接乎银潢[6]。欲厚陵之微葬，卜者乃曰：不可，而地且臧[7]。于是祀事之礼已定[8]，每精洁乎烝尝[9]。惟劬劳[10]罔极之恩难报，勒石铭于皇堂。世世承运而务德，必彷佛于殷商[11]。泪笔以述难，谕嗣以抚昌[12]。稽首再拜[13]，愿时时而来飨。

[1]**倚金陵而定鼎：**洪武元年（1368年）八月下诏，以应天为南京，开封为北京。二年九月癸卯，“诏以临濠（七年改名凤阳府）为中都……命有司建置城池宫阙如京师之制”。营建中都的工程在李善长等主持下连续不断地进行了6年。到洪武八年（1375年）四月丁巳，又把“功将完成”的中都役作“以劳费罢之”。同年九月辛酉，“诏改建（南京）大内宫殿”，经过整整两年，到洪武十年（1377年）十月，全部完工。洪武十一年，改称南京为“京师”，罢北京，仍称开封府。定鼎金陵即指此。至明成祖永乐元年（1403年），诏“以北平为北京”，“称行在”，改北平府为顺天府。永乐四年，诏以明年五月建北京宫殿，但未曾动工。永乐十四年（1416年），复诏群臣议营建北京，十五年六月动工，十八年十二月，宫阙、太庙、社稷、天地坛、山川坛等全部完工。同年，迁都北京。第二年（1421年），改称京师为南京，北京为京师。马文升《题为因灾变思患豫防，以保固南都事疏》（载《明经世文编》卷62）概括明初建都的过程说：明太祖朱元璋“即位之初，始欲建都于汴梁，随又建都于凤阳，终复迁都于金陵（应天府，今南京）”，到明成祖朱棣时候，又“迁都北平”，并保留南京的整套官署，成为南、北两京的制度。营建中都，请阅拙著《明中都》（中华书局）、《〈明中都〉提要》（载1981年度《建筑历史与理论》第二辑）。

[2]**虎踞：**相传诸葛亮以“钟山龙蟠，石头虎踞”称南京形势之险要。清凉山后有一处原“峭立江中”的天生石壁，形如城墙缭绕，虎踞江滨。战国时，楚在此建金陵邑；孙吴时，又在原址建石头城，简称石头；六朝至唐，均倚为江防重镇。

[3]**凤凰**：当指朱元璋的家乡和父母葬地，也是他的起兵之所和准备建为都城之处的凤阳。洪武二年（1369 年）起，营建中都宫阙于临濠府城西南 20 里凤凰山之阳。《凤阳新书》谓“席凤凰山以为殿”。六年，改临濠府为中立府。七年，改中立府为凤阳府。八年，迁凤阳府治于临濠新城。

[4]**天堑**：指天险长江。

[5]**钟山镇岳**：“岳”，五岳：东岳泰山、南岳衡山、中岳嵩山、西岳华山、北岳恒山；“镇”，五镇：东镇沂山、南镇会稽山、中镇霍山、西镇吴山、北镇医无（巫）闾山。钟山之神与五岳、五镇之神并祀于山川坛正殿，说明京畿山川地位之高。此处则指钟山。

[6]**银潢**：即银河。

[7]**欲厚陵之微葬，卜者乃曰：不可，而地且臧**：“臧”，好，指收藏着山川灵气。旧《皇陵碑》文：“仰惟先陵奇秀所钟，虽治葬之时厄于贫窭，衣衾棺椁不能具备，赖天地之佑，祖宗之福也。今富有天下，顾无以惬人子之情，兹欲启坟改葬，虑泄山川灵气，使体魄不安，益增悲悼。姑积土厚封，势若冈阜，树以名木，列以石人、石兽，以备山陵之制而已。”《明太祖实录》：丙午（1366 年）四月丁卯，“时有言改葬恐泄山川灵气，乃不复启葬，但增土以培其封”。

[8]**祀事之礼已定**：即指“积土厚封，势若冈阜，树以名木，列以石人、石兽，以备山陵之制”。《实录》：“陵旁居民汪文（汪氏老母之子，父曹均，已故，时赐次子姓汪，名文）、刘英（刘继祖之子）于上有旧，召至慰抚之。遂令招致邻党二十家以守陵墓，命有司复其家。”《凤阳新书》卷 2/44b《刘继祖传》：丙午年四月，“太祖……回濠州省谒，命（刘）英招集皇觉寺左右邻赵文达等导引省识。……遂名赵文达等二十家为‘亲邻’，命守寝园。”沈士谦《明良录略》：这二十家“亲邻”，“无贫富，皆赐朱户，复其家。至今村上数家茅屋柴扉，上犹施朱”。

[9]**烝尝**：冬祭曰烝，升牲于俎；秋祭曰尝，尝新谷。泛指祭祀。

[10]**劬劳**：辛劳，劳苦。《诗经·小雅·蓼莪》：“哀哀父母，生我劬劳。”郑元《笺》云：“恨不得终养父母，报其生长已之苦。”《高皇帝御制文集》卷 12/9b《思亲歌》：

苑中高树枝叶云，上有慈乌乳雏勤。
雏翎少乾呼教飞，腾翔哑哑朝与昏。
有时力及随飞去，有时不及枝内存。
呼来呼去翎羽硬，万里长风两翼振。
父母双飞紧相随，雏知反哺天性真。

歔欷！慈乌恸恻仁，人而不如鸟乎将何申，将何伸！
吾思昔日微庶民，苦哉憔悴堂上亲。
有似不如鸟之至孝精，
歔欷，歔欷！梦寐心不泯。①

[11]**必彷佛于殷商**：商部落始祖契居于商，传 14 代至汤灭夏，建立商朝，又传 9 代至盘庚迁都殷（今河南安阳小屯），又传 8 代至纣亡国。整个商代，自公元前 16 世纪汤建国到前 11 世纪纣亡国，共 17 代，31 王，500 多年，亦称殷商。"必彷佛于殷商"，言期望明朝亦能类似殷商那样世代相传五六百年。

[12]**谕嗣以抚昌**：晓谕子孙后代以恩德来安抚百姓，兴盛国家。

[13]**稽首再拜**："稽首"，跪拜礼，据《周礼·春官·大祝》，稽首为九拜中最恭敬的礼节；"再拜"，一拜而又拜，表示恭敬隆重。

洪武十一年，岁次戊午，七月吉日建[1]。

[1]**七月吉日建**：《明太祖实录》：洪武十一年夏四月，"是月，重建皇陵碑。上以前所建碑恐儒臣有文饰，至是复亲制文，命江阴侯吴良督工刻之"。似乎亲制碑文在夏四月已写好，至是命督工刻之。但碑文本文云"七月吉日建"，有牴牾。《凤阳新书》卷 4/56b：洪武十一年"夏四月，命江阴侯吴良督建殿宇、城垣，植冢木，立华表，树石人、石兽，勒石建亭。"即夏四月是命吴良兴工改建皇陵，包括"勒石建亭"，即"重建皇陵碑"，亲制碑文当如所叙"七月吉日建"，日期不可考。《实录》则不提重建皇陵，仅在十二年闰五月丁巳记"皇陵祭殿成"，将"亲制碑文、命工刻之"均挂于十一年夏四月"重建皇陵碑"之后，造成误解。《实录》所记"重建皇陵碑"，系"命"重建皇陵碑，而实际上，不仅是"重建皇陵碑"和"新建皇堂"，而是整个改建了皇陵，变成一个坐南朝北的特殊陵墓，使一出中都城即迎面与这座"规模陋汉、唐"的金碧辉煌的庞大建筑群相对。

附释：

一，转载皇陵碑碑文的有《高皇帝御制文集》卷 14/la、《凤阳新书》卷 8/1a、康熙《凤阳府志》卷 38/14a、乾隆《凤阳县志》卷 14/3b、光绪《凤阳府志》卷 15/21b、徐乃昌《安徽通志金石古物考稿》卷 6/la、《七修类稿》卷 7/8a。除《金石古物考稿》全录碑文外，其余各书、志均改原碑首行《大明皇陵之碑》碑名。《御制

① 朱元璋撰、胡士萼点校《明太祖集》卷 12，合肥：黄山书社，1991 年，第 250 页。

文集》作《皇陵碑》;《凤书》作"《太祖高皇帝皇陵碑》";康熙府志作"《(明)高皇帝御制祖陵碑》记",误;乾隆县志作"前明《皇陵碑》文,明太祖御制";光绪府志作"《明太祖皇陵碑》",并均删去首"孝子皇帝元璋谨述"和尾"洪武十一年岁次戊午七月吉日建"碑文。

二,经与原碑、照片及北京图书馆金石组等处收藏的一些早期拓片逐字校核,发现各书、志转载的碑文都有多少不等的异体字、避讳字、错别字。《御制文集》是与原碑最为一致的,但也有一些不同:"趋跄"作"趍跄","待非"作"待罪","姑孰"作"姑熟","峭函"作"淆函","井陉"作"井泾",又改"猨"为"猿","魂"为"魂","孃"为"娘"及"跳"为"跳","逃"为"迯","游"为"遊","于"为"於","攜"为"携","鼎"为"鼑","煇"为"辉"等等。光绪府志则错别字最多,如"新造"作"新建","恐不足为"作"恐不为","俄尔"作"俄而","如何是常"作"是当","兄云去此"作"此去","魂悠悠"作"襄悠悠","仍复业于於皇"作"复业乎","云及趋降"作"云即","与知者相商""知者为我画计"均作"智者","且祷阴以默相"作"曰……","待非"作"待毙","关中即定"作"既定","凤凰"作"凤皇","烝尝"作"蒸尝"等等,都是沿袭了乾隆《凤阳县志》的错误,康熙府志是修光绪府志时未曾看到的。至于"江阴侯"作"江阴候","伊兄"作"尹兄","穹崖"作"穷崖","鹤唳"作"鹤淚","倡农夫以入伍"作"而入伍","已殁"作"已没","大江"作"长江","六师"作"六帅","井陉"作"井径","述难"作"迷难"等等,则是复以己意改易,以致错误迭出,难以卒读。笔画字形不同者更多,不能一一列举。"玄菟"则避讳作"元菟"。所以造成碑文转载有异,首先是皇陵碑碑文存在一些异体字,如"猿"作"猨","魂"作"魂","娘"作"孃", 以及"辛"作"辛","浆"作"浆","跳"作"跳","陷"作"陷","寄"作"寄","傍"作"傍","数"作"數","亲"作"親","函"作"函","归"作"歸","建"作"建"等等,使转载时出现异体字。其次是转载时,仅因袭"文献",未尝核对原碑,还以己意妄改。本文系用简化字排印,不能印出已被废除的异体字以及许多笔画字形相异的字体,因此,要了解原碑碑文的情况,就得看原碑,其次则看拓片或照片,再次则看《御制文集》。方志所载,错别字、异体字太多,已非原貌,不足为凭。

三,在校核原碑时,看到碑文上有句断符号。在核对拓片时,又发现碑文上还标有声调符号,如"相商""乐浪""述难"等,因系浅刻在碑文上,不若句断标在偏旁那么清晰,不细看是看不出来的。

四,皇陵碑建于明初,原有碑亭覆盖。清初碑亭毁后,300 多年来未曾重建,日晒雨淋,原碑从左上方斜向右下方石质不坚之处已经粉化,以顶部中间为甚。石质坚硬之处,则仍刻工精细清晰,急需加强保护。

1988 年 12 月

明泗州祖陵署户田粮清册

——一份罕见的有关明代土地占有情况的文献资料

一、明泗州祖陵“署户田粮”清册的发现

明泗州祖陵是明太祖朱元璋祖父母的陵墓，是一座体制与凤阳皇陵相同的规模宏大的明初陵墓。洪武十七年（1384 年），龙骧卫小旗朱贵①请假回家乡泗州祭祖，回京（南京）以后，向朱元璋上了一份《祖陵图帖》，图上具体指明了朱元璋祖父母住处和葬地的位置。于是，朱元璋命皇太子朱标到泗州去修筑其祖父母的陵墓，葬帝、后衣冠，称为“祖陵”。洪武十九年（1386 年），设祖陵祠祭署，额设署户 20 户②，因授朱贵奉祀，四品服色，子孙世袭管理署事，复添置陵户 293 户，供洒扫。

祖陵位于明凤阳府泗州城东北 30 里。明朝后期，祖陵屡遭水患，泗州城已半为水乡。到清朝康熙十九年（1680 年），泗州城圮于水，寄治原州城南 20 里的盱眙县（今江苏盱眙），乾隆四十二年（1777 年），移治今安徽泗县。泗州故城和祖陵，现在都已没入洪泽湖中。

1975 年冬，我到北京图书馆善本阅览室借阅明代泗州地方志曾惟诚的《帝乡纪略》，想从中搜集一些有关朱元璋祖先事迹和泗州祖陵建筑的史料。阅览过程中，无意中发现了有“署户田粮”的记载。细细一看，原来是一份根据泗州祖陵祠祭署“署册”“逐户查核”后的全部陵户的田粮清册。

有关我国古代社会土地占有、分配的情况，史籍记载往往语焉不详，不是笼统地说一个大概的情况，就是举一些个别的事例，唯独缺少详尽完备的调查统计数字。因此，要对古代社会的土地占有、分配情况作一个具体确切的描述，以

---

①见《帝乡纪略》卷 1/24a“帝迹志·陵墓·祠官”。《国榷》卷 1/649 作“泗州朱贵”；《国朝典汇》卷 7/1a 云：“朱本宗人婿”；《天府广记》卷 40/563“陵园”附蒋德璟《凤泗记》作“宗人龙骧总旗朱贵”。本文从《帝乡纪略》。

②《帝乡纪略》卷 1/25b 陵墓·署户。

及对农村社会阶级状况作一个科学的分析，就会感到由于材料不足而遇到不易克服的困难。而这份"署户田粮"清册却是把祖陵祠祭署所属的全部陵户300多户，按里逐户一户不漏地登载了户主的姓名、占有田地的情况，凡有田地的，详尽记载细数，没有田地的，也都明确记载"田地无"，因而成了一份罕见的翔实反映我国古代社会里农村土地占有、土地分配情况的文献档案。

二、对明泗州祖陵祠祭署"署户田粮"清册的几点分析

（一）《帝乡纪略》刊载祖陵"署户田粮"清册，是记录清审结果，以防今后混冒。

《帝乡纪略》是一部泗州地方志，编纂地方志为什么要如此详尽地记载当地祖陵的署户田粮？明初置陵户的，除泗州祖陵外，还有凤阳皇陵、凤阳诸王坟、盱眙扬王坟、宿州徐王坟和滁州滁阳王坟①，但是遍查《中都志》、《凤阳新书》、正德《盱眙县志》、弘治和万历的《宿州志》、万历《滁阳志》等明代修纂的地方志，都没有有关署户田粮的记载，而惟独《帝乡纪略》这部方志要一户不漏地详尽记载泗州祖陵祠祭署的署户田粮，这是为什么？

原来明初朱元璋下令一律免除陵户的赋税徭役，于是有些人，特别是一些富家豪族，就想方设法来混冒，以逃避赋税徭役。这种现象，各陵坟都有不同程度的发生。但皇陵例则，"审户必听裁于临（淮）、凤（阳）"，南陵（扬王坟）例则，"造册必关白于盱眙"，因此地方官还能有所控制。惟独祖陵祠祭署，不但"不按署册而私相侵隐"，"不以清审之权假借有司"，"即如造册，而且不与闻"，"不通州印，而径自造报"②，因此影射之弊较诸陵尤为严重，以至"佥补近三分之一，而佥补之家，又率皆有力者"，"旁郡豪族复多窜匿其中，而冒附同姓户下，以避徭役，原籍有司，莫敢数诘"，"世禄之家"（指奉祀朱家），竟成了"奸民逋逃之薮"③。

万历十一年（1583年），"奉文丈量"，清丈出祖陵祠祭署"额外之田""溢原

①皇陵在凤阳太平乡，是明太祖朱元璋父母的葬地，朱元璋的几个哥哥、嫂嫂、侄子附葬皇陵，置陵户3342户。国初追封诸王坟，简称诸王坟，在凤阳白塔湾，是朱元璋伯伯、伯母和几个堂兄弟、堂嫂、堂侄的坟墓，也称"十王四妃坟"，置陵户300户。"扬王坟"在盱眙津里镇，是朱元璋外祖父母陈氏的坟墓，置陵户210户。"徐王坟"在宿州新丰里，是朱元璋岳父母马氏的坟墓，置陵户93户。"滁阳王坟"在滁州，是郭子兴的坟墓，置陵户19户。

②《帝乡纪略》卷1/34a。

③《帝乡纪略》卷1/26b。

额数倍”，引起了泗州州民的公愤。万历二十一年（1593 年），因州民上告，再次让府州“丈勘”，“署民姚应魁等方具结，认州粮三百石，以求免丈”，结果仍因“未曾根究”，“数年未决”。知州王陞（万历二十二年到任，二十七年去任）在任期间（1594—1599 年），“据署册查对”，“逐户查核”，凡额外投充之户，“查明回奏”，全部“发回原籍”；凡冒混影射的田地，也丈勘查清，使“原额无者不得饰而为有，原额有者不得捏而为多”①，解决了地方和祠祭署之间长期的争端。

《帝乡纪略》在“作志凡例”里说：“巨细毕书，灿然指掌中，有犯人所深忌者，亦秉公实录。”在纪“署户田粮”的小序里说：“署户田粮，不论有无，皆载，从实录也，且令后之考核者有所证据而不得混冒云。”所以，泗州方志《帝乡纪略》把万历年间的清审结果全部详尽记录下来，是为了“影射之弊可杜，而州、署永无争”②，这样，这份“署户田粮”清册就作为一份极其详尽的农村土地占有情况的实录被保存了下来。

（二）“署户田粮”清册里记载的署户田地，是万历年间清审以后署户占有土地的实际情况。

《帝乡纪略》记载，泗州祖陵“初设署户，咸摘无粮小户充之”③。洪武二十九年，明太祖朱元璋命令：“这些……看祭人……速搬移附近去处，看守祖陵，三十里以里，二十里以外开耕田地，不要他纳粮当差。”④陵户开耕这些田地，专为供办祭祀，载入署册，上报两京礼部和南京太常寺，叫作“祭田”，也叫“署田”。署册载“祭田一百四十九顷”，大概是明初就定下来的。署户耕种的祭田，不纳钱粮，它的数量是不能增减的。可是万历十一年丈量田地，清丈出祖陵“署户”共有“祭田”九百二十七顷五十六亩八分六厘六毫⑤，远远超过署册所载的数额。后来，经过清审，逐户查核核实，使“原额无者不得饰而为有，原额有者不得捏而为多”，把所有冒充“祭产”的额外之田都清除了出去。所以，“署户田粮”详细记载的各户田地的数字，是经过清审核实后各陵户占有“祭田”的确实亩数。

清审后的祖陵祭田是多少，在“署户田粮”清册文本里没有提，而往后面紧接着的“论”里，说“署册载祭田一百四十九顷”。可是，把逐户的田亩细数加起来，总数却不是一百四十九顷，而是一百六十一顷五十九亩八分，比署册原额多

①《帝乡纪略》卷 1/28a－b；卷 1/34a－b；卷 1/43b。

②《帝乡纪略》卷 1/34b。

③《帝乡纪略》卷 1/26b。

④《帝乡纪略》卷 10/1b 纶奏志·圣旨。《明太祖实录》未载。

⑤《帝乡纪略》卷 1/28a。

出了十二顷五十九亩八分。为什么会出现这个差额？只能有一种解释，就是这些田的的确确都是原来的祭田，并非冒充，但经丈量核实，原来的田亩大小和田亩数字与清丈结果有出入的，就根据“丈量折亩”予以更正，以便后来的“考核者有所证据”。

崇祯时，蒋德璟作《泗州基运山小记》，仍记“设祭田一百四十九顷”，说明上报的祭田总数仍保持原额不变，而登载各户的田地有无多少，则根据清丈的结果，并在小序中暗示这才是作为依据的“实录”，这样，就出现了泗州祖陵祭田的两本账。

（三）“署户田粮”里记载的陵户占有土地的情况，反映了存在着土地买卖和土地兼并的事实。

从逐户记载的各陵户的土地占有情况，可以看出明朝土地买卖、土地兼并的一些迹象和事实：

第一，大多数陵户丧失了明初辛勤开耕的田地。

明初祖陵陵户奉旨“开耕田地”，从当时奖励人民到淮河流域开垦荒地的措施，以及凤阳皇陵陵户“每户拨给田地一庄”①的记载来看，这些佥充泗州祖陵陵户的“无粮小户”，当初应该是多少获得了一些土地的。可是在200多年后的这份“署户田粮”里，看到的却是另外一种情景，在绝大多数陵户名下，确凿无误地注明“田地无”，他们在明初辛勤“开耕”的土地已经丧失殆尽了。

第二，署户买入民田。

“署户田粮”名册里有11户记载了纳粮的数字。祭田是不纳钱粮的，只有佥补之户，“人户虽入署，而田粮犹在州”②，需要记载下来。但是这11户又都不是佥补之户，所以只能是“其买民田，则法不过割，而代纳税粮”③，是陵户买了民田，需要代纳的税粮数目。

在这11户纳粮户中，有6户没有说明土地占有情况，既没有说“田地无”，也没有说有田地多少。之所以不说“田地无”，是因为他有田地；之所以不载田地的多少，是因为他有的不是祭田，而是民田。民田和祭田是泾渭分明，相互不容混淆的，民田是不能混载在署册上的。

此外另5户载了占有土地的情况，但是与纳粮的数字有的极不相称，如：

新五里　　王成　　麦田六亩　　夏税一石一斗五升五合三勺

①《凤阳新书》卷5/34b。

②《帝乡纪略》卷1/28a。

③《帝乡纪略》卷1/44b。

青十一里　　李和奂　　麦地十七亩　　夏税三斗六升四合二勺

李和奂的田地将近王成的3倍，可是纳的税粮却连王成的三分之一都不到，可见这里记载的田地数和纳粮数两者是不相联系的。这又可以进一步证明凡是“署户田粮”清册里记载的田地都是署田，记载的夏税秋粮都是州粮。这5户则是既有祭田，又买入了民田。

这11户纳粮户夏税秋粮共纳一十八石三斗六升。《帝乡纪略》记载：“丈量折亩后，不论官民田地，俱作民地实征，每亩科夏麦二升三合三勺八抄一撮，秋米二升六合四勺八抄三撮”①，合夏税秋粮，每亩共征粮四升九合八勺六抄四撮。用纳粮数折合亩数，最少有三顷七十亩。在300多户署户中，有11户买了民田，共约三顷七十亩，相当于祭田总数的2.3%，所以署民买民田的现象不算严重。

第三，陵户之间的土地兼并。

祠祭署管辖的祭田，专为供办祭祀，随同陵坟户口，每10年要大造一次册籍，“送缴两京礼部并南京太常寺查考”②，因此是不能为州民所侵占的。从“署户田粮”清册来看，全部署田即祭田仍都在署户即陵户名下，并未短缺。但是也确凿无误地反映了陵户之间的土地兼并是十分剧烈的。明初的陵户，都是摘“无粮小户”充当，让他们在祖陵附近“开耕田地”，免除粮差，因此当初各陵户都占有一些“祭田”，相差也不会太大。而今“署户田粮”清册里记载的各户陵户占有祭田的情况，却是绝大多数陵户“田地无”，而少数陵户则占有了百亩以上的大量土地。明初陵户的土地分配情况，经过整整200年的发展演变，早已进行了重新分配。

此外，佥补户则人户虽已入署，而田粮犹在州，因此，佥补户注明纳粮多少，就知道他有民田多少，不注纳粮数，就是没有民田。在“署户田粮”名册中记载的11户佥补户，都没有记载纳粮数字，说明他们入署的时候也都是一些“无粮小户”，并无在州的田粮。其中8户还注明“田地无”，说明他们到万历年间清审的时候，依然是“无粮小户”。

但是，其中有两户却占有不少田地：

城一里　金文昺　永乐年选充　　　田地一顷九十五亩七分三厘

挂二里　刘重福　成化二年佥补　　田地六顷九十三亩八分五厘

这说明刘重福、金文昺两户在佥补入署的时候虽是“无粮小户”，可是在入署以后，一百几十年间，却占有了大量祭田。

①《帝乡纪略》卷5/6b政治志·赋。

②《帝乡纪略》卷1/38a。

从这11户佥补户的发展情况来看,也证明陵户之间的土地兼并是严重的,而能兼并大量土地以至成为大户的只是极少的,多数是时多时少,有增有减,总的发展趋势是日渐减少,最后落到一个无立锥之地的悲惨境遇。

陵户之间的土地兼并,还可以反映我国古代社会里存在着经济地位与社会政治地位并不是完全一致的事实。一般地说,社会政治地位高的阶层必然占有大量田产,在经济上具有优越的支配地位,但是社会政治地位低贱的阶层,例如陵户中的少数人也有可能积聚到一定数量的财富,如同为"洒扫人户"的泗州祖陵陵户中,占有土地300亩以上的就有14户,除开世袭奉祀朱家外,他们并没有因为经济地位改变了,就可以因此得以改变原来低贱的社会政治地位,他们的身份仍然是"供洒扫"的陵户。

(四)祖陵祠祭署是一个以祖陵为中心的,专为看守祖陵、供办祭祀的特殊的居民单位。与一般居民单位不同,即它特殊的地方只是居住分散。

《帝乡纪略·舆地志》记载,泗州共有在城、招贤、仁信、挂剑、新安、淮安、青阳7个乡,50个里①。"署户田粮"清册记载祖陵陵户分散居住在泗州7个乡的33个里中。再查一下各乡各里的位置,在祖陵二三十里范围内的,计有在城5个里,招贤一、二、三、四、五、七里,新安四、五、六里,共3乡14里。

在这3乡14里的范围里,有:

署户　194户　　占署户总数的62%

祭田　13266亩　占祭田总数的82%

这样以祖陵为中心的,户口、田地分散的署户和祭田,能不能把它看作如同一村、一寨那样是一个单一的居民单位呢?我认为是可以的,而且应该这样来看待,理由如下:

第一,它有固定的土地。明初额设祭田一百四十九顷,200多年来未增未减,始终不变。

第二,它有固定的居民。明初佥迁人户314户为陵户,200多年来虽有故绝、佥补、顶补,但总户数未增未减,始终不变。

第三,它有固定的管理机构。祠祭署管理陵户、祭田,跟地方官管理民户、民田一样,只是系统不同。

因此,祖陵祠祭署是一个以祖陵为中心的,由许许多多"飞地"和300多户陵户组成的专为看守祖陵、供办祭祀的单一的居民单位。与一般居民单位不同,它特殊的地方只是居住分散。

---

①《帝乡纪略》卷3/32a－34b。

三、泗州祖陵“署户田粮”清册是明朝后期土地高度集中的一幅写照

“署户田粮”记载的既然是万历年间经过清审、逐户核实后的当时泗州祖陵陵户及其田粮的详细清册，确凿可靠，祖陵祠祭署及其所辖的陵户和祭田又可以而且应该作为一个独立的、单一的特殊居民单位来看待，那么它所反映的农村土地占有、分配情况究竟怎么样呢？

下面先把“署户田粮”清册里记载的逐户占有土地的情况，按占有土地多少，归纳统计如下：

占有土地情况	户数	比例	亩数	比例
完全没有土地的	165 户	52.4%	0	0%
5 亩以下的	25 户	7.9%	65.82 亩	0.4%
5～10 亩以下的	11 户	3.5%	71.25 亩	0.4%
10～20 亩以下的	23 户	7.3%	331.49 亩	2%
20～50 亩以下的	13 户	4.1%	381.9 亩	2.3%
50～100 亩以下的	16 户	5.1%	1172.15 亩	7.2%
100～200 亩以下的	29 户	9.2%	4215.24 亩	26.1%
200～300 亩以下的	13 户	4.1%	3249.3 亩	20.1%
300～500 亩以下的	10 户	3.1%	3889.7 亩	24.6%
500 亩以上的	4 户	1.3%	2782.95 亩	17.2%
仅纳州粮的	6 户	1.9%	——	——
共　计	315 户		16159.8 亩	

把这些土地占有和分配的统计数字简单综合，则为：

	户数	比例	亩数	比例
完全没有土地或仅有少量土地的	224 户	71.1%	468.54 亩	2.9%
有田地 20～100 亩的	29 户	9.2%	1554.05 亩	9.6%
占有田地 100 亩以上的	56 户	17.8%	14137.19 亩	87.5%
另仅纳州粮的	6 户	1.9%	——	——
共　计	315 户		16159.8 亩	

如把署户田粮中有州粮的11户，以所纳夏税秋粮的数字折合民田与祭田合并计算，田地增加350.2亩，共计16510亩，比例数字则略有变动，如下：

	户数	比例	亩数	比例
完全没有土地或仅有少量土地的	224户	71.1%	477.84亩	2.9%
有田地20~100亩的	34户	10.8%	1780.15亩	10.8%
有田地100亩以上的	57户	18.1%	14251.99亩	86.3%
共　计	315户		16509.98亩	

为什么把100亩作为一条划分线？不能定得低一些？《帝乡纪略》说，署户“户额仍旧”，“名虽三百余户”，“而逐年生聚”“丁口日繁”，以至“有大户百丁，小户不下数十丁者”①，则泗州祖陵署户的丁数至少过万，可能达到一万五千丁至两万丁。由于这种特殊的情况，因此，即使有地近百亩的户，平均每人占有的土地也就一亩到三、五亩了。以有田地20~100亩为中间一级来计算，署户户数的比例和所占土地数的比例，也恰好平衡，证明这样定是比较恰当的。

由于明初设置祖陵陵户的时候，都是挑的“无粮小户”，原来并无土地，虽然经过广大陵户辛勤地“开耕田地”，但他们开耕的田地，总的说来还是比民户要少。据《帝乡纪略》记载，万历年间，泗州户数为7555②，“官民田地塘共六千六百一十九顷九十三亩六分五毫五忽”③，平均每户占地87.623亩。而祖陵祠祭署陵户314户，占泗州总户数的4.16%，祭田149顷，占泗州总土地数的2.23%，加上买入的民田，也只占2.49%，陵户占的田亩比例数比户数占的比例数要低，祖陵陵户平均每户占有土地52.73亩，只有泗州平均数83.623亩的60.18%，比泗州少了40%。泗州万历十一年（1583年）清丈时为43944口，平均每户大小5.81口，平均每口土地15.08亩，而陵户则丁多口繁，土地比民户少，丁口比民户多④，平均每口的土地则少得很可怜了。

可就是这样一点点用血汗开垦出来的土地，绝大多数的陵户也都没有能保持下来，先后被兼并夺走了。明初朱元璋对祖陵陵户说：“都免了你们杂差钱粮，……差徭不当，钱粮不纳，军民官管你们不着，你们快活似神仙。”⑤但是能

①《帝乡纪略》卷1/26a、38b署户；卷5/16a户口

②《帝乡纪略》卷5/15a－b户口。

③《帝乡纪略》卷5/2b土田。

④《帝乡纪略》卷5/16a说：署户“户数仍旧，口数则不可知矣”；卷1/26b说：“丁口日繁……谅与州县相同”。由于陵户不服官府徭差，因此州县不掌握陵户的具体口数。

⑤《帝乡纪略》卷10/2a。《明太祖实录》未载。

享受到这种“天高地厚之恩”实惠的，决不是广大丧失了土地的贫苦陵户。被人羡慕“别无徭役，而惟止供祭”的“笼袖骄民”①，也仅只是这“烧香衙门”②里的“世禄之家”和极少数真正占有几百亩田地的豪族。

在“署户田粮”名册里，究竟哪一位是世袭四品的奉祀朱氏，不清楚。名册里姓朱的共9户，有有田的，也有“田地无”的。其中有田地百亩以上的4户，新六里朱高有田地八顷七十四亩五分，是全部署户中占地最多的一户。但是比起勋戚之家，则是小巫见大巫了。《帝乡纪略》记载曹国公李景隆家“曹府田地一百七十七顷九亩九厘”③，比整个祖陵祠祭署的祭田一百四十九顷还要多将近20%。

从明朝后期土地高度集中的情况看来，明初勋戚曹国公李景隆家的一百几十顷田地，又是小巫见大巫了。《明史·食货志》说：“占夺民业而为民厉者，莫如皇庄及诸王、勋戚、中官庄田为甚。……穆宗（隆庆）时……定世次递减之限，勋臣五世限田二百顷，戚畹七百顷至七十顷有差。……神宗（万历）时赉予过侈，求无不获。潞王、寿阳公主恩最渥。而福王分封，括河南、山东、湖广田为王庄至四万顷，群臣力争，乃减其半。……熹宗（天启）时，桂、惠、瑞三王及遂平、宁德二公主庄田动以万计，而魏忠贤一门，横赐尤甚。盖中叶以后，庄田侵夺民业，与国相终云”。④

从上面的统计数字和材料分析里，可以清晰地描绘出一幅明朝后期土地高度集中的真实写照：

（一）在祖陵陵户这个居民单位里

1. 占户数70%的无地和少地的陵户，只占不到3%的土地；

2. 而只占户数18%的大户，却占有了全部陵户土地的百分之八十六七；

3. 在314户陵户中，占有土地500亩以上有4户，最多一户占有土地800多亩。

但以每“户不下数十丁”至“百丁”的特殊人口结构来平均，每丁的土地还都是很少的。

---

①《帝乡纪略》卷1/26b。

②《帝乡纪略》卷1/44b。指祠祭署。

③《帝乡纪略》卷5/3b。洪武三年，封李文忠为开国功臣曹国公。李文忠是朱元璋的外甥，他父亲李贞是朱元璋的姐夫，死后追封陇西王。李文忠于洪武十七年卒，追封岐阳王。洪武十九年，其子李景隆袭曹国公。

④ 《明史》卷77“食货志一·田制”。

（二）在泗州境内

1. 祖陵陵户每户平均占有的土地比泗州平均数少40%，每人平均占有的土地则更少，是一个比较贫困的居民单位；

2. 而曹国公李景隆一家占有的土地就比全部陵户占有的所有土地还多20%。

（三）从全国范围来看

1. 泗州全境①共有官民田地6600多顷。

2. 而明朝后期赏赐皇族、勋戚、宦官的庄田，往往"动以万计"，不但比明初的勋戚多几十成百倍，甚至比整个泗州的全部土地还多得多。

通过明泗州祖陵"署户田粮"清册所提供的土地占有、分配情况的详尽材料，我们对晚明土地高度集中的情况有了更为深入细致的了解，说明李自成农民起义军提出"均田免粮"口号，是有其深刻的社会背景的。

四、泗州祖陵祠祭署"署户田粮"清册

曾惟诚《帝乡纪略》11卷，著录于《明史·艺文志》，据朱士嘉《中国地方志综录》，现仅北京图书馆藏有此书。北京图书馆藏的《帝乡纪略》11卷，是明万历年间的原刻本，每页10行，每行22字，高22.6厘米，宽14.6厘米，分装成20册、4函。原书现不在国内，馆藏的是摄制的微型胶卷。

"署户田粮"记载在《帝乡纪略》卷1《帝迹志·陵墓·田粮》里，从第28页下到第33页下，共6页。

为了阅览醒目，应用方便，把原文一字不漏地改排如下式，附注阿拉伯数字。标题是本文作者加的。

泗州祖陵祠祭署署户田粮清册

署户田粮，不论有无皆载，从实录也，且令后之考核者有所证据而不得混冒云。

城一里佥充署户田粮

一户	丁官保	田地无	0
一户	杜　瑾	正统年拨补，田地无	0

①包括泗州及所属盱眙、天长两县。

一户	董兴祖	田地一亩五分	1.5
一户	扬　大	田地无	0
一户	王守聚	田地无	0
一户	冘气子①	田地无	0
一户	陈真保	田地十九亩九分二厘	19.92
一户	李遇春	田地无	0
一户	史　胜	田地五分	0.5
一户	申保子	田地无	0
一户	韩　义	田地三十六亩三分	36.3
一户	孟　安	田地无	0
一户	纪　振	田地无	0
一户	韩　兴	洪武二十八年佥充,田地无	0
一户	刘　保	田地一十四亩一分	14.1
一户	朱文圣	田地无	0
一户	袁　胜	田地无	0
一户	张兴同人户金壁等	田地无	0
一户	姚子贵	田地三顷六十三亩一分	363.1
一户	李黑厮	田地无	0
一户	赵驴儿	田地无	0
城二里佥充署户田粮			
一户	房　三	地十三亩三分	13.3
一户	顾忏儿	地十六亩	16.0
一户	魏　镕	成化年拨补,田地二亩九分	2.9
一户	金文昺	永乐年选充,田地一顷九十五亩七分三厘	195.73
一户	姜伴哥	正统年拨补,田地无	0
一户	韩　忠	田地无	0
一户	姚　公	田地无	0
一户	纪大进	田地无	0
一户	李　真	田地一亩	1.0
一户	杨　荣	田地无	0

①按姓氏有它、冘、尤,不知"冘"系何字。

一户	路关保	田地无	0
城三里佥充署户田粮			
一户	傅台驴	田地无	0
一户	鲍马保	田地一十九亩九分	19.9
一户	赵都保	地二亩七分	2.7
一户	杨文泰	田地九十二亩三分	92.3
一户	孙道礼	田地四亩二分五厘	4.25
一户	高　贵	田地无	0
一户	李　茂	田地无	0
一户	蒋　敬	田地二亩三分四厘	2.34
一户	杨佑童	田地一顷四十三亩二分	143.2
一户	成　丘	田地一顷四十六亩七分	146.7
一户	纪狗儿	田地六十六亩	66.0
一户	陈　原	田地四顷五十八亩五分	458.5
一户	扬文斌	田地无	0
一户	于　海	田地无	0
一户	张敢生	田地无	0
一户	秦　胜	正统年拨补,田地无	0
一户	王保童	田地无	0
一户	傅保宝	田地无	0
一户	董马儿	田地无	0
城四里佥充署户田粮			
一户	张　瑛	田地无	0
一户	陈　良	田地无	0
一户	蔡真保	田地无	0
一户	纪　成	田地无	0
城五里佥充署户田粮			
一户	胡　童	正统年拨补,田地无	0
一户	张敬贤	田地五十亩	50.0
一户	陈　贤	田地一顷一十三亩一分	113.1
一户	王　坤	田地一顷二十七亩一分	127.1
一户	严　陆	田地无	0
一户	杨　肆	田地无	0

一户	宋关住	田地无	0
一户	刘　成	田地无	0
一户	王思瑪	田地一顷一十二亩一分	112.1
一户	彭大圣	田地五十三亩	53.0
一户	赵　童	田地无	0
一户	金　璧	田地无	0
一户	易　道	田地一亩	1.0
一户	李章奴	田地无	0
一户	钱锁儿	田地无	0
一户	于　友	田地无	0
一户	许蛮儿	田地无	0
一户	陈驴儿	田地无	0
一户	杨同儿	田地无	0
一户	程再禄	田地无	0
招一里佥充署户田粮			
一户	槽子安①	田地六顷三亩一分	603.1
一户	陈喜胜	田地八十九亩九分	89.9
一户	汪　洪	田地一十亩	10.0
一户	郭均儿	田地四亩三分	4.3
一户	钟十一	田地八十七亩九分	87.9
一户	王大丁口	田地九亩七分	9.7
一户	邵敬先	田地七十九亩	79.0
一户	朱丘伍	田地一顷二十四亩四分五厘	124.45
一户	傅　敬	田地一十二亩五分	12.5
一户	陈驴儿	成化年拨补,田地无	0
一户	朱　二	田地一顷八十五亩	185.0
一户	魏　兴	田地一亩	1.0
一户	徐观音	田地无	0
一户	郁　聚	田地无	0
一户	胡　大	田地一顷七十九亩四分	179.4
一户	张　清	田地一顷三十六亩七分	136.7

①槽,疑为檀。

一户	汤三儿	田地无	0
一户	周　成	田地一顷七十亩六分	170.6
一户	曹　三	田地六十三亩八分	63.8
一户	张八一	田地二顷五十亩四分	250.4
一户	朱　名	田地二顷四分	200.4
一户	袁　整	田地二顷八亩	208.0
一户	刘　深	田地三顷五十四亩一分	354.1
一户	李教化	田地五亩八分五厘	5.85
一户	黄　成	田地三顷五十八亩八分	358.8
一户	曹　贵	田地九十四亩一分	94.1
一户	王　礼	田地二顷八十三亩	283.0
一户	徐胜保	田地一顷八十二亩五分	182.5
一户	陈　伴	田地三十二亩一分	32.1
一户	侯　清	田地无	0
一户	张　二	田地二十六亩	26.0

招二里佥充署户田粮

一户	张驴儿	夏麦一石二斗九升六合八勺 米九斗二升四合八勺七抄五撮 黄豆四斗一合二勺五抄	(2.622925 石)
一户	王　成	田地无	0
一户	陈　伍	田地一顷二十八亩	128.0
一户	项　二	田地九十一亩	91.0
一户	冦驴子①	一顷一十四亩四分	114.4
一户	孙住儿	田地无	0
一户	王　名	田地一顷二十五亩七分	125.7
一户	包　成	田地三顷六十七亩三分	367.3
一户	胡　真	田地一顷三十六亩五分	136.5

招三里佥充署户田粮

一户	张大同	田地无	0
一户	孙虎儿	田地三十亩八分	30.8

①"冦"疑为冠。

一户	赵千儿	田地二十五亩五分	25.5
一户	龚咬儿	田地一十三亩	13.0
一户	张　义	田地无	0
一户	朱当子	田地二十二亩	22.0
一户	熊　伍	田地五十二亩二分	52.2
一户	刘大同	田地无	0
一户	徐大同	田地一十二亩二分	12.2
一户	孙驴儿	田地一十五亩	15.0
一户	刘移住	田地无	0
一户	张天保	田地十五亩八分	15.8
一户	接	田地二十一亩	21.0
一户	李　福	田地一顷五十一亩一分	151.1
一户	王　四	田地无	0
招四里佥充署户田粮			
一户	徐自当	田地无	0
一户	钱友谅	田地八十亩	80.0
一户	夏百家奴	田地无	0
一户	王闰驴	田地一十五亩一分	15.1
一户	孙文胜	田地二顷八十一亩二分	281.2
一户	于福泉	田地二顷八十九亩四分五厘	289.45
一户	杨　兴	田地无	0
一户	胡七十	田地一顷零四分	100.4
一户	郝百家奴	田地无	0
一户	杨　进	田地六顷一十一亩五分	611.5
一户	刘闰生	夏麦六斗四升六合 秋米一石三斗六升二合一勺五抄	(2.00815石)
一户	展马驹	田地五亩	5.0
招五里佥充署户田粮			
一户	刘敢子	田地无	0
一户	张剪儿	田地一十二亩	12.0
一户	王　大	田地无	0
招六里佥充署户田粮			

一户	张　兴	田地无	0
一户	张拜住	田地无	0
一户	岳　大	田地无	0
一户	王郎儿	田地无	0
一户	刘道生	田地无	0
一户	倪　华	田地二顷一十六亩	216.0
一户	姚　通	田地无	0
一户	朱春牛	田地无	0
一户	张大老	夏麦一斗六升五合①	(0.165 石)
一户	张猪儿	田地无	0
一户	颜敬同人户张兴		
		夏麦二斗五升一合一勺二抄	
		秋米五斗九升八合六勺六抄五撮	
			(0.849785 石)
一户	单　仲	田地二顷一十八亩三分	218.3
招七里佥充署户田粮			
一户	刘保生	田地一顷九十二亩九分	192.9
一户	韩子玉	田地四顷一十六亩五分	416.5
一户	吴　名	田地无	0
一户	张闰子	田地无	0
一户	周马儿	田地二亩五分	2.5
一户	陈秃儿	田地无	0
一户	王兴了②	田地无	0
一户	孙　礼	田地二顷七十二亩四分	272.4
一户	李崔聚	田地二顷七十亩一分五厘	270.15
一户	黄　胜	田地一顷八十亩一分	180.1
一户	柯泼养	田地五亩五分	5.5
一户	张撓群③	田地无	0
一户	石僧儿	田地一顷七十亩八分	170.8

①“一斗”的“一”字不清晰，有“七”字的可能。

②“了”又似“子”，模糊难辨。

③“撓”疑系“搅”字。

一户	王　昇	田地七十九亩四分三厘	79.43
一户	施　成	田地一顷七十三亩	173.0
一户	钱　真	田地无	0
一户	汪胜保	田地一顷一十八亩一分	118.1
仁四里佥充署户田粮			
一户	印泼子	田地无	
一户	朱　兴	田地七亩九分	7.9
一户	刘泼养	田地七十亩七分二厘	70.72
一户	李咬儿	田地无	0
挂一里佥充署户田粮			
一户	尹五十	田地一十三亩	13.0
一户	唐观音	田地无	0
一户	黄　大	田地二十二亩三分	22.3
一户	王保儿	田地无	0
一户	耿仲智	田地三亩六分三厘	3.63
一户	顾官生	田地六亩三分	6.3
一户	韩久住	田地二亩	2.0
一户	王闹子	田地无	0
一户	顾老歌	田地三十七亩	37.0
一户	杨保儿	田地无	0
一户	刘　二	田地无	0
一户	张喜童	田地无	0
挂二里佥充署户田粮			
一户	朱彦昌	田地无	0
一户	王驴马	田地无	0
一户	陈佛保	佥充，田地无	0
一户	骈狗儿	田地一顷二十九亩四分八厘	129.48
一户	张郎儿	田地无	0
一户	刘重福	成化二年佥补田地六顷九十三亩八分五厘	693.85
一户	王久住	田地无	0
一户	王舍儿	田地一十亩	10.0
挂三里佥充署户田粮			

一户	赵　四	田地无	0
一户	吴淮奴	田地八亩	8.0
挂四里佥充署户田粮			
一户	王　三	田地无	0
一户	李骥儿	田地无	0
一户	滕转儿	田地无	0
一户	王均玉	田地四顷六十四亩三分	464.3
一户	骈狗儿	田地一顷一十九亩四分八厘	119.48
一户	孙　大	田地无	0
一户	朱老大	田地无	0
新一里佥充署户田粮			
一户	蔡牛儿	田地无	0
一户	孙舍儿	田地无	0
一户	王久住	田地无	0
一户	刘　大	田地无	0
新二里佥充署户田粮			
一户	龚骡子	田地无	0
一户	杜思贤	田地三顷九亩一分	309.1
	周再兴①	田地无	0
新三里佥充署户田粮			
一户	袁官保	田地无	0
一户	种　盱②	三顷五十九亩	359.0
新四里佥充署户田粮			
一户	陈流住	田地一顷六十三亩六分	163.6
一户	张　贵	田地二顷二十五亩	225.0
一户	盛观音	田地无	0
一户	李买住	田地六十二亩八分	62.8
一户	花文通	田地一顷二亩一分	102.1
新五里佥充署户田粮			
一户	富真保	田地三十四亩四分	34.4

①独此户不书“一户”两字，疑前文“一分”为“一户”之刊误。

②无“盱”字，疑为“旺”字之误。

一户	魏　兴	田地四顷三十九亩	439.0
一户	张双儿	田地八亩	8.0
一户	王僧安	田地无	0
一户	庄　玘	麦地五分	0.5
		秋米九升六合三抄	(0.0963 石)
一户	王　成	麦地六亩	6.0
		夏税一石一斗五升五合三勺	(1.1553 石)
一户	周生保	田地一十六亩	16.0
一户	刘　德	田地一亩五分	1.5
		秋米二斗八升二合六勺	(0.2826 石)
一户	刘奂儿	田地无	0
一户	蔡旺儿	田地一顷一十四亩五分	114.5
一户	邓荒儿	田地五亩	5.0
一户	杨　二	田地一亩五分	1.5
一户	王马儿	田地二亩	2.0
一户	郭宗道	田地一顷七十八亩五分	178.5
一户	毕公孙	田地一亩	1.0
一户	潘福成	田地四十九亩三分	49.3
新六里佥充署户田粮			
一户	朱　高	田地八顷七十四亩五分	874.5
一户	时原善	田地二顷六十二亩五分	262.5
一户	童真保	田地一十五亩	15.0
一户	安　成	田地二十五亩二分	25.2
一户	孙得兴	田地二顷七十二亩五分	272.5
一户	何留住	田地无	0
一户	姜安儿	田地无	0
一户	李保儿	田地无	0
一户	陈　大	田地无	0
淮一里佥充署户田粮			
一户	房　忠	田地一十九亩六分七厘	19.67
淮三里佥充署户田粮			
一户	郭　广	田地无	0
淮四里佥充署户田粮			

一户　胡　德　田地无

淮五里佥充署户田粮

一户　马　荣　田地四亩三分　4.3

一户　陆驹儿　田地无　0

淮六里佥充署户田粮

一户　蒋林保　田地无　0

一户　沈来保　田地无　0

一户　张　荣　成化年拨补,田地无　0

一户　沈　成　田地无　0

一户　张道远　田地无　0

一户　赵　忏　田地无　0

一户　崔　大　田地无　0

一户　王九柱　田地无　0

一户　徐裸儿　田地无　0

一户　周福保　田地一十二亩　12.0

一户　侯　大　田地无　0

一户　黄　羊　田地无　0

一户　刘　通　夏麦二石五斗九升三合五勺二抄八撮
秋米三石一斗三升一合七勺五抄六撮二圭
五粒　(5.72528425 石)

一户　陈驴儿　田地三亩五分　3.5

一户　陈　忠　田地五亩　5.0

一户　周　林　田地无　0

青一里佥充署户田粮

一户　沈保儿　田地无　0

青七里佥充署户田粮

一户　方观音　田地无　0

青八里佥充署户田粮

一户　李　二　田地五亩　5.0

青十里佥充署户田粮

一户　严来住　田地无　0

青十一里佥充署户田粮

一户　张官奴　田地无　0

一户	吴僦儿	田地无	0
一户	陆　三	棉花地一亩	1.0
一户	严来住	田地无	0
一户	赵闰生	田地无	0
一户	姚　得	田地二十亩	20.0
一户	黄　二	田地无	0
一户	胡自当	田地无	0
一户	董　成	田地无	0
一户	张　斗	田地无	0
一户	侯　宜	田地无	0
一户	高　进	田地无	0
一户	李和奂	麦地一十七亩	17.0
		夏税三斗六升四合二勺	(0.3642 石)
一户	马　肚①	棉花地一亩九分	1.9
		秋米一斗二升三勺七抄五撮	(0.120375 石)
一户	蔡　闰	田地无	0
一户	嵇　俊	田地无	0
一户	张丑驴	田地无	0
一户	徐　虎	田地无	0
一户	徐保哥	田地无	0
一户	周益都	田地无	0
一户	孙　喜	田地无	0
一户	陈　聚	田地无	0
一户	符祥同人户韩义	田地无	0
一户	杨　兴	夏麦正耗四石九斗七升一合	(4.971 石)
一户	张　友	田地六亩	6.0
一户	胡保儿	田地无	0
一户	杨当儿	田地无	0
一户	石生安	田地无	0
一户	龚旺儿	田地无	0

曹国公李景隆家人

①不知"肚"是何字，疑系"旺"字之误。

一户	杨消奴	田地一十五亩	15.0
一户	任定柱	田地一十二亩	12.0
一户	何太来	田地七亩	7.0
一户	吴　科	田地无	0
一户	李西畨①	田地无	0
一户	陈来柱	田地一十三亩	13.0
一户	李关住	田地无	0
一户	白　肆	田地无	0
一户	王　庆	田地无	0
一户	胡名得	田地六十亩	60.0
一户	杨所儿	田地无	0
一户	蒋五十	田地无	0
匠户			
一户	罗马仔	田地无	0
一户	陈弟仔	田地无	0
一户	罗回回	田地无	0

① “畨”疑为“番”字。

凤阳方志考

凤阳在春秋时为钟离子国,汉置钟离县,东晋、南北朝置钟离郡,隋、唐为濠州治,五代、宋、元相沿未改。钟离阻淮带山,古称天险;濠州襟带淮濠,素为重镇。由于《图经》《濠梁古迹》《濠梁志》均已失佚,除尚存一些诗文外,已看不到有关古钟离和濠州的专志了。

凤阳为明太祖朱元璋的故乡和“龙飞之地”。吴元年升濠州为临濠府,洪武二年(1369 年)诏以临濠为中都,立宗庙社稷,建城池宫阙。又复改钟离县为临淮县,析临淮县置凤阳县,改临濠府为凤阳府,移治新城。清乾隆十九年(1754 年),又裁临淮县,并入凤阳县。明、清时记载中都、凤阳、临淮的府志、县志不少,但有些已失传,有的已成了海内珍本、残本。《明史 · 艺文志》《清史稿 · 艺文志》等仅载一二,光绪《凤阳府志 · 艺文考 · 载籍》缺略甚多。朱士嘉《中国地方志综录》(增订本)仅载尚存之籍,都不能看到全貌。

这篇《凤阳方志考》主要是把所知有关凤阳的方志,逐一简单作些介绍:

一、《图经》,佚。

张国淦《中国古代方志考》第 293 ~ 294 页:《太平寰宇记》卷 128“濠州 · 定远县 · 晋献公冢”引《图经》一条;《舆地纪胜》卷 50“濠州 · 景物上 · 濠水”引《图经》一条。核对原书,所见北京图书馆藏宋抄本、清抄本及道光惧盈斋本《舆地纪胜》均阙卷 50。

二、《濠梁古迹》一卷,佚。

宋濂《游荆涂二山记》记叙伴同太子朱标游览山川途中,收到明太祖寄给他的《濠梁古迹》一卷,“宸翰题其外,令其搜访,与青宫言之”。

三、张季樗《濠梁志》三卷,佚。

陈振孙《直斋书录解题》卷 8:“《濠梁志》三卷,郡守永嘉张季樗撰。时嘉泰初元。”祝穆《方舆胜览》卷48“淮西路·濠州”:“郡名曰濠梁,张延卿自知光州,与商廷昌易濠州,后改知和州。开禧兵衅起。罢归。此志即其在濠州时所撰也。”嘉泰为南宋后期宋宁宗年号,初元为公元1201年。《文献通考·经籍考》卷32、《温州经籍志》卷10均载录。《濠梁志》是最早见于著录的凤阳方志。

蒋其昌《重修临淮县志后序》说:“《濠梁志》三卷,尚已,宋以后无闻焉。”考马端临进《文献通考》在元仁宗延祐六年(1319年),宋亡已40年,但《经籍考》系据南宋时所修“书目、续书目”“及搜访所得嘉定以前书诠校而志之”,因此,虽著录《濠梁志》3卷,仍不能断定元时存佚。明景泰中修《寰宇通志》,引用书目无《濠梁志》,成化中柳瑛撰《中都志》,其《小序》云《濠梁志》已“不存”。因此,《濠梁志》到明时确已失佚。《中都志》钟乳山、临淮山(浮山)、临淮城、三牛城、梦蝶坊等条所引《濠梁志》,当自它书转录,然查祝穆《方舆胜览》卷48“淮西路·濠州”,并无引《濠梁志》,仅“郡名·濠梁”引“郡志”,“形势·阻淮带山”引“郡县志”,不知“郡志”是否即《濠梁志》。

《中都志》《寰宇通志》《大明一统志》凤阳府引文有“旧志”及“新志”之称。考《中都志》“万岁山条”、“郭子兴”条引“新志”文,与《寰宇通志》“万岁山”条、“滁阳王墓”文相合,因此,“新志”即指《寰宇通志》,“旧志”当是《濠梁志》。

四、柳瑛《中都志》10卷

柳瑛,临淮人,字廷玉,天顺元年(1457年)进士,官至河南按察佥事,著有《皇明大礼》。《中都志》卷7高宗本《送佥宪柳公廷玉考绩诗序》、卷5“临淮县人才”,康熙《凤阳府志》卷40章钦文《柳团山先生传》均有事略。

柳瑛《中都志·后跋》:“是书之编,始于天顺戊寅(1458年),讫于成化丁未(1487年),凡六誊稿矣。成化中……屡欲刊行而弗果。弘治元年戊申(1488年)……命工锓梓。……潜心三十年而成,成书于一旦。”

《中都志》记叙明凤阳府及所属4州14县,实为凤阳府志。《四库全书总目提要》说:“此志不曰凤阳,而曰中都,用太祖制也。”

《中都志》共10卷,分45目,《总目提要》认为“体例庞杂,最为冗滥”。总观全书,材料的选择取舍,文字的叙述讨论,颇费斟酌,极为谨慎,言简意赅,并无冗词滥文,是一部修得很好的方志。目虽未加归类分篇,稍嫌烦琐,编次仍井然有序,无伤大雅。《总目提要》仅此一句评语,未免以偏概全。康熙时,凤阳知府章钦文以修纂府志为己任,撰《柳团山先生传》,说柳瑛成进士的第二年,就开始编撰《中都志》,穷年累月,口吟手披,用了30年的时间,凡六易稿,而书始成。现续修郡志,“世之相去几二百余年,微先生为指南,几伥伥乎其无所之矣”;又作《题中都志》:“作述非容易,难凭秃管删。寥寥百载后,谁似柳团山。”(载康熙《凤阳府志》卷35“艺文”)章钦文对柳瑛出自肺腑的忻慕之情,是亲切而公正的。

《中都志》与一般方志相比较,最突出的有两点:

一是比较全面地反映了明初营建中都的情况。如:“建置沿革”有定中都、立宗社、建宫室、筑新城及置凤阳府、凤阳县的记载;“郡名”有中立、凤阳的命名和释名;“都城山川”有万岁山、日精峰、月华峰、凤凰山;“城郭”有中都新城、皇城的规制,国都有中都;“宫室堂亭楼阁”有宫殿、御书亭、鼓楼、钟楼、开国元勋阁、观星台;“坛壝”有圜丘、方丘、太社坛;“公宇”有广储仓;“学校”有中都国子监;“军卫”有中都留守司;“寺院”有大龙兴寺;“祠庙”有中都城隍庙、功臣庙;“陵寝”有皇陵、祖陵及扬王坟、徐王坟、十王四妃坟等等。其中如凤阳各个街坊的名称,皇陵的建筑规模,中都屯田的地亩、田粮、耕牛、桑枣细数等等,记载极为详尽。“题咏”中有不少赞美中都建筑、叙述祀祭皇陵的诗篇;“文章”中宋濂的《凤阳新铸大钟颂》是一篇保存至今的有关营建中都的最为生动具体的实况报道,这些记录为了解明初营建中都提供了确凿的资料。《中都志》又有洪武间撤中都宫室名材建大龙兴寺和天顺三年奏准撤皇城内中书省等衙门500余间依式重建龙兴寺,以及宫殿“今遗址存”的记载,记录了中都建筑遭到破坏的情况;又有“中都留守司,故行大都督府也”,“凤阳府治……即会同馆也”,“凤阳府学……洪武甲戌(二十七年)以中都国子监为之”等罢建都城后中都变迁的情况。“文章”中丘濬《凤阳府重修儒学记》等文还讲了营建中都、罢建中都、中都国子学的建筑和盛况。因此,《中都志》是明朝前期凤阳中都的一部实录。

二是汇编了大量明初凤阳地区功臣和名人的碑铭。其中有中山王徐达,朱元璋的外祖扬王陈氏、岳父徐王马氏、滁阳王郭子兴,以及沐英、邓愈、邓镇、常遇春、李文忠、吴良、吴祯、顾时、胡大海、赵德胜、寿州袁氏、郭英、花云、宋晟、费聚、朱勇、孙岩、许亨、谢彦、沈仁等大量开国功臣、名人的神道碑铭、庙碑、祭文、封诰以及明初迁居临濠的郁新、柳耀等人的墓志铭、墓表等,一律全文照录。这些都是了解元末农民战争、明初平定天下以及明初迁徙江南豪族的极为重要的原始资料。卷5“人才”又更广泛地撰写了这些人物的传记。因此,《中都志》又是有关朱元璋起义军及其取得政权前后历史的重要参考资料。

《中都志》还记载了古钟离、濠州及所属州县的历史、古迹等等。但对《通典》误以宋泰始二年(466年)筑(小东)城以镇濠口为秦始皇二年(前245年),知其有异而未能正其误;又沿袭旧志之附会,仍误以为庄子墓在临淮开元寺后。

《中都志》原刊于弘治元年(1488年),书末有柳瑛后跋及刊字工师庐陵王珍、进贤吴环名录。卷首因有成化六年(1470年)刘昌钦《中都志序》,李廷宝误以为"郡志刻于成化庚寅(六年)"。刘(昌钦)序是"成化中屡欲刊行而弗果"的证明,当时未尝刊刻。嘉靖辛亥(三十年,1551年)有补刻本。李廷宝《跋中都志后》记述,《中都志》因年久"字迹模糊,辄难认辨,又板缺三十余叶,殆不成书",于是"命梓人于模糊者整之使明,遗缺者补之使完;又自甲辰(成化二十年)以来凡官师科贡前之所未及者,搜求而增入之"。隆庆己巳(三年,1569年)又有重刻本。知府周汝德识:《中都志》"自嘉靖辛亥以后,旧版存者,十去五六"。于是"命工重梓,特征其舛讹,补其残缺"。万历四十一年(1613年)又有增补本。增补本除增补官师科贡外,最重要的是在卷首增补了地图。地图有《皇陵总图》《府治总图》、凤阳府治和所属18州县的分图,后有"万历四十一年十一月凤阳县知县万嗣达增补"的题识。这些地图形象地反映了明中都的规划、布局和建筑状况,如完好的皇城,高入云霄的鼓楼、钟楼,高峙的中都九门,圜丘、方丘、各官署、留守司、各卫、龙兴寺、高墙、广储仓的位置,中都城的砌砖状况,皇陵、祖陵的雄伟规模,以及洪泽湖逐渐扩大,淮河水位日益提高,泗州、临淮半为水域的水文情况等等,都是极为珍贵的历史文献资料。

《中国地方志联合目录》(初稿)载,现仅北京图书馆、南京图书馆、南京大学图书馆、天一阁四处藏有《中都志》刻本,北图、南图、南大藏本我都看过,其中只有南京图书馆藏的缺卷1至卷4的残本4册是弘治原刊本。第一册第一页有"嘉惠堂丁氏藏书之记""八千卷楼藏书之记""江苏省立第一图书馆藏书"印,封面正中上端有"四库附存"印,左上角有"史"字印,余册仅有省图书馆印,很可能是编四库全书时进呈后退回的原残本。南京大学藏本是隆庆三年刻本,上有"金陵大学藏书之印"。北京图书馆藏本是万历四十一年增补本,上有"京师图书馆藏书记"印。天一阁藏本虽未亲见,但据阮元《天一阁书目》"史部地理类"及北图藏《天一阁重校书目》载原稿删改本(并改名为《天一阁存见书目》)载:"《中都志》10卷,全",有"丰城周汝德后序"。民国排印《鄞范氏天一阁书目内编·劫余书目》又说明是"隆庆己巳刻本"。若有地图,则为万历刻本。因此,《联合目录》说四部藏书都是弘治元年刻本,记载不实。《四库全书总目提要》卷73"地理类存目·二""《中都志》十卷,浙江范懋柱家天一阁藏本",因此,天一阁藏本,可能即是后来进呈并退回的本子。几个不同版本中,以南图弘治原刻残本最为清晰,其余版本,字迹都有缺残不清,但有增补,万历本还有增补的地图,可以参看。

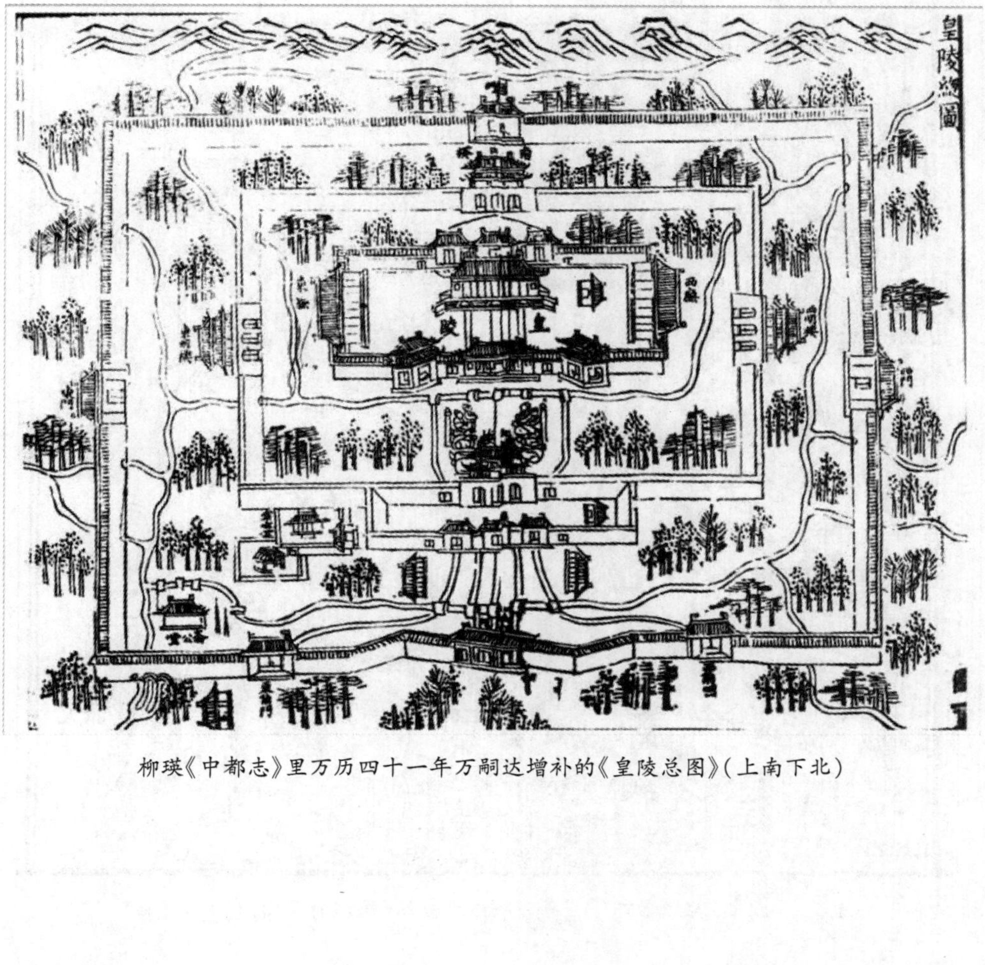

柳瑛《中都志》里万历四十一年万嗣达增补的《皇陵总图》(上南下北)

柳瑛《中都志》里万历四十一年万嗣达增补的《凤阳府总图》(上南下北)

柳瑛《中都志》里万历四十一年万嗣达增补的《凤阳府治图》(上南下北)

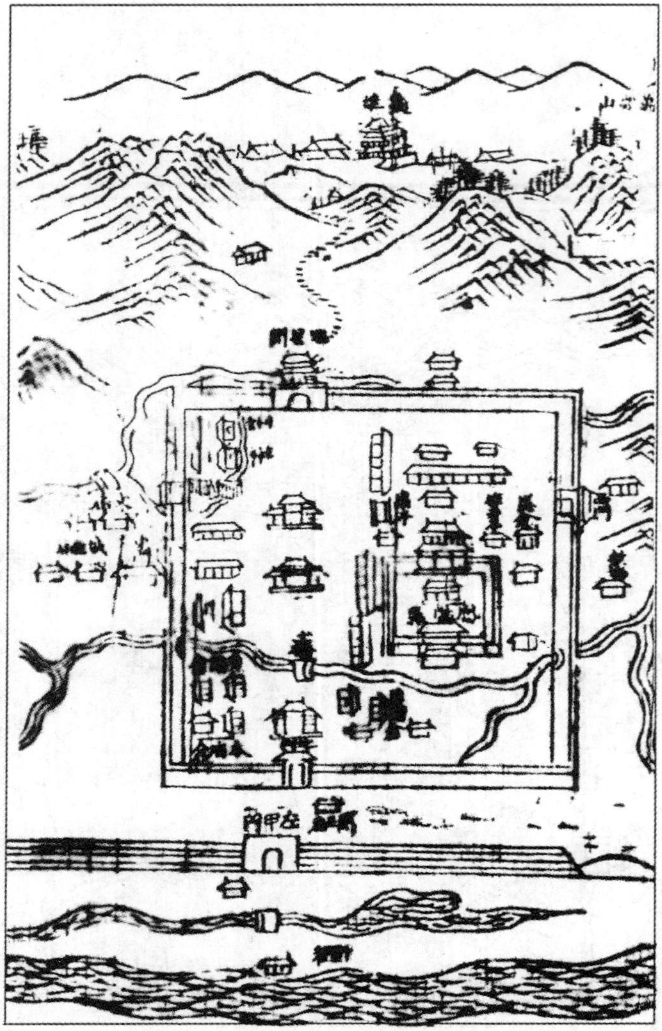

柳瑛《中都志》里万历四十一年万嗣达增补的《凤阳县治图》(上南下北)

五、张良知《中都储志》10 卷,存佚不明。

北图藏康熙丁酉(五十六年)林佶传抄《天一阁书目》志部有"《中都储志》四本"。《中国地方志联合目录》(初稿)载北京图书馆藏有"(明)张良知纂修《中都储志》一十卷,明嘉靖间修,抄本",但尚未在该馆查到卡片和原书。

六、杨鹄、顾承芳《临淮县志》2 卷,佚。

嘉庆十三年阮元刻《天一阁书目》卷 2 之"史部 · 地理类"载:"凤阳府《临淮县志》二卷, 刊本,有哦翠山房图章。明嘉靖甲午(十三年,1534 年)邑人杨鹄、顾承芳纂辑，泉州知府凤阳高越序，浙江金华府推官张翼翔后序。”到光绪十五年薛福成刻《天一阁见存书目》，民国排印《鄞范氏天一阁书目内编·劫余书目》，均已不载此志，佚。

七、张云翔《凤阳县志》6卷，残存3卷。

张云翔，河南上蔡人，万历六年(1578年)以举人知凤阳县，节用爱人，实心为政，去之日，民悲泣遮道，不得行。《凤阳新书》、康熙《凤阳府志》、乾隆《凤阳县志》“名宦”均有传。

张云翔修、赵学之纂《凤阳县志》6卷，是凤阳最早的一部县志。韩宗德《凤阳县志后序》说，凤阳县原“无志”，“张公上承郡伯之命，莅任之始，他务未遑，日亲学宫，与学之赵先生督率一二生，讨求故典，裁成一书”。高以涵《凤阳县志后跋》说，他因熟知凤阳掌故，“邑志将成，贤侯张公虑其太略也，出以相示，予……遂应命润色，庶成全书”。

乾隆修《凤阳县志》时，张云翔《凤阳县志》已“不可见”，今幸北京图书馆尚藏残存万历六年刊本3卷，但已不可得见全貌，也未见它书转载原序。卷4“艺文”数篇，内有嘉靖元年高越《谨题修复(中都)城池以固根本重地事》奏议1篇。卷5“序记”十数篇，嘉靖二十四年钱梗《凤阳县钱令(楞)民恋碑记》记叙了明朝中期凤阳因“罗设八卫”，“漕、邮、祠署”，“中都留守”，都要“廪饩于斯”，以至“民贫入骨”，“土瘠不耕”，“逃殁殆尽”的悲惨情景。卷6为“题咏”。

朱士嘉《中国地方志综录》(增订本)载北京图书馆藏有张云翔、赵学之《凤阳府志》6卷。万历六年本，存卷4~6。查考史料，张云翔并未修过府志，系《凤阳县志》之误。而张云翔《凤阳县志》则漏注“存卷四至六”。

八、万历《临淮县志》(旧志)，佚。

康熙《临淮县志》、乾隆《凤阳县志》卷首转载明欧阳灿《临淮县志序》，叙述：临淮原为汤沐邑，以附郭故，罢于奔命。贾应龙为临淮令，乞请免二十里外之附郭，除二百年因袭之害。“今之临淮，大非昔日之临淮矣，而《临淮志》则犹是昔也”。贾令迁升，邑之缙绅更修《临淮志》以志之。

或以为万历《临淮县志》即为欧阳灿所修，实系误会，不确。欧阳灿以举人授临淮教谕，与贾令同事数年。贾令迁京兆，欧阳已升调河南上蔡知县。万历三十六年春，摄令以更修《临淮县志》成，请为序，时欧阳已“去临淮二年有奇”，“未睹新志”，何来参与修纂。欧阳灿本人所撰临淮志旧序即可为证。

康熙修《临淮县志·凡例》云：“临淮旧志修于万历戊申(三十六年，1608)，迄今六十余年矣";蒋其昌《重修临淮县志后序》说:"今所见者惟万历戊申本。"乾隆修《凤阳县志》,卷首转载欧阳灿《临淮县志序》;乾隆乙未(四十年)秦潮序:"临淮志始明邑教谕欧阳灿,康熙初邑令魏宗衡继作……欧阳、魏(志)虽存,邑既归并……"云云,故志尚存。至光绪《凤阳府志·艺文考·载籍》,就不载此书,当佚于咸同之际。

九、万嗣达《凤阳县志》8卷,佚。

万嗣达,江西德化籍德安人,万历四十年(1612年)由举人知凤阳县,勤于政事,志在保恤,条陈凤阳七弊。洞悉民间疾苦,有废必兴,治绩茂誉。任满,升兵马指挥。康熙《凤阳府志》、乾隆《凤阳县志》"名宦"有传。

《凤阳新书》卷8"序",有万嗣达《重修凤阳县志序》及戴良材《重修县志后序》。乾隆《凤阳县志》卷首原序作:明万嗣达《凤阳县志序》。序中叙述修志经过:"县故无志。志创自今上御极之六年(按,即张云翔《凤阳县志》),然亦自郡乘(按,指《中都志》)中抽其汇帙,而稍加编缀,多所挂漏。夫郡(指凤阳府)纪十八国,事核辞要,篠荡龟鱼之属,男女畜扰之粗,不琐琐及也。矧今一纪而赢,其间易置,月异岁殊,观风者至无可征信。壬子(万历四十年)春,余令兹邑,取志翻阅,欲为厘校。……越二年,睹记稍习,质诸父老,记载互有异同。窃为中都高皇帝肇造之区,凤其天子汤沐邑,埒之岐丰,可令无全书乎。乃檄学博程君文宸、林君懋修,暨诸生徐振民、盛世臣、罗于明、丁煜往复雠校,赘者删之,缺者补之,越岁乃始脱草。余与一二僚友,更为删定润泽而书成,凡八卷。……万历四十二年某月知凤阳县事浔阳万嗣达撰。"

至乾隆修《凤阳县志》,"凡例"云:"今张、万之志不可见矣";乾隆三十六年孙维龙《凤阳县志原序》云:"张、万之志今皆不可见";四十年秦潮《新修凤阳县志序》云:"张、万旧稿无存。"光绪《凤阳府志》卷16上"艺文考上·载籍":"万嗣达《凤阳县志》,明万历四十二年修。未见。"故万《志》清时已佚。

十、袁文新《凤阳新书》8卷

袁文新,字又日,福建瓯宁人,万历四十七年(1619年)由举人知凤阳县。康熙《府志》、乾隆《县志》"名宦"均有传。《明史·艺文志》作袁又新,误。

天启元年,袁文新《凤阳新书·自序》说:"凤之志……张公(云翔)创之,浔阳万公(嗣达)饰之。……凤阳为高皇帝之新汤沐邑,……不可以郡县之例例之,……于是厘旧志,雠讨成帙,题之曰《凤阳新书》……是书之成,余不佞其文新总其事……分其裁(者)……凡二十有二人,各执一篇而录次引证焉。而余友柯子仲炯裁成之功居多。……八越月……而书成。”

《凤阳新书》简称《凤书》，共8卷。卷首有详细的《凤书目录》和“中都内境山川、城池、陵寝、坟墓、第宅形势总图”。

卷之一为太祖高皇帝本纪，徐达、汤和两世家。

卷之二为列传，分叙国勋（开国功臣）、名宦、乡贤（刘继祖传尤为详尽）、列女（汪氏老母等）。

卷之三为表五。其中“制建表”比《中都志》更为详备地记载了明中都各项建筑的制度、规模，还叙述了天顺后兴建的禁锢宗室的高墙。

卷之四、五为内篇八。“赋役篇”叙述凤阳户口有编民、土民之别。编民为“国初调江南之十有四万以实中都者”，“初皆无有五宅三居之志，父母坟墓不在焉，妻子不至焉，田宅未开焉，此其必逋之势也。是以今天下二百六十余年，而凤户耗者十之七，计口耗者十之九。苟民逋而征存，则户存者赋重，口在者役烦。此又其必散之势也”。土民指太平乡八里和祠祭署户20家。土民名为“汤沐遗黎”“全免粮差”，实则祠祭署照样征赋以供陵祭之需，“而陵祭署之差，十羊九牧，朘削者更多，亦折而入于流徙”。“星土篇”记载了凤阳“十年九荒”的情况。“赋役篇”里还叙述了凤阳谒陵、文宴武试、修葺公署、释归高墙庶人、舆夫等沉重的差役，详细列举了里甲旧派新增共达98项派办银两的名目和细数。“国费篇”叙述了凤阳人民对万历起每三年在凤阳举办江北四府三州历时70天的文武乡试的供役之费，谓之“三年一剥皮”。“宗祀篇”载录了朱元璋在中都圜丘戴罪告祀天地的原文；详细地叙述了皇陵、十王四妃坟的历史、建筑等等。

卷之六至八为外篇九，汇载了大量有关明中都的文献和艺文。奏议中收入了嘉靖四十四年（1565年）知府王应璧纂辑的有关修中都城的奏疏和他的原跋，为了解明朝中后期凤阳情况提供了重要资料。书帖中具体生动地叙述了凤阳差役繁重、人民逃散、土地荒芜的状况，说：“朝为轿夫矣，日中为杠夫矣，暮为灯夫矣，三夫之候，劳而未止，而又为纤夫矣，……民奔走之不暇，何暇耕乎？”以至民“逋者八九，存者一二”，地“荒者十九，耕者十一”。

《凤阳新书》是记叙明初营建中都、中都的变迁，中期以后以土瘠差重、人民大量逃亡等资料最为完备的一部方志。但匆匆成于众手，随刊随增，目录与内容不尽相符；体例非常，材料参差排比，查检不易；又如“拾遗篇”对古钟离、临濠位置的考订，对古有东西两城及钟离“以东有钟乳（山）、西有离山，故名”的解释，全系出自主观臆断；“制建表”所记皇城、里城高度与《实录》记载不相符合，皇城长度也与实际不一致（如按元制120丈为一里则相符）。同《中都志》审慎、谨严相较，《凤阳新书》往往随心所止，适成对比。

中国科学院南京地理研究所藏的天启元年原刊本，上有“杭州王氏九峰书庐藏书之章”，纸色稍呈赭色，印刷清晰。北京图书馆藏本原缺扉页、李枝秀《凤阳新书序》及袁文新《自序》前半，图像不清晰，版页四角字迹模糊，系重印本，上有“南陵徐氏”“四明卢氏抱经楼藏书印”“伯郊所藏善本方志”“吴兴徐氏”“积学斋徐乃昌藏书”“北京图书馆藏”等印。据《中国地方志联合目录（初稿）》，现上海图书馆及辞书社也藏有此书，但未曾亲见。

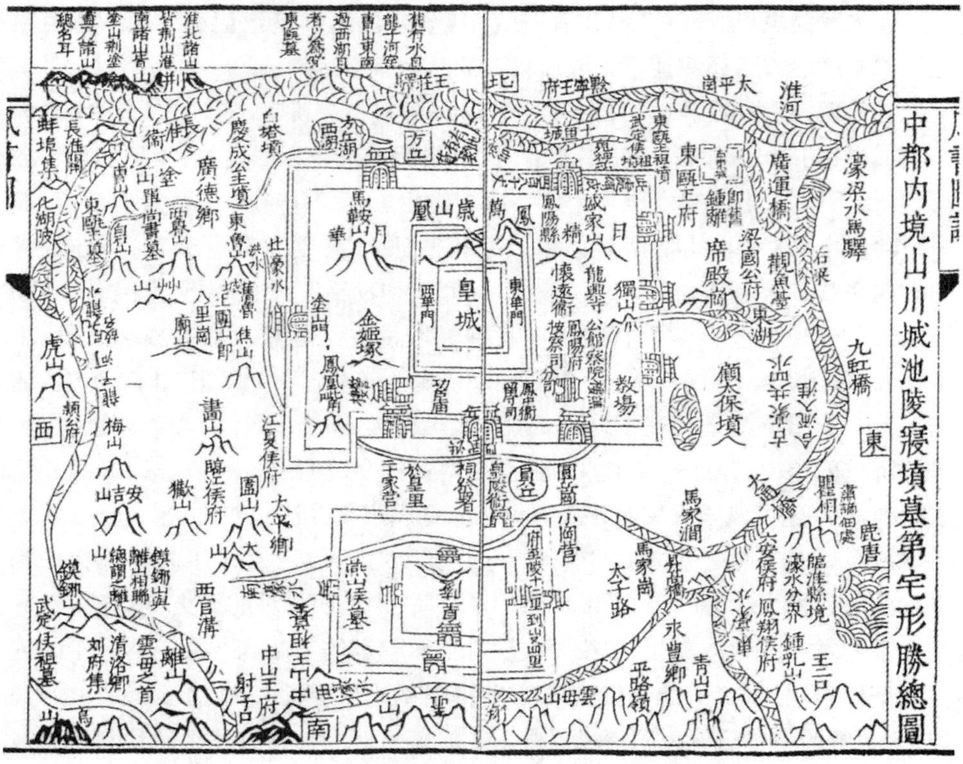

天启《凤阳新书》里的《中都形胜总图》

十一、魏宗衡《临淮县志》（新志）8 卷

魏宗衡，江西广昌人，康熙九年由进士任临淮知县。卷首康熙壬子（十一年，1672 年）临淮县令魏宗衡《临淮县志·序》：“是役也，择诸弟子员文行端方数人于通真观中纂修，恪遵省志，无一摭惑浮词，以负搜采，凡两月而竣，爰书数言于简端，以志厥成。”明言纂修者为“诸弟子员数人”，而卷首刊“临淮县修志姓氏”，编纂为临淮县儒学教谕邢仕诚、临淮县儒学训导杨惟一、河南睢州学正黄继芳、山东高唐州知州许守仁（邑人）、广东定安县知县卞献璘（邑人）；而临淮知县魏宗衡自列为“校阅”。康熙《临淮县志》除许守仁有《临淮县志·凡

例》、卞献璘有《邑志跋》外，邢仕诚、杨惟一、黄继芳均无序跋。考乾隆《凤阳县志》卷5“经制·职官上”：原临淮县儒学教谕有“邢士诚，直隶高淳人，贡生，万历三十五年任”，而《临淮县志·凡例》说：“临淮旧志修于万历戊申，迄今六十余年矣。”蒋其昌《重修临淮县志后序》：“今所见者惟万历戊申本。”戊申为三十六年，即邢仕诚任临淮教谕的第二年，如尚健在，至少也有九十上下，但序中均未提及，因此，邢仕诚很可能是万历《临淮县志》的编纂人，因系“重修”，仍保留原编纂人姓氏。乾隆《凤阳县志》孙维龙序、于万培序均作“临淮志修于康熙十一年知县魏宗衡”，秦潮序作“魏宗衡继作”，凡例作“魏宗衡重修”，均不提及邢仕诚。因此，主修实为魏宗衡，自序及修志姓氏不提本人名，实出于本人的谦逊。光绪《凤阳府志·艺文考上·载籍》作“魏宗衡《临淮县志》，康熙十一年修，未见”。朱士嘉《中国地方志综录（增订本）》作魏宗衡、邢仕诚纂修；南京图书馆目录作邢仕诚，当有误。

康熙《临淮县志》承前志记述濠州“初为东西二城”，“宋连南夫作守，谓二城非便，乃决濠水于城西经达于淮，合二城为一矣”。康熙《临淮县志》突出地记录了淮水浸城的严重现象。“祥异”记录了永乐四年至康熙七年间的“大水灌城”14次，顺治四年五月“淮水冲城，官衙、学宫、民舍尽为漂没，……全城止存西南两隅如小洲然，东北仅露城垛口”；“城池”记载了淮水泛涨，冲倒城墙，“迩来淮水逼浸城下，为患更甚”；“河防”记载了“频年水涨城下，浸者三版，官民不遑宁居”；“艺文”载魏宗衡《新建临淮儒学记》，云“临之城周九里，水居强半”；《临淮县治图》画了城池和“市河”，“图考”云：“迩罹河伯叠虐，极目汪洋，半为泽国。”“市河”当是原濠水下游故道。同时又零星地反映了淮河河床淤填升高的现象：“城池”记载了嘉靖中淮水大溢，东北城门移风门“以淤塞废”；“关津、桥梁”载：“广运桥，涂山门（临淮城西门）外，洪武三年造，……屡为淮水冲颓，……今水淤成市矣。”

卷7“艺文”载录贾应龙《改免附郭条议详允始末》与《驿递申文》，具体叙述了临淮20里附郭各种徭役的繁重和濠梁驿当水陆要冲，以至“夫亡马倒，十室九空”的状况，为明朝后期凤阳人民的悲惨生活提供了真实的写照。

南京图书馆藏的原刊本颇为清晰。北京图书馆藏本印刷稍差些。据《中国地方志联合目录（初稿）》，复旦大学亦藏此志。未亲见。

十二、耿继志《凤阳府志》40卷

凤阳自明成化间修《中都志》后，200多年来仅嘉靖、隆庆、万历时做过一些增补。明亡以后，以汤沐中都“侈明代兴王之隆”的旧志，已不适于时代要求，应按一般府志体系重修改编，但比他郡可因者多、可革者少为难，又兵燹之后，典籍荡轶，文献无征。康熙十一年(1672年)，顺天宛平籍、浙江富阳人章钦文由监贡任凤阳知府，毅然以创修府志为己任，勤奋修纂，“而缮辑维艰，残缺未备”，十四年以升迁“终未成编”。十八年，盛京盖平人耿继志(字中敏)由荫生任凤阳知府，奉檄征取府志，“第借手于章公之创始”，“仓卒成稿，录送志局，聊应一时之命”，遂慨然“留意前太守未竟之绪”，“采邑乘，购遗编，核实考详，删繁就简”，“欲垂亿万年不朽之书”。“乙丑(二十四年)春，复奉部檄取，未敢以诖漏草率之编进”，乃“设局重编”，请凤阳府学教授江南宜兴人汤原振，凤阳县学训导江南丹徒人张昊“重加厘订”，于是“搜集旧闻，网罗近事，芟除纰缪，辨订豕鱼，不二月而告终”。康熙修志本末，见耿继志《凤阳府志序》及汤原振、张昊两跋。

康熙《凤阳府志》是一部谨严、完备，修得比较好的方志，其中对明末清初凤阳地方的情况记录得尤为详尽。

(一)卷35“艺文”一载尹端《郡守颜容宣殉节诗》和《挽留守朱国相殉节诗》两篇纪事诗，详细叙述了崇祯八年(1635年)农民军攻占凤阳的经过，生动具体地反映了明末农民起义军和广大人民群众的革命形象以及明朝的统治腐败，将吏无能。蔡方炳《旧陵行》长诗记录了官府无能和严重破坏皇陵古建筑群的实况。诗里说：“连岁年饥不得活，有司无策救奇荒，许搬木石供粗粝，上则翻殿瓦，下则移门阒，柱梁一旦摧，台沼无留礚。吁嗟乎！救荒奇策古所无，有司有司真良谟！”这又是对皇陵“尽遭”农民军“焚毁”，“荡然一空”污蔑之词的有力驳斥。

(二)“城池”“公署”“祠祀”“古迹”“寺观”等部分，记叙了明末清初中都建筑遭到破坏和变迁的状况；还记载了崇祯八年“守监王裕民以流寇犯凤，奏请凤无城郭容民避难，因而结茅其中，居民日密”，康熙元年(1662年)，建永泰仓于废皇城内，和康熙六年(1667年)奉旨移凤阳县治于旧皇城内的事实。

(三)卷37“艺文三”章钦文、耿继志两篇“引”记述了康熙初凤阳地瘠民贫的状况；卷40耿继志《祭八腊庙文》说：“流离之状，所在多有，其尤甚者，无如兹土之人，……民之逃死于四方者，往往离乡井，历冬春。”

(四)卷39“艺文五”载明常三省几篇议泗州水患的文章；卷8“水利·泗州”又叙述了自明朝后期起淮水为患的原因，是下流清口为黄河含沙沉淀淤塞，散入射阳、白马、草子、高、宝等湖排淮入江之道又尽筑堤防阻塞，“自是清沙日高，淮水益壅”，而为大病。

(五)“艺文”中保存了大量凤阳地区的文献资料；卷1“图考”绘制了凤阳府及所属18州县的地图。如《凤阳县图》上，明中都三道城墙均在，皇城已作为凤阳县治，钟楼仅存台基，皇陵已成“旧陵”，《临淮县图》上城墙、浮桥均在等等，这些都真实形象地保存了康熙初期凤阳地区的面貌，极为珍贵。

光绪《凤阳府志·叙录》："（冯）煦奉上命来守郡，在京师即周咨淮甸事，无籍考求。及下车，询于荐绅先生，佥曰：明柳瑛《中都志》、袁文新《凤阳新书》外，《康熙府志》久佚，同治间修省志，并未见旧本。……于书将成时，在金陵书肆购得康熙（二十）四年旧郡志本"；"艺文·载籍"亦记"同治间修《安徽通志》、凤阳各属州县志，皆未见此书。今始访得之"。

据《中国地方志联合目录（初稿）》，现仅北京图书馆和中国科学院图书馆藏有康熙《凤阳府志》。北图藏本为原刊本，印刷清晰，但缺卷 13、14"职官"一、二两卷，存 38 卷，其中卷 29 至 34 计 6 卷系用别本抄配。科图藏本 40 卷全，有少量缺页抄补，但书版有朽蚀剥落，边角字迹缺损模糊，纸张、印刷均差，未见有增补及跋，当是重印本，印刷年代不详。

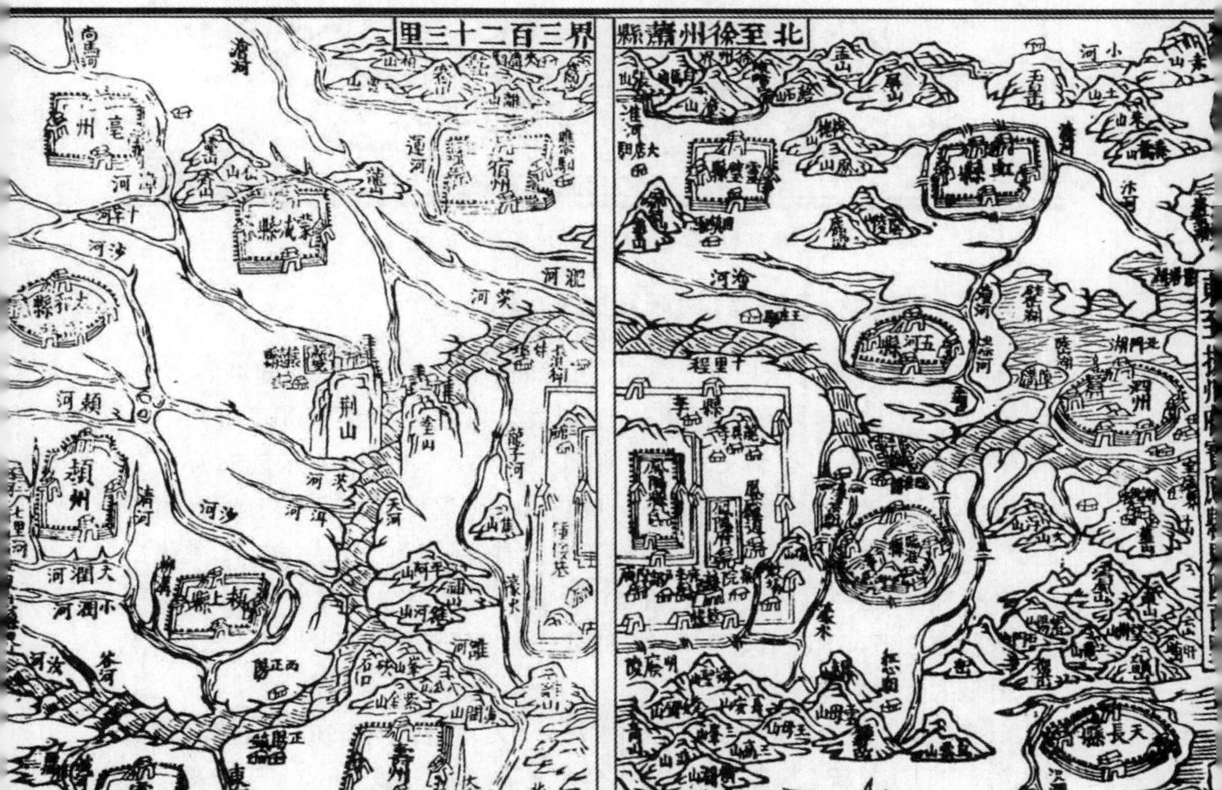

康熙《凤阳府志》收录的《凤阳府总图》

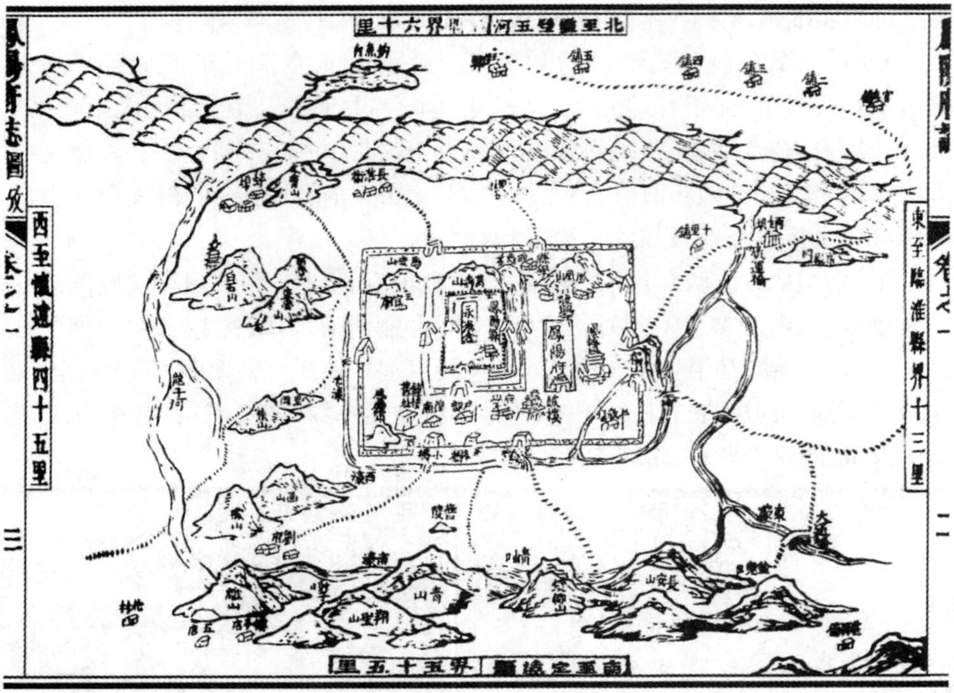

康熙《凤阳府志》收录的《凤阳县治图》

十三、孙维龙、于万培《凤阳县志》16卷

孙维龙，字勖堂，顺天宛平人。乾隆庚辰（二十五年）进士，出知黟县，尝修《黟县志》。三十一年调任凤阳知县。孙维龙以凤志自天启《凤阳新书》以后，150年来未再续修，且体制又非所宜，临淮自省并入凤阳后，虽有专志，亦应并入。于是在任五年间，“每当闭阁之余，辄访求前代遗事，证之见行吏牍”，“稽古证今”，“编辑志稿”，“厘然具备”。“适前任贡君震（江苏江阴人，拔贡，乾隆二十六年任凤阳知县）以事来县，因相与讨论成书”。三十六年大计，……出志稿请钱大昕为之序。事迹见乾隆《凤阳县志》三十六年五月孙维龙原序、三十八年十二月钱大昕原叙及“名宦传”。

乾隆三十七年（1772年），广西桂林举人于万培调任凤阳知县，复修订孙维龙志稿。于万培《新修凤阳县志序》：“公余之暇，急意搜罗，将有事于修纂。嗣闻宛平孙君勖堂先得余心，网罗放轶，讨论采辑，荟萃成编，惜未竣事而去。爰访其遗稿……缺者补之，讹者正之，虚文酌汰之，时事随增之”，于是成了于万培的“新修县志”，于四十年（1775年）刊版。卷首列“修志姓氏”，纂修：凤阳知县于万培；原编纂：原任凤阳知县贡震、孙维龙。实则撰志者为孙维龙，贡震仅“以事来县,因相与讨论"。光绪《凤阳府志》卷17"宦绩·贡震传",仅言"长于治水,著《河防录》《河渠原委》二书,一县水道了如指掌;又《志略》四卷",未尝一言及于修志。但《凤阳县志·山川》能写得如此清楚,当有贡震相与讨论之功。现志与孙维龙序所云:"括其略,为志五,为门三十四,为卷一十六",并无差异,至于内容、文字作了哪些增删修订,因无孙维龙志稿对比,难以置辞。光绪《凤阳府志·艺文·载籍》作"孙维龙《凤阳县志》"未尝不可,朱士嘉《中国地方志综录(增订本)》作"于万培、吴之贞纂修",略而不提孙维龙名,似有缺漏。

乾隆《凤阳县志》分舆地、经制、人物、杂志等5志,脉络简明。各门均有小序,提示要旨,梗概了然。叙事即如一碑一桥,也历述位置、沿革、建制,交代清楚,文字又极清晰。如"山川"仿《水经注》例顺次详叙山川分合,交通远近,名胜古迹,引人入胜,读之对凤阳山川形势即可了若指掌。"疆域沿革"与纪事,均先按年代简述纲目,然后降一格录引资料原文,眉目清楚,又便于考实。"艺文""既以章奏、公文关系、国计民生者附于本事之后",其他著述"或其人足重,或其事可传,或其文章尔雅",即"以时代为序,不拘体格","并录而存之"。如《应宜儿赤猎虎记》,"石甚粗恶,文字亦不佳",以记元初至正间七八年中,在凤阳山中"擒杀千余虎",故删而存之。"至若墓志铭、神道碑及貤封,制诰,各载家乘,兹不备录"。又谓"志以传信,旧志可疑者,不得不辨",为此专设辨误一门,如《通典》误以宋泰始二年筑东小城为秦始皇二年,《凤阳新书》误以太平乡为钟离城等,均辨之。至于凤书"荒唐附会""可笑"之处,以为"皆不足辨"而置之。

乾隆《凤阳县志》可以说是在凤阳方志中修得最有法度,最有水平,也是文字最好的一部。

乾隆《凤阳县志》还记录了康熙《凤阳府志》以后凤阳100多年间的情况和变化。"城池"记载了明中都"皇城已于乾隆二十年撤建府城",临淮城已成为"积水之区","街坊圮于水者十之八九";"疆域沿革"还附载了乾隆十九年《裁临淮归并凤阳县部议》全文。卷首的《凤阳县图》和《凤阳八景图说》,保存了乾隆年间凤阳府城、鼓楼、龙兴寺、临淮浮桥和蚌埠采珠等景物的形象。

乾隆四十年的原刻本插图线条流畅,文字清晰。浙江图书馆藏本印刷纸张很好,可能是初印本, 同治十三年(1874年)冬,谢永泰调任凤阳知县,"询求邑乘则惟于君最后所修者一部存在焉,篇帙残缺,不堪翻阅……使不亟为重刊,恐字迹漫灭,文献难征",于是"重新付梓,以广流传",并作《重刻凤阳县志序》。这就是光绪二年(1876年)重刊本,但质量粗糙,远不如原刊本优美。因各大图书馆均有收藏,不复赘述。

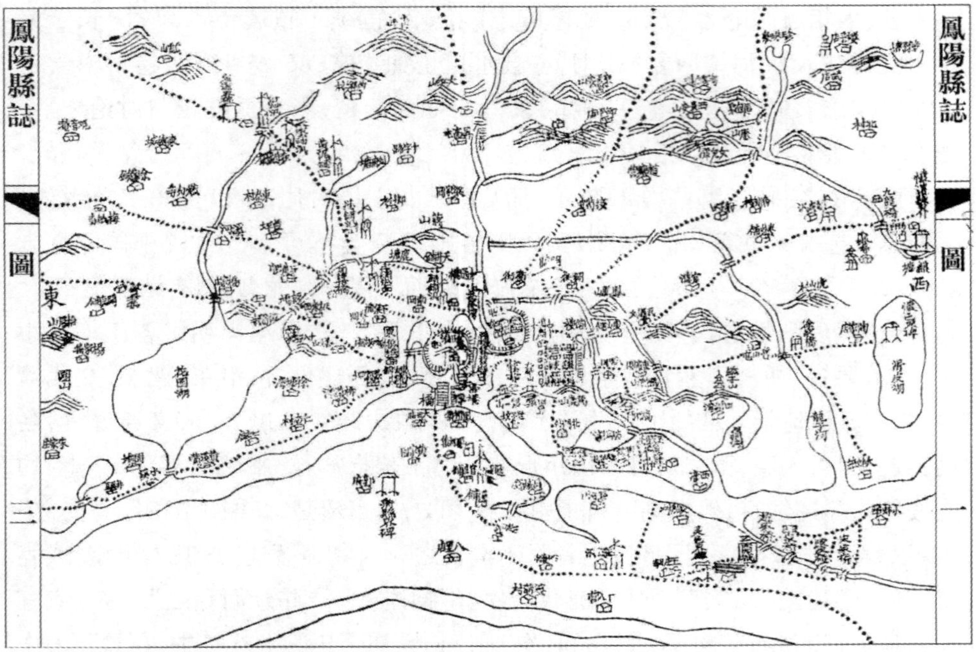

乾隆《凤阳县志》中的《凤阳县图》

十四、谢永泰《凤阳县续志》16 卷

光绪《凤阳府志·艺文考上·载籍》:“《凤阳县续志》十六卷,同治九年(1870 年)俞熙、光绪二年(1876 年)谢永泰重修。”俞熙及其续修县志的情况不详。

同治十三年,卢龙谢永泰调任凤阳知县,以邑绅见属,续修成《凤阳县续志》,记乾隆四十年后凤阳百年来的变化和事件、人物,按原志门类另编页码,附续于《凤阳县志》各门之后。续志各门少则一二页、三五页,多则如“职官”“祭祀”“学校”“忠义”十数页、二三十页不等,“列女”52 页最为繁多。“疆域沿革”“山川物产”“辨误”因无所增益,未再续修。

《凤阳县续志》原仅是对乾隆《凤阳县志》的增补,分门附于光绪二年重刊《凤阳县志》之后,未尝单独成书。但光绪十三年《凤阳县志》增刻本书名标签为《凤阳县志续志附》,增刻部分版心又刻“凤阳县续志”以明示区别,卷首又有谢永泰《凤阳县续志序》“凤阳县续志姓氏”“续志凡例”,各门之首另作小序,似可合为一书。于是光绪《凤阳府志·艺文考·载籍》于孙维龙《凤阳县志》一书之后,另立俞熙、谢永泰重修《凤阳县续志》16 卷一目。本考亦姑另立一目附之。

《凤阳县续志》中最为重要的内容是增补记述了咸丰三年(1853年)太平天国北伐军过境北上和咸丰、同治中捻军攻占临淮、凤阳府县两城为根据地,及其与官军、地主武装剧烈斗争的详细情况,为研究太平军北伐和捻军起义提供了资料。

十五、冯煦《光绪凤阳府志》21卷

冯煦,字梦华,江苏金坛人,光绪十二年(1886年)探花。二十一年,以史臣出任凤阳知府,旋署理凤颍六泗兵备道。以康熙《凤阳府志》久佚,"事迹无传,文献无征",于是留心探辑。明年,设局淮南书院,重修府志,亲总其事,延请蒋师辙、魏家骅、朱孔彰为副,按山川,披舆图,察形势,览险要,网罗散佚,商定凡例,又得分编诸君相助,阅六年而告成①。冯煦以旋任河东道,"始终其事,实赖(同年)朱君(孔彰)、(门人)魏生(家骅)之力"。稿成后以无赀开雕,至三十二年始筹款刊刻。三十四年(1908年)冬用聚珍版印,凡21卷。冯煦事迹见光绪《凤阳府志》卷21"叙录",卷首李光久、张成勋两篇《重修凤阳县志序》。

咸丰、同治时叠经兵火,文献散佚,汇集甚难。据"艺文考·载籍"所记,重修凤阳府志时,康熙《凤阳府志》、万历《凤阳县志》、乾隆《凤阳县志》原刊本、康熙《临淮县志》等均"未见",因此名为"重修",实无异于新编。

光绪《凤阳府志》体例与旧府志迥不相同,全书分一图、六表、九考、三传、一杂记,合叙录共21卷。各卷篇幅不等,少者仅一二十页,多者数十百页,"纪年表""水考""艺文考"又分上下。"秩官表"分一二三,"列女传"分上中下,"人物传"不仅分上中下,上中下复分上中下,仍合称一卷。仅求形式,无足效法。

"纪事表"分朝代纪年、时政、兵事、祥异4栏,便于查检,实取法于段长基《历代统纪表》。"水考上"按《水经注》体例,叙入淮诸水。"人物"记忠节列女过于繁多。错别字之多为他书所少见,如载《皇陵碑》碑文,漏字及改字,如改大江为长江等共十数字,错别字如"江阴侯"作"江阴候"、"伊兄"作"尹兄"、"穹崖"作"穷崖"、"鹤唳"作"鹤泪"、"知者"作"智者"、"终日"作"终目"、"姑孰"作"姑熟"、"井陉"作"井径"、"凤凰"作"凤皇"、"述难"作"迷难"等等,共约30字,以至难以卒读。《光绪凤阳府志》在凤阳方志中实为质量最差的一种。

清初沿明之旧,凤阳府辖18州县,至乾隆二十年(1755年),仅辖凤阳、怀

①冯煦《叙录》作"阅三年而脱稿",而卷首张成勋《重修凤阳府志序》云:"阅六载,将次告成。"《叙录》又云:"魏生于书将成时在金陵书肆购得康熙(二十)四年旧郡志本",卷首《凡例》云:"今于光绪二十七年得于金陵书肆"。则六年为是,"三年"当是刊误。

远、定远、凤台、寿州、宿州、灵璧，共 2 州 5 县，不足原辖州县十之四。因此，同是《凤阳府志》，康熙时修者面广，光绪重修者地狭。

《光绪凤阳府志》仅有光绪三十四年（1908 年）活字聚珍版排印本一种，各大图书馆均有收藏。

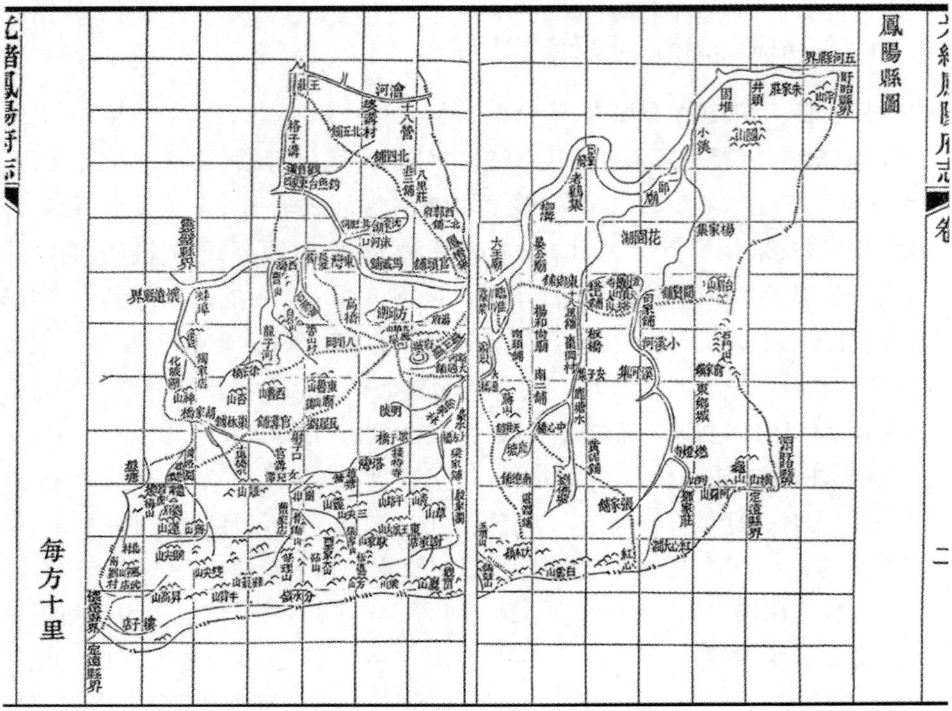

光绪《凤阳府志》中的《凤阳县图》

十六、易季和《凤阳县志略》1 册

易季和，河南商城人，民国二十二年（1933 年）试署凤阳县县长，二十五年署凤阳县县长。

《凤阳县志略》，铅字排印线装本一册，民国二十五年修。据《中国地方志联合目录（初稿）》，北京大学图书馆、首都图书馆均有收藏。内分形势、面积、人口、财政、交通、经济、金融、教育、文化、救济、卫生、礼俗及现任县长历略。“面积 · 疆域”记载凤阳原分 17 区，民国二十一年改并为 10 区，二十四年又改划新区，并为府城、蚌埠、临淮、红心 4 区。“交通 · 陆道”载：“昔通驿站，北起王庄驿，南行五十里至临淮镇，又南六十里至红心驿。昔为东南九省通衢，临淮实居中心，为自古用兵要地。自平浦路（北平至浦口）成，形势一变。蚌埠因为平浦路南段中枢，一跃而为重镇，直取临淮昔年之地位而代之。”《凤阳县志略》为了解抗日战争前国民党统治时期凤阳包括蚌埠行政、经济、文化等各方面的情况提供了一些材料和数字。

十七、《新修凤阳县志》3 册

中国共产党凤阳县委编纂修志委员会编,1960 年打字油印本。这是建国后编纂的一部方志,全面记载了凤阳历史、地理、政治、经济、文化等各方面的情况和数字,对建国前中国共产党在凤阳的组织、活动,抗日战争和解放战争时期凤阳山武装斗争的情况,记载得尤为详尽。

结　语

方志是“以一方之人修一方之书,其见闻较确,而论说亦较详也”。如《中都志》《凤阳新书》记载明初营建中都、修建皇陵,叙明代凤阳“兴王之隆”和盛衰变迁;康熙《临淮县志》载县令贾应龙《改免附郭条议详见始末》《驿递申文》两文,最为具体生动地申述了明朝中期以后凤阳差徭繁重、人民逃亡的悲惨情况;康熙《凤阳府志》载尹端纪事诗对明末农民军攻占凤阳情状的详细描述,蔡方炳《旧陵行》对地方官员许以拆毁皇陵建筑为“救荒奇策”的叙述和讥评;《临淮县志》和凤阳不同时期的古地图上对明中期以后淮水为患的图文记录;《凤阳县续志》对太平军北伐过境和捻军斗争的纪事等等,都是极为珍贵很有价值的文献资料,可以补史书记载的不足。因此,查阅方志,如同拿了放大镜甚至显微镜用微观的方法来进行观察,成为了解历史情况、搜集历史资料必不可少的一种重要手段。

可是,方志散佚的现象十分严重,翻检张国淦《中国古方志考》,元以前的方志,包括总志和辑佚书在内,存者百无一二;明代方志仅著录于《明史 · 艺文志》的,到朱士嘉《中国地方志综录(增订本)》,大都不再重见,已经散佚;即幸存的,大多也成了海内珍本、孤本。乾隆重修《凤阳县志》时,万历中张云翔、万嗣达修的两部《凤阳县志》均已“无存”;同治时修《安徽通志》、凤阳所属各州县志时,都找不到康熙《凤阳府志》,以为“久佚”;光绪重修《凤阳府志》时,康熙《凤阳府志》《临淮县志》、乾隆《凤阳县志》原刻全本也都找不到了。现在凤阳方志除了光绪重刻的《凤阳县志附续志》和光绪《凤阳府志》外,很多已失佚,幸存于世的都已成为珍本,分藏于几处大图书馆,查阅不易,而且各本互有增、配、残、损,很难逐一比较。而且我们也不能作这样的保证,说以后方志绝不会再遭损毁散失了。因此,为了保护好这份珍贵的文化遗产,真正保证不再在我们手中继续散失,并使它能为建设现代化的社会主义强国所利用,我认为要求国家拨一笔专款,组织力量,把幸存于世的方志缀合成为完善的版本,予以影印,广为流传是值得的。现在什么古书都要标点重排我看是没有必要的,印什么书都要看有没有利润也是不对的。图书出版工作是事业,并不是商业,花些钱把在严重散失过程中幸存下来的方志较快地统统影印出来,是对社会主义建设和子孙后代的一种贡献。我写本文的目的,也是想借对凤阳地方志的具体叙述和考证,作一些呼吁。

萧洵《故宫遗录》考辨

萧洵《故宫遗录》是一部记叙元大都宫阙的重要著作。现就有关《故宫遗录》的版本、评价及对萧洵的籍贯、官职和撰述缘由,分别考辨如下:

一、《故宫遗录》的版本

(一)正本

明洪武丙子(二十九年),吴节《故宫遗录序》云:"(萧)洵因宰湖之长兴,将镂诸梓而不果,遂传于是邦。予因馆于吕山,友人高叔祯氏出此示予,因假而录之,以遗好奇之士云。"

《四库全书总目提要》改为"其本归吕山高氏家",词意不同。高氏所藏是否为萧氏原稿,还是"传于是邦"的传钞本,已无从得考。

万历四十四年(1616年),赵琦美作《后序》。赵,常熟人,好聚书,尝假借缮写,网罗而校雠之,钱谦益称为近古所未有。《后序》云:"予于万历三十六年间得于吴门书摊上,字画故暗不可句,因为校录一过。三十八年庚戌,于金陵得张浙门墨本,为校正数十字,置之箧中。四十四年丙辰……清写一帙,以备修史采录云。"

《四库总目》云:"以张浙门家钞本互校,因行于世。"

明末清初,常熟钱谦益广为搜书,筑绛云楼为藏书之所,可惜顺治七年(1650年)书楼俱焚。北京图书馆藏原翁同龢藏钞本《绛云楼书目》上卷"地志类"载有《故宫遗录》书名,朱批卷数、作者等则为吴枚庵(翌凤)所后加。曹溶《绛云楼书目题辞》云:"虞山宗伯(钱谦益)……所收必宋元版,不取近人所刻及钞本,虽苏子美、叶石林、三沈集等,以非旧刻,不入目录中。"盖原有旧刻,故不收近人所刻及钞本;如原无刻本,则钞本亦必为所贵。故又有"尽有单行之本,烬后不复见于人间"。因此,载入《绛云楼书目》,并不能断为清初已有《故宫遗录》刊本。

北京图书馆藏彭元瑞知圣道斋钞校《元故宫遗录》一册，有吴节序、赵琦美后序、渔洋山人（王士禛）《居易录》一则及朱笔批改数处。最后一页为记叙，云："丙午（康熙五年）秋，先君子方选宋诗，闻山阴祁氏有书索售甚夥，乃具资斧，备宾从，托黄梨洲入山搜简①，得秘本若干。梨洲遣其子悉载归余姚。所携还者尽宋元明寻常文集，此帙以单薄，偶遗其中。他日，梨洲见之，犹愕然曰：'乃在是耶！'其贪痴一至于此，可哂也。朱笔系梨洲手。辛巳（康熙四十年）重楷记此。"以上是萧洵《故宫遗录》在刊刻之前300多年间以传钞本流传于江南吴兴、苏州、南京、武进、常熟、绍兴、余姚等地以及京师北京的情况。但流传不广，学者视为珍贵。

康熙中，朱彝尊编纂《日下旧闻》，书成于康熙二十七年（1688年），于萧洵《故宫遗录》"博访未得"。其子朱昆田辑补遗，收得余姚黄氏所购山阴祁氏藏萧洵《故宫遗录》，遂将全文及吴节《故宫遗录序》补入卷五之后，并加按语。这是我所知道的有确切刊印时间的最早刊刻。《四库全书总目提要》地理类存目有《故宫遗录》一卷，两淮马裕家藏本。提要云："朱彝尊《日下旧闻》全载之，故今不重录焉。"朱昆田先其父卒于康熙三十八年（1699年），刊印补遗当在是年前后②。全文共2621字。乾隆时增辑为《日下旧闻考》，移入卷三十二，又改译蒙语，因此文字稍有出入。

此外，萧洵《故宫遗录》又陆续收入各种丛书：

《知不足斋丛书》	乾隆四十七年
《龙威秘书》	乾隆五十九年
《艺海珠尘》癸集	道光三十年
《豫章丛书》	民国四年
《丛书集成初编》史地类	民国二十四年至二十六年

1963年，北京出版社据《知不足斋丛书》本排印，始有单行本行世（与《北平考》合一册）。

以上，可以说是萧洵《故宫遗录》的正式版本。

① 黄宗羲《天一阁藏书记》亦记叙："祁氏（承㸁）旷园之书，……乱后迁至化鹿寺，往往散见市肆。丙午（康熙五年），余与书贾入山翻阅三昼夜，余载十捆而出。"可以互证。

②杨谦《朱竹垞先生年谱》（转《曝书亭集诗注》卷首）系详考家乘、行述及《静志居诗话》与文集中之有岁月可稽者而成，未载《日下旧闻·补遗》刊印年月。

（二）别本

萧洵《故宫遗录》的另一种版本是收入《新增格古要论》重校本卷十三“杂考下”的《元故宫遗录》。这个本子比较罕见，文字也颇与目前流传较广的“正本”不同：

1. 文字改易缺漏的地方很多，叙崇天门十字角楼脱 38 字，叙庚申帝北走少 93 字；

2. 错别字不少，如以“甚壮”为“其壮”，“异石”为“异种”，“叛背”为“版页”，并有空缺字 7 个，有些地方竟至难以通读；

3. 在“午门内可数十步为大明门”一句内，竟把上一篇徐一夔《辨钱塘铁箭》一文中“按旧临安志”云云一段 287 字的考证文字误刊掺入。因此，全文 2680 字，除去误掺他文 287 字，实为 2393 字，仅及“正本”的 91%。

按，《格古要论》创始于洪武二十一年云间（松江）曹昭（明仲），编校于云间舒敏（志学）。《新增格古要论·凡例》称“旧二本俱分为五卷”，但我看到的北京图书馆藏明刻本仅有上、中、下 3 卷本 1 种。万历二十五年收入《夷门广牍》的《格古要论》也是 3 卷。景泰七年，吉水王佐（功裁）增辑，天顺六年徐氏善得书堂刻印，更名《新增格古要论》，分为 13 卷，最后所增的“杂考上·中·下”3 卷，为玉玺考、铁券考、圣旨教令考、耕织图序等，亦无“古代宫室”一类。到新都黄珙（拱璧）和黄正位（叔重）两种先后重校的《新增格古要论》，始于卷十三“杂考下”《耕织图序》后续增“宋元宫殿考”一类，其中以《元故宫遗录》一篇为最长，不著撰者姓名。至道光二十六年，《格古要论》被收入《惜阴轩丛书》，始标明《元故宫遗录》作者为萧洵。

黄珙重校本页 10 行，行 20 字，字距按笔画多少不等，文中“洪武”、“我朝大明”均空一格另起行。黄正位重校本仍为黄珙重校本原版，里封有“淑躬（躬）堂藏版”页，补缺字“宇”，改“栁”为“柳”等。请教北京图书馆搞版本的同志，认为黄珙本系明版，为明刻本；有“淑躬堂藏版”页的为明版清重修本。如是则至少比刊入《日下旧闻·补遗》早五六十年。但是，查了人名大辞典、《八十九种明代传记综合引得》《明人传记资料索引》和道光、民国两种《新都县志》，都没有查到黄珙、黄正位的名字，《古今同姓名大辞典》二黄皆湖南人，而非四川新都人，因此，弄不清他们的在世年代。《日下旧闻》卷首《抄撮群书目录》中有曹昭《格古要论》、王佐《格古要论补》，而无黄珙、黄正位《新增格古要论》重校本，因此，或是朱彝尊不知有此重校本，或是广收未得，一时难以断定，姑且先立此存照。

《日下旧闻》卷五"补遗"朱昆田按语云:"王氏《格古要论》补采入,更名《大都宫殿考》,且又删削十之二三,非复萧氏之旧"(《日下旧闻考》移入卷三十二)。如前所述,王佐新增本尚未收入《故宫遗录》;黄琪、黄正位重校续增后,称《元故宫遗录》,并未更名《大都宫殿考》,言之不甚确切。

(三)节略本

清初,孙承泽纂修《春明梦余录》,卷六"宫阙"有《元大都宫殿考》,文字甚为简略,叙述亦与原本不同,系节略《新增格古要论》重校本所收《元故宫遗录》后更名。朱昆田所指,如是此篇,还约略相当,文字剩 1071 字,仅及原著的 41%,说"删削十之二三",亦不确切。孙承泽又撰《天府广记》,卷五"宫殿"照录上文,但不再标明为《元大都宫殿考》。

康熙中,朱彝尊纂辑《日下旧闻》,又将上文节录数段,散列"宫室"等条下,注明为《大都宫殿考》,当系采录自《春明梦余录》。《日下旧闻考》卷三十二"宫室·元"按语:"《大都宫殿考》本萧洵(《故宫遗录》)之说而推广之,尤难藉据。"

二、对《故宫遗录》的评价

对萧洵《故宫遗录》一书的评价,大致可分为两类:一类是给予了过高的评价,不太符合实际,但影响较大;一类是评价比较中肯切实,但尚未为广大读者所了解。现分别叙述分析如下。

(一)过分推崇,反失其当

对萧洵《故宫遗录》过分推崇的代表是吴节的序和朱昆田的按语。吴节《故宫遗录序》说:"凡门阙楼台殿宇之美丽深邃,栏槛琐窗屏障金碧之流辉,园苑奇花异卉峰石之罗列,高下曲折,以至广寒秘密之所,莫不详具该载,一何盛哉!自近古以来未之有也。观此编者,如身入千门万户,犹登金马,历玉阶,高明华丽,虽天上之清都,海上之蓬瀛,犹不足以喻其境也。"

泛泛而论,这样的赞誉,并不算太过分,因为私人著述中如此详尽地描述宫阙制度确是少有的,这样介绍亲身游历过的元大都宫殿,可能就是独一的。但若认真说来,"莫不详具该载""自近古以来未之有也",就未必如此。

元末陶宗仪写了一部《南村辍耕录》,卷二十一"宫阙制度"详尽记载了元代大都的宫阙制度,各处建筑物均详记间数,东、西、深、高各若干尺,建筑的式样、质料、装修、铺陈、油漆、彩绘、琉璃、石雕,小至宫庭内的一门一屋,无不备载,内容远比《故宫遗录》翔实。因此,《故宫遗录》虽称一卷,而字数仅及《辍耕录·宫阙制度》4475 字的 60% 不到。《辍耕录》叙述宫阙制度完毕后,接书“史官虞集曰”云云,又接书“(虞)集佐修《经世大典》,将作所疏宫阙制度为详,于是知大有径庭于古也”。因此,可以判断,《辍耕录》所记大都宫阙制度,为史官虞集根据“将作所疏”即工部奏疏而成的撰述。虞集于元文宗时迁奎章阁侍书学士,纂修《经世大典》。天历初,建奎章阁。至顺二年,命虞集撰记御书、刻石阁中,元顺帝即位,改名宣文阁。后又改为太子读书处,称端本堂。《辍耕录》卷二有“宣文阁”“端本堂”两则,而《宫阙制度》缺载“奎章阁”,并非虞集不知或遗漏,当是“将作所疏”中尚未列入;亦非陶宗仪不知,乃是忠于原作,未妄自将尚不知尺度的建筑窜入原文。因此,可以断定这篇《宫阙制度》是元文宗天历初(1328 年)建奎章阁以前的宫阙建筑实况,很可能即是《经世大典》始于天历二年(1329 年),书成于元顺帝至顺二年(1331 年)的原稿或原文,是一篇极为详尽严肃的官方记录,远比萧洵《故宫遗录》描述式的游览记录要周详可靠得多。①

《四库全书总目》卷八十四“史部·政书类存目二”有《元内府宫殿制作》1 卷,永乐大典本,系清乾隆时四库馆臣所辑。《提要》云:“不著撰人名氏。所记元代门廊、宫殿制作甚详,而其辞鄙俚冗赘,不类文士所为,疑当时营缮曹司私相传授之本也。”很可能即是《辍耕录·宫阙制度》依据《经世大典》所纂集的“将作所疏”文字。查《永乐大典目录》卷二三五,宫为宋、辽、金、元宫,可惜原卷已佚;而《元内府宫殿制作》辑出以后,从未刊印,原辑本亦已下落不明,因此难以对比证明。但有一点可以断言,即所记元朝宫阙远比萧洵《故宫遗录》要翔实得多。

又有王士点《禁扁》5 卷,②有元至顺癸酉(四年)虞集序:“《禁扁》之书,(王氏)在史馆暇日所编,号为详赡。”《禁扁》虽无尺度,仅存其名,其元代宫阙部分,朱启钤认为“与陶录同源”,“其小注所记左右东西等字,往往足以辅翼陶录。意当日工典所收,必有图样,王氏据以作注,故能了如指掌。盖元秘书监有图书之收藏,王氏任著作郎,故取裁富有也”。③

《日下旧闻考》卷三十按语:“元代宫室,……《永乐大典》所采《元宫室制作》一书,第详其制。其地分方位,惟《昭俭》《辍耕》二录载之最晰。”朱启钤说:

---

①据朱启钤《元大都宫苑图考》(载《中国营造学社汇刊》1930 年第一卷第 2 期)绪论考证:“将作所疏宫阙制度,以《元史》考之,最晚者有泰定四年(1327 年)之棕毛、盝顶殿”。

② 《栋亭藏书十二种》本,据南陵徐氏藏本影印,扬州诗局重刊。

③朱启钤:《元大都宫苑图考》,第 113 页。

"《元内宫殿制作》一卷,见四库存目,著录《永乐大典》本,似亦系官书,惜已久佚。"①

《日下旧闻》叙元宫室,引文尚有"元掖庭记"等条。

因此,对萧洵《故宫遗录》如若推崇过分,反失其真,不能名副其实。

朱彝尊辑《日下旧闻》,卷一"世纪"按语:"盖都城凡数徙,坊市变置代有不同。阅《绛云楼书目》,有《皇元建都记》及萧洵有《故宫遗录》二编,惜燔于火,今博访未得,金元之遗迹遂多湮灭而无征矣。"(《日下旧闻考》移于卷三十七"京城总记")

这是因为朱彝尊博访《故宫遗录》未得,以为其内容必较《辍耕录·宫阙制度》更为翔实,故有此感慨之辞。其子朱昆田收得《故宫遗录》,全文辑入《日下旧闻·补遗》,又作按语云:"虎溪(萧洵)因毁故宫,特详其制,有心哉是人!惜止载宫门以内,而大都宫城之制未详,遗迹遂不可考,览古者未免有余憾也。"②

这就不对了。首先,朱昆田既得《故宫遗录》全文,而不与《日下旧闻》已大量引用的《辍耕录》等原文进行比较,仍作这样的按语,是不适当的。其次,《日下旧闻考》卷三十八"京城总记"按语云"元时都城、坊巷、街市见于《析津志》《北平图经》者颇详",朱彝尊未采,朱昆田作这样的按语也是不确切的。

吴节序和朱昆田按语虽然评介不甚确当,但是影响很深,直到1963年北京出版社排印《故宫遗录》时,《出版说明》仍然因袭了这个调子,说:"元朝宫殿情况,只散见于几种书中,如陶宗仪的《辍耕录》等,但多属零星记载。至于全面叙述的,只有这篇《故宫遗录》,……可以说是元明以来书籍中记述元朝宫殿最全面的一种。"这样过高的评价,显然也是与事实不相一致的。

(二)切实中肯、恰如其分的评价

另一类是比较切实而又中肯的评价。其中首先是《日下旧闻考》的按语:

卷三十按语:

"明初萧洵以毁元宫室,遍阅内禁,为《故宫遗录》一卷,较为该备。然其地分、方位,多与诸书不合。"

"文思、紫檀二殿,《辍耕录》谓在大明寝殿之东西。《昭俭录》所载与《辍耕录》同。惟萧洵《故宫遗录》谓在延春阁后,与二书不合。考《禁扁》注,殿之扁,正曰大明,西曰紫檀,东曰文思,北曰宝云,此四殿为大内前位,则当以《辍耕录》

①朱启钤:《元大都宫苑图考》,第1页。

②《日下旧闻》卷五补遗;《日下旧闻考》卷三十二。

为是。《大都宫殿考》盖沿《故宫遗录》之误也。"

卷三十二按语:

"萧洵《故宫遗录》,其中多有与诸书不合者,如:文思、紫檀二殿在大明殿东西,此云在延春阁后;玉德殿在清颢门外,清颢为延春西庑之门,此云在延春阁后之东;仪天殿,此作瀛洲殿;广寒殿前大玉海,此作金酒海;仪天殿西渡飞桥为兴圣宫,此作明仁宫。明仁,延春阁之西暖殿也;嘉禧殿在光天殿西,其东相对者有寿昌殿,此云西前苑新殿之后,而脱载寿昌;延华阁在兴圣宫后,此云在明仁后;端本堂在兴圣殿西庑,即旧奎章阁也,此云在苑东。大抵萧氏毁元宫室,不过得诸一览之余,万户千门,纷错杂出,讵能无少疏误?"

这是经过了认真的材料核对,逐条列举疏误,指出"当以《辍耕录》为是";同时,又首先肯定萧洵"遍阅内禁,为《故宫遗录》一卷,较为该备",疵不掩瑜,极为肯切。

1930年,朱启钤撰《元大都宫苑图考》,绪言云:"吾人今日得于元大都之宫苑从事实体之研究者,赖有元陶宗仪《辍耕录》二十一之'宫阙制度'及明萧洵之《故宫遗录》两书。……陶录出自《(经世)大典》,尺度井然,远出萧录之上。……向来学者,轻视工程,尤于宫庭神秘,不敢命笔,如《日下旧闻》《春明梦余录》诸书,敷陈掌故,搜采轶闻,求如萧录之详具该载,已不可能;若再上规陶录,更属无能为役。萧氏在洪武初元,易代之际,以新朝郎吏,奉使北来,职在摧毁。尔时陶录甫经编定,尚未版行①,故萧氏未及见。重以兵火之余,客旅之地,不阶故牍,全凭记忆,作为《遗录》,周览全阅,于脉络贯注,殆同鸟瞰,匪特用心良苦,抑可想见涉笔之难。比之陶录,虽于实物之尺度状态,以及译名术语,间有缺误。当日文士,缺乏工程知识,诚不足为萧氏诟病;而于陶录,确有补苴辅翼之功,绝非寻常纪述感叹形容、无从征信者所可同日而语。"这样的评定,我认为是极其中肯而适当的。

顾炎武辑《历代帝王宅京记》,叙元大都仅录《辍耕录》卷二十一之"宫阙制度""公宇",卷二之"端本堂"合为一卷,于《故宫遗录》则只字未提。固然有可能亭林未见萧著,但对《辍耕录》所收虞集撰写的元大都"宫阙制度"极为推重是可知的。

朱偰《元大都宫殿图考》第二章"史料之选择及其批评"云:"本文所考,以

① 《辍耕录》有元末刻本,见《增订四库简明目录标注》。查阅民国十四年武进陶氏影元刊本,前有青溪野史邵亨贞慕刻疏、至正丙午(二十六年)江阴孙作大雅序。书中于帝后、太子皆空格,当是元刻。因此,说"尚未版行",似乎不确。

《故宫遗录》为主，重实地调查也；以《辍耕录》为副，重时人记载也。”把“不过得诸一览之余”，“多有与诸书不合”的记载，称之谓“实地调查之记载”，而把“将作所疏”的“宫阙制度”视之为“时人记载”，我认为也是不合适的。

三、萧洵的籍贯、官职和撰述缘由

关于萧洵的籍贯、官职和撰述原由，也有一些传闻失实的记载，一并考辨如下。

（一）萧洵应是吉水人，作庐陵或吉安误

知圣道斋钞校本《元故宫遗录》署名“庐陵虎溪萧洵编”；吴节序：“《故宫遗录》者，庐陵萧洵之所撰也”；赵琦美后序作“庐陵”，朱昆田按语作“虎溪”，《四库提要》作“庐陵”。但是，遍查《庐陵县志》，并无萧洵其人；“虎溪”地名仅见于卷三“山川志·方山”条、卷六“古迹·莲社堂”条、卷二十四“选举志·仕籍”，而“地图”“疆域”“墟市”中均不载，因此位置不能确指。

萧洵做过长兴知县，康熙，乾隆、嘉庆、光绪几种《长兴县志》名宦传均注明：“萧洵，江西吉水人。”道光、同治两种《吉水县志》“选举志·仕籍”“人物志·文苑”均有萧洵传，可与《长兴县志》互相印证。又《吉水县志》“乡坊·仁寿乡四都”有“虎溪”；“市墟”有“虎溪市”，在文昌乡四十七都，距县40里。（北京图书馆藏康熙《吉水县志》，缺“选举”“人物”；仅有市墟“虎溪市”，无坊乡“虎溪”名，但注有“多虎患”“有虎患”“多虎”者多处）因此，说萧洵是庐陵人，尚未找到证明，难以成立；而明确指萧洵为吉水人的，则有为官的长兴县和原籍吉水县两县的方志可作证明。原著署名可能并非萧洵自署，而为吴节所后加。

说萧洵是吉安人，也不确切。吉安当时是府名，治所在庐陵。泛指府名，未指所属县，籍贯仍不落实。民国三年废府，始改庐陵县为吉安县；1949年，又析城区设吉安市。如系指庐陵人，当书作“今吉安人”，但亦不确。

（二）萧洵应是工部主事，作工部郎中当误

吴节《故宫遗录序》作萧洵“任工部郎中”。赵琦美后序、《四库提要》相沿。康熙、乾隆、光绪《长兴县志》名宦列传均作：“萧洵，……洪武六年以工部主事来（出）知长兴县事。”钱大昕修嘉庆《长兴县志》，名宦传极为简略，未注原职。道光、光绪两《吉水县志》，也均作“工部主事”。

据《明史·职官志》，工部有营缮、虞衡等四司，每司设郎中一人，正五品。

而主事为各司属官，正六品。知县是正七品。以中央的一位五品郎中出任地方的一个七品知县，在正常情况下，明朝是不太可能出现这样的安排的，当以官修方志原任“工部主事”为是。

（三）谓萧洵“奉命毁元故宫，因记其制度”，是层层加码的曲解附会

吴节序：“萧洵……奉命随大臣至北平毁元旧都，因得遍阅经历……莫不详具该载。”《明太祖实录》洪武元年八月丁丑，“大将军徐达命指挥华云龙经理故元都，新筑城垣”。《日下旧闻考》卷三十八“京城总记”引《洪武北平图经志书》：“旧土城一座，周围六十里，克复后以城围太广，乃减其东北迤北之半，创包砖甓，周围四十里。”把旧元大都北城墙缩进来，称为“毁元旧都”，虽言之过甚，亦勉强可通。200 年后，赵琦美后序改为“毁元氏宫殿”。此后，孙承泽《春明梦余录》卷六十又改为“将宫殿拆毁”，于是朱昆田按语、《日下旧闻考》按语相沿未改，至《四库提要》就写成“奉命毁元故宫，因记其制度”。这实在是未经考核而层层加码的曲解附会。查《明实录》中并无明初拆毁元朝宫室的记载，而是把它改成了燕王府，直到永乐十五年营建北京，才把它拆掉。详见拙著《燕王府即元故宫旧内考》（载北京史研究会《北京史论文集》第 2 辑第 185 ~ 194 页）。

又《实录》载洪武二年十二月丁卯取《北平宫室图》。萧洵适在北平，身为工部官员，当亲身参与其事。“取”，可以理解为拿取旧图；又可理解为核对改正旧图；也可理解为绘制新图。总之，我认为萧洵以改建明北平城墙，亦即元大都北城墙，至北平，又因取《北平宫室图》得以遍历元旧内，记其制度，较为符合历史记载。

（四）《吉水县志》作“知洛阳县事”，亦误

道光、光绪《吉水县志》“人物”“文苑”均作“洪武六年，以工部主事知洛阳县事”。查弘治《河南郡志》，顺治、康熙《河南府志》，“职官”“人物”“名宦”所列洪武时洛阳县知县名录中均无萧洵。长兴县各次所修县志，“学校”门均载萧洵所撰《重修县学记》，云：“洪武六年春，予来宰兹邑”（康熙志误刊为“八年”）。因此，萧洵没有做过洛阳知县事，是有《长兴县志》和他本人所撰文为证明的。

四、小结

（一）萧洵于元亡以后，遍历元大都故宫，以其所见，记录成一部较为该备的《故宫遗录》，内容虽然不及《辍耕录·宫阙制度》系根据将作所疏，尺度井然，

巨细毕载,并因记忆不确,存在一些错误,但是它补充了《辍耕录·宫阙制度》所记以后近40年间元朝宫阙的建筑状况,描绘了元亡时大都宫阙的面貌,成为研究元代宫室的重要著作。朱彝尊、朱昆田父子及《四库全书总目提要》撰者,或者未见原书,或者未经认真比较,因此对《故宫遗录》作出的评价是过头的、不符合实际的;《日下旧闻考》按语和朱启钤《元大都宫苑图考》经过了认真的考核校对,对萧洵《故宫遗录》作出的评价,则是实事求是、极为中肯的。

(二)萧洵《故宫遗录》写成以后,400年间未曾刊刻,仅有少数钞本流传,为学者所珍视。清康熙二十七年至三十七年间,始刊入《日下旧闻·补遗》。此后为多种丛书所收辑。又有收入《新增格古要论》重校本的《元故宫遗录》,文字颇有改易,可称为别本。《春明梦余录》所载《元大都宫殿考》即据此本删节,文字仅存原著十分之四。朱昆田关于《故宫遗录》版本的叙述及其评价,均不确。

(三)萧洵系吉水人,明初为工部主事,吴节《故宫遗录序》作萧洵庐陵人,明初"任工部郎中",皆误;赵琦美《后序》作萧洵参与"毁元氏宫殿",无事实根据;《四库提要》所谓萧洵"奉命毁元故宫,因记其制度",是层层加码的曲解附会。

论从元大都到明北京的演变和发展
——兼析有关记载的失实

一、元大都宫阙

元末陶宗仪《南村辍耕录》①卷二十一“宫阙制度”记载京师大都城方60里,里240步,有丽正、顺承、文明、安贞、健德、崇仁、齐化、光熙、和义、肃清、平则11门。宫城周回9里30步,有崇天、星拱、云从、东华、西华、厚载6门。大内正衙为大明殿、延春阁。隆福殿在大内之西,兴圣宫之前。兴圣宫在大内之西北,太液池之阳。太液池在大内西。千门万户,尺度井然。记述后有“史官虞集曰:集佐修《经世大典》,将作所疏宫阙制度为详”,当是至顺二年(1331年)虞集主持纂修《经世大典》时将作(工部)上奏的正式官方文件,是元大都宫阙制度最为翔实完整的文献资料。顾炎武《历代宅京记》②“幽州·辽、金、元”部分仅录此篇。朱彝尊《日下旧闻》③元宫室亦以此为主。

洪武初,工部主事萧洵随大臣至北平,遍览元故宫禁内,撰《故宫遗录》,作了较为翔实的游记式的描述,补充了《南村辍耕录·宫阙制度》之后40年间元末新添的建筑。

以上就是元末大都宫阙制度的情况。此外,元通事舍人王士點等撰《禁扁》④,以见闻记大都宫扁,然仅存其名,未载方位尺度。

《日下旧闻考》⑤卷三十按语、卷三十二按语,朱启钤《元大都宫苑图考·绪

---

①陶宗仪《南村辍耕录》(中华书局1959年《元明史料笔记丛刊》本)卷21/250-257。

②顾炎武《历代宅京记》(中华书局1984年《中国古代都城资料选刊》点校本)卷19/261-279。

③朱彝尊《日下旧闻》(康熙二十七年刊本)。

④王士點《禁扁》(《栋亭藏书十二种》民国十年影印康熙本)。

⑤清于敏中等奉敕编纂《日下旧闻考》160卷(北京古籍出版社1981年排印本)卷30/429、444、447,卷32/491。

言》①，王剑英《萧洵〈故宫遗录〉考辨》②，对上列两种资料都作了中肯适当的评价。朱偰《元大都宫殿图考》把《南村辍耕录·宫阙制度》称之为“时人记载”，乃失于考察。

二、明军入大都时保护宫阙，未尝损毁

洪武元年（1368 年）七月辛卯，明太祖朱元璋在汴梁（今开封）命大将军徐达等率师北伐，直取元都，谕诸将帅：“前代革命之际，兵戈相加，视如仇雠，肆行屠戮，违天虐民，朕实不忍，尔诸将帅当以为戒。克城之日，毋掳掠，毋焚荡，毋妄杀人，必使市不易肆，民安其生。……有不恭命，必罚不赦。”③

《实录》记载洪武元年八月庚午（1368 年 9 月 14 日），徐达军至齐化门（今朝阳门），命将士填壕登城而入。元顺帝及后妃、太子已先北走上都，仅执监国、太尉等戮之，“封其府库及图籍、宝物等，又封故宫殿门，令指挥张焕以兵千人守之。宫人、妃主，令其宦侍护视。号令士卒无得侵暴，人民皆安堵”④。十月戊寅，以元都平，诏天下曰：“兵无犯于秋毫，民不移其市肆。”⑤明太祖御制《皇陵碑》也记述“入胡都而市不易肆”。⑥

其他各史，都有大同小异的记载，如：

黄金《魏国公徐公达》：“封其府库及图籍、宝物，又封故宫殿门，以兵守之。宫人、妃主，令其宦侍护视。号令士卒无得侵暴，人民安堵，市肆不易，人谓曹彬下江南，伯颜入临安，不是过也。”⑦

李贽《续藏书》：“封府库，籍其图籍、金玉、楮币，以兵千人守宫殿门，使宦侍监护其宫人、妃主，给饩廪无缺。吏士一切安堵，市不易肆。”⑧

谈迁《国榷》：“封府库，籍其图书宝币，又守宫殿门，使宦寺（侍）护其妃嫔

---

①朱启钤《元大都宫苑图考》，载民国十九年（1930 年）北京《营造学社汇刊》第一卷第二册。

②王剑英《萧洵〈故宫遗录〉考辨》，载 1982《北京史研究》（一）（北京燕山出版社 1986 年）第 128～143 页。

③《明太祖实录》（中央研究院历史语言研究所 1962 年校印本）卷 32/8a－b。以下列朝实录版本同。

④《明太祖实录》卷 34/1a－b。

⑤《明太祖实录》卷 35/3b。

⑥明太祖朱元璋御制《大明皇陵之碑》碑文。载《高皇帝御制文集》（明刊本）卷 14/1a－者与原碑文最为一致。

⑦焦竑《国朝献徵录》（上海书店 1986 年影印万历间刻本）卷 5/9b 黄金《魏国公徐公达》。

⑧李贽《续藏书》（中华书局 1959 年排印本）卷 3/42 开国功臣徐达。

宫人,吏民一切安堵。"①

谷应泰《明史纪事本末》:"封府库、图籍、宝物及故宫殿门,以兵守之。宫人、妃主,令其宦寺(侍)护视,号令士卒无侵暴,人民安堵。"②

《明史·太祖本纪》:"徐达入元都,封府库、图籍、宝物,守宫门,禁士卒毋侵暴。"③

《明史·徐达传》:"封府库,籍图籍、宝物,令指挥张胜(焕)以兵守殿门,使宦者护诸宫人、妃主,禁士卒毋得侵暴,吏民安居,市不易肆。"④

夏燮《明通鉴》:"封府库、图籍、宝物,令指挥张胜(焕)以兵千人守宫殿门,宫人、妃主皆令其宦者护视。禁士卒侵暴。吏民安堵,市肆不移。"⑤

所有记载,无不云徐达入元都后"封故宫殿门","以兵守之",绝无毁元都或毁元宫殿的记载。钱谦益《太祖实录辨证》⑥、潘柽章《国史考异》⑦、王颂蔚《明史考证捃逸》⑧、黄云眉《明史考证》⑨对此均未置任何异辞。因此,明军入元都后保护元宫阙,未尝予以损毁,是可以确信无疑的。

三、关于萧洵"奉命毁元故宫",纯系臆说

洪武丙子(二十九年),吴节为《故宫遗录》传钞本作序,云革命之初,萧洵"奉命随大臣至北平毁元旧都,因得遍阅经历"。⑩ 按《明太祖实录》,洪武元年八月丁丑,"大将军徐达命指挥华云龙经理故元都,新筑城垣,北取径直,东西长一千八百九十丈"。⑪《日下旧闻考》"京城总记"引《洪武北平图经志书》:"旧土城一座,周围六十里。克复后,以城围太广,乃减其东西迤北之半,创包砖甓,周围四十里。"⑫《寰宇通志》:"洪武初,改大都路为北平府,缩其城之北五里,废

①谈迁《国榷》(古籍出版社1958年校点本)卷3/369。
②谷应泰《明史纪事本末》(中华书局1977年点校本)卷8/11《北伐中原》
③张廷玉等修《明史》(中华书局1974年点校本)卷2/21。
④张廷玉等修《明史》卷125/3727。
⑤夏燮《明通鉴》(同治癸酉刊本)卷1/29a。
⑥钱谦益《太祖实录辨证》(上海古籍出版社1985年《牧斋初学集》卷101-105)卷1-5。
⑦潘柽章《国史考异》(光绪《功顺堂丛书》本)。
⑧王颂蔚《明史考证捃逸》(民国五年[1916年]刊《嘉业堂丛书》本)。
⑨黄云眉《明史考证》(中华书局1979年)。
⑩萧洵《故宫遗录》(北京出版社1963年据乾隆年间《知不足斋丛书》刊本排印)第65页。
⑪《明太祖实录》卷34/7a-b。
⑫《日下旧闻考》卷38/604。

东西之北光熙、肃清二门，其九门俱仍旧。”①吴节把“经理故元都”，即“缩其城之北五里”“新筑城垣”“创包砖甓”，改“旧土城”为砖城，称作“毁元旧都”，未免言过其实。土城至今尚存，废而未毁，称“毁元旧都”，易生歧义误解。吴节序文把萧洵的籍贯江西吉水误为“庐陵”，把萧洵的官职工部主事误为“工部郎中”，②因此，对萧洵撰述《故宫遗录》的缘由作了一些传闻不确、表述不当的记载，也是可以理解的。

万历四十四年（1616 年），赵琦美给自己的《故宫遗录》清写本写了一个《序》，云：“《故宫遗录》者，录元之故宫也。洪武元年灭元，命大臣毁元氏宫殿。庐陵工部郎萧洵实从事焉，因而纪录成帙。”③不仅沿袭了吴节序中“庐陵”“工部郎”之误，还毫无根据地把“毁元旧都”发挥成了“毁元氏宫殿”，这就纯粹是凭空臆造了。

四、洪武初诏建诸王府，“燕用元旧内殿”

《明太祖实录》洪武二年九月癸卯：“诏以临濠为中都。初，上召诸老臣问以建都之地，……或言北平元之宫室完备，就之可省民力者。上曰：……若就北平，要之宫室不能无更作，亦未易也。”④可知，洪武二年九月时，故元宫室非但没有被毁坏，而且保存完好，可以考虑在那里建都。

《明太祖实录》洪武二年十二月丁卯：“改湖广行省参政赵耀为北平行省参政。……耀尝从徐达取元都，习知其风土民情、边事缓急，改授北平，且俾守护王府宫室。……耀因奏进工部尚书张允所取《北平宫室图》。上览之，令依元旧皇城基改造王府。”⑤

萧洵“奉命随大臣至北平毁元旧都”，可能就是洪武元年八月的“经理故元都”；“因得遍阅经历”，当即为洪武二年十二月的“取《北平宫室图》”，否则是没有条件去较为仔细地“遍阅经历”故元宫室的。《北平宫室图》取得了，记录元故宫建筑群的《故宫遗录》也写成了，图文是一致的。《遗录》末尾记载庚申“（元顺帝）捐弃宗庙社稷而逃……未几，以痢疾崩。子爱猷识达腊立五日，我师奄至，爱猷识达腊仅以身免。二后、爱猷识达腊妻子及三宫妃嫔、扈卫诸军将

---

①陈循等修《寰宇通志》（《玄览堂丛书续集》影印景泰七年未颁原刊本）卷 1/9a。

②请参看王剑英《萧洵〈故宫遗录〉考辨》。

③《故宫遗录》第 66 页。

④《明太祖实录》卷 45/2b－3a

⑤《明太祖实录》卷 47/4a－b。

帅、从官悉俘以还,元氏遂灭”。据《实录》,这是洪武三年六月的事。因此,可以推定《故宫遗录》最后成稿当在此事前后。据《长兴县志》,萧洵“洪武六年以工部主事来知长兴县事”①,就离开工部了。

《明太祖实录》洪武三年七月辛卯,“诏建诸王府。工部尚书张允言:‘诸王宫宜各因其国择地。请……燕用元旧内殿。……’上可其奏,命以明年次第营之”②。“用元旧内殿”,当然是指故元大内的宫殿,现在不考虑建都北平了,就安排为建燕王府的地点。

既是“燕用元旧内殿”,又“命以明年次第营之”,“改造王府”,那么燕王府究竟是如何改建的呢?

《明太祖实录》洪武七年六月癸亥:“(华)云龙镇北平,威名甚著,建造王府,增筑北平城,其力为多,至是卒。”③《明史·华云龙传》:“建燕邸,增筑北平城,皆其经画。”④可知,燕王府确实是改建了的,工程主持人是华云龙。

那么燕王府的位置在哪儿?宋纳《西隐文集》卷三有《壬子秋过故宫十九首》。⑤“壬子”是洪武五年。诗里有“九华宫殿燕王府”句,确切指明原来“元故宫”的“九华宫殿”,现在已成了“燕王府”,与洪武三年七月“燕用元旧内殿”建王府的诏书是完全吻合的。

建文元年十一月乙亥,燕王朱棣上书于朝:“其七,谓臣室僭侈,过于各府。此盖皇考所赐。自臣之国以来,二十余年,并不曾一毫增益。其所以不同各王府者,盖“祖训·营缮”条云明言:‘燕因元之旧有’,非臣敢僭越。此奸臣之枉臣也。”⑥

《明史·姚广孝传》:“燕邸,故元宫也。”⑦

可知,明初燕王府为“元旧内殿”,即“元故宫”的“九华宫殿”,不是别处。因此,关于把太液池西的“西宫”说成“燕邸”是错误的。说见后。朱偰《明清两代宫苑建置沿革图考》说:“按燕府所因元旧内,即为元隆福宫。在太液池西

①康熙、乾隆、光绪《长兴县志》名宦列传。

②《明太祖实录》卷54/1b－2a。

③《明太祖实录》卷90/4a。

④《明史》卷130/3825。

⑤宋讷《西隐文集》(台湾商务印书馆1983年影印文渊阁《四库全书》集部别集1225册883上)卷3/8b其七。

⑥《明太宗实录》卷5/3b。

⑦《明史》卷145/4080。

岸。”[①]为什么说是在“隆福宫”呢？因为“明初毁元故宫，……而大明宫为大内正殿，亦必先遭摧毁。故元代遗产，留存于明者，厥为太液池之广寒殿、仪天殿，及西岸之兴圣宫、隆福宫、西御苑而已”。[②] 这是轻信了毁元故宫的臆说，加以推演出来的无稽之谈。

五、“燕因元之旧有”，宫室“过于各府”

关于亲王府制，《实录》记载：

洪武四年正月戊子，“命中书定议亲王宫殿制度。工部尚书张允等议：‘凡王城，高二丈九尺五寸，下阔六丈，上阔二丈。女墙高五尺五寸。城河，阔十五丈，深三丈。正殿，基高六尺九寸五分；月台，高五尺九寸五分；正门，台高四尺九寸五分；廊房，地高二尺五寸；王宫门，地高三尺二寸五分；后宫地高三尺二寸五分。正门、前后殿、四门城楼，饰以青绿点金；廊房，饰以青黑；四城正门，以红漆金涂铜钉。宫殿窠栱攒顶，中画蟠螭，饰以金边，画八吉祥花；前后殿座用红漆、金蟠螭；帐用红销金蟠螭；座后壁则画蟠螭、彩云。立社稷、山川坛于王城内之西南，宗庙于王城内之东南。其彩画蟠螭改为龙。’从之。”[③]

洪武四年正月丙申，“命中书省定王国宗庙及社稷坛壝之制”[④]。洪武七年正月乙亥，“定亲王国中所居前殿曰承运，中曰圆殿，后曰存心，四城门南曰端礼，北曰广智，东曰体仁，西曰遵义”[⑤]。

洪武九年正月己未，诏礼部：“亲王宫殿、门、庑及城门楼，皆覆以青色琉璃瓦如东宫之制。”[⑥]

洪武十一年七月乙酉，“工部奏请：‘诸王国宫城，纵横未有定制，请以晋府为准，周围三里三百九步五寸，东西一百五十丈二寸五分，南北一百九十七丈二寸五分。’制曰：可”[⑦]。

---

①朱偰《明清两代宫苑建置沿革图考》（北京古籍出版社 1990 据上海商务印书馆 1947 年版重排）第 12 页。

②朱偰《明清两代宫苑建置沿革图考》第 10 页。

③《明太祖实录》卷 60/2a－b。

④《明太祖实录》卷 60/4b。

⑤《明太祖实录》卷 87/2b－3a。

⑥《明太祖实录》卷 103/1b。

⑦《明太祖实录》卷 119/2b－3a。

《明会典·工部·营缮清吏司·营造一·亲王府制》《明史·舆服志亲王府制》①均有记述。

《实录》洪武十二年十一月甲寅,"燕府营造讫工,绘图以进。其制:

社稷、山川二坛,在王城南之右。王城四门:东曰体仁,西曰遵义,南曰端礼,北曰广智。门楼、廊庑二百七十二间。中曰承运殿,十一间;后为圆殿,次曰存心殿,各九间。承运殿之两庑为左、右二殿。自存心、承运周回两庑至承运门,为屋(一)百三十八间。殿之后为前、中、后三宫,各九间。宫门两厢等室九十九间。王城之外周垣,四门,其南曰灵星,余三门同王城门名。周垣之内,堂、库等室一百三十八间。凡为宫殿室屋八百一十一间"。②

记载的这个燕王府的规制,与规定的其他各王府的制度完全相同,而与燕王上书自陈"谓臣宫室僭侈,过于各府。此盖皇考所赐……'燕因元之旧有',非臣敢僭越"不符。

原来,《明太祖实录》由建文元年董伦等修后,永乐元年解缙等重修了一次。九年,胡广等又再复修。经过两次改修,营造燕王府的情况变得与事实不一致了。但是,在明成祖逝世将近200年后的万历时,"允科臣杨天民请,附建文帝元、二、三、四年事迹于(《太祖实录》)后"③。竟把200年前燕王的上书翻了出来,全文登录,使之真相大白,这是永乐诸臣改修《太祖实录》时所始料不及的。

洪武六年五月壬寅朔,"《祖训录》成。……于是颁赐诸王,且录于谨身殿东庑、乾清宫东壁,仍令诸王书于王宫正殿、内宫东壁,以时观省"④。二十八年九月庚戌,再"颁《祖训》条章于内外文武诸司。敕谕礼部曰:'……尔礼部其以朕训颁行天下诸司,使知朕立法垂后之意,永为遵守。后世敢于言改更祖法者,即以奸臣论无赦'"⑤。《皇明祖训》(营缮):"凡诸王宫室,并依已定格式起盖,不许犯分。燕因元之旧有。若王子、王孙繁盛,小院宫室,任从起盖。"⑥燕府是"因元之旧有",作为"依已定格式起盖"的例外,不算"犯分",特地予以载明。

因此,从洪武三年"诏建诸王府","燕用元旧内殿"起,经洪武六年、二十八年两次颁《祖训》,都明确说"燕因元之旧有",到建文元年燕王上书言燕府"宫

①申时行等重修《明会典》(中华书局1988年据1936年商务印书馆万有文库排印本缩印)卷181/919上;《明史》卷68/1670。

②《明太祖实录》卷127/2b－3a。

③《明史》卷97/2377《艺文志》。

④《明太祖实录》卷82/2b－3b。

⑤《明太祖实录》卷241/3a－b。

⑥《皇明祖训》(北京图书馆藏明刊本)43a。

室僭侈，过于各府，此盖皇考所赐……其所以不同各王府者，盖“祖训·营缮”条明言：‘燕因元之旧有’，非臣敢僭越”是完全一致的。即燕王府是利用了原来元朝的大内宫殿，因此同其他“依已定格式起盖”的各王府是不同的，是不算“犯分”的。

六、改建燕王府仅改了外表和殿门名称以符合亲王府的体制，原建筑则全部保留，原样未动

那么燕王府是不是完全袭用元朝的宫室，丝毫也没有改动呢？不是的，从文献记载考察：

（一）依制在王城南筑了社稷、山川之坛

《明太祖实录》：洪武六年三月己未，燕相府言：“……今社稷、山川坛望殿未覆，王城门未甓，恐为风雨所坏，乞以保定等府宥罪输作之人完之。”上以社稷、山川望殿严洁之地，用工匠为之。命输作之人但甓城门。①

（二）甓王城门

同上。

（三）更改王城四门名

《明太宗实录》：建文元年六月，“谢贵等……逼围王城外墙，……又以木栅断端礼等四门路”；七月癸酉，“匿壮士端礼门内，遣人召（谢）贵、（张）昺……至端礼门，壮士出擒之”②。《明史·成祖本纪》：建文元年秋七月癸酉，“匿壮士端礼门，绐贵、昺入，杀之，遂夺九门”③。可证王城四门已依制改名。端礼门为燕王府城南门名，系原元大都崇天门所改称。其余三门，当同时改东华为体仁，西华为遵义，厚载为广智。

（四）依制易黄瓦为青色琉璃瓦

《明史·姚广孝传》：“建文元年六月，燕府护卫百户倪谅告变。……成祖遂

---

①《明太祖实录》卷80/5a。

②《明太宗实录》卷1/5b；卷2/1b－2a。

③《明史》卷5/70。

决策起兵。适大风雨至，檐瓦堕地，成祖色变。道衍（姚广孝法号）曰：'祥也。飞龙在天，从以风雨。瓦堕，将易黄也。"[①]可证原元大都宫殿瓦已依制易为青色。其余门、庑及城门楼当亦同时易为青琉璃瓦。

以此类推，凡宫殿的名称，一切装修，当都依制更改，以符合亲王府制的规定。永乐七年正月癸丑，明成祖在靖难后初次将从京师南京回到北京时，"礼部言：'皇上将巡狩北京，旧藩府宫殿及门宜正名号'，从之"[②]。可证建燕王府时，宫殿及门确是遵制都改了名的。

但是，燕王府是"因元之旧有"，原有的建筑可以沿用，燕王府王城的高度、宽度、长度，殿、宫、台、门、廊庑地基的高度、间数，都可以保持原样不加改动。所以，燕王上书说："谓臣宫室僭侈，过于各府，此盖皇考所赐。自臣之国以来，二十余年，并不曾一毫增益。"同时，也并没有拆了什么，全部保持原样。除增建了社稷、山川坛外，没有改动原建筑群的布局、结构，只是改了外表、装修和名称。改的是表，存的是体，这是燕王府不同于其他各王府的地方，也是有别于原来元大都宫殿的地方。

七、燕王之国后，屡率诸将出征。靖难后，即皇帝位

洪武元年八月壬午，"诏改大都路为北平府"[③]。三年四月乙丑，"册封诸皇子为王，……第四子棣为燕王"[④]。七月辛卯，"诏建诸王府，……燕用元旧内殿"[⑤]。十二年十一月甲寅，"燕府营造讫"[⑥]。十三年三月壬寅，"燕王棣之国北平"[⑦]。

燕王朱棣在之国之前，奉父皇太祖朱元璋命，与他哥哥秦王樉、晋王棡，弟弟吴王橚、楚王桢、齐王榑一起于洪武九年十月丙子"往练兵凤阳"[⑧]。那里有八卫一所官军和骡马23000余匹供骑操。燕王朱棣在凤阳待了四年，于十三年三月"之国北平"。然后受命发属卫出塞，屯田筑城，备边练卒，率师北伐。燕王

①《明史》卷145/4080。

②《明太宗实录》卷87/2b。

③《明太祖实录》卷34/11a。

④《明太祖实录》卷51/5b-6a。

⑤《明太祖实录》卷54/1b。

⑥《明太祖实录》卷127/2b。

⑦《明史》卷2/35《太祖本纪》

⑧《明太祖实录》卷110/3a。

"智勇有大略,能推诚任人。二十三年,同晋王讨(北元)乃儿不花。晋王怯,不敢进。王倍道趋迤都山,获其全部而还。太祖大喜。是后,屡帅诸将出征,并令王节制沿边士马,王威名大振"①。

太祖崩,皇太孙建文帝朱允炆即位,以诸王"尊属拥重兵","纳齐泰、黄子澄谋,欲因事以次削除之。惮燕王强,未发,乃先废周王橚(洪武十一年改封),欲以牵引燕。于是告讦四起,湘、代、齐、岷皆以罪废。……建文元年夏六月,燕山百户倪谅告变……下诏让王,并遣中官逮王府僚。……都指挥使谢贵、布政使张昺以兵守王宫。……秋七月癸酉,匿壮士端礼门,绐贵、昺入,杀之,遂夺九门。上书天子,指泰、子澄为奸臣,并援《祖训》:'朝无正臣,内有奸恶,则亲王训兵待命,天子密诏诸王统领镇兵讨平之。'书既发,遂举兵,自署官属,称其师曰'靖难'"②。

靖难之役整整打了3年。建文四年六月乙丑,"都城陷。宫中火起,帝不知所终"③。己巳,燕王朱棣即皇帝位。七月壬午朔,诏:"今年仍以洪武三十五年为纪,其改明年为永乐元年。"④于是,明成祖统治的时期开始了。

八、永乐元年,以北平为北京。四年,诏明年建北京宫殿,但未施工

永乐元年正月辛卯,"礼部尚书李至刚等言:'自昔帝王,或起布衣平定天下,或由外藩入承大统,而于肇迹之地皆有升崇。切见北平布政司实皇上承运兴(王)之地,宜遵太祖高皇帝中都之制,立为京都。'制曰:'可,其以北平为北京。'"⑤二月庚戌,"改北平府为顺天府"。⑥

永乐四年闰七月壬戌,"诏以明年五月建北京宫殿"⑦。《明太宗实录》记载说:"文武群臣淇国公丘福等请建北京宫殿,以备巡幸。遂遣工部尚书宋礼诣四川,吏部右侍郎师逵诣湖广,户部左侍郎古朴诣江西,右副都御史刘观诣浙江,右佥都御史仲成诣山西,督军民采木,人月给米五斗,钞三锭;

①《明史》卷5/69《成祖本纪》。
②《明史》卷5/69-70。
③《明史》卷4/66《恭闵帝纪》。
④《明太宗实录》卷10上/2a。
⑤《明太宗实录》卷16/2b。
⑥《明太宗实录》卷17/1a。
⑦《明史》卷6/83《成祖本纪》

命泰宁侯陈珪、北京刑(行)部侍郎张思恭督军、民、匠砖瓦造(造砖瓦),人月给米五斗;命工部征天下诸色匠作;在京诸卫及河南、山东、陕西、山西都司,中都留守司,直隶各卫选军士;河南、山东、陕西、山西等布政司,直隶凤阳、淮安、扬州、庐州、安庆、徐州、和州选民丁,期明年五月俱赴北京听役,率半年更代,人月给米五斗。其征发军民之处,一应差役及闸办银课等项悉令停止。"①

但是,到了永乐五年,并没有开工营建。在《实录》里,除了有一些有关采木时停时续的零星记载外,对营建北京整整有 10 年不再提及,似乎原定永乐五年五月开工营建北京的计划,无形中被无限期地推迟了。直到永乐十四年十一月壬寅"复诏群臣议营建北京"的时候,群臣在上疏中还说:"陛下嗣太祖之位,即位之初,尝升为北京,而宫殿未建","延缓至今"②。可以确凿证明"期明年五月俱赴北京听役"的营建北京宫殿的工程未尝开工,"宫殿未建"是确确实实的事实。

九、永乐七年营建长陵,十四年长陵殿成

营建北京的工程为什么无声无息地推迟了呢?由于《实录》没有相应的诏书或记载,因此,无法确实叙述。

从当时的形势看,正好与南方的安南发生了连年战争。永乐四年秋七月,明成祖命成国公朱能"帅十八将军,兵八十万",分道进讨。六年,复命张辅率师 20 万往讨。③ 接着,跟北方的鞑靼和瓦剌又展开了规模很大的战争。永乐八年,明成祖"自将五十万众出塞",亲征鞑靼。永乐十二年,又亲征瓦剌。④ 连年不断的战争,需要大量人力和物力的支持,必然会影响到营建北京宫殿计划的如期执行,但这似乎又不好明言。

正当原计划开始营建北京的时候,永乐五年七月乙卯,皇后徐氏(开国功臣徐达长女)崩,于是不得不把北京营建的目标转移到营造山陵上来。

永乐七年三月壬戌,明成祖"车驾至北京"⑤。同年五月乙卯,"营山陵于昌平县。时仁孝皇后来(未)葬。上命礼部尚书赵羾与明地理者廖均卿等择地,得吉于昌平县黄土山。车驾临视,遂封其山为天寿山。是日,遣武安侯郑享祭告

---

①《明太宗实录》卷 57/1a-b。

②《明太宗实录》卷 182/1b-2b。

③《明史》卷 154/4220《张辅传》。

④《明史》卷 327/8468《鞑靼传》。

⑤《明太宗实录》卷 89/2a。

兴二(工),命武义伯王通董役事。均卿等咸受官员(赏)"①。

永乐八年二月己酉,"行在工部尚书吴中言:'营建山陵合用工匠、民夫,请于山东、山西、河南、北京及浙江〔等〕布政司、直隶府州县征用,北京旁近卫所亦宜量拨军士。'从之"②。

长陵营建的过程中,永乐八年九月己巳,明成祖"车驾幸天寿山"视察。③

永乐十一年正月丁酉,"仁孝皇后梓宫发引",出江东门渡江来北京。④ "是月,天寿山陵成,命名'长陵'"⑤。同年二月丙寅,"葬仁孝皇后于长陵"。⑥

同年五月丙申,"赐长陵工匠、军、夫钞币有差。仍饬督工官曰:'今事已就绪,人力可省。凡用军工士满二年、民夫满五月〔者〕以上者,悉遣归。工匠视其事之缓急量留。炎暑之际,所留军、民、工匠宜以时休息之。盖其劳已久,督工官务在加意抚恤,毋令失所。'"⑦

永乐十四年三月癸巳,"长陵殿成,奉安仁孝皇后神位"⑧。

天寿山长陵陵工从永乐七年五月乙卯开始,到十一年正月成,用了 3 年 8 个月。接着继续营建地面工程,从永乐十一年正月, 到十四年三月长陵殿成,又用了三年两个月。营建长陵,先后共用了 7 年时间。

负责营建长陵的是武义伯王通和工部尚书吴中。《明史·王通传》:"永乐七年董营长陵。"⑨杨士奇《吴公中神道碑》:"(长、献、景)三陵之建,皆公董役。"⑩《明史·吴中传》:"先后在工部二十余年,北京宫殿,长、献、景三陵,皆中所营造。职务填委,规划井然。"⑪

---

①《明太宗实录》卷 92/2b。
②《明太宗实录》卷 101/4a。
③《明太宗实录》卷 108/1a。
④《明太宗实录》卷 136/2b。
⑤《明太宗实录》卷 136/4b。
⑥《明太宗实录》卷 137/4b。
⑦《明太宗实录》卷 140/3a。
⑧《明太宗实录》卷 174/1a。
⑨《明史》卷 154/4240。
⑩《国朝献徵录》卷 50/10b
⑪《明史》卷 151/4184。

十、初，明成祖至北京，仍御旧宫。至永乐十四年，将撤而新之，命工部作西宫为视朝之所

仁孝皇后安葬，长陵殿完工以后，明成祖朱棣才把营建北京再次提到日程上来。

为了营建北京宫殿，首先就得把仍在使用的燕王府旧宫即元故宫大内腾空出来，以便拆除，然后按照本朝的规制重新营建。同时，还得在营建北京的过程中，先安排好一个临时性的视朝之所。于是在太液池西边营建了一区颇具规模的宫殿群——西宫。

《明太宗实录》永乐十四年八月丁亥："作西宫。初，上至北京，仍御旧宫。及是将撤而新之，乃命工部作西宫为视朝之所。"①记载得如此明确无误。

第一，"作西宫"始于永乐十四年八月丁亥，即是在永乐十四年三月癸巳朔长陵殿成，奉安仁孝皇后神位后的将近半年。

第二，"初，上至北京，仍御旧宫"。"初，上至北京"是指永乐七年三月壬戌燕王朱棣即皇帝位后第一次回原来封国之地北京以后。"旧宫"就是原来的燕王府。洪武三年诏建诸王府，"燕用元旧内殿"；《明史·姚广孝传》："燕邸，故元宫也"；宋讷《过故宫十九首》："九华宫殿燕王府"，都是互相吻合的，原本是可以不生歧义的。但是，自从万历时赵琦美为《故宫遗录》凭空臆造了"洪武元年灭元，命大臣毁元氏宫殿"的序言以后，竟然被不少人信以为真，误以为故元宫殿真的在洪武初已被拆毁。孙承泽《春明梦余录》卷六"宫阙"说："明洪武元年八月，大将军徐达遣指挥张焕计度元皇城周围一千二十六丈，将宫殿拆毁"②，"初，燕邸因元故宫，即今之西苑"③。这些错误的叙述，往往被后人引用为依据。《钦定日下旧闻考》按语："元代宫室一毁于明徐达改筑都城之初，再撤于永乐迁都之岁。"朱偰《元大都宫殿图考》引此作出判断，谓："《实录》所谓元旧内，系隆福宫而非大内，盖明初毁元宫室，大内必先拆毁。"④

第三，"及是将撤而新之"。"将撤而新之"的是从洪武三年起做了33年"燕邸"的燕王府。燕王朱棣即皇帝位后，"仍御旧宫"，又继续保留利用了15

①《明太宗实录》卷179/3a。

②孙承泽《春明梦余录》（北京古籍出版社1992年点校本）卷6/89。

③孙承泽《春明梦余录》卷6/45。

④朱偰《元大都宫殿图考》（北京古籍出版社1990年据上海商务印书馆1936年版重排本）第24页。

年。“旧宫”,也就是自元亡以后,一直保存利用了整整50年的元故宫大内。

第四,作为“视朝之所”,需要相当的规模。“作西宫”从永乐十四年八月丁亥开工,只用了8个月就完成了。《明太宗实录》记载西宫的规制:永乐十五年四月癸未,“西宫成。其制:中为奉天殿,殿之侧为左、右二殿;奉天殿之南为奉天门,左、右为东、西角门;奉天门之南为午门;午门之南为承天门。奉天殿之北有后殿、凉殿、暖殿,及仁寿、景福、仁和、万春、永寿、长春等宫。凡为屋千六百三十余楹。”①

《明会典》卷181、②徐学聚《国朝典汇》卷192③记载相同。

十一、误西宫为燕邸始于雷礼、严嵩,而影响最大的莫过于孙承泽《春明梦余录》

“作西宫”开始后不久离开北京前往京师南京的明成祖,于永乐十五年五月丙戌朔,即“西宫成”后的第四天,返回北京,在“奉天殿丹陛设坛告天地,遣官祭北京山川、城隍诸神,御奉天殿受朝贺”④。这个奉天殿是新建“西宫”内的奉天殿,已不再是原来旧内正在拆除的奉天殿了。“西宫”作为“视朝之所”用了3年8个月,到永乐十九年正月甲子朔,改建北京完工,“西宫”作为“视朝之所”的作用已经完成,明成祖就移离“西宫”,回到太液池东改建后的新宫奉天殿受朝贺。作为临时“视朝之所”的“西宫”也就变成了“旧宫”。

嘉靖十年(1531年)八月丁未,明世宗对臣下说:“西苑宫室,是朕文祖之御。近修葺告成,欲于殿中设皇祖之位祭告之。”礼部尚书李时言:“(西宫后殿)仁寿殿久已废圮,皇上一旦整饰,追慕皇祖,行祭告之礼,益见圣孝。”⑤可知:

第一,“西苑宫室是文祖之御”,并未说是燕王旧宫;

第二,西宫自永乐十九年(1421年)御驾移出后,百余年来,“久已废圮”;

第三,至嘉靖十年始整饰一新。

此后“凡三十余年,其间创造不辍”。

嘉靖二十一年十月丁酉,宫娥杨金英等谋弑,吓得明世宗再也不敢住乾清

①《明太宗实录》卷187/1b-2a。

②《明会典》卷181/918上。

③徐学聚《国朝典汇》(北京图书馆藏天启刊本)卷192/6a。

④《明太宗实录》卷188/1a。

⑤《明世宗实录》卷129/9a。

宫了,从此移居西苑,号“永寿宫”。永寿宫原是西宫后宫之一 。①

嘉靖四十年十一月辛亥,“万(永)寿宫灾”。《明世宗实录》:“万(永)寿宫在西苑,本成祖文皇帝旧宫也。自壬寅宫闱之变,上即移御于此,不复居大内。是夜火作,禁卫皆不及救,乘舆、服御及先世宝物尽毁。上乃谕礼部曰:‘朕御皇祖初宫二十余禩(年)……’,‘此非正朝’。”②又一次明确说西苑本是“成祖文皇帝旧宫”,“皇祖初宫”,“非正朝”,并没有说是即帝位以前的燕王旧宫。

但是,同年十二月丁巳,工部尚书雷礼言:“万(永)寿宫系皇祖受命重地”,“宜及时营缮”。③ 四十一年三月己酉,重建万(永)寿宫,“十旬而功成,帝即徙居之,命曰‘万寿宫’”④。大学士严嵩撰《万寿宫颂》,说:“实惟斯宫,肇基帝迹,创始鸿图,贻谋燕翼。”序云:“维是宫乃我成祖文皇帝基命肇兴之地。旧名曰仁寿,皇上临御于兹。”⑤“受命重地”,“肇基帝迹”,那是太液池东的“燕王旧宫”,把它移到已经做了14年皇帝因改建北京才建的视朝之所“西宫”是牛头不对马嘴。想来雷礼急于讨好求宠,没有弄清来历,说错了嘴;严嵩怕失宠罢相,急晕了头,跟着附和,从此开始了有关西宫的误传。

于是,沈德符《万历野获编》也说:“永寿则文皇旧宫,龙兴吉壤”⑥,“西苑宫殿……为文皇帝潜邸旧宫”。⑦ 到孙承泽《春明梦余录》更直截了当地说:“燕邸因元故宫,即今之西苑。”并把永乐十四年“作西宫为视朝之所”改写成“太宗登极后,即故宫建奉天三殿,以备巡幸受朝”⑧。《天府广记》文字相同。⑨ 朱彝尊《日下旧闻》缀录《春明梦余录》原文。钦定《日下旧闻考》卷三十三“宫室·明一”除转录《春明梦余录》原文外,在卷首还加了一条按语:“臣等谨案:明初燕邸,仍西宫之旧,当即元之隆福、兴圣诸宫遗址,在太液池西。”⑩《光绪顺天府志》“京师三·宫禁”载总纂缪荃孙所写《明故宫考》⑪,虽未指明燕王府所在的

---

①沈德符《万历野获编》(中华书局1959年《元明史料笔记丛刊》重印本)卷2/49“西内”条。

②《明世宗实录》卷503/3b。

③《明世宗实录》卷504/1a。

④《明史》卷213/5634《徐阶传》。

⑤严嵩《钤山堂集》(明嘉靖刻本)卷18/6a。

⑥《万历野获编》卷2/60“嘉靖始终不御正宫”条。

⑦《万历野获编》卷2/48“斋宫”条。

⑧《春明梦余录》卷6/45。

⑨孙承泽《天府广记》(北京出版社1962年排印本)卷5/46。

⑩《日下旧闻考》卷33/494。

⑪周家楣、缪荃孙等编纂《光绪顺天府志》卷3/57－78《宫禁》下。

“元故宫”为何处,但仍节录《春明梦余录》原文,只是较为谨慎,未贸然袭用“即今之西苑”之句,但实质上《春明梦余录》仍指的“即今之西苑”。朱偰《元大都宫殿图考》《明清两代宫苑建置沿革图考》则完全沿袭《春明梦余录》的记载,说:“隆福宫在大内之西……盖即明成祖潜邸仁寿宫。”①“明西苑宫殿,即元隆福宫故址,明成祖之燕邸。”②

误把“西宫”作为燕邸,是忽略了“作西宫”的缘由和过程:

第一,不了解、不理解,“初,上至北京,仍御旧宫”,指的是燕王府旧宫,即太祖高皇帝赐给他的“元旧内殿”在太液池之东。燕王朱棣即皇帝位后,永乐七年首次从京师南京返回北京起,仍御原来的燕王旧宫。

第二,“及是将撤而新之”,就是要把做过 33 年的燕邸燕王府,接着登基后又用了 15 年的“旧宫”,也就是明初一直保存了 50 年的故元大内宫殿全部拆除,予以改建。

第三,“作西宫为视朝之所”,就是在“旧宫”撤除,“新宫”建成之前的改建北京的过程中,先建一处过渡性的“视朝之所”。

跳越或抽去了从永乐十五年到十八年这几年中“西宫” 的地位和作用,“西宫”便变成了早就存在的“燕邸”。有关明初“毁元故宫”的臆说,又加重了燕邸本在西苑原不在旧元大内的推测误指。再有,把“初,上至北京,仍御旧宫”的燕邸“旧宫”和新宫落成后移出的西宫“旧宫”混为一谈,又进一步增加了混乱。

误西宫为燕邸,始于工部尚书雷礼和大学士严嵩,而影响最为深远的,则是孙承泽的名著《春明梦余录》。

十二、营建北京,自永乐十五年六月兴工,至永乐十八年十二月成

营建昌平寿陵长陵的工程竣工以后,过了 5 个月,就开始了“作西宫”的工程。“作西宫”是营建北京宫殿的前奏,把“旧宫”腾空、拆除,好为改建北京宫殿创造条件,本身并不属于“营建北京”的范围。

永乐十四年八月丁亥,“作西宫”工程开始。九月戊申,明成祖离开北京。十月癸未,到达京师南京。十一月壬寅,明成祖“复诏群臣议营建北京”。经过议论,决定营建北京。《明太宗实录》详细记录了讨论的情况,永乐十四年十一

①朱偰《元大都宫殿图考》第 24~25 页。

②朱偰《明清两代宫苑建置沿革图考》第 62 页。

月壬寅：

复诏群臣议营建北京。

先是，车驾至北京，工部奏请择日兴工。上以营建事重，恐民力不堪，乃命文武群臣复议之。

于是，公、侯、伯、五军都督及在京都指挥等官上疏曰："臣等切惟北京山河巩固，水甘土厚，民俗淳朴，物产丰富，诚天府之国、帝王之都也。皇上营建北京，为子孙帝王万(世)之业。比年，车驾巡狩，四海会同，人心协和，嘉瑞骈集，天运维新，实兆于此。矧河道疏通，漕运日广，商贾辐辏，财货充盈，良材巨木，已集京师。天下军民，乐于趋事，揆之天时，察之人事，诚所当为而不可缓。伏乞上顺天心，下从民望，早敕所司兴工营建，天下幸甚。"

六部、都察院、大理寺、通政司、太常寺等衙门尚书、都御史等官复上疏曰："伏惟北京圣上龙兴之地，北枕居庸，西峙太行，东连山海，南俯中原，沃野千里，山川形胜，足以控四夷，制天下，诚帝王万世之都也。昔太祖高皇帝削平海宇，以其地分封陛下，诚有待于今日。陛下继太祖之位，即位之初，尝升为北京，而宫殿未建。文武群臣合词奏请，已蒙俞允。所司抡材川广，官民乐于趋事，良材大木，不劳而集。比年圣驾巡狩，万国来同。民物阜成，祯祥协应，天意人心，昭然可见，然陛下重于劳民，延缓至今。臣等切惟宗社大计，正陛下当为之时，况今漕运已通，储蓄充溢，材用具备，军民一心，营建之辰，天实启之，伏乞早赐圣断，敕所司择日兴工，以成国家悠久之计，以副臣民之望。"上从之。①

接着，《实录》里接连不断地记载了大量有关营建北京的材料。现把较为重要的几条摘录如下：

永乐十五年正月壬子，"命平江伯陈瑄充总兵官，率领官军馈运粮储，并提督沿河运木赴北京"②。

二月壬申，"命泰宁侯陈珪掌缮工事，安远侯柳升、成山侯王通副之，仍命礼部铸印给之，制视都督府，文曰：'缮工之印。'"甲戌，"命掌缮工事泰宁侯陈珪、成山侯王通兼掌北京行后军都督府事"③，以便于督率军士营造。

三月丙申，"命刑部、都察院移文诸司，除十恶、强盗监候审决，其杂犯死罪

①《明太宗实录》卷182/1b－2b。
②《明太宗实录》卷184/2b。
③《明太宗实录》卷185/2b－3a。

及徒、流以下,悉从(纵)还家,营路费赴京,轮(输)役赎罪”①。

五月戊子,“命行在都察院左副都御史李庆兼督营造。先命成山侯王通、兴安伯徐亨、都督薛禄、金玉、章安、谭广各督一事,而命泰宁侯陈珪、安远侯柳升总督,行部尚书郭资、侍郎崔衍领粮赏。至是,复命庆同珪等总督”②。乙未,“遣官巡视北京通州至仪真(运河入长江处)河道”③。

冬十月甲申、十六年冬十月甲申、十七年冬十月壬申朔,均“赐营造军、民、夫匠袢袄、裤、鞋及绵布、绵花、胡椒、苏木等各有差”④。

十六年十一月辛未,“免浙江、江西、湖广、苏、松民营造,令馈运北京”⑤。

十七年六月丁丑,“命法司出杂犯死罪以下囚运砖赎罪,以罪轻重为多寡。运毕,军民释放,官吏复职役”⑥。

秋七月辛亥,“有司请以平江伯陈瑄所统运粮军士明年俱赴北京营造。岁用粮储,宜令各处粮(户)自输北京。……于是行在户部议:宜令浙江、江西、湖广及〔在京水军等卫军士仍留转运,其余卫所军士令营造。……〕从之”⑦。

九月辛酉,敕工部尚书宋礼曰:“卿采材于蜀数年,今材以(已)足用,可回京视事。”⑧

十一月甲子,“拓北京南城,计二千七百余丈”⑨,即把北京南城墙向南推展2里多。

十七年十二月己丑,监察御史邓真言十事。六曰:“工部职掌专造作,当今所急务者,无如北京宫殿,其诸造作,皆可随宜。乃不度民力,不分缓急,差人买办物料,以一科百,以十科千,动致政(数)千万计,民受其害,不可胜言。且如匠人有连年服役不少闲者,有经年买闲在外生理〔者〕,有狡猾托故而逃避者。所司官吏,明知其故,皆不举问,以致役使不均,人心不服。”⑩

十八年三月己巳朔,“诏在外军、民、夫、匠于北京工作者,咸复其家”⑪。

---

①《明太宗实录》卷186/2a。
②《明太宗实录》卷188/1a。
③《明太宗实录》卷188/1b。
④《明太宗实录》卷193/1a;卷205/1b;卷217/1a。
⑤《明太宗实录》卷206/1b。
⑥《明太宗实录》卷213/1a。
⑦《明太宗实录》卷214/1b-2a。
⑧《明太宗实录》卷216/3a-b。
⑨《明太宗实录》卷218/3a。
⑩《明太宗实录》卷219/3b-5a。
⑪《明太宗实录》卷223/1a。

九月己巳，“北京宫殿将成，行在钦天监言：明年正月初一日上吉，宜御新殿受朝”①。

九月丁亥，“上命行在礼部，自明年正月初一日始，正北京为[京]师，不称行在。各衙门印有‘行在’字者，悉送印绶监，令预遣人取〔南京各衙门印给京师各衙门用〕，南京衙门皆加‘南京’二字，别铸印，遣人赍给”②。

十一月戊辰，“上以明年御新殿受朝，诏天下”③。

十二月癸亥，“初，营建北京，凡庙社、郊祀、坛场、宫殿、门阙，规制悉如南京，而高敞壮丽过之。复于皇城东南建皇太孙宫，东安门外东南建十王邸。通为屋八千三百五十楹。自永乐十五年六月兴工，至是成”。升营缮官吏、木瓦匠官，赐督工文武官员及军、民、夫、匠各有差。④

十九年春正月甲子朔，“上以北京郊社、宗庙及宫殿成，是日早，躬诣太庙，奉安五庙、太皇太后神主；命皇太子诣天地坛，奉安昊天上帝、厚土皇地祇神主；皇太孙诣社稷坛，奉安太社、太稷神主；黔国公沐晟诣山川坛，奉安山川诸神主。礼毕，上御奉天殿受朝贺，大宴文武群臣及四夷朝使”⑤。

又《昭代典则》卷十三，记永乐十五年“六月，建北京郊庙宫殿”⑥。

《日下旧闻》卷六“宫室四·明”引《万历重编内阁藏书目录》：“永乐十五年，鼎建北京宫殿。⑦

《国朝典汇》卷192“工部二·都邑城池”载：“（永乐）十五年六月，建北京郊庙、宫殿。十一月，建北京奉天殿、乾清宫。”十八年……十二月，“初，营建北京，凡庙社、郊祀、坛场、宫殿、〔门〕阙，规制悉如南京。……自永乐十五年六月兴工，至是成。⑧

《春明梦余录》《天府广记》亦载：“北京宫殿，悉仿其（金陵宫殿）制。永乐十五年起工，至十八年三殿工成。”⑨并记太庙、天地坛、山川坛均永乐十八年建。

---

①《明太宗实录》卷229/1a。

②《明太宗实录》卷229/2a。

③《明太宗实录》卷231/2a。

④《明太宗实录》卷232/2b。

⑤《明太宗实录》卷233/1a。

⑥黄光升《昭代典则》（万历二十八年金陵周曰校万卷楼刊本）卷13/52b。

⑦《日下旧闻》卷6/1a－b。

⑧《国朝典汇》卷192/6b。

⑨《春明梦余录》卷6/45；《天府广记》卷5/46－47。

《寰宇通志》《大明一统志》载鼓楼、钟楼“俱永乐十八年建”①。

从以上大量的材料来看，永乐十四年“复诏群臣议营建北京”以后，北京是确确实实地营建起来了。营建的不仅仅是奉天殿等三殿二宫，也不仅仅限于皇城之内，而是包括了一系列作为全国的京师所必须具备的宫殿、门阙、城池、太庙、社稷、天地坛、山川坛，以及鼓楼、钟楼等等，是名副其实的“营建北京”。

营建北京的起讫年月，“自永乐十五年六月兴工”，到永乐十八年十二月完工，历时3年半。

负责营建北京工程的主要官员有：

泰宁侯陈珪　掌缮工事

安远侯柳升、成山侯王通　副之②

行在都察院左副都御史李庆　兼督营造

兴安伯徐亨，都督薛禄、金玉、章安、谭广　各督一事

行部尚书郭资、侍郎崔衍　领粮赏③

以功得到升职的有：

升营缮清吏司郎中蔡信为工部右侍郎

营缮所副吴福庆等七员为所正

所丞杨青等六员为所副

以木瓦匠金珩等二十三人为所丞④

十三、营建北京充分吸收了凤阳明中都都城规划的成果

明朝初年，先后进行了多次营建、改建都城的工程。

1366年八月，“拓建康(南京古称)城”，“命刘基等卜地定作新宫于钟山之阳”⑤。第二年，吴元年(1367年)九月，圜丘、方丘、社稷、太庙、宫室、皇城全部完工。⑥ 这就是吴王新宫，也是为建立明朝而准备的第一个都城。

1368年正月，吴王朱元璋即皇帝位，国号明，建元洪武。明太祖朱元璋会议

---

①《寰宇通志》卷1/14b；李贤等修《大明一统志》(三秦出版社1990年影印天顺五年内府原刻本)卷1/20b。

②《明太宗实录》卷185/2b。

③《明太宗实录》卷188/1a。

④《明太宗实录》卷232/2b。

⑤《明太祖实录》卷21/1a。

⑥《明太祖实录》卷24/7b，卷25/1a、l0a－b。

群臣,对在长安、洛阳、汴梁(开封)、北平、建业(南京古称)建都的利弊进行比较,并两次亲往汴梁察看形势,最后,于洪武二年九月癸卯下诏,“以临濠(今凤阳临淮关)为中都,……命有司建置城池宫阙如京师之制”①,准备建成之后,“定鼎是方”。② 但是,精心规划、精雕细琢、豪华壮丽、即将完工的中都工程因突然爆发了工匠示威的事故,于洪武八年四月以“劳费”的名义诏“罢中都役作”,放弃了建都凤阳的打算。③

同年九月辛酉,“诏改建(南京)大内宫殿”,④即按照凤阳明中都的城市规划和建筑设计,改建南京的宫室、社稷、太庙等等。洪武十年十月,全部完工。⑤这就是明初改建南京的工程。

永乐十五年(1417 年)六月营建北京,十八年十二月成。这就是明初营建北京的工程。

马文升概括明初建都的过程说:“我太祖高皇帝即位之初,始欲建都于汴梁,随又建都于凤阳,终复迁都于金陵(应天),……迨我太宗文皇帝迁都北平。”⑥并保留南京整套中央官署,成为南北两京。

我国历史上迁都的事一再出现过,但是在一个朝代的初期反复考虑、选择建都的地点,先后多次营建、改建都城,则是不曾有过的。营建中都的城市规划和建筑设计,对后来改建南京,营建北京,造成了很大的影响。明营建中都,在中国古代都城规划设计史上,具有十分重要的地位。

永乐十五年(1417 年)营建北京的工程正式开工的时候,明成祖朱棣已是一位年近 60 岁的人了。明成祖在他的一生里,亲眼见到了明初几次大规模营建都城的工程。七八岁时,在应天(南京)看到了营建吴王新宫。少年时代,两次去凤阳祭祀皇陵,看到了营建中都的工程。接着,又看到了改建南京的工程。

青年时代,奉命与兄弟诸王一起到凤阳讲武练兵,在那里住了 4 年,直到 21 岁,才到他的封国北平去当燕王。朱棣即皇帝位以后和开始营建北京的时候,

---

①《明太祖实录》卷 45/2b-3a。

②明太祖御制《龙兴寺碑》碑文。原碑今已不存。碑文载袁文新《凤阳新书》卷 8/24b;耿继志康熙《凤阳府志》卷 38/15b;孙维龙、于万培乾隆《凤阳县志》卷 14/4b;徐乃昌《安徽通志金石古物考稿》卷 6/3b。

③请参阅王剑英《明中都》(中华书局 1992)第 55~68 页,劳动人民的英勇斗争迫使朱元璋停下穷侈极丽的明中都营建工程。

④《明太祖实录》卷 101/1a。

⑤《明太祖实录》卷 115/4b。

⑥马文升《题为因灾变思患豫防,以保固南都事疏》载陈子龙等辑《明经世文编》(中华书局 1962 年影印崇祯平露堂刊本)卷 62/515。

又多次去凤阳。因此,他对凤阳明中都的规划布局和建筑设计印象是十分深刻的。明成祖在营建北京的过程中,吸收了明中都都城规划和建筑设计上所取得的成果,撤除元大都的全部宫阙,把京城南墙推倒南移,从整体规划布局上把宫阙和京城向南推展,并巧妙地把拆除宫阙、挖掘护城河的大量废渣废土就地堆筑成了一座具有相当规模、居全城制高点的宫后大内镇山。

永乐营建北京及其后续工程,包括下列诸项:

(一)营建北京宫殿

《明太宗实录》说:"初,营建北京,凡庙社、郊祀、坛场、宫殿、门阙,规制悉如南京,而高敞壮丽过之。"①《明会典》说:"营建北京,宫殿门阙悉如洪武初旧制。"②其实,除了照南京后来改建的大内金水桥,增建的端门、午门楼各 5 间和长安东西两门以外,其余全部都和凤阳中部的宫殿门阙一样,所不同的仅只是遵照明太祖"但求安固,不事华丽,凡雕饰奇巧一切不用,惟朴素坚壮,可传永久,使吾后世子孙,守以为法"③的祖训,没有像凤阳明中都宫阙那样再搞豪华奢丽的石雕。因此,北京的宫殿门阙是凤阳中都宫殿门阙南京翻版的再翻版,都是沿用了明中都的规划制度,而稍稍作了一些变动。而这与元大都正殿和寝殿之间均由柱廊连接,主体建筑两侧缺少文华殿、武英殿等配衬建筑是很不相同的。

(二)堆大内镇山万岁山于宫城之后,建日精门、月华门于后宫左右

元朝在大内西北太液池中原有万岁山,那是金人堆筑,元中统三年(1262年)修缮,元至元八年(1271 年)命名的。永乐营建北京的时候,在原元故宫后宫的中心位置,用拆除燕王旧宫(即元故宫大内)的废弃土渣和开挖筒子河的废土,堆筑成了位于新宫城正北面,即金、元万岁山东边的另一座土山——大内镇山。万历三十年(1602 年),正式命名"万岁山",原万岁山因主建筑广寒殿已坍塌拆除,恢复旧名"琼华(花)岛"。清朝,改称万岁山为景山至今。在宫城背后堆筑"镇山"万岁山,明显是模仿凤阳明中都"席山建殿",筑宫阙于万岁山之阳的意思。明中都命名"万岁山",是学了元大都,现在北京反过来又照明中都在宫城正北堆筑了一座镇山万岁山。元大都只有孤零零一座土山万岁山,明中都则东西两边还有相连的两座山,于是改称东边的盛家山(俗称九华山)为日精

①《明太宗实录》卷 232/2b。

②《明会典》卷 181/918 上。

③《明太祖实录》卷 101/1a。

峰，改称西边的马鞍山为月华峰，这显然也是学了元大都大明门左右有日精门、月华门的意思。现在回到北京，镇山东边没有土山，不好对称命名，就又恢复了日精门、月华门的名称，把它们安在后宫乾清宫东西两庑的门上。历史上的相互继承、模仿、创新、改制，竟会如此相巧，从元大都开始，轮回一周，又回到了原地北京。

（三）宫城位置南移

据《考古》1972年第一期《元大都的勘察和发掘》一文附图，元大都宫城在今故宫位置的稍北一些。永乐宫城南移以后，即在原来元大都后宫主建筑延春阁为中心的位置上堆筑了一座“镇山”万岁山，并把它屏退到宫城之外去，从当时与北元及其后裔的斗争形势看，不能说是毫无意义的。

把永乐营建的北京宫城，与原元大都宫城相比，有了明显的差别。

第一，改变了宫城长宽之间的比例。据《元大都城》图，南北和东西之间的比例是4:3，明中都和南京的宫城是10:9，略呈长方形，北京则取乎其中，6.5:5，比明中都和南京的宫城略长一些，比元宫城则缩短了一些。因此，明宫城北门玄武门比元宫城北门厚载门向南移了大约400米，而明宫城南门午门前推到原来元故宫前周桥的边缘，比元故宫正门崇天门只南移了大约300米；

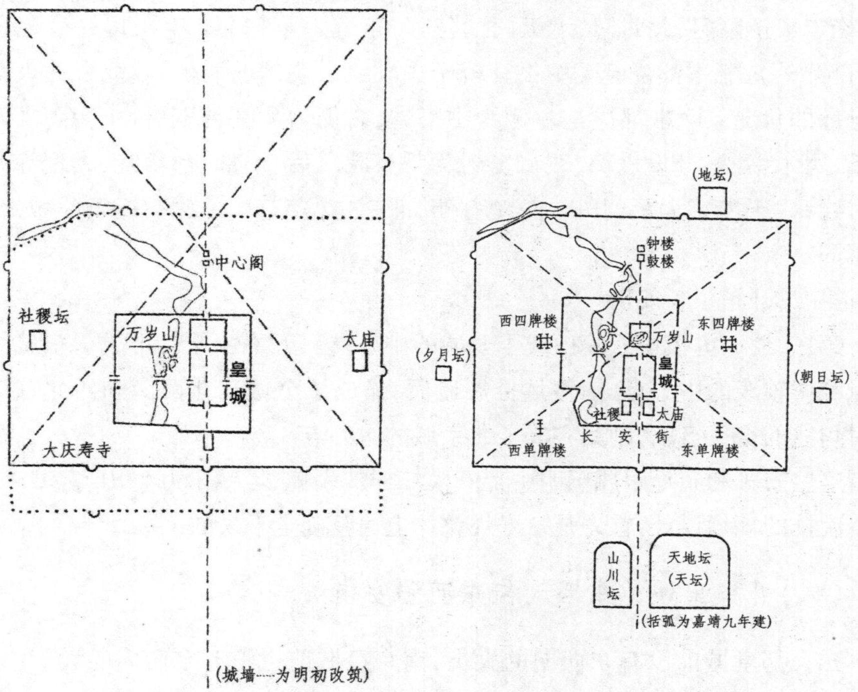

元大都　　　　明永乐营建北京

《元大都与明永乐营建北京城地位置变化示意图》

第二，环宫城挖了城壕筒子河，元宫城四周是没有城壕的；

第三，宫城内挖了金水河，筑了金水桥，元宫城是没有水道的；

第四，午门前增筑了端门和承天门，加强了宫阙的深度和气势；

第五，承天门前金水河为五孔，比周桥三孔多两孔。

这些都明显是继承了明中都的格局。

（四）建太庙、太社稷于阙门左右

建太庙于午门前东侧，建太社稷于午门前西侧，这是营建明中都规划体制的精华之处，北京完全遵制照办。元朝的太庙是在齐化门（今朝阳门）内北侧，社稷是在平则门（今阜成门）内北侧。

（五）推展北京南城墙

把北京城的南城墙向南推移了将近 800 米，如从承天门算起，到正阳门瓮城南端为止，则有 1060 米，即长达 2 华里多。南城墙的推展，在营建北京的工程中，是一项带有关键性的改造。

第一，伸延了京城和皇城、宫城之间的距离，增强了宫阙的纵深度和雄伟气势，确定了正阳门、大明门、承天门的位置；正统六年（1441 年），以序营建六部（刑部除外）、五军都督府等中央官署于中轴线大明门的两侧，改变了元大都官署分散的状况。明中都原是左侧为中书省，右侧为大都督府、御史台。洪武十三年，罢中书省，分设六部，改御史台为都察院以后，刑部、都察院、大理寺并称三法司，建于南京太平门外。正统七年，北京也仿南京，单建一组于西城，与中都不同。

第二，开拓了长安街。

第三，使大内镇山万岁山成了全城的中心点。万岁山原已堆成了全城的制高点和中轴线的中心点，南城墙推展以后，又成了全城东北西南和西北东南两条对角线的交叉点，名副其实成了北京城的中心点。

这些安排和布局跟凤阳明中都一模一样。因此，堆镇山万岁山、宫城南移、城墙南推的规划设计，首先是从宏观整体上通盘确定下来的。

（六）开辟皇城前东西大街东西长安街

元大都皇城前没有东西向的大街，南京皇城前也没有东西向的大街，只有凤阳明中都才有云霁街横贯于皇城之前，成为东西向的主要街道。因此，可以十分明显地看出，北京东、西长安街的出现，是直接受了明中都布局设计的影响，在推展南城墙的同时，把元大都南城墙原来的位置空了出来，修筑成了北京城内的主要街道，东西向的东、西长安街。

北京的长安街和凤阳明中都的云霁街也有不同：

第一，明中都云霁街的东西两端是高大的鼓楼和钟楼。北京继承元朝原来的布局，把鼓楼和钟楼留在中轴线的北端，也是很合适的。但是，北京仍在明中都云霁街鼓楼、钟楼的相应位置上分别建了东单牌楼和西单牌楼，反映了学习明中都规划设计的意图。同时还有了发展，在它们的北边，两条东西城南北大街与往朝阳门、阜成门东西大街的交叉点上也分别建筑了东四牌楼和西四牌楼。

第二，凤阳明中都云霁街上，安排了国子学、都城隍庙、功臣庙、历代帝王庙等建筑，营建北京时没有这样安排。原因是明中都云霁街在皇城禁垣之南，离禁垣还有一段距离，云霁街是第一线，皇城禁垣是第二线。而北京长安街即在皇城根前，承天门、太庙、社稷和皇城外墙都推到了第一线，再安排别的建筑都不甚相称了。这样，就影响了国子监、都城隍庙、功臣庙、帝王庙等一组建筑的安排。结果，西端原有的一座大庙大庆寿寺保留了下来；国子监、都城隍庙也都利用了元朝的旧址，没再迁建，帝王庙因已有元世祖庙，也未再建筑。这些都是根据当地的具体情况，作了变通。

（七）筑京师九门

元大都原有 11 门，明初缩进北城墙后剩 9 门。明中都原设计 12 门，罢建中都后，撤了 3 门，只筑了 9 门。北京南城墙推展后，如果在原元大都城的东南、西南增筑两门，恢复 11 门，也是比较合适的。但是，当时没有这样做，长安街东至东单，西至西单，没有再伸展到东西城根，有可能也和明中都仅有 9 门有关。

（八）定大祀坛、山川坛位置

洪武改建南京的时候，改定为天地合祀礼，于洪武门外东南圜丘旧壝建大祀殿，废掉了太平门外玄武湖边的方丘（具体地点未详）。南京大祀殿位置偏东，离中轴线很远，山川坛位置也在中轴线东侧，位置不对称。永乐营建北京，也只建了大祀殿和山川坛，位置则照凤阳明中都圜丘和山川坛的布局，安排到中轴线东西两侧的位置上，改变了南京因循旧址而造成的缺点。

（九）嘉靖建圜丘、方泽坛、朝日坛、夕月坛、帝王庙

嘉靖九年（1530 年），恢复明初天地分祀礼，于大祀殿南建圜丘，即天坛；于

安定门外东北建方泽坛,即地坛。制度和凤阳明中都的圜丘、方丘相同。

朝阳门外的朝日坛,即日坛,阜成门外的夕月坛,即月坛,也都是嘉靖九年建的,制度大概也和南京、中都的相同。

永乐营建北京的时候,没有建帝王庙。嘉靖九年,又建帝王庙于阜成门内。

北京的这些建筑,虽然都是在永乐营建北京之后100多年间建筑的,但是,从中仍能看到一百五六十年前明初营建中都的影响。

十四、《明史》《明通鉴》等有关营建北京时间的错误记载

首先,营建北京的时间,《明实录》记载得十分明确:永乐十八年十二月癸亥,"初,营建北京……自永乐十五年六月兴工,至是成"①,即自1417年7月至1420年1月21日,历时3年7个月。

记载正确的还有:

一,黄光昇《昭代典则》:永乐十五年"六月,建北京郊庙、宫殿"②。

二,朱彝尊《日下旧闻》引《万历重编内阁藏书目录》:"永乐十五年,鼎建北京宫殿。"③

三,徐学聚《国朝典汇》:"(永乐)十五年六月,建北京郊庙、宫殿。十一月,建北京奉天殿、乾清宫。十八年……十二月,初,营〔建〕北京……自永乐十五年六月兴工,至是成。"④

四,孙承泽《春明梦余录》:"北京宫殿……永乐十五年起工,至十八年,三殿工成。"⑤

五,孙承泽《天府广记》同。⑥

六,缪荃孙《明故宫考》:"永乐十五年,始改建(北京)皇城于东。"⑦

七,朱偰《明清两代宫苑建置沿革图考》⑧《北京宫阙图说》⑨均据《春明梦

---

①《明太宗实录》卷232/2b。

②《昭代典则》卷13/52b。

③《日下旧闻》卷6/1a-b。

④《国朝典汇》卷192/6b"工部七·营建"。

⑤《春明梦余录》卷6/45。

⑥《天府广记》卷5/46-47

⑦光绪《顺天府志》卷3/57"宫禁下·明故宫考"。

⑧朱偰《明清两代宫苑建置沿革图考》第13~14页。

⑨朱偰《北京宫阙图说》(北京古籍出版社1990年据1938年上海商务印书馆版重排)第19页。

余录》定为永乐十五年改建，十八年成。

此外，《明史·成祖本纪》只有永乐十八年十二月癸亥“北京郊庙宫殿成”，①没有记开始营建的年月。《寰宇通志》《大明一统志》均作“（永乐）十九年营造宫殿成”，②不确切。《明会典》把永乐十八年营建北京记载成“十八年营建北京”，③《明史·舆服志》相沿作“十八年建北京”，④不但都不确切，应该说是错了。

其次，说永乐四年营建北京，缺乏事实根据。至于误以《实录》永乐四年闰七月壬戌群臣“请建北京宫殿”，派遣大臣分赴各地督军民采木，烧造砖瓦，并征发各地工匠、军士、民丁，“期明年五月俱赴北京听役”的记载，未经核实届时是否已兴工，即认为是开工营建的，有：

一，谭希思《明大政纂要》：永乐四年闰七月，“建北京宫殿”⑤。

二，朱国祯《皇明大政记》：永乐四年七月癸卯“建北京宫殿”⑥。纪月日并有漏误。

三，谈迁《国榷》：永乐四年闰七月壬戌，“作北京宫殿”⑦。

四，《资治通鉴纲目三编》：永乐四年闰七月，“营北京宫殿”⑧。

五，《明史·地理志·京师顺天府》作“永乐四年闰七月建北京宫殿”⑨。中华书局标点时，作了如下校勘记：

永乐四年闰七月诏建北京宫殿，原脱“诏”字，按本书卷六《成祖纪》，四年闰七月壬戌下诏，“以明年五月建北京宫殿”，《太宗实录》卷44同。是四年闰七

①《明史》卷7/100。

②《寰宇通志》卷1/1b，《大明一统志》卷1/1b“京师”。

③《明会典》卷181/918上“工部一·营造一·内府”。

④《明史》卷68/1668。

⑤谭希思《明大政纂要》（湖南思贤书局刊本）卷14/16a。

⑥朱国祯《皇明大政记》（江苏广陵古籍刻印社1991年据台湾影印朱府《皇明史概》原刊本影印）卷8/19b。

⑦谈迁《国榷》（古籍出版社1958年点校本）卷14/974。

⑧乾隆十一年，张廷玉等奉敕编《资治通鉴纲目三编》20卷本（古香斋袖珍本）作永乐四年夏闰四月“营建北京宫殿，……至十八年冬，郊庙宫殿成”，全部删减了“期以明年五月兴工”，十四年八月“作西宫”，十四年十一月“议营建北京”“自永乐十五年六月兴工”的内容，显然是错误的。乾隆四十年奉谕改编的四十卷本（《摛藻堂四库全书荟要》本、《四库全书》本）虽然增补了以上内容，但永乐四年闰七月“营北京宫殿”的错误依然未改。因系敕编之书，影响为大。

⑨《明史》卷40/884顺天府注。

月下诏,实际修建在五年五月,据补。①

这个"诏"字补得好,把永乐四年"建北京宫殿"改成了"诏建北京宫殿",这样就确切了。因为永乐四年时还没有修建,只是下诏宣布要建北京宫殿。同样,《明史·宋礼传》说:"帝将营北京,命礼取材川蜀。"②根据前引《实录》和《明史·七卿表》,遣宋礼"采木四川"是在永乐四年闰七月,这里用了一个"将"字,也是确切的。而《明史·师逵传》作"永乐四年,建北京宫殿"③,《刘观传》作永乐"四年,北京营造宫殿"④,《陈珪传》作"永乐四年,董建北京宫殿"⑤则不确切了,成了错误的了,因为永乐四年只是下了诏,此后并没有进行营建北京的事实。校勘记作"实际修建在五年五月",但是遍查《实录》,并无永乐五年五月"实际修建"的任何记载,此后有整整10年不再提及营建北京的事。永乐十四年,"复诏群臣议营建北京",群臣上疏中明确说:"陛下嗣太祖之位,即位之初,升为北京,而宫殿未建。"⑥因此,说"实际修建在五年五月"也同样是缺乏事实依据的。

第三,《明史·陈珪传》《明通鉴》改写成永乐四年、十五年两次营建,更是错误。

一、《明大政纂要》记载:永乐四年闰七月"建北京宫殿",永乐十八年"九月,北京宫殿成",并全录《实录》"……自永乐十五年六月兴工,至是成"文,⑦这样,成了永乐四年和十五年两次营建北京。又按《实录》,永乐十八年九月己巳仅有"北京宫殿将成"的记载,改为"北京宫殿成"是不对的。

二、《国榷》记载:永乐十八年十二月癸亥,"北京新宫成,规制如南京加壮。自戊子六月肇工,历十三年"⑧。这里避开"北京宫殿"不说,而代之以"北京新宫",看来是由于在前面已经记载过了永乐四年闰七月壬戌"作北京宫殿",并加注"制如南〔京〕,弘敞过之",因此在这里就只能含糊地说是北京"新宫"成了。这样,也就变成了两次营建北京。"戊子"是永乐六年,查《实录》,永乐六年北京并无营建工程,只有一条六月丁亥"命户部尚书夏原吉自南京抵北京,缘河巡

---

①《明史》卷40/933校勘记[二]。
②《明史》卷162/4205。
③《明史》卷150/4161。
④《明史》卷151/4184。
⑤《明史》卷146/4100。
⑥《明太宗实录》卷182/2a。
⑦《明大政纂要》卷14/16a。
⑧《国榷》卷17/1176。

视军民运木造砖”[①]的记载,但这只能看作是为营造昌平山陵,视察建筑材料的准备情况,不能把它说成是第二次营建北京“肇工”的根据。说营建北京“历十三年”,如前文所述,也是与事实不符的。

三、《明史·陈珪传》:“永乐四年,(陈珪)董建北京宫殿,经画有条理,甚见奖重。……十五年,命铸缮工印给珪,并设官属,兼掌行在后府。十七年四月卒,年八十五。”[②]夏燮《明通鉴》说:永乐十五年二月壬申,“命泰宁侯陈珪仍督北京营缮事。珪以四年董建北京,经画有条理,甚见奖重。至是命铸工印给珪,并设官属,兼掌行在后府”。[③] 似乎永乐四年营建北京实有其人其事,确凿无疑。

但是,只要与《实录》的记载对照一下,就可以看出《明史·陈珪传》和《明通鉴》的错误。《明太宗实录》记载:永乐四年闰七月壬戌,“命泰宁侯陈珪、北京刑〔行〕部侍郎张思恭督军民匠砖瓦造”。[④] 并没有命他“董建北京宫殿”,当时所有受命的大臣都是分赴各地督军民采木和烧造砖瓦,准备建筑材料,不仅不曾任命陈珪董建宫殿,也没有任命其他任何人董建宫殿。永乐四年,只是诏以明年五月建北京宫殿,但到永乐五年,营建北京的计划又未能按期实施,陈珪怎么能在永乐四年“董建北京宫殿”呢?《实录》记载永乐十五年二月壬申,“命泰宁侯陈珪掌缮工事,安远侯柳升、成山侯王通副之,仍命礼部铸印给之,制视都督府,文曰‘缮工之印’”[⑤]。甲戌,又“命掌缮工事泰宁侯陈珪、成山侯王通兼掌北京行后军都督府事”[⑥],以便于督率军士造作。至永乐十七年夏四月甲辰,陈珪卒。《实录》附传在记叙陈珪籍贯、身世功勋以后,接着叙述说:“及营建北京,置缮工,命珪总其事。珪经画有条理,甚见奖重,年八十有五卒。”[⑦]这里说的“及营建北京”,就是指永乐十五年的营建北京。《明史·陈珪传》说的“董建北京宫殿”,其实也就是永乐十五年二月命陈珪掌缮工事和同年五月命陈珪总督营造的事实。说陈珪“经画有条理,甚见奖重”,是对陈珪永乐十五年起总督北京缮工的评价。《明史·陈珪传》的作者先是认定有永乐四年营建北京其事,而陈珪又是董其事者,然后再把《实录》中“经画有条理,甚见奖重”两句话抽出

---

①《明太宗实录》卷80/1b。
②《明史》卷146/4100。
③《明通鉴》卷16/286。
④《明太宗实录》卷57/1b。
⑤《明太宗实录》卷185/2b。
⑥《明太宗实录》卷185/2b－3a。
⑦《明太宗实录》卷211/2b。

来，安到“永乐四年董建北京宫殿”的下面。《明通鉴》又进一步引申为因果关系，说成是由于陈珪“以四年董建北京，经画有条理，甚见奖重”，于是到永乐十五年就命他“仍督北京营缮事”，这是割裂字句、断章取义、移花接木的文字游戏，以己意歪曲历史事实真相，臆造出了一个永乐四年陈珪董建北京的虚幻假象。

至于瞿宣颖《北平史表长编》作永乐二年建北京宫殿，那是由于作者编纂工作的粗略和疏忽，在节录《明史·成祖本纪》永乐四年“闰七月壬戌，诏以明年五月建北京宫殿”原文时，省略了年份“永乐四年”和前面的其他记载，接续到永乐二年九月丁卯“迁山西民万户实北京”之后，于是，永乐四年变成了永乐二年，五月也排到了九月之后。只要复核一下所引的原文，就可以校出这个错误和出现这个错误的原因。

第四，综合以上叙述和论证，可以归纳为如下几条：

一、永乐十四年十一月壬寅“复诏群臣议营建北京”，是在永乐四年“诏以明年五月建北京宫殿”的10年之后作出的。永乐四年诏以明年五月营建北京的计划并没有实施。

二、“复诏群臣议营建北京”，是在永乐十四年八月丁亥作西宫的工程开工3个月以后提出的，而营建北京宫殿的工程又是在永乐十五年四月癸未西宫竣工两个月以后上马的，因此，营建北京仅指按照京师规制营建的宫阙、城池、郊社、坛庙等建筑，并不包括建正朝之外的“视朝之所”离宫“西宫”和营建长陵等工程。

三、《明史·陈珪传》把泰宁侯陈珪于永乐十五年受命董建北京，经画有条理，甚见奖重的事迹安到永乐四年是错误的。《明通鉴》把它引申为因果关系更属谬误。《明史·地理志》等记“永乐四年闰七月建北京宫殿”是错误的，把它改成为实际修建在五年五月，仍然缺乏事实根据。

四、据《明成祖实录》《国朝典汇》《昭代典则》记载，营建北京“自永乐十五年(1417年)六月兴工”，到永乐十八年(1420年)十二月完工，历时3年半。《国榷》说：“自戊子(永乐六年)肇工，历十三年”，不符合历史事实。

五、《寰宇通志》《大明一统志》作永乐“十九年营建宫殿成”，不够确切，《明会典》把永乐十八年营建北京宫殿完工写成“十八年营建北京”，非但不确切，甚至也是错误的。

自从万历中各种《明实录》手抄本开始在民间流传起，士大夫并不难于查阅。《国榷》的基本素材即为《实录》的摘要。因此，有关明初营建北京时间上叙述的分歧和错误，并不是由于见不到《实录》，而是出于理解上的错误。前人的误解和影响，一误再误，以至到今天仍有不少书刊尚未予以刊订厘正。

十五、正统修建京城，重建三殿二宫，北京始罢称“行在”，正式定为京师

永乐十九年夏四月初八日庚子，北京宫殿才建成 97 天，还不到 100 天，“奉天、华盖、谨身三殿灾”①，把新落成的三大殿烧了。明成祖十分震惊，诏群臣直陈阙失。接着，永乐二十年、二十一年、二十二年连续 3 次亲征鞑靼阿鲁台。永乐二十二年七月，明成祖崩于归途榆木川。永乐时长期居守南京的皇太子朱高炽即位，为明仁宗，“决意复都南京”。洪熙元年（1425 年）三月戊戌“命诸司在北京者悉加‘行〔在〕’二字，复建北京刑〔行〕部及〔行〕后军督（都）督府”②。过了一个月，明仁宗崩，还都南京没有成为事实。皇太子朱瞻基即位，是为明宣宗。宣德三年（1428 年）八月辛卯，仅以“北京既有五府、六部”，“革北京行后军都督府及行部”③。直到明成祖去世 12 年后，他的曾孙朱祁镇即位（明英宗），情况才发生了变化。

《明英宗实录》记载：正统元年（1436 年）十月辛卯，“命太监阮安、都督同知沈清、少保工部尚书吴中率军夫数万人修建京师九门城楼。初，京城因元旧，永乐中虽略加改葺，然月城、楼、铺之制多未备，至是始命修之”④。

正统二年（1437 年）十月甲子，“修京城门楼、角楼并各门桥毕工”⑤。正统四年四月丙午，“修造京师门楼、城濠、桥、闸完：正阳门正楼一，月城中、左、右楼各一；崇文、宣武、朝阳、阜城（成）、东直、西直、安定、德胜八门，各正楼一，月城楼一。各门外，立牌楼。城四隅，立角楼。又深其濠，两涯悉甃以砖石。九门旧有木桥，今悉撤之，易以石。两桥之间，各有水闸。濠水自城西北隅环城而东，历九桥九闸，从城东南隅流出大通桥而去。自正统二年正月兴工，至是始毕。焕然金汤，巩固足以耸万国之瞻矣”⑥。

正统五年（1440 年）三月戊申，“建奉天、华盖、谨身三殿，乾清、坤宁二宫，是日兴工。……初，太宗皇帝营建宫阙，尚多未备。三殿成而复灾，以奉天门为

①《明太宗实录》卷 236/1a。

②《明仁宗实录》卷 8 下/7b。

③《明宣宗实录》卷 46/5b。

④《明英宗实录》卷 23/10a。

⑤《明英宗实录》卷 35/3b。

⑥《明英宗实录》卷 54/8a－b。

正朝。至是修造之"①。

正统六年(1441 年)九月甲午朔,"奉天、华盖、谨身三殿,乾清、坤宁二宫成"②。

正统六年十一月甲午朔,"改给两京文武衙印。先是,北京诸衙门皆冠以'行在'字,至是以宫殿成,始去之,而于南京诸衙门增'南京'二字。遂悉改其印"③。《明史·地理志》称:"洪熙初,仍称行在。"正统六年十一月罢称行在,定为京师。"④这时离永乐十九年(1421 年)正月"改北京为京师"已整整过了 20 年,离洪熙元年(1425 年)三月北京"仍称行在"也已过了 16 年了。接着,正统七年(1442 年)二月壬子,"造会同馆及观星台"⑤。

正统七年四月癸卯,"建宗人府、吏部、户部、兵部、工部、鸿胪寺、钦天监、太医院于大明门之东,翰林院于长安左门之东。初,各衙门自永乐间皆因旧官舍为之,散处无序。至是,上以宫殿成,命即其余工,以序营建,悉如南京之制。其地有民居妨碍者,悉徙之"⑥。礼部则以"所典者天地、宗庙、社稷之重,及四方万国朝觐会同者,皆有事于此",故已首建于宣德五年二月癸未,"其地位规制,皆如南京,加弘壮焉。"⑦

正统七年八月癸巳,"建中、左、右、前、后五军都督府,太常寺、通政司、锦衣卫各衙门于大明门之西,行人司于长安右门之西。以是日兴工,遣工部尚书王卺祭司工之神"⑧。

正统七年十一月壬戌,"建刑部、都察院、大理寺于宣武门西,詹事府于玉河东堤"⑨。

这些中央文武官署,原该是永乐十八年十二月北京郊庙宫殿成后接着营建的项目,但是,由于三殿灾的影响而停顿了,未能及时将"散处无序""因旧官舍为之"的各中央官署,"悉如南京之制"予以改造重建,一直拖到正统年间重建三殿二宫之后才得以完成。

正统十年(1445 年)六月戊辰,京师城内墙砌砖石。"京师城垣,其外旧固

---

①《明英宗实录》卷 65/2b。
②《明英宗实录》卷 83/1a。
③《明英宗实录》卷 85/6b。
④《明史》卷 40/884。
⑤《明英宗实录》卷 89/8b。
⑥《明英宗实录》卷 91/4a。
⑦《明宣宗实录》卷 63/4a。
⑧《明英宗实录》卷 95/1b – 2a。
⑨《明英宗实录》卷 98/4a。

以砖石，内惟土筑，遇雨辄颓毁。至是，命太监阮安、成国公朱勇、修武伯沈荣，尚书王卺、侍郎王佑督工修甓之"①，京城才成为内外均砌砖石的城墙。

明英宗正统时期这些工程的完成，使从永乐元年起悬了将近40年的定都北京的方案落实了下来。从宏观上看，整个京师的规模也是到这时候才完整地展现在人们的面前。也就是说，永乐营建北京，只是完成了作为主体核心的坛庙宫阙，京师之制"尚多未备"，而且主体建筑奉天、华盖、谨身三殿遂即焚毁。若没有正统时期的修建京城，重建三殿二宫，依序营建中央官署，定都北京很可能仍然继续拖延下去，难以落实。因此，明英宗正统时期继续营建北京的工程，在明朝定都北京的过程中，起到了决定性的作用，应该予以肯定和赞扬。

英宗即位，年方9岁，杨士奇、杨荣、杨溥逮事四朝，同直内阁，协力相资，并称"三杨"，与昔房、杜、姚崇、宋璟并美。《明史·杨士奇传》：时"军国大政关白太皇太后（张氏）。太后推心倚士奇、荣、溥三人。有事遣中使诣阁谘议，然后裁决。三人者亦自信，侃侃行意。……正统之初，朝政清明，士奇等之力也。"②

正统修缮京城，重建三殿二宫，建六部五府，实乃太宗遗志，③三杨与太皇太后之力也。

正统营建工程的主要负责人是太监阮安、工部尚书吴中、王卺。

阮安　《明史·宦官传》："阮安有巧思，奉成祖命营北京城池宫殿及百司府廨，目量意营，悉中规制，工部奉行而已。正统时，重建三殿……并有功。"④佚名《阮安传》："阮安，交阯人，清介善谋，尤长于工作之事。北京城池九门、两宫三殿、五府六部……，凡诸役，一受成算而已。"⑤《水东日记》："太监阮安，一名阿留，交阯人，为人清苦介洁，善谋划，尤长于工作之事。其修营北京城池、九门、两宫三殿、五府六部诸司公宇……皆大著劳绩。工曹诸属，一受成就而已。"⑥

吴中　杨士奇《工部尚书吴中神道碑》："皇上（英宗）嗣位，以公旧老，复少保，重建奉天、华盖、谨身三殿，乾清、坤宁二宫，命公董之。旦夕勤劳致疾"；"吴

---

①《明英宗实录》卷130/8b。

②《明史》卷148/4137。

③杨士奇《都城览胜诗后》载《明经世文编》卷16/126下："太宗皇帝肇建北京，既立郊庙宫殿，将及城池，会有事，未暇及也。已而国家屡有事，久未暇及。皇上嗣大位之五年，仁恩覃霈，海宇乂宁，始及于斯，而不日成之，岂非得其时者乎。"

④《明史》卷304/7771。

⑤《国朝献徵录》卷117/4a。

⑥叶盛《水东日记》（中华书局1980年《元明史料笔记丛刊》校点本）卷11/123"阮太监修营劳绩"条。

中……性勤敏，多计算，凡事四主，为造北都城堞、宫苑、曹署过三十年，皆出中指授。片木砾瓦，各得其任。”①

王卺　《实录》本传：“正统中，升行在工部左侍郎，寻进尚书。居工部八年，营建宫殿，百工政令，卺赞画之功居多。”②

十六、嘉靖建郊坛，筑外城，重建三殿二宫，万历重建三殿二宫，均为北京明朝后期的重大工程

明朝一代，北京坛庙、城池、宫阙的兴废修建，史不绝书。除永乐和正统两度大规模兴作外，嘉靖和万历时期又有几次较为重大的营建。

（一）嘉靖九年建郊坛

《明世宗实录》：嘉靖九年（1530 年）五月乙未，“郊坛兴工”。己亥，“工部尚书章拯等言兴工次第，莫先圜丘而方丘，及东、西二坛次之，先蚕坛又次之”③。壬寅，“以四郊兴工，敕武定侯郭勋、宣城伯卫錞、大学士张璁知建造事，督视规制，总督工程；礼部尚书李时同知建造事，督视规制；工部左侍郎蒋瑶提督工程；都察院右都御史汪鋐、吏科给事中夏言监规巡察工程。錞兼管领官军”④。

十一月丙申，“上谕礼部曰：南郊之东坛，名天坛；北郊之坛，名地坛；东郊之坛，名朝日坛；西郊之坛，名夕月坛；南郊之西坛，名神祇坛。

著载《会典》，勿得混称”⑤。

（二）嘉靖三十二年增筑外城

嘉靖三十二年（1553 年）闰三月乙丑，“建京师外城兴工”⑥。同年十月辛丑，“新筑京师外城成。上命：正阳外门名永定，崇文外门名左安，宣武外门名右安，大通桥门名广渠，彰义街门名广宁”⑦。

---

①《国朝献徵录》卷 50/10a－12b。

②《明英宗实录》卷 354/2b 天顺七年七月庚子附王卺本传；《国朝献徵录》卷 50/14a。

③《明世宗实录》卷 113/1a、2b。

④《明世宗实录》卷 113/3b。

⑤《明世宗实录》卷 119/9a。

⑥《明世宗实录》卷 396/6b。

⑦《明世宗实录》卷 403/6b。

（三）嘉靖三十六年，重建朝门、三大殿

嘉靖三十六年（1557年）四月丙申，“奉天等殿门灾。是日申刻，雷雨大作。至戌刻，火光骤起。初，由奉天殿延烧华盖、谨身二殿，文、武二楼，左顺、右顺、午门及午门外左、右廊尽毁。至次日辰刻始熄”①。这是永乐十九年北京三殿灾以后的又一次大火灾，受灾情况比永乐时那次还要严重。

嘉靖三十六年十月丁未，“重建大朝门兴工”②。三十七年六月辛卯，“新建朝门、午楼、东西角门、左右顺门、阙左右等门工完”③。

嘉靖四十一年（1562年）九月壬午朔，“以三殿工成，命……分告南北郊、太庙、社稷”④。

甲申，“更名：奉天殿曰皇极，华盖殿曰中极，谨身殿曰建极，文楼曰〔文〕昭阁，武楼曰武成阁，左顺门曰会极，右顺门曰归极，奉天门曰皇极，东角门曰弘政，西角门曰宣治”⑤。

（四）嘉靖四十年重建万寿宫

“万寿宫在西苑（即西宫），本成祖文皇帝旧宫也。”永乐十九年移御新宫后，嘉靖十年加以修葺。“自壬寅（嘉靖二十一年）宫闱之变，上即移御于此，不复居大内。”嘉靖四十年十一月“辛亥夜，万寿宫灾”。“是夜火作，禁卫皆不及救，乘舆、服御及先世宝物尽毁。”⑥

重建工程进行很快，嘉靖四十一年三月己酉，就“万寿宫成”⑦了。《万历野获编·西内》说：“上既迁西苑，号‘永寿宫’，不复视朝。……辛酉岁（嘉靖四十年），永寿火后，……华亭（徐阶）……荐司空雷礼材婿足任此役……不三月宫成。上大悦，即日从居，赐名曰‘万寿’。”⑧因此，“万寿宫”灾，重建“万寿宫”，当时均应称作“永寿宫”。

嘉靖四十五年（1566年）十二月庚子，“上疾甚，还大内。午时，崩于乾清

①《明世宗实录》卷446/3b。
②《明世宗实录》卷452/4a。
③《明世宗实录》卷460/5b。
④《明世宗实录》卷513/1a。
⑤《明世宗实录》卷513/1a。
⑥《明世宗实录》卷503/3b。
⑦《明世宗实录》卷507/7a。
⑧《万历野获编》卷2/49a－50“西内”条。

宫"①。可是,不知为什么,明世宗一死,万寿宫就被拆毁了。《万历野获编·西内》:"世宗上宾未几,万寿宫殿悉已撤去,仅存阶础"②;"无逸殿"条:"世宗上宾未期月,西苑宫殿悉毁"③;"斋宫"条:"自世宗升遐未匝月,先撤各宫殿及门所悬扁额,以次渐拆材木。……未历数年,惟存坏垣断础而已。"④明成祖为营建北京而作的视朝之所"西宫"就这样消失了。

(五)万历、天启时再建三殿二宫

万历二十四、二十五两年,二宫三殿连续遭到大火灾,"一时俱烬"。《实录》记载说:万历二十四年三月乙亥,"是日戌刻火发坤宁宫,延及乾清宫,一时俱烬"⑤。万历二十五年六月戊寅,"三殿灾,……火起归极门,延至皇极等殿,文昭、武成二阁,周围廊房,一时俱烬。……宫殿俱灾,则国朝以来所未有云"⑥。这是明朝第三次三殿灾,但"宫""殿"俱焚,是过去所不曾有过的。

重建三殿二宫的工程,拖拉了整整30年才完工,也是当时国家多事,财力匮乏的一种反映。《实录》记载:

万历三十年二月甲申,"乾清、坤宁宫兴工"⑦。

万历四十三年闰八月庚戌,"三殿及箭楼开工"⑧。

天启六年九月甲午,"皇极殿成"⑨。

天启七年八月戊戌,"大学士黄立极等疏贺三殿告成"⑩。

崇祯年间,太监刘若愚撰《酌中志》23卷,其中卷十七《大内规制》详尽记录了明末的宫阙制度,成为研究明代宫廷建置的第一手材料。吕瑟选辑其中5卷为《明宫史》,金集《宫殿规制》即为《酌中志·大内规制》。

清初,孙承泽撰《春明梦余录》暨《天府广记》,对明代北京做了较为详尽的记载,并辑录保存了大量文献资料。

光绪《顺天府志》总纂缪荃孙集有关明宫室资料之大成,纂《明故宫考》,辑

---

①《明世宗实录》卷566/3b。
②《万历野获编》卷2/50。
③《万历野获编》卷2/49。
④《万历野获编》卷2/48。
⑤《明神宗实录》卷295/3b。
⑥《明神宗实录》卷311/3b-4a。
⑦《明神宗实录》卷368/6b。
⑧《明神宗实录》卷536/2b。
⑨《明熹宗实录》卷76/14a。
⑩《明熹宗实录》卷87/8a。

入《京师志三》“宫禁”下。

这些文献资料都为我们了解明营建北京的情况提供了轮廓和线索。当然，《实录》以及更为原始的文献资料是最为基础的可靠史料。

十七、元大都总体规划的深远影响

自从《周礼·考工记》提出“匠人营国，方九里，旁三门，国中九经九纬、经涂九轨，左祖右社，面朝后市”①这个理想的都城规划以来，战国都城，汉唐长安、洛阳，宋都汴梁，都没有全面地实现过这一理想化的规划，一直到元朝营建大都，才头一次全面地实现了这个理想的规划：

一、宫城方九里三十步，前三门：正中为崇天门，左为星拱门，右为云从门。宫城之外，绕以萧墙。最外为大都城，呈正方形。大都城南三门：正中为丽正门，左为文明门，右为顺承门。

二、国中九经九纬、经涂九轨：正对三门及两门之间各有南北向干道，合东西顺城街，共南北向干道九条；东三门：齐化门、崇仁门、光熙门；西三门：平则门、和义门、肃清门，亦东西向干道九条，与“九经、九纬”合。

三、左祖右社：太庙在齐化门内北侧，社稷坛在平则门内北侧，合“左祖右社”。

四、面朝后市：宫阙在大都城内南部；北部积水潭为南北大运河终点，其北岸是繁华的商业中心，完全符合“面朝后市”。

所以，元大都的规划布局是我国古代几千年来都城设计理想的实现。同时，元大都还结合当地地理环境特点，以湖河为中心，并使漕运船只直抵大都城内，不仅美化了城市环境，还提高了大都城在全国经济、交通上的重要地位。②

元大都建城不过百年，明军攻克大都，首先就缩进大都城北墙，放弃较为空旷的大都城北部。50年后营建北京，又全部拆除元大都原来的宫阙，宫城南移，

①《周礼注疏》（中华书局1980年影印阮元重校宋版《十三经注疏》本）卷41/289中、下。

②《明宣宗实录》卷91/6a宣德七年六月甲辰，“上以东安门外缘河居人逼近黄墙，喧嚣之声彻于大内，命行在工部改筑黄墙于河东。皇城之西有隙地甚广，豫徙缘河之人居之”。于是东皇城墙从原元通惠河西岸移建到东岸，把大运河的终点段砌入了皇城禁地，称“王河”。皇城禁内是安静了，元时大运河故道再也不可复行。明初，大通河（元通惠河）渐废，漕运每岁自张家湾舍舟，车转都下。嘉靖七年，御史吴仲修浚大通桥至张家湾六十余里通惠河道，自此漕艘直达京师，迄于明末，然终不能直抵京城。

元大都南城墙也向南推移。元大都的宫阙全部消失了。元大都的城墙移了位，包砌了砖石，全部改变了面貌，元大都的各项建筑，除寺庙和国子学、宣圣庙（孔庙）等极少数外，大都或改建，或移位，或拆除了。因此永乐营建北京以后，元大都的原有建筑几乎全不存在了，元大都的原貌也消失了。

但是，由于营建元大都时有一个完整的、理想的、整齐优美的全城总体规划，因此，虽然经历了后代不断的改建、演变、发展，在总体上仍然没有起根本的变化，依然呈现出原来总体设计的骨架。

第一，明朝时候，积水潭有相当大的湖面因被填塞淤积而缩小了。太液池南端新开凿了南海，因此，跟元大都时不同了。但是，以湖泊为宫阙和全城设计的中心则丝毫没有变化和受影响。这是我国以及世界城市中最令人向往羡慕的优美环境。

第二，永乐营建北京时，先把太液池西岸的宫室改建成与宫城相仿、具体而微的视朝之所“西宫”，太液池东岸宫殿完全改了规制、式样，宫城南移，外绕以筒子河，用废渣土在原后宫主体延春阁位置上就地堆筑了高大的宫后大内镇山，建太庙、太社稷于阙门前东西两侧，皇城南墙向南推展，可以说明朝北京的新貌完全替换了元大都的旧颜，已经截然不同了。但是，元大都“三宫鼎立，环以皇城”的整体格局似乎仍然没有明显的变化，仍然相似。

第三，元大都中轴线上的原有建筑，明永乐营建北京时全部拆除了，除了宫城南移，堆筑大内镇山万岁山，推展皇城，建承天门、端门，午门左右建太庙、社稷外，北面把鼓楼东移到了中轴线上，钟楼缩到了鼓楼北侧，南面推展南城墙，伸展了正阳门与承天门、午门之间的距离，正阳门外对称地建筑了规模宏大的天坛和山川坛，正统时于千步廊外大明门两侧建中央文武官署，嘉靖时于东郊西郊对称地增筑朝日坛、夕月坛。因此，元大都中轴线上的原有建筑虽然均已消失不存，而元大都的中轴线却丝毫没有移动，而且明北京宫殿、都城主要建筑仍然整齐地布列在这条中轴线上以及对称地排列在它的两侧，比元大都更有所发展了。

解放以后，改建天安门广场，把过去狭隘的御道拓展成当前世界上最大的宽广开阔的广场。广场周围，先后建筑了人民英雄纪念碑、人民大会堂、革命历史博物馆、毛主席纪念堂。宏伟的新建筑与壮丽的天安门、古老的正阳门、箭楼南北辉映，大大加重了天安门广场的分量和地位，把中轴线的重点从宫城正中的太和殿前移到了天安门前，宫城三大殿反而变成了后院，加上东西长安街的展宽和延伸，天安门广场发展成了全城布局的中心。即使如此，仍然丝毫没有改变元大都城原来的中轴线。

第四，把元大都城改建成为明北京城，变化也是很大的。首先，在位置上，北城墙在洪武初就南缩了5里，另筑了新墙，永乐营建北京时，南城墙也南推了2里多，新筑了城墙，于是整个京城的位置南移了一些，并且由接近正方形变成了扁方形，西北一角，因沿湖岸筑城，还出了一个倾斜角。嘉靖时，又添筑外城，北京城就变成了“凸”字形。大都城原是土筑的，洪武初北京城外侧砌了砖石。正统元年，内侧也砌了砖石，并增建了九门城楼、月城、角楼、牌楼，砌了城壕，改木桥为石桥，北京城的面貌焕然一新，变得十分庄严华丽。元大都城的旧貌完全消失了，仅留下了一部分原来元大都城北城墙的土城遗址，但是，整个元大都城的大格局还是基本保留了下来。

元大都的主要街道是纵横笔直的干道，全城和棋盘一般十分整齐。南北干道之间的胡同，也是均匀地东西向排列其间。除了积水潭周围因地形特殊而有斜街外，全城基本上都是规划得十分整齐的。明朝继承了元大都街道分布的格局，没有太大的更改，甚至到今天加宽、打通、新展了不少干道以后，原来元大都棋盘式的街道胡同分布格局依然保存了下来。

可以说，除了唐长安城以外，中国历史上以至今天，还没有别的城市能像元大都这样整齐、这样优美。即使是唐长安城，大明宫等主要宫殿建筑位于北城外东侧，不但偏离了中轴线，还突破了都城的范围；曲江池也辟在东南一隅。由于历史上废毁过长安城，原来的城市总体规划受到了破坏。元大都则是明清以来连续相继，因此，虽然一再改建、发展，有了不少变化，但总的轮廓、总的格局还是比较完好地保存了下来。

由此可见，一个城市兴建的时候，如果有了一个良好的完整的总体规划，就能在相当长的历史时期内继续保持它的影响。哪一方面注意不到，在发展中就会产生预料不到的结果。例如，元大都显然没有着眼到城外四厢的规划。明朝营建北京时，仅注意了城外天坛、山川坛的规划，也没有注意城厢街坊的规划，任其自然发展，结果外城的胡同就杂乱无章，与内城的整齐划一有着明显的差异。明朝的外城，甚至连一条东西向笔直的连接广宁门（今广安门）和广渠门的大干道都没有。

元朝兴建大都城时，金中都旧城还在。金中都是已有2000年历史的蓟城旧址，汉、魏、隋、唐称幽州，辽为南京、燕京，金为中都。蒙古军攻克中都时，中都遭受兵火而残破。忽必烈兴建大都时，决定放弃千年旧城，另择新址。于是结合当地地理环境，选择了旧金中都城东北郊外原琼华岛上金代离宫大宁宫及周围的一片湖泊为中心，确定了皇宫、隆福宫、兴圣宫三宫鼎立，绕以皇城，并以东岸宫城为全城中轴线的方案，设计了城墙、街道和一系列建筑的位置，由于是在原金中都郊外另建新城,不是改造旧城,因此避免了改建时可能遇到的麻烦,得以完美地进行理想的规划。

明清北京城,是在元大都的基础上进行了大大小小的改造。今天北京的中心,仍然是元大都原来的中心。因此,建设一个大规模的城市,须要看得远些,规划得好些,尽可能设想到将来可能的发展前景,充分利用地理优势,尽量避开原来基础不好的旧址,这是我们能从元大都总体规划的深远影响中得到的有益的历史经验。

十八、结论

通过上述对明代营建北京文献资料的考核和论证,可以得出如下结论:

第一,陶宗仪《南村辍耕录》所载"宫阙制度"是元代工官上奏的正式文件,尺度井然,确凿可靠;萧洵《故宫遗录》为明初考察元故宫的记录,补充了元末40年间增建的资料。朱偰把《辍耕录·宫阙制度》视为"时人记载",乃失于考察。

第二,洪武元年,明军入大都,保护宫阙,未尝损毁。万历间赵琦美《故宫遗录·序》把明初"经理故元都"即缩进大都城北墙说成是"毁元氏宫室",纯系臆造,毫无事实根据。

第三,洪武三年,诏建诸王府,"燕用元旧内殿"。燕王府"因元之旧有",所以制度过于各府。燕王朱棣即皇帝位后,"仍御旧宫"。

第四,永乐元年,诏"以北平为北京"。永乐四年,"诏以明年五月建北京宫殿",但届时因故"宫殿未建"。

第五,永乐七年,营山陵于天寿山。十四年,长陵殿成,奉安仁孝皇后神位。先后用工七年。

第六,永乐十四年,"旧宫""将撤而新之,乃命工部作'西宫'为视朝之所"。嘉靖时,雷礼误以"西宫"为"皇祖受命重地",严嵩亦以为"肇基帝迹,创始鸿图"。至清初孙承泽《春明梦余录》云"燕邸因元故宫,即今之西苑",于是谬误流传。

第七,"复诏群臣议营建北京"是在永乐十四年"作西京"开工以后,即永乐四年"诏明年建北京宫殿"之后10年提出来的。在此之前,"宫殿未建"。营建北京的工程是在"西宫"竣工之后的永乐十五年六月开工的。"作西宫",营长陵都不包括在营建北京的范围之内。

第八,永乐营建北京充分吸收了明初营建中都的规划和成果。

第九,《明史》《明通鉴》等记载永乐四年营建北京以及永乐四年、十五年两次营建北京乃出于误解,以至篡改歪曲史实。

第十，正统间修建京城，重建三殿二宫，增建中央官署，北京始罢称“行在”，正式定为京师。

第十一，嘉靖建郊坛，筑外城，重建三殿两宫及万历重建三殿两宫，都是明朝后期的重大工程。

第十二，明代虽对元大都进行了重大的改造，但在总体规划上仍保持了元大都的深远影响。

景山考

北京景山位居明清北京城的中央,是穿越紫禁城纵贯全城中轴线上的制高点,也是北京全城的中心点,地理位置十分显要。景山是怎么形成的?经历过什么样的发展和变化?有些什么史迹?本文将对这些问题列举一些相关文献,并予以论证考核。

一、景山的形成

刘若愚《酌中志·宫殿规制》中说:"万岁山,俗所谓煤山也。故老云:土渣堆筑而成。"这个不见于文献记载而口耳相传下来的说法是正确的,为中国科学院考古研究所元大都遗址勘察所完全证实,钻探下去,下面全为砖石瓦砾和泥土,没有别的东西。

那么这些渣土是哪来的,为什么要在这里堆积成一座规模不小的土山呢?

明成祖朱棣即位以后,于永乐四年下诏"明年"开始营建北京,但未能按期开工。永乐十五年(1417 年),再次下诏议营建北京宫殿,并于当年六月正式开工。至十八年十二月,宫阙、城池、太庙、社稷全部完工。在营建过程中,把拆除燕王府旧宫即元故宫大内及城墙废弃的土渣和开挖紫禁城护城河以及南海的废土在宫后堆筑了一座土山。

用这些废弃的土渣堆筑这座土山,并不仅仅是如何处理土渣的权宜之计,而是实现营建北京整体规划的一个不可缺少的重要组成部分。

早在洪武之初议建都城之地的时候,诸老臣"或言北平(洪武元年八月,改大都路曰北平府)元之宫室完备,就之可省民力者",明太祖朱元璋回答说:"若就北平,要之宫室不能无更作,亦未易也。"元大都的宫殿规制是正殿和寝殿之间均由柱廊连接,主体建筑两侧并无文华殿、武英殿等配衬建筑,太庙、社稷又散在城东西两侧,宫城没有护城河等等。

营建北京,必定要把燕王府旧宫即元大都宫阙拆了重建的。洪武二年至八年营建临濠(今凤阳)明中都时,按照南京吴王新宫的制度,扩大提高到“京师”的标准,并予以改进增益。洪武八年至十年改建南京宫殿,又按照中都宏伟制度,把吴王新宫拆去,更新改建,只是“但求安固,不事华丽,凡雕饰奇巧一切不用,惟朴素坚壮,可传永久”。永乐营建北京,“凡庙社郊祀坛场宫殿门阙规制,悉如南京,而高敞壮丽过之”(《明成祖实录》),“宫殿门阙,悉如洪武初旧制”(《大明会典》)。所以拆除原有的大都宫阙是必然的。但改建在什么位置上,废弃土渣如何处理,是一个新的问题,需要事先规划好。

原计划永乐五年开工的营建北京的工程,延缓了整整10年,到永乐十五年才动工。在这10年里,可以反复考虑。明成祖七八岁时,在应天(南京)看到营建吴王新宫的工程。少年时代,两次去凤阳祭祀皇陵,看到了营建中都的工程,接着又看到了改建南京的工程。青年时代,奉命与兄弟诸王练兵凤阳,看到改建皇陵的全部工程。营建北京前,又亲自主持了为安葬徐皇后而营建的长陵。朱棣即皇帝位以后和开始营建北京的时候,又多次去凤阳。因此,明成祖在营建北京的时候,经过深思熟虑,充分吸收明初几次大规模营建都城在整体规划和建筑设计上所取得的成果,因此一系列错综复杂、规模巨大的工程项目,都能有条不紊地交叉进行:建西宫为视朝之所,腾出燕王旧宫(即原元大都宫殿),拆除改建。8个月后,西宫建成,明成祖亲自监督整个北京营建工程:整个宫阙南移,建太庙、社稷于阙门左右;京城南移;挖宫城护城河和南海;把原元故宫后宫正殿延春阁及其左右的位置定为堆积废弃土渣的场所,筑成大内镇山;永乐十八年十二月,“北京郊庙宫殿成”,十九年正月,明成祖由“旧宫”(即西宫)迁入新宫,整个营建北京的工程完结。后苑镇山林木葱郁,鹤鹿成群,成为游幸之地。

把拆除元故宫、建北京的废弃土渣神妙地幻变成为明北京城中心一颗引人注目的璀璨明珠,匠心独具,是营建北京工程中的一件杰作,也是中国古代都城建筑史上的奇迹,这比金人拆迁汴梁艮岳来中都,在琼华岛上堆筑万岁山要高妙得多。

刘若愚《酌中志》在“万岁山,俗所谓煤山也。故老云:土渣堆筑而成”之后,接着说“崇祯己巳(二年)冬,大京兆刘宗周疏亦误指真有煤”,也是对的。中国科学院考古研究所实地钻探,发现山下只有土渣,并无煤炭。

万岁山下有煤的记载,始于沈德符《万历野获编》“煤山”条:“相传其下皆聚石炭,以备闭城不虞之用者。”接着又说“余初未之信,后见宋景濂手跋一画卷,载金台十二景,而万岁山居其一”。按,景濂为宋濂字,卒于洪武十四年,时北京尚未营建,后苑尚无镇山,何能得见。当时称万岁山者,为太液池琼华岛上金人堆筑的万岁山也。《酌中志》批了“真有煤”之误，至清乾隆时，吴长元辑《宸垣识略》，仍沿袭其说，直至民国时陈宗藩《燕都丛考》《旧都文物略》，以至近年的《中国历史文化名城词典》，非但记录了俗称煤山，还继续保留了聚煤的传说。

二、景山名称的沿革

（一）明前期为大内镇山

关于明代前期景山的称谓，有如下一些资料：

文秉《烈皇小识》（《明季稗史汇编》，上海图书集成局排印本卷8/11a）：“手携王承恩入‘内苑’”，“得先帝遗魄于‘后苑’山亭中”。

《日下旧闻考》卷35/551朱彝尊原按“揭万岁门‘后苑’”。《宸垣识略》卷3/47同。《天府广记》卷42/677载马汝骥《西苑诗·万岁山》：“北上中门为‘大内镇山”。《日下旧闻考》卷35/550同。

《宸垣识略》卷3/46“景山，一名万岁山，在神武门北，为‘大内之镇山’”。

光绪《顺天府志》卷2/28宫禁上：“景山，一名万岁山……为‘大内之镇山’”。

《明季北略》卷23/669“竟向‘宫后煤山’自尽”。

杨士聪《甲申核真略》：“搜得先帝遗弓于‘后园山子’中”。

因此，明清都以景山为“大内之镇山”，明称今景山为“内苑”“后苑”，俗称今景山为“煤山”“宫后煤山”“后园山子”。

（二）万历三十八年（1610年）始命名为万岁山

明代称景山为“万岁山”并不是一开始就这样的。万历以前，所有文献中说的“万岁山”都是指太液池琼华岛上堆筑的山石，与今景山东西相距约1公里。陶宗仪《南村辍耕录》卷1/15－16：“万岁山在大内西北太液池之阳，金人名琼华岛。（元）中统三年（1262年）修缮之，……（元）至元八年（1271年）赐今名。”“闻故老言……金乃大发卒凿掘（汴梁艮岳），辇运至幽州城北积累成山，因开挑海子，栽植花木，营构宫殿，以为游幸之所。未几，金亡。世皇（元世祖）徙都之。至元四年，兴筑宫城，山适在禁中，遂赐今名云。”《春明梦余录》卷64/1236、《日下旧闻考》卷32/467－468转引。明宣宗《宣德御制广寒殿记》：“北京之万岁山，在城西北隅。……永乐中，朕尝侍皇祖太宗文皇帝……燕游于此，……谕朕曰:此宋之艮岳也。"《国朝宫史》卷16/351"宫殿六·西苑下":"永安寺为金原琼华岛,踞太液池中,奇石叠而成。皆当时辇致艮岳之遗也。元时称万寿山,亦称万岁山。"《御制白塔山总记》:西苑"白塔山者,金之琼华岛也。《北平图经》载辽时名曰瑶屿,或即其地。元至元时改为万岁山,或曰万寿山,至明时则互称之,或又谓之大山子。本朝曰白塔山者,以顺治年间建白塔于山顶。然考燕京而咏八景者,无不曰'琼岛之春阴'。"(载《日下旧闻考》卷26/364－365)

朱彝尊《日下旧闻》原按语:"宣宗《广寒殿记》及杨文贞、李文达、彭文宪、叶文庄、韩襄毅《西苑》诸记所称'万岁山',皆本金元之旧,至马仲房始以煤山为万岁山。迨万历间,揭万岁门于后苑,而纪事者往往混二为一。盖金、元之万岁山在西,而明万岁山在北也。"《日下旧闻考》卷35/551、《宸垣识略》卷3/47同。

核对杨士奇《赐游西苑诗·序》、李贤《赐游西苑记》、彭时《赐游西苑记》、叶盛《赐游西苑记》、韩雍《赐游西苑记》以及杨荣《皇都大一统赋》、陈敬余《北京赋》、桑悦《北京赋》、黄佐《北京赋》、余光《北京赋》等等,所记"万岁山"无一不是太液池畔的琼华岛,即金人堆筑的"秀拔峥嵘"的"层峦""危峰"。

至于所云"马仲房始以煤山为万岁山",按,马汝骥(1493—1543)字仲房,号西玄,绥德人。正德十二年(1517年)进士,入翰林为编修,世宗时累官礼部侍郎,有《西玄集》。《明史》有传。《天府广记》卷44/740载马汝骥《西苑诗·万岁山》小序云:"万岁山,在子城(宫城)东北玄武门外,更比北上中门为大内之镇山高百余丈,周回二里许,金人积土所成。旧在元大内,今林木茂密,其颠有石刻御座,两松覆之。山下有亭,林木藏翳,周回多植奇果,名百果园。"首先这里题目是《西苑诗·万岁山》,明确指出万岁山是西苑的万岁山,"在子城东北","比北上中门为大内之镇山高","金人积土所成,旧在元大内",也是指的西苑万岁山。但又掺杂了"高百余丈,周回二里","林木茂密,其颠有石刻御座,两松覆之。山下有亭,林木藏翳,周回多植奇果",名"百果园"等有关"镇山"的叙述。可能是马汝骥自己没有弄清楚,也属于"往往混二为一"的"纪事者"。

《春明梦余录·宫殿额名考》:"万岁山,崇祯七年九月初九日奉旨:万岁山顶至山根斜量二十一丈,著折高多少?合每丈折高七尺,共折高一十四丈零七尺。万岁门牌,山左门,山右门,已上三门,万历三十八年八月十一日添牌。"(《春明梦余录》卷6/71)

这是真正的始以煤山为万岁山的文献记载。此后,刘若愚《酌中志》又明确叙述:"北中门(景山北门)之南曰寿皇殿(今北京市少年宫)。……殿之南则万岁山,俗所谓煤山也。……山之前曰万岁门(清改景山门),再南曰北上门(景山

前门,已拆除)。……再南,过北上门,则紫禁城之玄武门(清改神武门)。"(《明宫史·宫殿规制》第8页)

为什么这时命名大内镇山为万岁山呢?我分析是由两方面原因造成的。一是"(西苑)广寒殿万历七年五月初四日坍,六月初六日拆去"(《春明梦余录》卷6/75"宫殿额名考")。广寒殿是琼华岛上的主体建筑,是金代古建。元代也是因为山上有广寒殿,遂赐名万岁山的。现在,广寒殿坍了,非但没有修复、重建,而是很快就把它拆去,那还叫"万岁山"是否有点名不符实了呢?二是万历十三年在内苑兴筑了寿皇殿以及一批亭、堂、馆、阁。二十八年,添盖了颇具规模的观德殿于寿皇殿东南。三十年,又在观德殿东南建永寿殿、观花殿。内苑欣欣向荣,景观日新,与西苑琼华岛以广寒殿坍而荒落相比,"万岁山"的名称就正式落到了大内镇山的身上。从此以后,文献中提到的万岁山才是大内镇山,而不再是西苑的琼华岛了。

(三)清顺治十二年改名"景山",至今未更。

三、景山的发展和变化

景山最初仅为大内镇山,"山上树木葱郁,鹤鹿成群,呦呦之鸣,与在阴之和,互相答应,可并闻于霄汉。山之上,土成磴道,每重阳日,圣驾在顶升座,可遥望靡涯矣"。(《明宫史》第8页)"其颠有石刻御座,两松覆之。山下有亭,林木阴翳,周回多植奇果,名曰百果园"(《西元集》,载《日下旧闻考》卷35/550)。苑内建筑不多。

万历十三年,建寿皇殿于山后东北方,仅三室。此后陆续添建,建筑就渐渐多起来。缪荃孙《明故宫考》:"过北中门(今地安门大街南口)之南曰寿皇殿。左曰毓秀馆,右曰育芳亭,后曰万福阁,其上曰臻福堂,曰永禧阁,其下曰聚仙室,曰延宁阁,曰集仙室,均万历十三年建。"(按,所记年代与《春明梦余录》卷6/71-73"宫殿额名考"有出入)。《明故宫考》接着说"殿东曰观花殿(原注:万历三十年闰二月添盖)……曰观德殿(原注:万历二十八年五月添盖)"(光绪《顺天府志·京师》卷3/29-30)。《春明梦余录·宫殿额名考》记载万历三十年以后添建的建筑还有寿春亭(三十一年)、寿明洞(三十一年)、集芳亭(三十一年)、会景亭(三十年)、永安亭(三十一年)、兴庆亭(四十一年)、山左里门(三十年)等等。观德殿在万岁山东麓,寿皇殿之东。"山左宽旷,为射箭所,故名观德",崇祯帝召对诸臣于此;"永寿殿在观德殿东南相近,内多牡丹、芍药,旁有大石壁立,色甚古”(蒋德璟《慤书》,载《日下旧闻考》卷35/549)。《明宫史》作:“殿之东曰永寿殿、曰观花殿,植牡丹、芍药甚多。”后苑遂成“明季游幸之地”(《国朝宫史》卷14/265)。

到清乾隆年间,景山又进行了更大规模的改建和营建。最主要的是改建寿皇殿和新建山峰五亭。

明代寿皇殿原在景山后东北方,仅三室。乾隆十四年(1749年),仿太庙规制,正对景山中峰,重建寿皇殿。《国朝宫史》卷14/264景山:“山后为寿皇殿,殿旧为室三,居景山东北。乾隆十四年,上命所司重建,南临景山中峰。正中宝坊一,……左右宝坊二,……北为砖城,门三。门前石狮二,门内戟门五楹,大殿九室,规制仿太庙。左右山殿三楹,东西配殿五楹,碑(亭)、井亭各二,神厨、神库各五。”寿皇殿是敬奉本朝列祖列宗皇帝御容暨列后圣容,“岁时瞻礼”的场所,规模宏大,成为景山的主体建筑群。“殿后东北曰集祥阁,西北曰兴庆阁”,殿东永思殿,又东为观德殿,“仍明旧也”(《宸垣识略》卷3/46)。永思殿是清代帝后停灵之处,可能即是明寿皇殿旧址。

另一项大工程是乾隆十六年(1751年)建景山五亭和山前绮望楼。《国朝宫史》卷14/264:“北上门(紫禁城神武门桥北)之内为景山门。入门为绮望楼,楼后即景山也。……有峰五。……峰各有亭:踞其巅中曰万春;左曰观妙,又左曰周赏;右曰辑芳,又右曰富览。俱乾隆十六年建。”景山原亦有亭,《春明梦余录》卷6/51宫阙:“寿皇殿……南则万岁山,……有毓秀、寿春、长春、翫景、集芳、会景诸亭。”卷6/71－72《春明梦余录·宫殿额名考》又分别注添盖年月,可惜未明确注明哪些是山亭。

《春明梦余录·宫殿额名考》卷6/71:“万岁山,崇祯七年九月初九日奉旨:万岁山顶至山根斜量二十一丈,著拆〔折〕高多少?合每丈拆〔折〕高七尺,共拆〔折〕高一十四丈零七尺。”折合49米。《国朝宫史》卷14/264:景山“中峰高十一丈六尺”,折合38.7米,则修建五亭时中峰削掉了三丈一尺,整整10米。今实测山高43米。可能测量基点不同,所得数据难免有出入。《燕都丛考》卷26“宫阙”:“景山,一名万岁山,高百余丈。”“百”字当为“十”字之误。

经过乾隆十四、十六年的营建,景山建筑辉煌,景观壮丽,比明代“游幸之地”的幽静风光大为增色。

清帝逊位后,景山一度荒芜。民国十七年(1928年)稍加修葺,对外开放。解放后,辟为景山公园。经过全面整理,建筑修葺一新,寿皇殿建筑群改辟为北京市少年宫,观德殿改为少年儿童图书馆。

明代景山正门万岁门之前还有一道围墙和门,正门是北上门,在玄武门北,正对玄武门。围墙东端为北上东门,西端为北上西门。清亡后,拆除北上东门和北上西门,打通为东西向的景山前街。解放后,为展宽道路,拆除北上门及其左右围墙和围墙南沿筒子河清代增建的东西房各50间,昔日禁地,变成了北京城中心的东西通道。原道旁种植的供帝后作棺木用的梓树也改为一般美化市容的人行道木。

四、崇祯帝自缢何处

有关崇祯自缢的地点,文献记载有详有略,颇有出入。

(1)仅言自缢,未说地点者:

《清世祖实录》卷4/12:"吴三桂遣使来言,……崇祯帝后具自经。"

钱邦芑《甲申纪变录》:"皇上乃自缢。"

顾炎武《圣安本纪·序》:"先帝以身殉宗庙社稷。"

(2)只言崩于万岁山,未指明具体地点者:

郑廉《豫变纪略》卷7/174:"帝崩于万岁山。"

谈迁《国榷》卷100/6057:"见先帝遗弓于万岁山。"

《明史·庄烈帝纪》卷24/335:"帝崩于万岁山。"

懒道人等《李闯小史》卷104:"皇上乃自缢于煤山。"

刘尚友《定思小纪》卷70:"登煤山,毕命于数尺之帛。"

叶绍袁《启祯记闻录》:"闯贼到煤山,见先帝已殉社稷。"

杨士聪《甲申核真略》卷20:"得先帝遗弓于后园山子中。"

(3)具体指明自缢于万岁山之寿皇亭者:

吴伟业《绥寇纪略·补遗》"虞渊沉"下卷9:"遗弓在万岁山之寿皇亭。"

梅村野史《鹿樵纪闻》卷9:"帝登煤山,自缢于寿皇亭。"

彭孙贻《流寇志》卷9/159:"登煤山之寿皇亭。……俄而帝崩。"

郑达《野史无文》卷3/28:"万岁山,……上缢即其处。……又云:上缢于山之寿皇亭。"

谈迁《国榷》6043:"登万岁山之寿皇亭自经。"

查继佐《罪惟录》"帝纪"卷17/383:"诣万岁山之寿皇亭自经";"列传"卷29/2616:"登万寿山之寿皇亭,上殉社稷。"按,万岁山亦称万寿山。

谷应泰《明史纪事本末》卷79/1382:"登万岁山之寿皇亭自经。"《明史·宦官王承恩传》卷305/7830:"帝崩于寿皇亭。"

夏燮《明通鉴》卷90/37:"帝崩于万山之寿皇亭。"

徐鼒《小腆纪年附考》卷4/96:"自缢于万寿山之寿皇亭。"

张岱《石匮书集》卷1/39:"登万岁山寿皇亭自经。"

(4)又有自缢于"山亭""红阁""灵寿亭""巾帽局""寿宁宫""寿皇殿"等记载:

《明通鉴》又云:"以帛自缢于山亭。"山亭当为泛称。

文秉《烈皇小识》(《明季稗史汇编》本)卷8/11:"入内苑……得先帝遗魄于后苑山亭中。"

《石匮书后集》卷61/341:"潜赴煤山红阁自缢。"

抱阳生《甲申朝事小纪》卷6/151:"登万寿山之寿皇亭,自经于北棂。一云灵寿亭。"

钱轵《甲申传信录》卷1/19:"李才报,上崩驾于万寿山之巾帽局。"

《明季北略》卷20/488:"自成曰:'汝父何在之?'(太子)曰:'死寿宁宫矣。'"是在尚未发现崇祯遗体之前。

李天根《爝火录》卷1/1:"崩于万岁山之寿皇殿",当为寿皇亭之误;卷1/2:"自缢于山亭",是泛称;卷1/14:"登万寿山自缢",万岁山亦称万寿山;卷1/24:"崩于寿宁宫",太子语也。这是杂纂资料时未加审订,以致如此。

《明史》本纪云"崩于万岁山"者,总叙也;传称"崩于寿皇亭"者,细叙也。《小腆纪年》同。《明通鉴》云帝"崩于万岁山寿皇亭",实指也;又指"自缢于山亭",泛指也。《石匮书后集》记"登万岁山寿皇亭自经",正叙也;卷61/341《宦官王之浚列传》称:"潜赴煤山红阁自缢",别名也。计六奇《明季北略》卷20/464:"缢于煤山";卷23/669:"竟向宫后煤山自尽",简述也;下文"三月十九日帝崩煤山"条则为详叙:"上登万岁山之寿皇亭,即煤山之红阁也。……亭新成,先帝为阅内操特建者。……遂自经于亭之海棠树下。太监王承恩对面缢死。"

(5)叙自缢于树的还有:

李清《三垣笔记》附识/227:"遂同承恩对缢煤山古树下。"

赵士锦《甲申纪事》卷11:"得先帝遗弓于煤山松树下,与内监王承恩对面缢焉。……内相目睹,为予言也。"

从以上资料可以看出:

一、崇祯自缢于万岁山,俗称煤山,是完全一致的。

二、更具体些的,指出自缢于万岁山之寿皇亭,或泛称"山亭",或指为新建的红阁。

三、有少数几种资料记载"崩驾于万寿山之巾帽局","自经于(寿皇)亭之海棠树下","对缢煤山古树下","得先帝遗弓于煤山松树下",就是不见自缢于

"古槐"的文献记载。

崇祯帝自缢于槐树上的说法,初见于民国二十年(1931 年)出版的《旧都文物略·园囿略》第 16 页:"景山,景山亦名万岁山,俗呼煤山,……清时改称景山,……东麓道旁有'古槐'一株,为明崇祯帝殉国处,现有碑",碑文为"明思宗殉国处",民国十九年(1930)三月故宫博物院敬立。自序作于民国十八年(1929年)十二月,十九年出版的陈宗蕃《燕都丛考》第 28 页"宫殿"注三:"景山又名煤山,明庄烈皇殉国于此。今其自缢之树尚在,惟已枯其半。"亦未指出树的位置及为何种树。北海公园管理处编《景山公园》第 6 ~ 7 页:"在景山东麓的山脚下原有一株古槐,相传是明朝最后一个皇帝崇祯朱由检自缢的地方。……用腰带把自己吊死在东山脚下的槐树上。……清政府入关后,为了招降明朝官员,笼络汉族人心,维护其统治地位,便把此槐树称为'罪槐',并以铁链锁之。同时为教训其后代,不蹈崇祯的覆辙,还立下规矩,清室皇族成员路过此地,都要下舆步行。"

崇祯自缢于景山东麓道旁古槐树之说,不知出于何种记载,是否可信,"自缢于万岁山之寿皇亭"的说法,为何后来竟绝口不提,究竟错在哪里也不明白,成为景山之谜。崇祯自缢处是景山一处重要古迹,应予翔实考核。

五、李自成史迹

明季史籍中有明末农民领袖李自成到万岁山阅将士骑射的记载:

《甲申传信录》卷 6/119:崇祯十七年四月初六日,"闯尝至万寿山观将士骑射,从者数千余人"。万寿山即万岁山。

《国榷》卷 101/6069:四月壬戌(初五日),"李自成尝出万岁山,阅诸将骑射,从数千人"。

在万岁山何处观将士骑射,史无明文。万岁山可阅骑射之处,一为观德殿。蒋德璟《悫书》:"崇祯癸未(十六年)九月,召对万岁山观德殿。……观德殿在北安门(今地安门)内,玄武门(今神武门)外,万岁山东麓也。……山左宽旷,为射箭所,故名观德。"说观德殿(今少年儿童图书馆)在万岁山"东麓",是指大致方位,确切地说在万岁山的东北山脚下。当时还无清代重建的寿皇殿,就显得"山左宽旷"了。二是寿皇亭。《明季北略》说:"万岁山之寿皇亭,即煤山之红阁也。亭新成,先帝为阅内操特建者。"寿皇亭不载于崇祯初撰写的《酌中志》,亦不记于记载崇祯七年事之明《宫殿额名考》,连记崇祯十四年以后事的《悫书》也未说及,因此缪荃孙《明故宫考》也未列名,可见其"新"。既然众多史料均记有寿皇亭，不至为虚无。既然是为阅内操而特建，位置也必然在能见得到“山左宽旷”的射箭之所，当在今景山东北麓。李自成在崇祯帝新近为阅内操特建的寿皇亭，即红阁阅将士骑射也是很自然、很顺便的。

这里就又回到了崇祯自缢处的寿皇亭，现东麓的“崇祯自缢处”，决非是寿皇亭的位置。因为此处只能看到东边的围墙，完全看不到东北方以及北方空旷的射箭内操之处。现完全不提寿皇亭，也不说阅内操处，只讲槐树，可能也是由于方位不对。《憖书》在崇祯“召对万岁山观德殿”的题目下，首先记叙了往返路线：“出东华门，入东上北门，绕禁城行，夹道皆槐树，十步一株。折而西，则万岁山在望矣。复折而北，入山左里门（今景山东门），上御观德殿……对毕，赐茶饼。有顷，驾兴，入玄武门，诸臣乃出山左里门。”（载《日下旧闻考》卷35/549）这是唯一记载景山附近有“槐树”的文献，但这是指“绕禁城”的北池子一带，即紫禁城东墙外，并不是景山之内，而恰是此书指出观德殿在“万岁山东麓”。把崇祯自缢处指为景山东麓的槐树，不知与此段史料的记载有无关系。

更正崇祯帝自缢于槐树的记载，并补充李自成在万岁山校阅将士骑射的史迹，也是撰写本文的一个初衷。

燕王府即元故宫旧内考

元故宫在明初究竟拆毁了没有？燕王府究竟在哪里？几百年来，似乎已逐渐成了“定论”，即认为元故宫已于明初拆毁，燕王府在今西苑（今中南海）。但这些“定论”所依据的资料，往往与正式官方文献记载不一致，在史实上存在着不少错误；有关解释，很多是因循旧误，曲解附会，都难以为根据。而这些问题，对北京史来说，是关系比较紧要、重大的基本历史事实。本文对此作一试探。

一、《春明梦余录》说燕邸即西苑不确

孙承泽《春明梦余录》卷六/45“宫阙”（光绪南海孔氏古香斋袖珍本第8页）：

明太宗永乐十四年，车驾巡幸北京，因议营建宫城。初，燕邸因元故宫，即今之西苑，开朝门于前。元人重佛，朝门外有大慈恩寺，即今之射所。东为灰厂，中有夹道，故皇墙西南一角独缺。太宗登极后，即故宫建奉天三殿，以备巡幸受朝。至十五年，改建皇城于东，去旧宫可一里许，悉如金陵之制，而弘敞过之。

孙承泽《天府广记》（1962年北京出版社排印本）卷五“宫殿”，文字完全相同，认为燕王府即西苑。康熙中，朱彝尊作《日下旧闻》，缀录《春明梦余录》原文，未作论述。乾隆时，《钦定日下旧闻考》卷三十三“宫室・明一”除转录《春明梦余录》原文外，卷首又加了按语。臣等谨案：“明初燕邸，仍西宫之旧，当即元之隆福、兴圣诸宫遗址，在太液池西，其后改建都城，则燕邸旧宫及太液池东之元旧内并为西苑地，而宫城则徙而又东。”认为燕王府当即太液池西元之隆福、兴圣诸宫遗址，又说太液池东边的“元旧内”“并为西苑地”颇有抵牾。

光绪修《顺天府志》，卷三“宫室下”缪荃孙《明故宫考》，虽未指明燕王府所

在的“元故宫”为何处，但仍节录《春明梦余录》的原文：“太宗登极后，即故宫重建奉天三殿，以备巡幸受朝。永乐十五年，始改建皇城于东，去旧宫里许，悉如金陵之制”，因此《明故宫考》说的燕王府即“元故宫”，实质上仍是《春明梦余录》指的“即今之西苑”，但较谨慎，未贸然袭用“即今西苑”语。

朱偰《元大都宫殿图考》（第19页）、《明清两代宫苑建置沿革图考》（第48页）则完全沿袭《春明梦余录》记载，并说：“龙福宫在大内之西……盖即明成祖潜邸仁寿宫”；“明西苑宫殿，即元隆福宫故址，明成祖之燕邸”。

其他著述文章，也都相沿不疑，认为明初燕王府即为西苑，即今中南海的方位。

但我认为《春明梦余录》的记载值得怀疑，未必确凿。即如同书同卷第50页及《天府广记》卷五“宫殿”附载“燕王旧宫”，也都只说“于元皇城旧基建府”，未说是“西苑”。而这里说的“皇城”，是指大内宫城，并非指万历以后说的皇城禁垣，核对张焕丈量的“故元皇城”长度和两书前文所载“皇城外围墙”及“紫禁内城墙”长度即知。因此，同一书中一处说是“西苑”，另一处说是“皇城”，前后矛盾，并不一致。

以《天府广记》“燕王旧宫”及《春秋梦余录》相仿段落看，就有多处记载错误不实：

1.“燕王旧宫”记元皇城周一千二百二十六丈，误。据《明太祖实录》洪武元年八月癸巳所载，“二百”为衍文；

2. 两书说：“（洪武）二十二年，封太宗为‘燕王’，均误。据《明太祖实录》，应是洪武三年四月辛酉。”

3.《春明梦余录》于计度元皇城后，续“将宫殿拆毁”，“燕王旧宫”“于元皇城旧基建府”后，续“拆旧宫殿为之”，《实录》《祖训》《会典》均无此记载，系按己意窜入；

4. 所载燕王府宫室制度系永乐修改《实录》时所篡改，并非事实。朱偰在《明清两代宫苑建置沿革图考》（第8－9页）“燕王府之设置”一目中，已作了精辟的考证和分析；

5.“太宗登极后，即故宫建奉天殿”亦无可考。

因此，把《春明梦余录》所载即奉为可靠根据，我认为是不恰当的，也是疏于检点，不够审慎的。

二、据《实录》《祖训》记载燕王府即为元故宫旧内

从正式的官方文献记载来看，燕王府即为元故宫旧内，材料如下：

1.《明太祖实录》洪武三年秋七月辛卯

诏建诸王府。工部尚书张允言:“诸王宫城宜各因其国择地,请……燕用元旧内殿……上可其奏。命以明年次第营之。”

说的是“燕用元旧内殿”。“元旧内殿”,当是指宫城大内的宫殿。宫城外大内西太池西岸的隆福等宫,不属大内宫殿,只能称为元大都宫殿,不能称为“内殿”。

2.《皇明祖训》

“营缮:凡诸王宫室,并依已定格式起盖,不许犯分。燕因元之旧有。若王子、王孙繁盛,小院宫室任起盖”。

因前已准工部尚书所请“燕用元旧内殿”,因此这里只写了“燕因元之旧有”,燕王府作为诸王宫室“已定格式”的例外,特地说明不属“犯分”。

3.《明成祖实录》卷5/36载建文元年十一月乙亥燕王上书陈八事:“上(燕王朱棣)还北平,休息士马。以前所上书不报,复上书于朝曰:‘……其七,谓臣宫室僭侈,过于各府,此盖皇考所赐。自臣之国以来,二十余年,并不曾一毫增益。”其所以不同各王府者,盖“祖训·营缮条”明言:“燕因元之旧有。非臣敢僭越,此奸臣之枉臣也。”

4.《明史》卷145《姚广孝记》,明确说:“燕邸,故元宫也”。

以上各条材料,都是确凿可靠的官方正式文献,说的是“燕用元旧内殿”,“因元之旧有”,“故元宫也”,都没有说是“西苑”。因此,我认为确定燕王位置的第一手原始资料应该是洪武三年的“建诸王府诏”,以及《明皇祖训》和建文元年的燕王上书,而决不能是三百年后《春明梦余录》的并不确凿的叙述和附会。

三、“西宫”是永乐十四、十五年因“旧宫”“将撤而新之”时建的“视朝之所”,并非是燕之旧宫

《明成祖实录》:永乐十四年八月丁亥,“作西宫。初,上至北京,仍御旧宫。及是,将撤而新之,乃命工部作西宫,为视朝之所”。

十五年四月癸未,“西宫成。其制:中为奉天殿,殿之侧为左右二殿;奉天殿之南为奉天门,左右为东西角门;奉天门之南为午门;午门之南为承天门。奉天殿之北为后殿、凉殿、暖殿及仁寿、景福、仁和、万春、永寿、长春等宫,凡为屋千六百三十余楹”。

徐学聚《国朝典汇》卷192记载相同。

这条材料十分重要，可以说是一把开明初北京建筑史的关键性钥匙：

第一，它明确说明成祖从京师（南京）回到北京，“仍御旧宫”，即仍住原来燕王府。燕王府在哪里？如上文所述，我认为即是《实录》说的“元旧内殿”，而并不是宫城大内之西的隆福宫。

第二，“及是将撤而新之”，“撤”，就是拆燕王府“旧宫”，也就是拆元故宫“旧内”；“新之”，就是如南京规制，营建北京。

第三，乃命工部作西宫，为“视朝之所”。由于原来所御的燕王府“旧宫”要拆掉改建，在营建北京的工程完成之前，仍需要一处临时的“视朝之所”，于是“作西宫”就首先提上了日程，好腾出“旧宫”，以便“撤而新之”，正式营建北京宫殿。

“西宫”建成后的第三天，即永乐十五年五月丙戌朔，明成祖就从京师（南京）返回北京，御新建的西宫奉天殿受朝贺①。两个月后，即永乐十五年六月，营建北京的工程正式开工。在营建北京的三年半时间里，明成祖就住在西宫，受朝视事②。到永乐十九年正月初一日，新建北京宫殿成，明成祖才正式迁入“新宫”，而“西宫”相对来说又变成了旧宫。西宫被视为“旧宫”，与原燕王府“旧宫”，是两个不同的概念，不能混为一谈。

四、朱偰“燕府改建西宫”说误

（一）朱偰《明清两代宫苑建置沿革图考》说：“燕府改建西宫。成祖即位，尚都南京，惟就燕府改建西宫，以备巡幸受朝，非正式宫殿也。”（第9页）这样判断，歪曲了《实录》“作西宫”的原始记录，也与事实不相符合。据《明史·成祖本纪》记载，燕王朱棣自建文四年六月靖难之师进入都城。即皇帝位后，在“作

① 《明成祖实录》，永乐十五年五月丙戌朔，车驾至北京，于奉天殿丹陛设坛，遣官祭北京山川城隍诸神，上御奉天殿受朝贺。

② 据文献记载，明成祖朱棣曾“受朝视事”之西宫，于嘉靖十年进行了修葺，《明世宗实录》嘉靖十年八月丁未，“上谕尚书李时曰：‘西苑工俱告完，朕今日往视……’曰：‘西苑宫室，是朕文祖所御。近修葺告成，欲于殿中设皇祖之位祭告之，……祭毕宜以宴落成之’。”《明世庙圣政纪要》记载同。《古和稿》称之谓“再建”，并改名“万寿宫”，云：“西宫再建，钦定正宫前堂曰‘万寿宫’，后寝曰寿源宫，宫门曰万寿门。”《世庙识余录》载，自“嘉靖壬寅（二十一年）宫变，……上即移御西苑万寿宫，不复居大内。万寿（宫）本成祖皇帝旧居也”。《野获编》卷2/48“列朝”也说，“万寿宫者，文皇帝旧宫也”。这些材料说明，到嘉靖、万历年间，“西宫”虽然修葺再修，改名“万寿宫”，仍只说它是“朕文祖所御”“本成祖皇帝旧宫”“文皇帝旧宫”，跟《实录》所载相同，都没有说西苑宫室本是燕王府。

西宫"之前,已回过两次北京。第一次,自永乐七年三月壬戌至八年冬十月丁酉,在北京待了一年零七个月;第二次,自永乐十一年夏四月乙酉至十四年八月戊申,包括亲征瓦剌,共待了三年四个月,因此,说即位后"惟就燕府改建西宫以备巡幸受朝"是解释不通的。

(二)又说:"正式宫殿之营建。成祖虽建西宫,然不过备巡幸受朝而已;即决定迁都北京,遂不得不营建正式宫殿"(第10页)。这也是拧了《实录》记载的原意。《实录》明明说因"旧宫""将撤而新之,乃命工部作西宫为视朝之所",如若"就燕府改建西宫",则"作西宫"完全是多此一举。正式宫殿即将营建,何必还要改建自洪武十三年三月壬寅燕王之国以来已经整整用了三十七年的"旧宫"呢?恰是因为"将撤而新之的"旧宫",不是在"西苑",而是在元"旧大内",这样,才有另作西宫为"视朝之所"的需要。

(三)《春明梦余录》说:永乐十五年,改建皇城于东,去旧宫可一里许。这里所谓的旧宫,是指"西宫",距离完全正确无误。但《梦余录》把它误认为是"燕邸",即元故宫。朱偰《元大都宫殿图考》(第17页)、《明清两代宫苑建置沿革图考》(第10页)和《北京宫阙图说》(第1页)引《梦余录》文时,又改易原文,增入"元故宫"三字,作"改建皇城于元故宫东",以成其说。

因此,朱偰的"王府改建西宫"说是不能成立的,错误的。

五、谓萧洵"奉命毁元故宫,因记其制度"也是曲解附会

朱偰《元大都宫殿图考》第19页说:"何以见实录所谓元旧内,系隆福宫而非大内?盖明初毁元宫室,大内必先拆毁。"既是以大内已先拆毁为前提,来断定实录说的"元旧内"是隆福宫而不是大内的。那么为什么说,明初毁了元宫室?同书第5页说:"明初虎溪萧洵,已毁元宫室,遍阅内禁,为《故宫遗录》一卷。"但我认为这个论断是不确实的,没有事实可以证明的。

按萧洵《故宫遗录》,原文仅详叙元宫室,一字未提遍阅宫室和写作《遗录》的缘由。

洪武丙子(二十九年),吴节撰《故宫遗录·序》:"《故宫遗录》者,庐陵萧洵之所撰也。革命之初,任工部郎中,奉命随大臣至北平毁元旧都,因得遍阅经历,……莫不详具该载……"

这里,一开始就有两点记述不确:

(一)说萧洵"任工部郎中",不实。

光绪《长兴县志》(卷22"名臣")和他原籍的同治《吉水县志》(卷37人物

志)都说,萧洵于洪武六年“以工部主事出知长兴县”,不是“工部郎中”。

(二)说“毁元旧都”,不见《实录》记载。

《明太祖实录》仅有洪武元年八月戊子,“大将军徐达……令指挥叶国珍计度北平南城(故金时旧基)”;癸巳,“大将军徐达遣指挥张焕计度故元皇城”。并无“毁元旧都”记载。

吴节于二十余年后教馆长兴,得以传抄序中所记,当是耳闻不实,本不足以为凭。

过了二百多年,到万历四十年,赵琦美作《序》,说:“《故宫遗录》者,录元之故宫也。洪武元年灭元,命大臣毁元氏宫殿。庐陵工部郎萧洵实从事焉,因而记录成帙。”

明末清初,孙承泽撰《春明梦余录》卷6/50,记“明洪武元年八月,大将军徐达遣指挥张焕计度元皇城……将宫殿拆毁”。这“将宫殿拆毁”数字,为《实录》所无,是孙承泽承袭了吴赵两序的错误,按己意添加上去的,以为其“燕邸即西苑说”呼应作注。因此,《春明梦余录》“燕邸即西苑说”之误,看来即种根于吴、赵两序。

康熙中,朱彝尊子朱昆田为《日下旧闻》纂《补遗》,全文收录《故宫遗录》,并撰按语:“虎溪(萧洵)因毁故宫,特详其形制,有心哉是人!”

至纪昀撰《四库全书总目提要》,因《日下旧闻》已全载《遗录》,故不再重录,仅列入地理类存目。提要云:“《故宫遗录》一卷,明萧洵撰。洵,庐陵人,洪武初为工部郎中,奉命毁元故宫,因记其制度。”

兹后,朱偰《元大都宫殿图考》(第5页),《明清两代宫苑建置沿革图考》(第8页)、《中国人名大辞典》(第1649页)、北京出版社《北平考·故宫遗录》出版说明,都因袭旧说,沿误未改。

从上述可以看出,所谓萧洵“奉命毁元宫,因记其制度”的说法,在萧洵《故宫遗录》原文里本是没有的。吴节作序,说“毁元旧都”,就已不确。到万历赵琦美作序,又改成“毁元氏宫殿”。从此就相沿其误,信以为真,如孙承泽、纪昀、朱偰等都未能予以审辨,并曲意为之解释。但是,没有事实根据的附会,是经不得检验的,是不能以此来作为元故宫已经拆毁的根据的。

六、元亡以后,元故宫一直保存了五十年,《故宫遗录》当是“取《北平宫室图》”过程中的产物

元故宫在明初究竟拆毁了没有?我认为并没有拆毁,而是把它改成了燕王府。直到永乐十五年营建北京,才按照南京规制,把它“撤而新之”,改建成为北京宫殿。

（一）《明太祖实录》载洪武二年九月癸卯以临濠为中都诏说："初，上召诸老臣问以建都之地，……或言北平元之宫室完备，就之可省民力者。上曰：……若就北平，要之宫室不能无更作，亦未易也。"说明到洪武二年九月，元朝故宫仍是"完备"，并未拆毁。

（二）《明太祖实录》载洪武二年十二月丁卯，"改湖广行省参政赵耀为北平行省参政。……耀因奏进工部尚书张允所取《北平宫室图》。上览之，令依元旧皇城基改造王府"。要赵耀来"守护王府宫室"，并奏进《北平宫室图》，又说明元宫室仍完备，并未拆毁。

（三）《明太祖实录》载洪武三年七月辛卯，诏建诸王府，同意工部尚书张允所奏"燕用元旧内殿"。"内殿"当然是指大内宫殿，决不会指西苑的隆福宫，更不可能是专指隆福宫，而把大内宫殿反而排除在"内殿"的概念之外。所以，"用元旧内殿"，即元旧大内宫殿尚在。

（四）宋纳《西隐文集》卷三有《壬子秋过元故宫诗》。"壬子"是洪武五年。诗中有"九华宫殿燕王府"句。题目明明确确说是"过元故宫"，诗句又说是"九华宫殿"，当然是指大内宫殿，而绝非元太后所居的西苑隆福宫。所以，洪武五年，不仅"元故宫""九华宫殿"尚在，而且已成了"燕王府"。

（五）《明太祖实录》洪武十三年三月壬寅，"燕王棣之国北平"，并不曾一毫增益。其所以不同各王府者，盖《祖训》"营缮"条明言燕因元之旧有，非臣敢僭越。说明燕王府一直是"因元之旧有"，"之国"以后，未曾改动过。

（六）《明成祖实录》永乐十四年八月丁亥，载燕王棣即皇帝位以后。到北京来的时候，"仍御旧宫"，即继续住在原来的燕王府，也就是以前的元故宫里。直到这时候，才决定正式营建北京，"将撤而新之"，把它拆了重建。

因此，元故宫自元亡以后，一直保存，利用了整整五十年。其中，自洪武三年以后，有三十三年作为燕王府，燕王"之国"以后，住了二十三年；燕王即皇帝位后，又继续保留、利用了十五年。朱偰所说的"大内必先拆毁"，是主观猜测之辞，与历史事实和文献记载是不相符合的。

明初营建北京始于永乐十五年六月考

——兼论有关营建北京年代的一些问题

一、关于营建北京始于何年的不同记载

营建北京，是明朝一代的大事，更是北京史上的一件大事。但是，有关营建北京的历史至今还没有能弄得很清楚。营建北京开始于哪一年，就有好几种不同的说法；甚至同一人，前后说法也不一致。瞿宣颖《北平史表长编》、侯仁之《北京旧城平面设计的改造》说是永乐二年①，单士元《故宫》、侯仁之《历史上的北京城》和《元大都城与明清北京城》、故宫博物院《故宫简介》说是永乐四年②。单士元《故宫史话》、《中国古代史常识》“明清”部分说是永乐五年③。缪荃孙《明故宫考》、朱偰《明清两代宫苑建置沿革图考》和《北京宫阙图说》作永乐十

①瞿宣颖《北平史表长编》第42页“（甲申）明成祖永乐二年（1404年）徙民，建宫殿”。《明史》成祖纪“九月丁卯，徙山西民万户实北京。五月，建北京宫殿”。侯仁之《北京旧城平面设计的改造》（原载《文物》1973年第5期），侯仁之《历史地理学的理论与实践》（第213页，上海人民出版社，1979年）：“明初有计划地改建北京城，始于永乐二年（1404年），到永乐十八年（1420年）基本完成。”

②单士元《故宫》（载《文物参考资料》1957年第1期）：“故宫的建筑开始经营在1406年，到1420年建筑完成。”侯仁之《历史上的北京城》（原刊《光明日报》1962年1月17日，载入《步芳集》时改名为《北京城的沿革》）：“永乐四年起，开始营建北京宫殿，改造城池，直到永乐十八年（1420年）全部落成。”侯仁之《元大都城与明清北京城》（载侯仁之《历史地理学的理论与实践》第187页）：“永乐四年着手营建北京宫殿城池，十八年宫阙告成。”故宫博物院编《故宫简介》：“故宫从明永乐四年（1406年）开始修建，永乐十八年（1420年）基本建成。”

③单士元《故宫史话》（中华书局，1978年）：“公元1407年（明成祖永乐五年），明朝皇帝集中了全国著名的工匠，并且征调了二三十万农民和部分卫军做壮工，在北京大兴土木，开始建造皇宫，到1420（永乐十八年）才完成。”《中国古代史常识》明清部分（中国青年出版社，1980年）第46页：“1406年（永乐四年），明令迁都。第二年五月，正式开始北京城的修筑……工程历时十三年，到1420年（永乐十八年）才完工。”又商传《明十三陵》（北京出版社，1978年）第7页：“1407年（永乐五年）开始兴修宫殿和城垣。”

五年①。还有不写开始营建于何时,只写某年建成,或写建于明初永乐年间。

查考一下史料,同时也有不同记载。《大政记》《明大政纂要》《国榷》《明史·地理志》和《明史》中的《陈珪传》《师逵传》《刘观传》,《明鉴纲目》《明通鉴》等作永乐四年。《明实录》《昭代典则》《春明梦余录》《天府广记》《明史·成祖本纪》作永乐十五年。《大明会典》《明史·舆服志》作永乐十八年。《寰宇通志》《大明一统志》则不记起工之年,仅书于何年建成②。

在以上的不同说法和记载中,究竟哪一种说法和记载是正确的,营建北京到底开始于哪一年?以下作一初步考证。

二、永乐四年营建北京和永乐五年营建北京两说缺乏事实根据

《明成祖实录》卷44记载:永乐四年闰七月壬戌:

> 文武群臣淇国公丘福等请建北京宫殿,以备巡幸。遂遣工部尚书宋礼诣四川,吏部右侍郎师逵诣湖广,户部左侍郎古朴诣江西,右副都御史刘观诣浙江,右佥都御史史仲成诣山西,督军民采木。人月给米五斗,钞三锭;命泰宁侯陈珪、北京行部侍郎张思恭督军民匠造砖瓦,人月给米五斗;命工部征天下诸色匠作;在京诸卫及河南、山东、陕西、山西都司,中都留守司,直隶各卫选军士;河南、山东、陕西、山西等布政司,直隶凤阳、淮安,扬州、庐州、安庆、徐州、和州选民丁,期明年五月,俱赴北京听役。率半年更代。人月给米五斗。其征发军民之处,一应差役及闸办银课等项悉令停止。

这里清清楚楚地记载了永乐四年群臣"请建北京宫殿",于是派遣大臣分赴各地督军民采木,烧造砖瓦;并征发各地工匠、军士、民丁;"期明年(即永乐五年)五月俱赴北京听役。"永乐四年,并未营建。朱国祯《大政记》卷8,作永乐四年闰七月癸卯"建北京宫殿",谭希思《明大政纂要》卷14,永乐四年闰七月"建北京宫殿",谈迁《国榷》卷14,永乐四年闰七月壬戌"作北京宫殿",《明鉴纲目》卷2,永乐四年闰七月"营北京宫殿"等,都记载不确切。《国榷》在接着叙述遣官分道采木、督陶之后,加注说:"改建皇城于东,去旧宫可一里。制如南

---

①缪荃孙《明故宫考》(光绪《顺天府志》卷3第18页)、朱偰《明清两代宫苑建置沿革图考》第10页"正式宫殿之营建"、朱偰《北京宫阙图说》第1页,均引《春明梦余录》作永乐十五年。

②本段文字中所举各书的出处和原文,均见后文。

(京),弘敞过之”,似乎永乐四年不但营建了北京宫殿,而且完工了,这就更不对了。这几句,本来是总结永乐十八年宫殿成的话,把它移到前面永乐四年时候来说,就错误了。

《明史》卷40《地理志》一“京师·顺天府”,作“永乐四年闰七月建北京宫殿”,同样也是错误的,因此,中华书局标点《明史》时,作了如下校勘记:

永乐四年闰七月诏建北京宫殿原脱“诏”字。按本书卷六《成祖纪》,四年闰七月壬戌下诏,“以明年五月建北京宫殿”,《太宗实录》卷44同。是四年闰七月下诏,实际修建在五年五月。据补。

这个“诏”字补得好,把永乐四年“建北京宫殿”改成了“诏建北京宫殿”,这样就确切了,因为永乐四年时还没有修建北京宫殿,只是下诏宣布要建北京宫殿。

同样,《明史》卷153《宋礼传》说:“帝将营北京,命礼取材川蜀。”根据前引《实录》和《明史·七卿年表》,遣工部尚书宋礼“采木四川”是在永乐四年闰七月,这里用了一个“将”字,也是确切的。而《明史》;卷150《师逵传》作“永乐四年建北京宫殿”,卷151《刘观传》作“永乐四年,北京营造宫殿”;卷146《陈珪传》作“永乐四年,董建北京宫殿”,则就不确切了,成为错误的了,因为永乐四年只是下了诏,并没有营建北京的事实。

校勘记作“实际修建在五年五月”,但是查遍《实录》并无永乐五年五月实际修建的任何记载。《实录》里除了有些零星的时停时续的有关采木的记载外,对营建北京有整整十年不再提及了,似乎原定永乐五年五月开始营建北京的计划,无形中被无限期地推迟了。永乐十四年“复诏群臣议营建北京”的时候,群臣上疏中又明确说:“陛下嗣太祖之位,即位之初,尝升为北京,而宫殿未建。”因此说实际修建在五年五月也是缺乏事实根据的。

《北平史表长编》作永乐二年建北京宫殿,并无任何依据,只是由于作者编纂工作的粗略和疏忽,把《明史·成祖本纪》永乐四年闰七月壬戌“诏以明年五月建北京宫殿”中的“五月建北京宫殿”几个字,省略了年份和前面的其他记载,接续到永乐二年九月丁卯“迁山西民万户实北京”之后,于是永乐四年就变成了永乐二年,五月也排到了九月之后。只要复核一下所引的原文,就可以校出这个明显的错误。

至于原定永乐五年五月开工营建北京宫殿的计划为什么推迟了,由于《实录》里没有这样的诏文,不得而知,本文也不准备予以深入的考察。大致说来,第一，征集营建材料如采木、烧造砖瓦等都需要待以时日，不是说要马上就能有的。原计划开始营建北京宫殿的时候，皇后徐氏（徐达长女）崩了，又不得不把力量先转移到营建昌平寿陵上来。永乐十一年二月葬仁孝皇后于长陵以后，长陵的营建工程仍在继续进行，直到永乐十四年三月长陵殿成才结束①；第二，从当时的政治形势看，正好发生与南方安南的连年战争，接着又跟北方鞑靼和瓦剌展开了规模很大的战争。永乐八年，明成祖亲征鞑靼，“自将五十万众出塞”②。永乐十二年，亲征瓦剌，“发山东、山西、河南及凤阳、淮安，徐、邳民十五万，运粮赴宣府”③。战争连年不断，需要大量人力和物力的支持，也必然会影响到营建北京宫殿计划的执行。

三、营建北京的工程开始于永乐十五年六月至十八年十二月完工，历时三年半

营建昌平寿陵（长陵）的工程全部竣工以后，过了五个月，开始了“作西宫”的工程。《明成祖实录》永乐十四年八月丁亥，“作西宫。初，上至北京，仍御旧宫。及是，将撤而新之，乃命工部作西宫，为视朝之所”④。营建西宫的工程进行得很迅速，只用了八个月就完工了⑤。作西宫是营建北京的前奏，为营建北京宫殿腾出地方，创造条件，本身并不属于“营建北京”的范围。⑥

永乐十四年八月“作西宫”的工程开始以后，明成祖于九月戊申离开北京，十月癸未达到京师南京，十一月，明成祖来到南京以后，“复诏群臣议营建北京”⑦。经过议论，决定营建北京。《明成祖实录》卷182详细记载了讨论的经

---

①《明史·成祖本纪》：永乐五年秋七月乙卯，“皇后崩”。七年五月乙卯，“营山陵于昌平，封其山曰天寿”。十一年二月丙寅，“葬仁孝皇后于长陵”。《昭代典则》卷13，永乐十三年九月，“昌平寿陵成”。《明成祖实录》永乐十四年三月癸巳朔，“长陵殿成，奉安仁孝皇后神主”。《国榷》同。

②《明史》卷327《鞑靼传》。

③《明史》卷7《成祖本纪》二。

④《明成祖实录》卷102。《国朝典汇》卷192“工部七·营建”记载同。

⑤《明成祖实录》永乐十五年夏四月癸未，“西宫成”，并记规制。《大明会典》卷181“工部一·营缮清吏司一·营造一·内府”，作“永乐十五年作西宫（成）于北京”，在叙述殿门之后，注：“今在西城，各殿门俱更别名。”

⑥西宫成于永乐十五年夏四月癸未，营建北京的工程开始于十五年六月，即是在西宫竣工后两个月才上马的，因此，“作西宫”，不包括在“营建北京”的工程范围之内。

⑦永乐四年七月壬戌，“文武群臣淇国公丘福等请建北京宫殿，以备巡幸”，于是“诏以明年五月建北京宫殿”。事隔十年，再次讨论营建北京，因此称“复诏群臣议营建北京”。

过。永乐十四年十一月壬寅，“复诏群臣议营建北京”：

先是车驾至北京，工部奏请择日兴工。上以营建事重，恐民力不堪，乃命文武群臣复议之。

于是，公、侯、伯五军都督及在京都指挥等官上疏曰：“臣等切惟北京河山巩固，水甘土厚，民俗淳朴，物产丰富，诚天府之国，帝王之都也。皇上营建北京，为子孙帝王万世之业。比年车驾巡狩，四海会同，人心协和，嘉瑞骈集，天运维新，实兆于此。矧河道疏通，漕运日广，商贾辐辏，财货充盈，良材巨木，已集京师。天下军民，乐于趋事，揆之天时，察之人事，诚所当为而不可缓。伏乞上顺天心，下从民望，早敕所司兴工营建，天下幸甚。”

六部、都察院、大理寺、通政司、太常寺等衙门、尚书、都御史等官，复上疏曰：“伏惟北京，圣上龙兴之地，北枕居庸，西峙太行，东连山海，南俯中原，沃野千里，山川形胜，足以控四夷，制天下，诚万世帝王之都也。昔太祖高皇帝削平海宇，以其地分封陛下，诚有待于今日。陛下嗣太祖之位，即为之初，尝升为北京，而宫殿未建。文武群臣合词奏请，已蒙俞允，所司抡材川广，官民乐于趋事，良才大木，不劳而集。比年圣驾巡狩，万国来同，民物阜成，祯祥协应，天意人心，昭然可见，然陛下重于劳民，延缓至今。臣等切惟宗社大计，正陛下当为之时，况今漕运已通，储蓄充溢，材用具备，军民一心，营建之辰，天实启之。伏乞早赐圣断，敕所司择日兴工，以成国家悠久之计，以副臣民之望。”上从之。

接着，《明太宗实录》里接连不断地记载了大量有关营建北京的材料。现把较为重要的摘录几条如下：

永乐十五年正月壬子，“命平江伯陈瑄充总兵官，率领官军馈运粮储，并提督沿河运木赴北京”。

二月壬申，“命泰宁侯陈珪掌缮工事，安远侯柳升、成山侯王通副之，仍命礼部铸印给之，制视都督府，文曰‘缮工之印’。”申戌，“命掌缮工事泰宁侯陈珪、成山侯王通兼掌北京行后军都督府事”。以便于督率军士营造。

三月丙申，命刑部、都察院移文诸司，除十恶、强盗监候审决，其杂犯死罪及徒、流以下悉纵还家，营路费，赴京输役赎罪。

五月戊子，“命行在都察院左副都御史李庆兼督营造”。乙未，“遣官巡视北京通州至仪真（运河入长江处）河道”。

冬十月甲申，十六年冬十月甲申，十七年冬十月壬申朔，均“赐营造军、民、夫、匠袢袄、裤、鞋”及绵布、绵花、胡椒、苏木等各有差。

十六年十一月辛未，“免浙江、江西，湖广、苏、松民营造，令馈运北京”。

十七年六月丁丑，“命法司出杂犯死罪以下囚运砖赎罪，以罪轻重为多寡。运毕，军民释放，官吏复职役”。

秋七月辛亥，“有司请以平江伯陈瑄所统运粮军士，明年俱赴北京营造；岁用粮储，宜令各处粮户自输北京。……于是行在户部议：‘宜令浙江、江西、湖广及在京水军等卫军士仍留转运，其余卫所军士令营造。……。’从之”。

九月辛酉，敕工部尚书宋礼曰：“卿采材于蜀数年，……今材已足用，可回京视事。”

十一月甲子，“拓北京南城，计二千七百余丈”。即把北京南城墙向南推展二里多。

十八年三月己巳朔，“诏在外军、民、夫、匠于北京工作者，咸复其家”。

九月丁亥，“上命行在礼部，自明年正月初一日始，以北京为京师，不称行在……”

十二月癸亥，“初，营建北京，凡庙社、郊祀、坛场、宫殿、门阙、规制悉如南京，而高敞壮丽过之。复于皇城东南建皇太孙宫、东安门外东南建十王邸。通为屋八千三百五十楹。自永乐十五年六月兴工，至是成”。升营缮官吏、木瓦匠官，赐督工文武官员及军、民、夫、匠各有差。

十九年春正月甲子朔，“上以北京郊社、宗庙及宫殿成，是日早，躬诣太庙，奉安五庙、太皇太后神主；命皇太子诣天地坛，奉安昊天上帝、厚土皇地祇神主；皇太孙诣社稷坛，奉安太社、太稷神主；黔国公沐晟诣山川坛，奉安山川诸神主。礼毕，上御奉天殿受朝贺，大宴文武群臣及四夷朝使”。

《诏代典则》卷13记：永乐十五年“六月，建北京郊庙、宫殿”；

《日下旧闻》卷6“宫室·明”引《万历重编内阁藏书目录》：“永乐十五年，鼎建北京宫殿。”

又《国朝典汇》卷187“工部二·都邑城池”载：“（永乐）十五年六月，建北京郊庙、宫殿。十一月，建北京奉天殿、乾清宫。十八年……十二月，初，营（建）北京，凡庙社、郊祀、坛场、宫殿、（门）阙，规制悉如南京……自永乐十五年六月兴工，至是成。”

《春明梦余录》《天府广记》亦载：“北京宫殿，悉仿其（金陵宫殿）制。永乐十五年起工，至十八年三殿工成。”并记太庙、天地坛、社稷坛、山川坛均永乐十八年建。又《寰宇通志》《大明一统志》载，鼓楼、钟楼“俱永乐十八年建”。

从以上大量的材料来看，永乐十四年“复诏群臣议营建北京”以后，北京确确实实地营建起来了。营建的不仅仅是奉天三殿或宫殿,也不仅限于皇城。而是包括一整套作为全国的京师所必须具备的宫殿、门阙、城池、太庙、社稷、天地坛、社稷坛,以及鼓楼、钟楼等等。所以是名副其实的"营建北京"。营建的时间是"自永乐十五年六月兴工",到永乐十八年十二月完工,历时三年半。

四、《寰宇通志》《大明一统志》《大明会典》记营建北京时间不确,《国榷》《明史·陈珪传》和《明通鉴》有关营建北京时间的错误叙述

《明史》卷7《成祖本纪》仅记载:永乐十四年十一月壬寅,"诏文武群臣集议营建北京",永乐十八年二月癸亥,"北京郊庙宫殿成";卷68《舆服志》四宫室之制详载宫殿、门阙规制,亦未记兴工年月。因此,《明史》缺载"自永乐十五年六月兴工"的史实。

《寰宇通志》卷1"京师"、《大明一统志》卷一"京师"均作"(永乐)十九年,营建宫殿成",不确。

《大明会典》卷181"工部一·营造一"(内府)仅有"(永乐)十八年营建北京,宫殿门阙悉如洪武初旧制"的简略记载,没有重复列举宫殿门楼规制。这里把永乐十八年营建北京"成"记载成"十八年营建北京",也不确切,从字义上完全可以理解成十八年开始营建北京,造成误会。《明史·舆服志》相沿作"十八年建北京",同样也是不对的。

《国榷》卷17记载:永乐十八年十二月癸亥,"北京新宫成,规制如南京加壮。自戊子六月肇工,历十三年"。这里不说"北京宫殿",而说"北京新宫",看来是由于在前面已经记载过永乐四年闰七月壬戌"作北京宫殿",并加注"制如南(京),弘敞过之",因此,在这里就只能说是"北京新宫成"了。这样,就变成了两次营建北京。"戊子"是永乐六年,查《实录》,永乐六年,北京并无营建工程,只有六月丁亥有一条"命户部尚书夏原吉自南京抵北京,缘河巡视军民运木造砖"的记载,但这只能看作是为营造昌平山陵、视察建筑材料的准备情况,不能把它说成是第二次营建北京"肇工"的根据。说营建北京"历十三年",如前文所述,也是与事实不符的。

《明大政纂要》记载,永乐四年闰七月,"建北京宫殿",永乐十八年"九月,北京宫殿成",并全录《实录》:"凡……自永乐十五年六月兴工,至是成。"这样,也成了永乐四年和十五年二次营建北京。又按《实录》,永乐十八年九月己巳有"北京宫殿将成……"的记载,改为"九月北京宫殿成"就不对了。

《明史》卷146《陈珪传》:"永乐四年(陈珪)董建北京宫殿,经画有条理,甚见奖重。……十五年,命铸缮工印给珪,并设官属,兼掌行在后府。十七年四月卒,年八十五。"夏燮《明通鉴》卷16说:永乐十五年二月壬申,"命泰宁侯陈珪仍督北京营缮事。珪以四年董建北京,经画有条理,甚见奖重。至是命铸缮工印给珪,并设官属,兼掌行在后府"。似乎永乐四年营建北京实有其人其事,确凿无疑。但是,只要把《实录》记载对照一下,就会发现《明史·陈珪传》和《明通鉴》的错误。《明成祖实录》记载,永乐四年闰七月壬戌,"命泰宁侯陈珪、北京行部侍郎张思恭督军民匠造砖瓦",并没有命他"董建北京宫殿"的事实。当时不仅没有任命陈珪董建宫殿,也没有任命其他任何人董建宫殿。所有受命的大臣,都是分赴各地督军民采木和造砖瓦,准备建筑材料。永乐四年只是"诏以明年五月"建北京宫殿,到永乐五年,营建北京的计划又未能预期实施,陈珪怎么能在永乐四年"董建北京宫殿"呢?《实录》记载,永乐十五年二月壬申,"命泰宁侯陈珪掌缮工事,安远侯柳升、成山侯王通副之,仍命礼部铸印给之,制视都督府,文曰'缮工之印'"。甲戌,又"命掌事缮工事泰宁侯陈珪、成山侯王通兼掌北京行后军都督府事",以便于督率军士造作。五月戊子,复命行在都察院左副都御史李庆同陈珪等总督营造。至永乐十七年夏四月甲辰陈珪卒。《实录》在记叙陈珪籍贯、身世、功勋以后,接着叙述说:"及营建北京,置缮工,命珪总其事。珪经画有条理,甚见奖重,年八十有五卒。"这里说的"及营建北京",就是永乐十五年的营建北京。《明史·陈珪传》说的"董建北京宫殿",其实也是永乐十五年二月命陈珪掌缮工事和同年五月命陈珪总督营造的事实。说陈珪"经画有条理,甚见奖重",是对陈珪永乐十五年起总督北京缮工的评价。《明史·陈珪传》的作者先是认定有永乐四年营建北京其事,而陈珪又是董其事者,然后再把《实录》中"经画有条理,甚见奖重"两句话抽出来,安到"永乐四年,董建北京宫殿"的下面。《明通鉴》又进一步引申为因果关系,说成由于陈珪"以四年董建北京,经画有条理,甚见奖重",于是到永乐十五年就命他"仍督北京营缮事",这是割裂字句,断章取义,移花接木,以致完全歪曲了历史事实真相,捏造出来一个永乐四年陈珪董建北京的虚幻假象。

五、小　结

综合上面的叙述和论证,可归纳为如下几条:

一、《明成祖实录》《国朝典汇》《昭代典则》记载,营建北京"自永乐十五年(1417年)六月兴工",到永乐十八年(1420年)十二月完工,历时三年半。

二、“复诏群臣议营建北京”，是在永乐四年“诏以明年五月建北京宫殿”的十年之后做出的。永乐四年诏以明年五月营建北京的计划并没有实行。

三、“复诏群臣议营建北京”，是在作西宫的工程开工三个月以后提出的，而营建北京宫殿的工程又是在西宫竣工以后两个月上马的，因此，营建北京仅指按照京师规制营建的宫阙、城池、郊社、坛庙等等建筑，并不包括建离宫“西宫”和营建长陵等工程。

四、《明史·陈珪传》把泰宁侯陈珪于永乐十五年“受命董建北京，经画有条理，甚见奖重”的事迹安到永乐四年是错误的。《明通鉴》把它引申为因果关系更属谬误。《明史·地理志》等记“永乐四年闰七月建北京宫殿”是错的，把它改为实际修建在五年五月仍然缺乏事实根据。

五、《国榷》说“自戊子（永乐六年）肇工，历十三年”，不符合历史事实。

六、《大明会典》把永乐十八年营建北京宫殿完工写成“十八年营建北京”，不确切。《寰宇通志》和《大明一统志》作永乐“十九年营建宫殿成”，也不确切。

点校孙承泽《春明梦余录》前言

一、孙承泽与《春明梦余录》

《春明梦余录》70卷，明末清初孙承泽著。

孙承泽，字耳伯，号北海，又号退谷、退谷逸叟、退翁、退道人，祖籍山东青州府益都县。明永乐五年(1407年)三月，徙山西平阳等府、山东青州等府民5000户实京畿，隶上林苑监，牧养、栽种。孙承泽先祖明善在徙户之中，于是隶籍上林苑。万历二十年(1592年)壬辰，孙承泽生于顺天府上林苑采育，今北京市大兴县采育镇。崇祯三年(1630年)，中顺天府庚午科举人，四年，中辛未科第三甲第一百四十五名进士，时年39岁。历任河南陈留知县，调祥符县，以卓异授刑科给事中，历升户、工左右给事中，刑科都给事中。清军入关，仕清，补吏科都给事中，历升太常少卿、翰林院提督四译馆、通政司左右通政、太常寺卿、大理寺卿、兵部左右侍郎、吏部左侍郎管右侍郎事。顺治八年(1651年)，年60，藉重听以都察院右都御史、太子太保乞身引退。康熙十五年(1676年)病殁，年84岁。生平事迹见王崇简《光禄大夫太子太保都察院右都御史吏部左侍郎孙公承泽行状》(载钱仪吉《碑传集》卷10)、《清史列传》卷47。

孙承泽引退后，营退谷于西山卧佛寺后水源头旁，闭门著书20余年，岁有成帙。据《钦定四库全书总目》《增订四库简明目录标注》《清代禁毁书目》《清代禁书知见录》《清史稿·艺文志》《清史稿·艺文志补编》《孙公承泽行状》康熙《大兴县志》《中国丛书综录》《中国善本书提要》《北京图书馆善本书目》《贩书偶记》《贩书偶记续编》记载，孙承泽先后著作43种，分类统计列表于后：

种数	已刊印者	有传抄本者	不详者	收入四库者	列入存目者	列入禁书目者
经部10部	3	3	4	0	5	0
史部18种	5	5	8	1	8	1
子部14种	6	6	2	3	9	0
集部1种	0	1	0	0	0	0
共43种	14	15	14	4	22	1

各书目所记书名略有出入，如四库存目《九州山水考》《清史稿·艺文志》作《九州山川考》，《行状》《禹贡考》当系同书异名；《四库总目》《清史稿·艺文志》《元朝典故编年考》10卷，当为《行状》《元朝典故编年考》之一部分；四库存目《藤阴札记》《贩书偶记续编》云"又名《砚山斋集》"；四库有《研山斋杂记》，存目有《研山斋墨迹集览·法书集览》《研山斋图绘集览》，此亦当为《研山斋集》，等等。

孙承泽的众多著述中，于记述考订明代朝章典故用力最勤，对万历、天启、崇祯三朝尤为着力。《行状》叙述孙承泽著述的背景与状况说："明史未有成书，久或失实，纂述《春明梦余录》《畿辅人物志》《山书》《天府广记》《元朝典故编年考》《典制纪略》《寰宇志略》《山居小笺》《研山斋集考》等书。"此外，尚有《烈皇勤政记》《思陵典礼记》等。其中以《春明梦余录》一书最为突出。朱彝尊《天府广记》序云："北海孙退谷先生博学鸿览，多识轶事，初著《春明梦余录》，历载先代典制景物，刊行传世，几使洛阳纸贵。复有《天府广记》，搜采广罗，文献彰著，洵为艺林之大乘，考核家藉此以为据信也。……余修辑《日下旧闻》……引用成书千有余种，……皆不若退谷……致之尽而罗之广也。"

孙承泽在他的《庚子销夏记小序》里说："庚子(顺治十七年，1660年)四月之朔，重订所著《梦余录》。"因此，《春明梦余录》一书很有可能就是在这一年或稍后定稿的。《天府广记》自署"都门八十老人孙承泽著"，则当康熙十年辛亥，则又过了10年左右。《天府广记》一书已于1962年整理、校订、标点后在北京出版社出版。

粗略对照《春明梦余录》与《天府广记》两书目录，大同小异，稍稍浏览一下内容，也都差不太多，似乎并无多大差别。但是，稍加比较，就会发现两书在编排上、内容上、性质上有着明显的差异。

从形式上看，成书于后的《天府广记》编排次序有了调整，项目有所删减，卷数作了压缩归并。《宫阙》8卷仅保留《宫殿》1卷，略述梗概，仅保留"正殿""殿门""文华殿""文华傍室""武英殿""仁智殿""文渊阁""皇史宬"等具体项目及有关典制记述；除"朝仪""中宫朝仪""冠服之制""宫官之制""内侍之制""宫禁"移入"礼部"外，其余全部删减；《坛庙》9卷，合并为4卷，未叙太庙、社稷坛；内阁、六部等官署40卷，合并为23卷；全书除新增原无的人物、诗、赋共6卷20万字不计外，虽内容互有详略，但由于大加删削，字数仅剩《春明梦余录》原书十分之六。如《春明梦余录》卷41《金登科记》全文、卷46《奏建节慎库疏》全文，《天府广记》均删存片言数语；卷23、24《内阁·先正模范下》"票拟宜密""代言不易""任用宜择""行政事宜""治平要务""以去格主""封还上疏""举贤报效"

“国是宜定”“遇灾引罪”“阁员宜推”“卜辅于天”“起用旧辅”“特召密对”“辞召不赴”“不传首相”“阁试票拟”“御试阁员”“同事水火”“特用阁员”“闻惊求去”“会推三变”“纶扉药石”各目及所录奏疏22篇，则全部删减。

从内容、性质上看，《春明梦余录》多载明代掌故、奏疏，《天府广记》则增补历代沿革，下及所属州县，大量删减奏疏，增加人物、诗、赋，性质上已成为志乘之作，与《春明梦余录》有了明显的变化。但是《天府广记》的基本内容，仍然是《春明梦余录》的摘要，有些部分还材料各异，互有详略。如“吏部”，《春明梦余录》分冢宰、征聘、保举、资格、内外、久任、升除、考课、附载等名目，详叙典故，《天府广记》则录胡世宁《官人则例》（系《知人官人疏》的一部分）。“礼部”，《春明梦余录》列礼制、乐音、律尺、大祀、正祀典、章服、宗室、僧道、净身男子、正士习、贡举、恩例、谥法、丧制、戒奢、拜礼、肩舆、荐新芽茶、外藩、贡院、科场变异名目；《天府广记》除移入卷6、7、11有关条目外，列设科之制、学校之制、乡饮酒礼、官民房屋之制等等，全不相同重复。“刑部”，《春明梦余录》为明代按朝杂录；《天府广记》则为历代刑制，明代刑制则分类杂录。“都察院”，《春明梦余录》列都御史、总督巡抚、西垣笔记、监察御史、巡城要领、各差建置、提刑按察使等目，多收奏疏，《天府广记》则为总宪设置、总宪责任、督抚设置、停止推遣、事宜、附载、御史、宪纲、各差、巡按事宜、事典、按察司等目。两书虽然“吏部”“礼部”“刑部”“都察院”等名目完全相同，而内容重复得不多，可以互相补充的材料却不少，貌相似而实相异，可以共读，并存不废。

二、“一朝掌故实多赖是书以存”

孙承泽自崇祯十一年（1638年）起，历任六科给事中、都给事中，伫身朝堂之上，于国事朝政多所见闻，且勤于笔记。卷7《策士》《上御大殿记》，是一篇“以户科左给事中导驾侍班”的实况记录；卷48《都察院》《召对王副宪纪》，记录副都御史王志道为纠劾内臣口含天宪、手持朝纲，越职辅臣被召对答实况；《召对刘总宪宗周纪》，记录为封疆事坏而公议督抚去留处分时，刘宗周以申救熊开元、姜埰被斥，诸臣力救的实况，都是罕见的，极为详尽、十分生动的君臣口语对答的现场实录。《春明梦余录》卷7记叙的朝制、章服、卤簿、御乐、朝服、班次、赐宴，卷9“文华殿”经筵、日讲，卷10《东宫诸王读书》等等，与《明史》之“礼志”“乐志”“仪卫志”“舆服志”等互有详略，而入朝路线、行式、班位及其变更，与卷11“宫女服”，更为《明史》所缺载。卷6“宫殿额名考”叙述额名更名沿革、上匾额、拆迁、拆毁年月，远比刘若愚《酌中志·宫殿规制》齐备；卷12记内府刊刻书目、书名、本数、卷数、次序短缺，亦与《酌中志·内板书数》略有出入；卷6“内官监”较《酌中志·内府职掌》为详，而“宫官”六局(尚宫、尚仪、尚服、尚食、尚寝、尚功)一司(宫正)则为《酌中志》所不及。重修《大明会典》刊行于万历十五年(1587年)，兹后近60年明朝后期的典章制度、文物、故实再无官方正式修纂的政书通制记载。私人编撰者，陈仁锡《皇明世法录》亦止于万历间，朱健《古今治平略》则刊于崇祯十二年(1639年)，均不及《梦余录》齐全详备。《四库全书简明目录》云：《春明梦余录》“所述明代典故，颇为详悉，足备考核”；《四库全书总目》云：“于明代旧闻，采摭颇悉，一朝掌故，实多赖是书以存。且多取自实录、邸报，故考胜国之轶事者多取资焉。”卷8、13、14、16、17、18、26各卷所录各组《西垣笔记》多为杂记朝章典故，卷26《西垣笔记》有“丁酉(顺治十四年)六月晒书……退谷手记”字样，亦当是孙承泽任职六科时及其后的笔记。

孙承泽不仅留心朝章典故，还勤于手抄笔录。康熙四年(1665年)八月己巳，上谕官民之家送“开载明季时事之书”，孙承泽即“检旧日抄存”，辑成《山书》18卷上呈史馆，崇祯一代章奏事实赖以存者不少。① 《春明梦余录》共收明入奏疏263人455篇，又内阁、六部等公疏23篇，明以前人及未以奏疏名收入者尚未计算在内，而崇祯十一年(1638年)选辑的编选时间最晚、搜集文集奏疏最多、卷帙最大的明代总集《皇明经世文编》仅收录了其中的98人195篇。《春明梦余录》所收的夏言、张璁、张居正、王家屏、高攀龙、叶向高、沈鲤等人的奏疏，大部甚至全部未被收入；孙承宗、魏大中、蒋德璟、黄道周、倪元璐、南居益等人的文集奏疏则未及收入《文编》；至于朱国桢、王嘉谟等绝大多数未有文集著录者，多赖《春明梦余录》引录而传世，即如所录孙承泽本人奏疏14篇，也未刊文集，亦赖《春明梦余录》以保存传世。《明经世文编》所未及收入的165人，基本上都是崇祯时代的人。因此，岂止“一朝掌故实多赖是书以存”，崇祯一朝的奏疏亦多赖是书以存。

非但如此，孙承泽身居六科，“章奏出入咸毕经由”，凡稽查号件，封驳章奏，抄参发部，改注错字加印，检查注销，都是六科的职掌，“实兼前代谏议、补阙、拾遗之职”(见卷25《六科》)。因此，孙承泽不但能抄录到《文编》所未能搜辑的奏疏，而且都直接抄录自第一手的原件，可用以校补《明经世文编》所录奏疏的脱误。②

---

①《山书》亦称《崇祯事迹》，列为全毁禁书，未曾刊印，仅存几个罕见抄本珍藏传世。1987年，浙江古籍出版社以浙江图书馆藏嘉业堂抄本为底本，整理印行。

②如卷39“礼部”之倪岳《正祀典疏》、卷46“工部·黄河”之王鏊《记刘大夏安平治水碑》等，《明经世文编》均有大量删节。其他奏疏，文字亦略有删节改易。

《春明梦余录》中还保存了大量极有价值的珍贵资料。例如:卷46“工部·铁厂”载工部奏疏:“遵化铁厂……正统间……林木茂盛,柴炭易办,经今建置一百余年,山场树木砍伐尽绝”;“易州山厂”载:“山厂之设,专以烧薪炭,供应内府……八府五州分治。……然昔以此州林木蓊郁,便于烧采,今则数百里内山皆濯濯然。”叙述了今北京东边燕山地区、西边太行山地区原来覆盖大片茂密的原始森林,由于明朝时候冶铁和烧薪炭供应内府,林木遭到严重破坏的情况。卷36“户部·畿辅屯丁”载郝敬疏云:“永乐年间,我成祖文皇帝靖难功成,剩精兵四十八万,内将一十二万选入十二团营,余三十六万给赐屯田牧地种纳子粒马价,分置七十八卫于顺天府所属各州县地方安插,……今二百余年,生齿繁衍,游手坐食,与民混杂。”“屯田”载总理屯务佥都御史方孔照疏:“今畿甸之民,差徭太繁,钳罗又密,……每亩约纳粮一百七八十文,杂差多至三四百文,思避无门,惟有投献,而小民之当户差,重叠而无告矣。即圣恩蠲缓,而催征自如,邦本若斯,何能泄泄。”叙述了明初安插在顺天府境内的36万精兵,经200余年到万历时候,已“生齿繁衍”“与民混杂”的演变,以及明末京畿“小民”以差徭繁重,不得不将田地“投献”到享有优免一切差徭特权的豪绅势宦之家名下的情景。

卷42“兵部·闽省海贼”载崇祯十三年王家彦疏,以及傅元初《论开洋禁疏》,全面具体地反映了明末福建沿海走私贸易兴旺的背景和情况,呼吁朝廷解除“洋禁”,发展正常的海外贸易,是极为重要的具有代表性的珍贵史料。

卷55“府学·提督学校官敕谕”载桂萼疏言:“非独教之,将有以养之也;非独养其德性,亦将养其身体,固其寿命,而坚强其血脉也。故声音以养其耳,采色以养其目,降登疾徐以养其血脉。今之教者,严课程,急记诵,以伤其魂;强所不能,苦其思索,以损其魄,而教与养胥病矣。”这是一篇发表于400多年前的主张德、智、体、音、美全面发展,反对单纯传授知识、加重学生负担和死记硬背的光辉的教育思想篇章。

此外,如卷46“工部·皇木”载《按运图说》《蜀中采木记》,具体形象地记叙伐木、运木艰难辛苦等资料,全书中还有不少。

总之,孙承泽身居六科,于朝政国是亲所闻见,奏章出入咸必经由,所著《春明梦余录》详细记载明代典故,尤以思宗一朝未修实录,所录奏议大多散佚,崇祯一代掌故奏疏实赖是书以存,为研究明代典章制度、社会历史和北京历史所不可缺少的重要参考资料。

三、乾隆贬“贰臣”对孙承泽盛名的影响

孙承泽自称:“幼为诸生,老为经生,已为厚幸。”并在《易》《书》《诗》《礼》《春秋》各方面都写作并刊印了一些著作,但后人特别推崇的却并不是他的经学,而是他熟习明代掌故和精于书画赏鉴。孙承泽《行状》说他“平生无声色之好,尝贮古器及名人书画,与客谈经史之余,出以为娱”。所著《庚子销夏记》八卷,以所藏晋、唐至明书画真迹与古石刻“各为叙述始末,考证异同”,“鉴裁精审,叙次雅洁”,最为后代所推崇。《四库全书总目》卷63《国朝人物略》提要评价说:“盖承泽所长在于习掌故,精赏鉴,故所撰《春明梦余录》《庚子销夏记》诸书皆考证详明”,是公允适当的。

余集《庚子销夏记》跋说:“先生为胜国遗老,沧桑后屏弃一切 ,独留情于书画。”鲍廷博《庚子销夏记 · 跋》:“退谷先生沧桑之后,杜门却轨,日以书画自娱,名迹灿然。”孙承泽本人《庚子销夏记》小序也说:“家居已久,人鲜过者,然亦不欲晤人。”其实并非尽然,仅为相对于车水马龙而已。就《天府广记》所录诗赋来看,交往相游者即有胡世安、吴伟业、王崇简、潘宗海、陈路若、朱锡鬯(彝尊)、李武曾(良年)、王铎、钱牧斋(谦益)、王敬修等人。孙承泽病殁前告子孙“宗伯王公敬哉(崇简)、处士顾子宁人(炎武)、陆子翼王(元辅,康熙十八年举博学鸿词)知吾仕学之本末,质之足矣”。故卢文弨《庚子销夏记》序云:“退谷负当世盛名,居辇毂之下,四方士大夫多乐从之游。”

孙承泽逝世100年后,清王朝已达到鼎盛时期,不再需要前代人才来支持它安邦定国,从巩固长远统治的需要出发,转而以“忠臣不事二主”的忠君思想来要求臣下忠于清朝的统治。《清高宗实录》乾隆四十一年(1776年)十二月庚子:“命国史馆编列明季《贰臣传》,谕:……在明已登仕版,又复身仕本朝,其人既不足齿,……若而人者,皆以胜国臣僚,乃遭际时艰,不能为其主临危授命,辄复畏死幸生,靦颜降附,岂得复谓之完人。即或稍有片长足录,其瑕疵自不能掩。……朕思此等大节有亏之人,不能念其建有勋绩谅于生前,亦不因其尚有后人原于既死。”《贰臣传》共载明朝降清大臣120人,孙承泽即在其中。此时,正值纂修《四库全书》,于是,“其人可薄,其书未可薄也”“承泽虽人不足道,而于书画、古器则好事赏鉴,两擅其长”等带有贬斥之辞的评价,就散见于孙承泽各种著作的提要之中,极大地影响了他的“盛名”。

《四库全书总目》卷18“诗经朱传翼提要”：“承泽初附东林，继降闯贼，终乃入于国朝，自知为当代所轻。”关于孙承泽任李自成农民军官职的事，各书记载颇有出入：《明季北略》《甲申核真略》《爝火录》《小腆纪年》等载授“防御使”，《李闯小史》作“四川防御使”，《甲申传信录》作“顺庆防御使”；近人柳义尚《李自成纪年附考》永昌元年三月《大顺职官表》并无“顺庆防御使”或空名“防御使”一职，四川防御使则为他人，并据陈济生《再生纪略》列孙承泽为“户谏议”。按《甲申传信录》卷5“闯设伪官”谓“六科吏谏议”，而六科谏议则独缺漏“户谏议”，又记孙承泽“原官刑部主事”，系“刑科都给事中”之误。同卷《槐国衣冠》云：“诸缙绅先生见用于闯者，……非必愿仕之臣。”孙承泽属“岂皆不知进退”，“一时罣入仕籍者”。《天府广记》卷34“人物二·成德传”后附记：“余亦于玉凫堂自缢，为家人辈所持，复乘间同子道朴投井，后为家人救出。然未午入井，及出已未，不死，岂非天哉！岂非天哉！”附《跋》记叙更详：“余……出井，吐血水斗余，死而复苏。伪纪功司差人舁至苏州胡同。余求速死。伪司李姓，河南人，温言慰藉：‘公有德敝乡，口碑尚新，不忍害公也。’闭之空室。看守者伪锦衣卫，梁姓，日以饮食馈送。……伪司上本求宽北顺天诸绅，李自成怒，以入城时京绅无一人迎见者，夹伪司几死。余死亦在旦夕，幸皇清大兵入关，逆贼宵遁，余潜回上林，养疴村落。上林丞郭公永泰报部，起送至京，……补吏科都给事，……余上《大仇未报受职不安》一疏……谕：即日受事。荷蒙再生，以至今日……惭愧欲死。”说明农民军进京后，孙承泽一直被“闭之空室”，并未赴任就职，亦未提《爝火录》记载的向他“借银充饷”之事，但投靠清朝则是事实。孙承泽临终前与同乡知交王崇简说：“惟时当多事，未能恝然。”殁前一日赋诗云：“进退死生两大事，孤心留取照幽墟。”始终以未能殉节报国为憾。

四、关于点校的说明

《春明梦余录》始刻于内府，为乾隆间敕辑《古香斋袖珍十种》之一，系利用武英殿刊刻诸书之“梨枣余材”，“爰仿古人巾箱之式”刻成。“古香斋”系乾隆为皇子时读书处的额名，即钦安殿西乾隆旧邸重华宫的东庑葆中殿。“古香斋”刊本小字9行，行22字，版口高10厘米，宽8厘米，故称“袖珍”。目录及每卷首尾均刻有《古香斋鉴赏袖珍春明梦余录》，书口则仅刻《古香斋春明梦余录》。书中避讳至弘历，为乾隆时刻本。同治、光绪间，南海孔广陶翻刻《古香斋袖珍十种》，标明《内本重镌古香斋春明梦余录》，“孔氏三十有三万卷堂藏版”。又目录末页篆刻“皇清光绪辛巳冬、壬午孟冬南海孔广陶总校重镌”，则重刻时间为光绪七、八年。

《春明梦余录》还有几种抄本：一是乾隆三十年敕辑的《四库全书》本；一是乾隆三十八年于敏中等辑的《摛藻堂四库全书荟要》本。以上两种抄本，均据内府刊本抄录。此外，北京图书馆还藏有一个宋宾王校并跋的抄本。

此次点校，以乾隆内府原刻本为底本，同时对照光绪南海翻刻本。翻刻本仅有如卷 40 黄道周疏言“温凊不宁”，误“凊”为“清”等极少差别外，其余文字包括异体字、俗体字、错别字等几乎与原刻本完全相同。

点校时，凡遇引文，尽可能核对原文，用得最多的是中华书局影印的《十三经注疏》《明经世文编》，还比较了《天府广记》排印本等等；遇到疑难之处，则反复查对，比较考核，如有所获，予以勘误、更正、存异、补漏于括号之中，而不擅改原文，以保存原著的本来面目。这样，即使点校有误，仍能看得到原文。通过点校，发现《春明梦余录》内府刊本存在着不少错别字和一些漏字，其中大多数很可能是出于刊误，但有一部分肯定是撰者本人的疏漏或失误。现分类举例略述如后。

经书、经文　如卷 9 罗喻义疏：“夏书序言汤伐夏”，误书名组成部分《商书》为《夏书》；卷 29“宗人府”引《周礼·少宗伯》，篇名系《小宗伯》之误，等等。

错别字　天文，如卷 44 洪武定律令“贯系七星”，系《星经》“贯索九星”之误。

神祇　如误“地祇”为“地祗”；误“高禖”为“高禖”，等等。

地理　如卷 4“畿甸”，按语误“三辅”为“三府”；卷 53“茶马”杨一清疏误“金城”为“京城”；卷 69“川渠”误“漯水”为“泽水”等。

年号　如卷 41“礼部·贡院”：“元大都会试，仁宗始于皇庆四年二月”，应为“延祐”二年二月。

年月　如卷 29“削除”：“汉王高煦，宣德九年，并世子、诸王俱削爵，锢西内。”“九年”应为元年。

姓名　如卷 46“黄河”李三才疏：“宋尚书开新河百四十里”，考《明史·河渠志》，“宋尚书”系工部尚书朱衡之误。

书名　如卷 1“建置”记封召公于燕，云“《地里志》曰……”乃《汉书·地理志》之误。

官爵名　如误“关内侯”为“关中侯”，“行人”为“刑人”，“员外郎”为“员外部”等等。

文义　如卷39“宗室”马文升疏：“请王于书堂内讲读习礼，王子、王孙亦要讲读习礼”，《马端肃公奏疏》作“请王……讲读经史”，标准高于王子、王孙，于理为顺；卷52高拱《议补译字生疏》：“议得世业子弟……但取其精通门路，易于学习而已”、《天府广记》作“稍通门路”，符合实际，“精通”则用词不当，言之过分。

此外，如误“刺史”为“剌史”，“干将”为“千将”，“奴隶”为“如隶”，“敕”为“教”，“毋”为“母”等等，不胜枚举。

漏字　如目录卷15漏列“地祇坛”；卷39屠勋疏：“景帝亲桑”，“帝亲”后、“桑”之前漏“耕，后亲”三字；卷46《沟洫》夏原吉疏：“吴淞江口袤二百余里”，据《夏忠靖公集》，“二百”后漏“五十”两字等等。凡漏字用（　）号补入，个别有衍字者，则用〔　〕号删去。

异体字、俗体字　如“泰”作“泰”，“雁”作“鴈”，“兖”作“兗”，“派”作“泒”等等。凡异体字、俗体字则径改。

避讳字　原刻避圣祖讳玄烨，改字缺笔为“元曄”，世宗讳胤禛为“胤”，高宗讳“弘曆”为弘歷，现径改回原字，以便认读。

清代对胡、虏、夷、狄、戎、鞑等字眼是十分忌讳的，因此，《春明梦余录》中均已删改，如改“胡元”为“元人”，“以讨夷虏”为“以讨四裔”，“甚于夷狄”为“甚于兵戈”等等。现一律保持原貌，不予回改。带有污辱少数民族之字眼，如“猈”，则径改为回。

错简　据《天府广记》卷57吕复《群经古方论》：“《本草》三卷，旧称《神农本经》。……今之所存，有此三卷”，在“有此三”之后，“卷”之上，窜入后文《玄珠密语》十卷“师事玄珠之而号启玄”以下“者皆妄也”起，至《中藏经》八卷“窃意谓”止，共287字，已移后至“号启玄”后至“论非普辈不能作”之前复原。

卷67“石刻”石鼓文部分是标点最困难的部分。书中所录石鼓文系明正德年间杨慎的今文伪本。标点时考虑到既要保持原貌，又要正确，就利用明锡山安国十鼓斋所藏北宋拓本《中权本》以及明嘉靖时《先锋本》《后劲本》中保存的残字，参照王国维《两周金石文韵读》、罗振玉《石鼓文考释》、郭沫若《石鼓文研究》的韵读、考释，进行复原和标点，改正杨慎的伪文。但已鼓（第六鼓、《作原》）残缺，不能得其韵，庚鼓（第七鼓、《而师》）、辛鼓（第八鼓、《马荐》）无韵可读，就只好标点阙如，保持原状了。

原书目录仅有总目，过于笼统，现增列细目，另编为新目。新目中有【】号者系原书漏列，但正文中未予增补。又版口排印卷数、目录，以便查检。

《春明梦余录》一书是1949年我在燕京大学上研究院时，侯仁之老师向我介绍的，后来我研究明初营建北京历史和明中都时经常参考它。因此，这次北京出版社请我点校《春明梦余录》，我乐于接受这项工作。从1985年冬开始，经过整整两年，到1987年冬才点校完毕。接着，为写《前言》，又花了将近半年时间。

我虽然希望点校过的《春明梦余录》能成为一个比较好的本子，但才疏学浅，难免错漏，请读者指正，以便再版时更正。

王剑英

1989年10月于北京

三、调查及工作记录

明中都调查材料

(1973 年夏秋之际)

访问材料之一

王卜武,79 岁,住西华门口外,1973 年 5 月 27 日,星期日,午前访

有三道城:外罗城、内罗城、紫禁城。

外罗城的西门正对着紫禁城西城,外罗城、内罗城、紫禁城三个门在一条线上,笔直的。两个大土堆还在那里,那就是外罗城的西门。外罗城北边一直到门台子。紫禁城东、南、西三门,抗日战争前都有城楼,两三层。北门无城楼,小时常上城楼玩。

城垣很宽,可以骑马绕圈,城垛很整齐。

东南角城墙上有塔,很高,像金山寺塔一样。其他三角无楼。

事变前(指 1937 年 7 月 7 日),城内居民很多,比府城少些。城内商店很多,各种铺子、饭店、澡堂都有,生意怪好的。县长同法官都在城里,来打官司的都住在城里请客吃饭。

日本兵来后,杀人放火,烧房,城里人都逃光了,(抗战)胜利后才回来。

解放后,公家准备在城里盖工厂,建园艺场,让居民全部迁出,把房屋拆掉。没有房子住,就住在牛棚里。有的人告到毛主席那里,毛主席制止了,让愿意重归城内的居民住,由公家盖房。

(府城)是道台、府尹住的地方,辛亥革命前府城城墙都是完好的,谁都不敢去动一块砖,弄砖要受处罚。日本人来时,府城未烧。府城城墙拆得早,县城城墙拆得迟。

(紫禁城)(县城)城墙是长方形的,"文化大革命"前稍稍拆了一些。(19)59 年"大跃进",生产队建井,批了,拆城砖。生产队出劳力,拆城砖,取走一半,不给钱。另一半给公家卖钱。(19)69 年以后,才大量拆。

(御桥)俗称马王桥。

(钟楼)未见过,但有其名,只有一土堆。

访问材料之二

韩炎之、陈守信，均60岁上下，住东华门内口，1973年5月28日，星期一，晨

原来(东华门)城门口竖一块石碑，是乾隆时候立的，详细讲了凤阳紫禁城的修建历史。现在这块碑不知哪里去了。以前闭城，城内无人，全长了树，草有人高，乾隆时开城门。

我们没有见过紫禁城的城楼，但砖石台基都在。

金銮殿改成了孔庙。旁有泮宫，叫黉学，三进，廊房，前有白果树、状元桥。

县政府在金銮殿东，一条线上，也是一个高台坡。

府城有城楼，是日本兵拆掉的。府城城砖(墙)是解放后拆的。

日本人来时，县城内居民都逃光了，出去要饭。日本兵要拆房，要木料，伪警陆桂林见县城内无人居住，叫人来拆房，偷着卖钱，共拆了三分之一。胜利后回来，县城里房屋还有很多。

解放初，(19)51年华东区准备把大批犯人(有几千人)送到凤阳来，准备在县城里建工厂，要拆迁民房。地主的房由公家拆，民房自己拆，砖木料全部归自己，每间(房)贴补几十斤米。有人不愿意，跑到北京去，告到毛主席那里，后来犯人被各省分掉了，要来凤阳的不多了，就不在县城里盖工厂了。但是房子已被全部拆除了。(19)52年，居民重新返回县城居住，房子全部由公家盖，工料全部是公家的。一般每三口人盖一间房，有公公媳妇的，可盖两间。根据人口多少和具体情况，各家盖房多少不等。一拆一建，公家花钱可不少。先是拆迁费，后来房全部由公家出钱盖。但回来居住的不多，房子也少多了。现有的房都是拆除后重建的。

紫禁城城墙，(19)58年“大跃进”时候开始拆了一些，拆的南城墙东端。(19)65年又拆了一些，拆的是东城墙南端，卡车开进来，装车方便。听说公家曾想修复，已毁了不少，修复工程量大，有困难。(19)69年建立拆城小组后，才大量拆除。我们去拆城砖，先是45元一个月，后来改为2分钱一块。

访问材料之三

社员六七人，三拐弯[1]东南某生产队，1973 年 5 月 29 日，星期二，晨

外罗城东门，只剩下一个土堆。原来高一些，因挖了许多大石板和城砖出来，扒低了。

东门直对紫禁城东门，原是直通临淮的大道，修公路以前，凤阳去临淮都走这条道。

独山北麓下，原有石桥，下为运粮河，粮船从淮河来，经桥下到凤阳城粮仓。通公路前，来往凤阳、临淮，常坐船进城。

访问材料之四

周学成，66 岁，临淮镇蒋庄（邓庄）[2]贫农，1973 年 5 月 29 日晨，星期二

（长春门）俗称"富德门"，读"别"了应是"府东门"。刘家湾就在门址大土堆西边。府东门直通山后街。

再往北，间有土堆，遗址不清，一直线往北，三里多到铁道新线（京沪铁路南线）。旧线（京沪铁路北线）在城北，两线相距一里多。狮（世）子坟在两线间，正在外罗城南北线上。刘六（琉璃）岗在世子坟西。

朱洪武原想定都凤阳，被刘伯温坏了事。刘伯温跟朱洪武说："蚂蚁山支大炮，一炮打到你紫禁城；方丘湖芦苇耸天，藏兵百万看不见，你不能在这儿做皇帝。"说要移一箭之地。一箭射到殷家涧，太白金星变老鹰，把箭衔到南京城，由是定都南京。

我是贫农，不敢给人讲，怕宣传迷信，犯错误不好。

凤阳府城镇楼西街 74 号，马佩之（?）老大爷，81 岁，1973 年 9 月 24 日晚，星期一

明太祖得天下以前，三袭（洗）濠梁，七袭（洗）凤阳。

鼓楼西原为杨家湖，也是上代一代代传下的。

凤中（凤阳中学）原是徐达帅府。

---

①"三拐弯"位于中都外城独山门北 500 余米处、凤临路南侧，是村庄名。

②蒋庄，一作江庄，今称邓庄。在长春门遗址东南约 300 米处。

凤中为府衙门,粮站是道衙门,小北门县医院是守备衙门(清)。

留守司右,是东岳庙。

(五谷)先帝庙,现为(凤阳县)水利局,(这里是)高房子。

农坛(?),(有)几亩地。

察院在西边,黉学在东边。

老黉学(中都国子学)有四个大龟,大石碑,现在被打(砸)了。

买牛的交易所(牛市)清明街,是老黉学大门。

圆丘寺(圜丘),(是)朱元璋放牛的地方,(在这里)放金碗、玉棍、草笠、金衣。大土堆是观星台,银玉□、金球、玉棍,藏在井里。(大土堆上面的)大龙盘,比县城(盘龙石础)大得多,有一间房大,井盖。

县黉学是从东□□搬到城里去的,光绪年间以后,我已记事。老黉学十三层台阶,我们去玩,放鸽子,□□□。

县黉学,日本人来时就拆了。民房只许八尺,做官的一丈二尺。

鼓楼是咸丰年间烧掉的。

府城城墙,(19)56 年(应为 1954 年)拆,合作化时期。

县城(19)69 年拆,未拆前很好。

后宫有娘娘殿,后宫有养鱼池。

独山上有大庙,观星台。

黉学,清时还完好,很好看。

粮站用了(府城城隍庙)房子(上的木料)。

县城隍庙在(安徽省烟草公司)烟草研究所。

鼓楼下面也是河,新建房屋下有桥。

老北门西有顾尚书府,挖了顾家塘,现在是凤阳县委大院塘。

南门外住着黄御史,有黄家花园。

三步两桥在北门外十字路口。汽车站(北)有五道碑,(在)龙兴寺南大门,与汽车站对门。合蚌路以北全是龙兴寺范围。四口缸(即大铜镬)还在。

迎水寺在城东,水大,□关寺就不□了。我们记事新开河,就□过西□不管。

大东(通)桥也是桥上桥。

汪氏老母在岗集,(她)是朱洪武的干妈。

朱元璋生在东门外的红庙子。

徐达住在皇城西徐家拐子,这里有大柱石。徐达原为元臣。

三清宫老道有铜井,水旺,甜。

东门外有古老泉(下面10多字认不清)。

四眼井与学井。学井在老黉学里,旧时建的,半个城都吃它的水。听说北边挖河挖过龙骨,很多。

亮甲岗,是宋柴王亮甲处(死于滁县)。

殷家涧,是朱太祖射的箭,被老鹰衔走。

马鞍山东口,是钟子期坟,坟不长草。马鞍山水返淮河。

王桥、老人桥,都不是桥上桥。午门桥五孔,有一二丈宽。

道衙门、府衙门、察院、孔庙共有四对石狮子。

按:这是王剑英先生于1973年夏秋之际,向当地群众了解明中都遗址情况的调查材料。从采访时间来看,除利用星期天外,工作日的早晚时间也利用了。为了节省纸张,手稿写于8开铅印书稿的背面。有几页字迹清晰,应为王剑英先生的整理稿,尚有几页字迹潦草,似为王先生采访群众的现场记录稿。现作初步整理,以飨读者。

王剑英先生的采访记录,大多收录于《明中都遗址考察报告》中。上面几篇未刊,仅是王剑英先生当场记录的初稿,未作整理。对无法辨认的字,以"□"替代;对难以理解的文字,特增加括号,以说明之。

关于保护明中都皇城遗址和皇陵石刻的建议

（1975 年 11 月 1 日）

我们受国务院国家文物事业管理局的委派，于 1975 年 10 月 26 日至 11 月 1 日，在省、地、县的大力协助下，对安徽凤阳明中都皇城和皇陵的历史、艺术、科学价值，以及它的保护情况，作了初步调查。

明中都皇城建于公元 1369 年（明洪武二年），在我国古代都城发展史和建筑、雕刻艺术史上都占有重要地位。它继承了宋元时代的传统，同时又开创了明清时代的新风格；明清的北京故宫，就是参考中都皇城而修建的，因此，它具有重要的历史、艺术、科学价值。

皇陵建于洪武初年。陵前的石雕具有很高的艺术水平，与南京的明孝陵和北京的明十三陵（均为全国重点文物保护单位）具有同等重要的价值。皇陵碑也是研究朱元璋的重要历史资料。

以上两处历史文物均在 1961 年被定为省级重点文物保护单位。它们是当时阶级斗争、生产斗争和科学实验的遗物，是奴隶们创造历史的实物例证，是对群众进行阶级斗争和历史唯物主义教育的生动教材，也是研究明初历史和朱元璋的政治路线的实物资料。可以为巩固无产阶级专政服务。

这两处省级文物保护单位，自此以后，省、地、县委曾做了大量的工作，但仍受到不同程度的破坏，特别是皇城的破坏情况十分严重，直至目前，破坏仍不断发生。为了更好地贯彻执行《国务院加强文物保护工作的通知》（国发［1974］78 号）和《文物保护管理暂行条例》两个文件的精神，应继续按省级文物保护单位进行保护。当前的当务之急是，进一步宣传党的文物政策，立即制止继续破坏的情况。

一、皇城（指紫禁城，俗称县城）的城垣、城门、宫殿、桥梁、河湖水系等地上建筑和地下遗址及遗物，均在保护范围之内。在皇城之外的有关建筑和遗址，如鼓楼、承天门、涂山门、独山城根等，也应予以保护。

二、皇陵的石刻及皇陵碑应严格进行保护。建议对倒斜残破的石像应立即进行维修,石刻之间的树木应迁移,穿过石刻的公路不利于保护文物,应绕行。如有条件可建立保护围墙。

三、根据《通知》和《条例》的规定,一切文物都是祖国珍贵的文化遗产,是人民的财富,都属于国家所有。任何单位和个人,都不得私自挖掘破坏,都不能据为己有。严禁买卖或倒卖出土文物。对于破坏、损坏、盗窃文物的分子,应当按照情节轻重给予应得的处分。

四、根据《条例》第五条、第七条规定,建议县委对这两处省级文物保护单位的保护和管理工作定出具体措施,在制定1975年至1980年农田基本建设规划时,应将这两处省级文物保护单位纳入规划,加以保护。

五、根据《条例》第七条规定,如需要在保护范围内进行工农业、水利、交通建设时,如修路盖房、开沟挖渠、深翻土地等,建设部门应事先会同省革委会协商,并且必须取得一致意见以后才能动工。意见有分歧时报请上级决定。

六、根据《条例》第三条、第五条规定,建议县委设立保护管理文物的专门机构,负责文物保护管理、调查研究、宣传、搜集、发掘等具体工作,并建立科学的记录档案。

以上意见,供领导参考,如有不妥之处,请予指正。

杨伯达　单士元　李怀瑶　王剑英　徐苹芳

1975年11月1日

安徽凤阳明中都皇城及皇陵调查报告

一、工作过程

1975年10月24日,我们五人①受国务院国家文物事业管理局的委派,前往安徽,对凤阳明中都城遗址和明皇陵遗址及其保护情况进行调查考察,与当地各级文化机构一起研究了加强文物保护的建议,并向凤阳县委、滁县地委、安徽省委作了汇报,已于11月15日返回北京。

我们的工作过程,先由杨伯达到合肥与省里联系,安徽省文化局局长马维民立即派省文物工作队队长葛柏和、省博物馆副馆长常秀峰二人伴同一起前往凤阳。我们在凤阳期间,安徽省委宣传部副部长韩寅还特地来凤阳看望我们,并亲自看了明中都皇城和皇陵。滁县地区文化局也派了管文物的刘乐山到凤阳参加调查。10月27日,在凤阳会齐以后,首先听了县文化馆馆长蒋汝成、管文物的刘建桥介绍了明中都皇城遭到破坏的先后经过。

从10月28日起,连续5天,我们一起考察了明中都紫禁城、皇城的城垣、城门、宫阙、桥梁遗址,水系和下水道,中都鼓楼,皇陵土城、砖城、享殿遗址和皇陵石刻,拍摄了遗址和石雕的照片,采集了一些龙凤瓦当、滴水和琉璃瓦残片,还亲眼看到了中都城在继续遭到破坏的情景,亲耳听到一些群众的反映。由于连日下雨,道路不通,原计划去看看中都城的其他遗址却未能前往。此外,还看到了龙兴寺、临江侯陈德墓、古钟离城以及馆藏的中都琉璃构件和其他文物。

我们和省、地、县的同志一起,对明中都城的历史、艺术、科学价值作了评价,认为它对研究明初和朱元璋的历史、政治路线,对我国都城建筑的发展历史和城市规划,对石雕艺术史,都占有重要的地位,是进行阶级教育和历史唯物主义教育的生动教材,可以很好地利用起来。我们还一起反复商量,提出了一个书面的《关于保护明中都皇城遗址和皇陵石刻的建议》,向省、地、县委汇报。

11月2日上午,杨伯达代表调查组向凤阳县委作了汇报,在场的县委常委和县革委会、政工组、宣传组的领导同志都听了汇报并表了态。

---

①故宫博物院杨伯达、单士元、李怀瑶,中国科学院考古研究所徐苹芳以及王剑英。

11 月 4 日下午，向滁县地委作了汇报，地委书记、地区文化局局长、政工组组长等都听了汇报。

11 月 7 日上午，向安徽省委宣传部和省文化局作了汇报，省委宣传部部长、省文化局副局长、省社会文化组组长、省文物工作队队长、省博物馆馆长、副馆长以及省水利局的领导出席了汇报会。

二、县委、地委、省委的态度和意见

（一）凤阳县委

县委第一书记谷志瑞："这样完整的都城建筑是我们民族的珍贵文化遗产，过去认识偏了，很不够，遭到了破坏，责任主要在县委领导，要吸取这个经验教训。皇城地上地下不能再挖，午门洞内石雕不再填土，积水由午门再往南挖低路面排出，散置皇城内外的石雕集中保管，皇陵公路改线，成立中都文物保管所，从县宣传组和文化馆内抽选 3 人组成，蒋馆长当所长。"（蒋汝成当场表示：只要谷书记任命，我就干！）同时谷书记提出，中都皇城已破坏成这个样子，是否仍为省级文物保护单位，要省里表个态。

县委副书记兼城西公社第一书记支道友："皇城破坏经历了四个阶段，(19)58 年到(19)66 年以前是小干，(19)66 年到(19)68 年是大干，(19)69 年到(19)71 年是组织起来有计划地干，(19)72 年以后是我们公社偷偷摸摸地干。我们想，县财政局能搞，我们公社为什么就不能搞，以为城已拆成这样了，价值不大了，所以省里虽曾三令五申要保护，我们却仍支持偷偷摸摸地搞，我们要负责任。今后再动一块砖，我们负责，回去后要向群众宣传，讲清楚。农田基本建设规划要修改，南北路不再穿越殿台，金水河不再继续填，以利于保护文物，如有必要，皇城里两个生产队迁出去都可以。"支书记同时提出，要求省里把重点文物保护单位牌子重新立起来，让广大群众都知道这不是吹的。

分管文教的县委常委、县革委会副主任宁金茂："过去没有认识，只算经济账，卖几块砖，没有算政治账，对什么是'四旧'应该破，什么是有价值的文物应该保护，分不清楚。中都皇城遭到破坏，不能怪群众，我主管分工这项工作，没能向县委领导、干部和群众进行宣传。现在认识不一样了，提出的《六条》建议，会后会同城西公社一起好好研究，至于增设机构编制，皇陵修围墙、公路改线，要省里支持。"

(二)滁县地委

分管文教的地委副书记王郁昭:“明中都皇城没有保管好,受到损失,地委有责任。根本在于领导认识不够,我自己也没有去看过明皇城。我们要对凤阳县委讲,一定要制止住,不能再继续破坏了。今后要加强文物保护的宣传工作,举办一些展览。思想通了,事情就好办。还要有人管起来,现正在研究编制问题,要考虑这个因素,商量给县里弄几个人。凤阳管起来以后,有什么问题,给省里和中央写报告。”

滁县地委副书记、地区革委会主任高峰:“中都城是一个很有价值的文化遗产,过去不理解,认为拆砖盖房也是‘古为今用’,造成了很大的破坏。怎样叫作‘古为今用’,现在还是一个很值得注意的问题。因此,首先一条是今后如何开展宣传教育,吸取经验教训,提高认识。还有一条是组织落实,可以考虑在凤阳设立文物保管机构,划个保护范围,立个牌子,以县革委会名义出个布告,还搞两三间房把文物集中保管起来。凤阳县委表了态,很好。做了没有?文化局派人去凤阳检查一下。具体措施要落实,就要开始工作,不能等待,乘这个机会抓一抓,结合农业学大寨,路线教育宣传队下去宣传一下。皇陵石人石兽的修复,天长出土漆器的脱水等技术问题,希望得到中央的支持。赶快以地区革委会名义给省和中央写个报告。”

(三)安徽省委宣传部和省革委会文化局

安徽省文化局副局长余耘:“凤阳明中都皇城被列为省级重点文物保护单位的时候,城垣、女墙都是完好的,后来没有保护好,遭到严重破坏,作为文化主管部门,没有尽到责任。现在要采取紧急措施,省里发个文,重申中都皇城是省级重点文物保护单位,规定几条,立即制止继续破坏,坚决把现状保护下来。群众是有组织的,是有党的领导的,地方党委是关键。农业学大寨轰轰烈烈的群众运动马上就要展开,不把保护文物纳入农田规划,就可能遭到很大的损失和破坏。安徽所处的历史地理条件,不仅是一个中都要相应地采取措施。凤阳可以设立一个中都文物保管所,文化局研究一下。散在民间的文物要收回集中保管。文物保管和修复需要一些经费和技术支援。明年在凤阳中都召开全省文物工作会议,办个展览。”

安徽省文化局副局长田玉生:“文物工作抓得不紧,如抓得早些,可能保存得多些、好些。省文化局、文物工作队、博物馆一起研究一下,抽些力量去凤阳继续工作一段时间,检查一下,把工作一项项落实巩固下来。立个保护单位牌子,树个保护范围标志,切实制止继续扒拆,实地调查一下,如何保护好、修复好。”

安徽省委宣传部副部长韩寅:“国家文物局专门派了5位同志来凤阳调查,做了大量工作,提出了很好的意见,对及时制止破坏提供了很好的条件。要真正制止下来,还得做许多具体工作。”

“省里从我开始,对中都皇城这个重点文物保护单位认识不深,措施不力。虽然做过大量工作,效果甚微,等于没有做工作,使中都皇城遭到了严重破坏,很痛心,这要自我批评、检查,得出经验教训,做好今后工作。对文物工作要重视起来,特别是领导要考虑把文物工作摆在什么位置上”。

“王剑英同志两年多来辛勤劳动,资料很有说服力,还要继续整理它、利用它。

光是列为重点文物保护单位还不行,还要向群众进行普及文物工作的宣传,告诉他们中都皇城有什么价值,为什么要保护它,怎样‘古为今用’,不一定非得要‘砸烂旧县城’(指中都皇城),才能‘建设新凤阳’。现在已经破坏成这样子,为什么还要保护它,还有什么用处,要向群众宣传,让群众了解这是一个很好的材料,以减少行动上的盲目性。”

“提高认识以后,还要采取具体措施,用省革委会名义发个文,重申中都皇城是省级重点文物保护单位,立即制止,坚决保护,严禁破坏。要利用有线广播等各种方式向群众宣传文物保护工作。(余耘:县广播站开辟一栏,用群众喜闻乐见的形式讲一点)县里搞一个布告张贴。凤阳县作为特殊情况,要设一个机构,有几个人,人不一定很多。要标出保护范围,进行勘察、发掘和研究。经费有需要,可以提出来。需要上面支持的要带上去。过一段时间,省文化局还派人去凤阳检查,把落实的情况报告国家文物局。如对保护范围有什么变动,请国家文物局来个文。还希望在《文物》《考古》上发表些文章,首先是讲讲中都城的价值。”

“另外,天长汉墓出土漆器,已经好几个月过去了,制度规定要及时上报处理,不要耽误了。”

三、我们的认识和建议

我们从了解明中都皇城遭到破坏的过程中,发现从领导到干部都存在着一个对文物保护的认识问题。明中都皇城究竟有什么价值,为什么保护它,特别是已经遭到破坏之后,是否还有保护它的价值,这个思想认识问题一定要首先解决,不解决就谈不上保护,否则即使作了决定、发了文件,还是落空。这个问题过去有,今天还存在,今后还会产生。有的人认识了,还有的人仍不认识。因此要经常、反复地进行宣传,才能抵制单纯的经济观点和资本主义自发倾向。

从中都皇城遭到严重破坏的经验教训来看,文物保护单位仅从文化系统一条线贯彻下来是很不够的。要使省委、地委、县委、公社党委都知道,经常予以关心,特别是县委和公社党委二级领导更为关键。县社领导重视了,工作就能做出成绩,如全椒的出土文物,可以从古到今摆下来。天长县开挖河道时,绕了石梁"商代文化遗址",把这个县级重点文物保护单位完整地保存下来。县社领导不重视,虽然省里多次予以制止,明中都皇城这个省级文物保护单位却仍不断遭受严重的破坏,公社甚至提出"砸烂旧县城,建设新县城"的口号,制定1975—1980年农田规划时,完全无视有这个省级文物保护单位的存在。要是我们还晚来一些时候,也许连明中都皇城这个遗址也都破坏了。

我们在这次调查明中都的过程中,经地区文化局的安排,沿途还看了一些古代文化遗址、古城、古墓葬区,看了天长县的汉墓发掘现场,听了几个县的遗址分布情况介绍,看了他们的出土文物,了解到江淮地区的文物是十分丰富的,对谱写这一地区古代文化历史上的空白篇章是大有可为的,但就是缺少人去做。全专区七个县只有凤阳、天长两个县各有一个管文物的干部,但也都兼搞美术、摄影,并经常抽调出去做别的工作。其他5个县都是由搞美术的同志代管一下,实际上是处于具体工作经常无人照管的状态。省里和地区也曾多次办过短期考古训练班,但各县能派个人来就算不错了,总比不来人好,可是培训一结束也就完了,回去就再也不搞考古了。因此,一个县连一个搞文物考古的专人都没有,就很难扎下根去开展工作。滁县地区搞文物考古原来有3个人的编制,现在仅存一人,照顾不过来。省里文物工作队也是三建三拆,最近才重新建起来,力量比较单薄,队长也曾调去搞基层工作,一去10年才归队。因此,要把明中都的考古资料拿到手,组织落实,建立队伍,也是一个急待解决的先决条件。

当前,立即需要做的有下列几项工作:

一、省文物局发个文件,要凤阳县把明中都皇城破坏的经过、遗址的现状、保护管理的措施,写个报告,并附照片,一式三份,分别报送地区文化局、省文化局和国家文物事业管理局。

二、组织一些稿件,介绍明中都城、中都文物和皇陵,在报刊上发表,加强宣传。

三、皇陵尚未列入省级文物保护单位,应从速办理申报手续。对皇陵石刻的修复给予经济上的帮助,并由文博所派人予以技术指导。

四、请湖北省对安徽天长出土的汉墓漆器的脱水工作给予技术支援。

1975年11月8日

编者按:这是王剑英执笔,以5人专家小组的名义,向国家文物事业管理局撰写的汇报材料(手抄复写件)。汇报内容主要是5人专家小组自1975年10月24日至11月7日的工作情况。

关于对明中都皇城、皇陵保护工作的汇报

(1975年)11月8日,我与省文物工作队李新国同志一起,再赴凤阳。当晚到达后,向文化馆馆长蒋汝成同志转达了我们去滁县和合肥向地委和省委宣传部领导汇报的情况和省地委领导同志对保护明中都皇城和皇陵石刻的意见、指示。11月9日,先后向县宣传小组组长陈彭年同志和县政工组组长辛永成转达了省、地领导的意见。下午,县文化馆召开会议,汇报了几天来保护皇城的具体工作情况,讨论了年内的工作计划和所需经费。11月10日起,和李新国同志一起去皇城查看保护工作,了解情况。11月12日,李新国同志带了凤阳县文化馆写的、县宣传小组同意的《关于当前对明中都皇城、皇陵保护的工作打算》及经费开支预算返省。现将我了解到的一些情况汇报如下:

国务院国家文物管理局委派我们来凤阳以后,已引起了凤阳县委领导对保护明中都皇城的重视,县有关领导特别是县文化馆已经做了不少工作,偷扒城砖的破坏现象已基本上已被制止。

11月4日晚,城西公社副书记孙殿华在公社广播大会上宣传了国务院国家文物管理局调查组六点建议。11月5日下午,县委副书记兼城西公社第一书记支道友、县革委会副主任宁金茂在皇城内召开了有公社副书记、公社人保组长、公社民办文化站同志,县城大队书记、副书记、民兵营长和六个生产队队长参加的会议。会上,支道友承担了责任,宣布不经批准,任何单位和个人不准动一筐、动一块、动一锹,石雕要登记上交,成立了以公社党委副书记孙殿华为首的文物保护领导小组,大队成立文物保护小组。

临开会前,正好碰上西门队社员叶学强、陆尚武在扒拆城墙,支道友叫公社副书记陈本田责问,说:“是队长叫我扒的”。问队长,队长说:“我叫你到城根底下捡砖,没有叫你扒城墙”。于是把他们两个带到大队部写检查,并到大队广播站亲自广播了自己的检查和认识。陈本田说:“今后还扒,大队公社批斗。”凤阳县文化馆馆长蒋汝成把保护皇城工作作为重点亲自来抓,派馆员刘建桥整天泡在皇城里和跑城西公社,调查了解情况,进行文物保护的宣传工作。晚上还派

民兵值夜护城。由于做了这些工作,基本上制止了偷扒城砖破坏皇城城墙的现象。

但是,就在这几天里,还发生了一些情况:东华门外,码在那里的大城砖不见了;午门洞口丢失了两块石雕;筑路翻过了中都宫殿殿台遗址;皇陵石人被卡车撞倒一个。

经调查,东华门外的大城砖是烟草实验所的家属扒的,皇城开会以后,不准拉,就偷拉了三四百块,发现追查以后,又拉了两车。

午门北口两侧,发现新扒走了两块石雕,靠北一块也撬松了,这是调查组走后发生的事。据刘建桥调查了解,说是前进大队要建大队部,来扒四眼井附近金水河上的白玉石大桥,桥所在的东门生产队不让他们扒,前进大队就到城西公社批了条,在今年8、9、10三个月把地下的白玉石大桥扒了。午门口石雕也是这时候撬下来的,放在地上,未曾搞走。到调查组来前个把月,由西门生产队社员陈世和、王学龙用板车拉走,放在家里,准备盖房用。但从现场看,石雕是新撬走的,挨近北边的一块石雕也有新撬走的缝隙,因此需要进一步调查核实。

调查组到皇城查看的时候,从午门往北的新修大路已经修到殿台前面,从玄武门里向南新修的大路,也已修到殿台后面。我们又看了城西公社1975—1980年农田基本建设规划,根本没有把保护明中都皇城这个省级重点文物保护单位纳入规划,认为情况严重,因此向凤阳县委汇报时提出了书面的建议,要求保护皇城遗址,不把路修上殿台,并明确指出,如因建设需要,根据国务院《文物保护管理暂行条例》第七条规定,应与省革委会协商,并且必须在取得一致意见以后才能动工。意见有分歧的时候,报请上级决定。会上,县委书记谷志瑞表示,过去对历史文物认识很不够,破坏了,今后要接受经验教训;县委副书记兼城西公社党委书记表示,农田规划要修改,南北路不再穿越殿台。为了有利于保护文物,皇城里两个生产队迁出去都可以。没有对调查组六点意见提出其他不同意见,表示全部接受。言犹在耳,调查组还未离开安徽,就马上把路修越了殿台遗址,挖深一公尺左右。11月10日,我与李新国同志看到这种情况,甚为惊异,并了解到事先根本未同省革委会打过招呼,于是立即给省委宣传部副部长韩寅同志发了电报,要求立即予以制止。第二天,韩寅同志就打来长途电话进行干预。

11月12日下午3时多,上海交通大学"五七"干校卡车驶经皇陵时,因避让北来车辆,把南端东侧第二个石人自南向北撞倒。皇陵农场书记、主任立即派人亲自来县报告,请予处理。并要求县里通知大庙公社,改变了一个大队拟新修一条大路穿越陵前的计划。

从上面的情况来看,扒拆城墙的现象虽然基本上制止了,但问题仍然很严重、很迫切。领导虽然对保护明中都皇城遗址重视起来了。但思想认识问题依然没有很好解决,大量的工作急待开展,又没有人去做。

11 月 15 日晚,我见到谷志瑞、支道友两位县委书记时,支道友说:“省里来电话严肃批评,我摸不着头脑,不知道怎么一回事。城砖是不准再扒了,但是路不修上去,车子也进不来、过不去,在面上翻过去,不深挖,影响不大。”还说,“过去发了文怎么不知道?文件上没有提到过要保护明中都皇城”。谷志瑞说:“既然重要,文物局为什么不早来,现在搞成这样了才来,晚了,搞迟了。”还说,“过去胡耀邦来过,新疆的领导同志来过,都没有说中都皇城重要,宋佩璋也没有说过”。表示对明中都皇城遗址是否有价值,还需要加以保护,仍有怀疑。县、社两级党委的第一、二把手如果对文物法令不清楚,对保护明中都皇城遗址的意义不了解、有怀疑,保护管理工作就很难有效地持久贯彻下去,一时的重视,很可能变成一阵风。县政工组组长辛永成说:“过去公社也讲过几次,只当耳边风,认为只要自己不贪污,为集体搞一点,没有事。”事实上,支道友承认,“自 1972 年以后,是我们公社支持偷偷摸摸搞的”。上次皇城会议上,蒋汝成馆长要各个生产队长表态,都说:“上面怎么说,我就怎么搞。”因此关键还在县、社两级领导。

1974 年 7 月 15 日,凤阳县革委会的正式文件《关于严禁扒拆城墙并予妥善保护的紧急通知》规定:“今后任何单位和个人未经县文物保护领导小组批准,均不得以任何借口扒拆动用一块城砖,违者以破坏文物论处,所获赃款全部追缴地方财政收入。”把国家批准扒拆省级重点文物保护单位的权限,擅自规定由县文物保护领导小组执行,是违反国家文物法令的规定的,把拆卖省级文物保护单位的款项以及追回赃款列为县财政收入,也是文物法令中所未尝有过的。由于自己授予自己这样的权利,并把明中都皇城这个省级文物保护单位,交给城西公社负责保护,事实上造成了城西公社负责扒拆的结果。这次皇城会议上,支道友宣布了不经批准,任何单位和个人不准动一筐、动一块、动一锹。谁批准,没有说。会议刚一结束,路就修上殿台了,挖土一公尺左右,动了何止一锹一筐,这到底是哪个单位动的土,经谁批准的,不是很明显吗?

群众对破坏明中都皇城是不满的,有意见的,有斗争的。公社分派东门队扒拆东华门大桥,东门队予以抵制,不愿扒拆,就借故把东门生产队队长朱永昌给换了。撤换队长以后,东门队还是扒了两座白玉石大桥的半边,留了两个半条桥。前进大队要来扒四眼井大桥,东门队不让扒,前进大队就找公社批了条,说是给下放知识青年盖房子,终于把它扒了。因此,现在生产队队长都说:“上面怎么说,我们就怎么干。”李忠庭看城墙已有 20 多年,“文化大革命”中,为制止山后的生产队来扒拆城墙,被打断了胳膊。最近因制止城西公社小学来扒挖城砖盖校舍,又被打伤,天天上医院治疗,事故责任尚未查清。李忠庭看城 20 多年,至今仍是光棍一个,农村户口,每月 30 元钱,买高价粮吃,生活艰难。在我们向县委汇报的会上,支道友说,“现在看城墙的人很不理想”。在皇城会议上,支道友又说,“对看城墙的人员要考虑调整”,说是有人送些米面给他,就偷偷地让搞。但是据刘建桥了解到的情况,以最近的一件事为例,今年 8 月 15 日前后,县城大队书记庞克祥以给大队盖厨房为名,从底往上扒了原来还很完好的皇城西城墙,并卖给在金董大队蹲点干部五千块大城砖,8 月 27 日晚上买了一只小公鸡送给李忠庭,叫他不要吱声;另外城西公社副书记陈本田批条给了李忠庭化肥一千斤。所以,李忠庭虽然手脚也不是很干净,有点毛病,但主要是有人在收买他、腐蚀他。刘建桥说,要是换了别人来看城,早已发了洋财了!公社之所以感到李忠庭“很不理想”,真正的原因是李忠庭经常到县文化馆、宣传小组,以至到县政工组,找县委常委报告“又有人来扒城墙了”,告公社干部。因此,公社把他看成眼中钉、肉中刺,很讨厌。省文化局和地区文化局曾多次打电话、写信,甚至下文,要县里把明中都皇城破坏的经过和情况写成材料上报,分管文物的刘建桥一直不敢写。地区管文物的刘乐山要带刘建桥去见见地区文化局局长,口头汇报一下,刘建桥也不敢去,怕告了领导,将来找别的借口整他,受不了。

这次国务院文物局调查组来凤阳,听说县里有些人开始是有点紧张的,怕追查责任。在调查组向县委汇报的时候,杨伯达同志说,皇城已经被拆成这样了,怎么办?主要是提高认识,从中吸取经验教训,坚决把遗址现状保护下来。谷志瑞对坐在他身旁的城西公社副书记孙殿华说:“对你们既往不咎。”我们并没有说可以既往不咎了,也没有权这样说。我们在书面提出六点建议里,明确地引用了《文物保护管理条例》第十五条的原文:对于破坏、损毁、盗窃文物的分子,应当按照情节轻重给予应得的处分。

最近刘建桥到皇城去调查了解情况,群众反映说:“公社干部说,谁还扒城砖,逮到大队公社去批斗,带到城里去挂牌游街。还有的生产队干部说,扒一块砖罚洋 10 元,以反革命论处。”群众对此很反感,情绪很大,说:“当时好好的要扒了是你,今天要制止也是你。老实说,说是群众扒砖,还不就是你们搞的,干脆搞干净业熊(凤阳土话,即“算了”的意思),建设社会主义!”群众对县、公社领导自己只是认识问题,既往不咎,对群众却像对待敌人一样,要严厉惩办,这种“窃国者侯、窃钩者诛”的做法是很不满意的。大队民兵执勤护城两夜以后,也不愿意干了,觉得都是熟人不好办。

调查组在凤阳的时候,原来准备整理出一份我们所了解到的明中都皇城遭到破坏的经过和现状的书面材料作附件,供省地文化局参考。后来我们考虑到中都皇城遭到破坏的过程很复杂,时间长,牵涉人多,真要认真追查起来,谁也担当不了。从根源上找,主要还是由于对中都皇城的历史、艺术、科学价值认识不足,因此着重阐明保护中都皇城的意见和价值,提高认识,从中吸取经验教训,立即制止继续破坏,坚决把遗址保护下来,为下一步进行清整、发掘、研究创造条件。我们看县委领导都承担了责任,风格比较高,态度也比较积极,表示坚决把遗址保护下来,想县委领导的认识和以前的认识不同了,至少在一定时期内可以把遗址原状保护下来,因此也没有再把材料整理成附件,甚至也没有向地委和省委宣传部汇报中都皇城遭到破坏的过程。

这次调查组派我返回凤阳,看看保护措施落实的情况,向(滁县地区文化局)花(纯儒)局长、吕波同志写封信汇报一下。当我看到中都皇城遗址仍在继续遭到破坏,并了解到县委和公社党委的某些主要领导思想认识问题依然未曾解决,感到情况迫切严重,不得不直接给韩寅同志发了一个电报,要求立即予以制止,并将最近了解到的一些情况,较为详细地向他汇报一下。由于这些情况尚未经过查证核定,可能与事实有出入或不符。因此仅供领导参考。

目前最急迫的问题依旧还是把中都皇城遗址现状保护下来,关键仍然是县委领导。汇报会上,谷志瑞说:“关键是省。皇城、皇陵的保护问题,看省里有什么意见,是否仍列为省级重点文物保护单位。”这次见到谷书记,他首先就问“省里有什么意见。”等我转达省委领导的意见以后,谷志瑞最后还是露了“宋佩璋过去也没有说过中都皇城重要”这样一句话。因此,县委的认识问题上还有一条,就是看省委领导的重视程度和如何认识。所以,除文化系统从条条下来做好具体工作之外,还有必要请省委党委、宋佩璋同志出面过问一下,以利于工作的顺利开展。

皇城会议开会前,县城大队书记庞克祥说:“嗨,你说的倒省事了,规划也不用搞了,不准填沟,不准扒土堆,怎么规划?”按照《文物保护管理暂行条例》第六条规定,“各级人民委员会在制定生产建设规划和城市建设规划的时候,应当将所辖地区内的各级文物保护单位纳入规划,加以保护”,就能兼顾两利,解决矛盾。在现有的条件下，既保护了所辖地区内的文物保护单位，又开展了农业学大寨运动。如果心目中根本没有这个省级文物保护单位，制定农田基本建设规划时根本不把它纳入规划，非得要“砸烂旧县城（指皇城）”才能“建设新凤阳”；非得要筑一条路，从午门进去，通过殿台遗址，直穿玄武门出去；非得要填平金水河，挖光白玉石大桥；那么一提起保护文物，保护明中都皇城遗址，就会矛盾重重。如果按公社的原规划把路修下去，就会把殿台遗址破坏尽。通车以后，就会把午门石雕撞坏，嫌城门洞狭，就有可能把残存的午门建筑拆掉。最后仍是得到“砸烂旧县城”的结果。

凤阳明中都皇城，是我国城市建筑发展史和宫廷建筑史上极为重要的一个都城遗址，文化层次极薄，有的地方一锹土下面就是白玉石雕、石础、金砖、石条，厚的地方也不过几十公分到一公尺多些，下面全是琉璃瓦和殿台基础。而中都皇城的宫殿布局、设计、建筑情况，目前尚不了解，有待于勘测和清理发掘。因此当前最迫切的任务是保护现状，接着就清理测绘地表情况，收集遗散的石雕、琉璃，然后逐步地开始清理挖掘，把全部资料拿到手。现在如继续修路和“捡碎砖”，就有可能使现状进一步遭到破坏。如今年 4、5、6 三个月，夹西生产队要在午门前盖猪圈，在午门东翼楼外侧和南城墙东段外侧清底，“收复”了 35 方城砖，一个月前又扒了一段时期。我亲眼看到把原已埋在积土里的翼楼外侧城砖扒了下来。所以，“捡碎砖”成为使皇城遗址继续遭到破坏的大漏洞。

宣传、组织、调查、登记、征集、树标、立志等大量具体工作急待进行，现有分工文物的一个人，即使别的工作都不问了，光是跑腿联系、了解情况、处理不断发生的问题，就忙得团团转，照顾不过来。现正在大批抽人下去开展农业学大寨运动，再要从县宣传组和县文化馆内抽人，有困难。甚至馆长这个主心骨也很难说就不会抽他下去。因此，组织落实，尽快把编制定下来，也是迫不及待的。否则一切工作计划和打算，由于没有人去做而有全部落空的危险。

收集起来的石雕要有地方存放保管，办短训班、开展工作要有地点，要求把龙兴寺收回作为中都文物保管所还没有头绪。除了开展工作需要一些经费外，收回龙兴寺要补偿建筑费用，皇陵公路改线（包括建桥）、筑围墙、修复石人石兽，更需要较多的款项。这些都需要上级支持。

当我看到明中都皇城的保护和清理发掘工作需要一支技术队伍来进行工作，而又了解到省文物工作队和地区文化局也不可能投入大量技术力量的时候，我和县文化馆馆长蒋汝成同志商量，能不能按照两条腿走路的方针，自己培训一支赤脚文物工作队伍。蒋馆长欣然同意了我的设想，取得一致意见，决心按照毛主席动员群众,依靠群众,从战争学习战争的教导,破除迷信,解放思想,艰苦斗争,自力更生,自己培训一支赤脚文物工作队伍。打算从回乡和下放知识青年中轮流抽调一些人上来,进行短期培训,边干边学,在较短的时间内,使全县40多个公社,每个公社至少有一至两人受过培训。培训期间一边学习,一边做些简易测绘、树标立志、文物登记收集等急办工作。培训结束,回社生产,成为农业学大寨运动中经常地宣传保护文物的政策、法令,进行文物调查和及时发现报告的尖兵,使祖国的文物得到群众性的保护,不致遭到破坏和损失。使农业学大寨运动中进行平整土地、实现农田基本建设规划的时候,在农业"大跃进"的同时,文物考古工作也获得大丰收。再从经过培训的青年中挑选十人左右,继续边干边学,使他们成为全县赤脚文物工作队伍的骨干,并为明年在上级指导下对明中都城开始进行的勘察发掘工作,做好组织上的准备。

我们要有足够的思想准备,清醒地估计到在保护、清理、发掘和利用明中都遗址的过程中,今后仍会遇到各种困难和阻力,仍会有破坏和斗争。但我对此还是充满信心。因为广大群众是愿意把在当地的祖国珍贵文化遗产保存下来,并利用它来作为教育子孙后代的实物和场所的。广大干部也是好的,即使有的干部一时认识上片面,也是能够改变的。思想认识有一个发展的过程,需要时间,要积极地做工作。开展舆论宣传工作,使对保护中都城遗址的意义和作用做到家喻户晓,深入人心。待保护工作和清理、勘察、发掘工作稍有一些头绪后,就可以利用这个遗址和遗物,通过陈列、展览,说明它们是明初阶级斗争、生产斗争和科学实验的遗物,是奴隶们创造历史的实物例证,是进行阶级教育和历史唯物主义教育的生动教材,是阐明明初历史和朱元璋政治路线的实物资料,可以直接为当前政治路线斗争、为巩固和加强无产阶级专政服务。一旦保护中都城遗址的真正意义和价值为广大干部群众所了解和接受,保护和利用中都城的问题就可以得到很好的解决。

特别重要的是,明中都城遗址现在已经得到了从中央到省、地、县各级领导这样的重视,保护文物的政策、法令的宣传工作正在进一步开展,这是过去所未曾有过的大好形势。我满怀信心,在中央、省、地、县各级领导和文化部门的重视和支持之下,凤阳县一定能够在农业学大寨的过程中,把文物工作搞好,一定能够依靠一支按照自力更生、艰苦奋斗的方针建立起来的赤脚文物工作队,在上级的关怀、指导、帮助之下,把明中都皇城遗址、明皇陵和境内的其他遗址的文物保护和考古发掘工作,做出成绩来,在满园春色的祖国文物考古事业中,增添一枝新花。

最后，由于考虑到凤阳县委主要领导存在着“学大寨，别的顾不上”，“只要生产搞上去，别的都好说”，对国家保护文物的有关条例和通知不太清楚的情况，是否可以把凤阳当前的问题，向省里和宋佩璋同志汇报一下，并由省革委会正式下文，要凤阳县革委会把明中都皇城破坏的经过、现状，和贯彻执行国家保护文物有关条例和通知的情况，向省革委会报告，以引起县委领导对文物保护的重视和关心，有利于文物保护的具体工作和宣传教育工作顺利开展，使祖国文物不致继续遭到破坏和损失，并乘农业学大寨的东风，获得农业生产和文物考古工作的双丰收。

此致

敬礼

王剑英

1975 年 11 月 16 日于凤阳

编者按：1975 年 10 月 26 日至 11 月 1 日，受国家文物局的委派，杨伯达、单士元、李怀瑶、王剑英、徐苹芳等 5 人组成的专家组，对明中都、明皇陵进行调查。11 月 8 日，调查工作结束后，4 人返京，留下王剑英前往凤阳，继续把明中都皇城破坏的经过、遗址的现状、保护管理的措施等作更深入的调查。11 月 17 日，王剑英返京。在此期间，王先生撰写了此文（手抄复写件），向国家文物局汇报。

古方志中有关
明中都、凤阳、皇陵、祖陵的插图和书影

前　言

从1973年开始，先后在北京图书馆、南京图书馆、南京地理研究所、南京大学等处看到了一些有关明中都、凤阳、皇陵、祖陵的稀有珍贵图书，并摄制了一些书影。这是一批研究明中都城以及凤阳皇陵、泗州祖陵和凤阳沿革的极为重要的历史资料。光绪修《凤阳府志》的时候，想找一本康熙《凤阳府志》参考，但是直到修完以后，才在南京看到一部，甚感欣慰。现在全国只有北京图书馆善本室藏有一部，而且还残了几卷。还有像《帝乡纪略》、万历《凤阳县志》，书已经不在国内了，有的剩存一部在国外，但也只是残存几卷。好在北图善本室还存有摄制的微型阅读胶卷。《中都志》全国也只有三部（包括残缺），只有北图的一部附有万历年间增补的地图。《凤阳新书》全国也只有两部，且以南京地理所的本子最为清晰完好。就是乾隆《凤阳县志》原刻本在全国也只剩寥寥几部，后来翻刻并续志的都没有附图。把这些散在各处的珍本中保留的稀有古地图、插图、书影搜集在一起，装订成册，对了解明中都及其变迁，以及研究明初历史和凤阳、泗州地区自然、人文地理的变迁，也是很有参考价值的。

先后搜集到的资料及其内容计有：

柳瑛《中都志》，南京图书馆藏成化原刊本（缺卷一至卷四、卷五首页、柳瑛后跋及刊□工师名书影）。南大（南京大学）图书馆藏隆庆增刊本、卷首序、目录并序、城郭、陵寝书影（均见另影集）。

柳瑛《中都志》，万历四十一年凤阳知县万嗣达增补插图本（北图），皇陵总图、凤阳府治十八州县总图、凤阳府治图，以及凤阳、临淮、怀远、定远、霍邱、泗州等县县治图。

张云翔《凤阳县志》（万历六年）北图藏胶卷，《后序》《后跋》书影。

曾惟诚《帝乡纪略》，北京图书馆（今国家图书馆）藏，万历二十三年刊，原

刊本为胶卷,圣迹图、祖陵形胜图、祖陵图、泗州祖陵祠祭署署户田粮册书影。

袁文新(万历)《凤阳新书》,中国科学院南京地理研究所藏,天启元年原刊本,中都形胜总图、告祀天地文、城池、宫阙、坛壝、楼阁、台亭、苑囿、公署、关市、桥梁、坊表、第宅、高墙书影(均见另影集)。又北京图书馆藏胶卷,中都形胜总图、景泰六年高谷《中都留守修城记》书影。

耿继志《凤阳府志》,北京图书馆藏,康熙二十二年原刊本(缺卷十三、十四),凤阳府总图,凤阳府图,临淮、怀远、定远、泗州等县图。

邢仕诚(魏宗衡)《临淮县志》,南京图书馆藏,康熙十一年原刊本,卷首序、临淮县图、临淮城图,贾应龙《改免附郭条议详允始末》《驿递申文》,首页书影(均见另影集)。

贡震、孙维龙(孙维龙、于万培)《凤阳县志》,南京图书馆藏,乾隆四十年原刊本,卷首序、凤阳县城池山川八景之图、凤阳县图及谯楼归市、九华屏障、龙兴晚钟、明陵风雨、浮桥烟锁等图书影(均见另影集)。又,北京图书馆、科学院图书馆、浙江图书馆等处所藏该书,也均过目。

此外,为了与明中都做对比,在另影集中还搜集了下列书影:

杜泽(王俊华纂修)《洪武京城图志》,洪武二十八年刊,弘治重刊影印本,皇城图、官署图,陈沂《金陵古今图考》(正德十一年)天启重刊本(南京大学图书馆藏本),元集庆路图、国朝都城图、国朝都城图考、历代互见图。

《大明会典》,圜丘总图、方泽总图。

收入另集者,不再重复收入,仅留《凤阳新书》中都形势一图。

又经北京图书馆金石组和文物商店碑帖门市部协助,收得《皇陵碑》早期拓片一幅,经与北图所藏三幅拓片逐字校核,以此幅为最好,经检定,当不晚于嘉庆前后,照片亦附后。

尚有冯煦《凤阳府志》,光绪三十四年活字本,因存书较多,易于找到,故暂未摄制照片。

1977年10月,凤阳文化局武谋局长、凤阳文物保护所刘建桥同志因维修皇陵石人石兽来京请求国家文物管理局支援技术力量之际,将前摄书影资料,搜集成册,供参考。

王剑英

1977年10月8日于北京

编者按:王剑英先生按各图刻印的先后次序,把已翻印和放大好的地图及部分书影编辑成册,并撰写了上述说明,冀望能够汇集出版。因上述图片已分散收录于《明中都城考》一书中,此处不再集中收录。此册现陈列于凤阳县博物馆展柜内。

对《凤阳明中都皇城及皇陵石刻保护规划》的意见

一、安徽凤阳明中都是明代早期营建的都城，规模宏大，部署完整，内容丰富，雕刻精美，它在明代都城的选择形势、设计思想、规划布局、宫阙制度、建筑工艺、石雕艺术等各方面，居于承前启后的重要地位，是我国建筑史上的瑰宝。明中都建成以后，虽未正式启用，现已仅存遗址，但地层清楚，基础尚全，上无覆盖，是全国唯一的一个完整的都城遗址，应从宏观上予以完整的整体保护。并非仅只皇城一处，皇陵亦是规模宏大的明初建筑群遗址，亦非仅存石刻。因此，从保护范围到正式名称，宜改为“明中都”和“明皇陵”两大项，以免由于开始注意不够，以至明中都皇城及皇陵石刻以外的完整遗址逐渐遭到破坏，追悔莫及。

二、明中都皇城重点保护区应自午门向南伸展，包括太庙、太社稷、中书省、大都督府、御史台、端门、承天门诸遗址，并南及大明门、左右千步廊、洪武门、南左甲第门、前右甲第门，东至中都城隍庙、中都国子监、鼓楼，西至开国功臣庙、历代帝王庙、钟楼诸点。

皇陵重点保护区应扩大至原砖城，并北沿神路至正红门暨神厨、斋宫、混堂及大水关、皇堂桥、於皇寺、朱元璋故里等诸点。

三、当务之急是首先应制定把整个明中都遗址、整个皇陵遗址以及其他明初遗址全部纳入保护范围的整个凤阳城市的长远发展规划。凤阳的一切城镇建设，包括农田、水利、交通、工矿副业等，均应予以适应互相配合，不能有损于遗址的保存和景观的改变。

中都城、皇陵外城等城址明显的地段，应保护原状、植树成带；城址已平整的地段，可植树筑路，表示方位。殿、台、门、桥、砖城等建筑遗址，一律不准挖掘砖石、起吊木桩；遗址表面不准深耕、开沟、植树、建房。

所有大小遗址及长距离、大面积遗址的拐角处，均应树立标志。

四、对凤阳明中都大小各处遗址以及坛庙、官署、卫所、营房、粮仓、水陆驿站、桥梁、公侯宅第、坟墓、高墙等明代建筑或遗址，进行细致的寻找和普查；重点项目要逐一进行钻探测绘，做好各项详细的科学档案名录，有文、有图、有照片，为将来清理发掘做准备。

对石雕的种类、花样，字砖的种类、款式，琉璃的色彩、样式，字模等等，应作详细完备的调查。

现存建筑基础、墙角、石础、石雕等在原位的，应就地保存，一砖一础都不要移动；已经移位或集中的，要补做档案记录，以便研究、复位；流散的石雕、石础、城砖等应及早回收，禁止再用明中都砖石建房筑墙或作它用，已用的要逐步换下。

五、明中都、明皇陵原则上均作遗址原貌保存。对午门等个别重点项目，为了妥善保存明中都建筑的精华午门须弥座石雕，应尽快进行维修，不使坍塌损坏。所有维修工程应使用原材料，按原格式工艺修复，以保持原貌。中都皇城墙上由地震造成的裂缝，系珍贵的自然科学资料，应原状保存，不予修补，并树标说明。

皇陵石雕不宜作围墙保护，这样就把石雕从整个皇陵布局中孤立脱离开来，大大损害了皇陵和皇陵石雕的原貌和气势。如有必要，皇陵石雕、皇陵碑、午门须弥座石雕，蟠龙石础均可考虑增设铁栏维护，色调应与石雕调和一致，不影响观瞻。

六、结合文物普查，制作档案记录，进行维修陈列等日常工作，鼓励和支持文物干部干什么，学什么，钻研什么，努力提高专业技术水平，逐步掌握文物保护、都城规划、古代建筑、石雕艺术、明代历史、凤阳掌故等方面的知识，随着明中都文物保护工作的深入开展，逐渐成长为内行专家，使明中都的文物保护工作既出成果，又出人才，双丰收。

应扶植和充分利用社会力量，组成一支包括各种专业的、实力雄厚的文物队伍，开展经常性的业余调查、研究、讨论、写作、宣传活动。可适当办些高中文物职业班、亦工亦农文物技工班、少年儿童凤阳文物历史爱好小组，以培养人才。对广大干部、群众、学生要进行乡土历史教育和文物保护知识的教育，认识明中都遗址并非是无用废丘，而是祖国珍贵的文化遗产，以使明中都遗址这个全国重点文物保护单位的地位、意义、价值深入人心，遗址得以永世长存。

王剑英
人民教育出版社
1983 年 10 月 6 日于北京

编者按:1983 年 9 月,王剑英先生参加了中国建筑历史学术委员会在凤阳举行的“明中都遗址保护讨论会”,他在会上介绍了发现明中都遗址以及有关明中都的情况。鉴于当时凤阳社会环境很难对明中都遗址进行有效的保护,回到北京后,他写下此文并寄至凤阳相关部门。该文从此成为保护明中都大遗址纲领性、经典性的指导意见。

明中都遗址的发现及其研究

1969 年夏，下放到安徽凤阳教育部“五七”干校劳动，看到当地一座已被废弃、但完好的古城，正门已封闭，形似午门，上面有很多精致的浮雕，城内水塘里躺着巨大的蟠龙石础，我感到很惊异。询问当地群众，说是当初朱洪武准备在这里建都。这年冬天，县里“废物利用”“古为今用”，“要朱元璋为社会主义作贡献”，开始拆卖城砖。

后来，看到《凤阳县志》里有明初营建中都、修治皇陵的记载，引起了我很大的兴趣。1973 年夏，趁在干校等待分配的机会，开始寻访明中都的遗址。找鼓楼南面的南左甲第门，找了几个月，问了许多老人，都没有影踪。后来找到了与它相对称的钟楼南面的前右甲第门遗址和残存的明中都南城墙，才确认南门不远大街两侧的一对废丘，原来就是南左甲第门的遗址。要测绘遗址图，没有地图，没有仪器，只有一根头上短了三米的皮尺。较长距离的数据，只好来回蹬几次自行车数圈来测算。

1973 年 10 月，我自费到南京去阅读《中都志》《凤阳新书》等文献资料。这些资料对了解明中都太重要了，要多看些，多抄点，还得看看南京的遗址、遗迹，与明中都做比较。住了一个多月，天渐渐凉了，就把替换衣服、雨衣全部加在身上；怕钱不够了，每顿饭只吃二两光面加点米饭。

春节回北京探亲，就到北京图书馆去看看《高皇帝御制文集》、康熙《凤阳府志》等珍贵资料，闭馆了就到故宫去细细观察。我原以为北京故宫的建筑一定是全国最精致、最豪华的，是无与伦比的。可是竟然跟我的想法完全相反：明中都的石栏板两侧都是精致的浮雕，北京故宫石栏杆两侧则全是白的，没有浮雕；明中都宫殿的石础是 270 厘米见方的蟠龙石础，而太和殿的三五成群是一块 160 厘米见方的白础，面积只有明中都的三分之一大；明中都所有建筑的构件都比北京的精致，标准高。经过对比，认识到明中都是朱元璋统一全国后悉心经营的高标准建筑，又是后来改建南京、营建北京的蓝本。

1974年春返回干校以后，就全力以赴地投入了明中都遗址的调查研究工作。我经常天刚亮就背起水壶，带点馒头、咸菜，骑车去寻访和测绘明中都遗址。遇到雨天，还得扛着车前进。凤阳的山山水水、村村队队，只要有遗址，全都去了，行程累计几千里。去的次数多了，跟老乡们也熟了。我跟他们一起干活，向他们请教，也向他们介绍明中都的历史，宣传保护中都遗址的意义。老乡们不但把耕地、挖塘、开沟时捡到的龙瓦、凤滴、吻饰等送给我，还告诉我许多文献记载上所没有的珍贵信息，如承天门东侧水沟里出现过成排的浮雕，千步廊位置掘出过南北成行的红石条，午门内外，东、西华门内侧等处地下都有大桥，奉天门前原都是白玉石大街，后宫位置的地下有大量的琉璃瓦、琉璃碎件、大城砖砌的墙基，武英殿位置的地里还有没有移过位的石础等等。

夏天，凤阳县政府请我去写明中都的资料，于是开始了《明中都城考》的撰写工作。从酷暑炎夏到严寒隆冬，我夜以继日地开始了研究和写作，并不时到现场去考察核实。那时，大规模的拆城工作已经停止，但搜挖和偷拆城砖的事时有发生，还有把白玉石浮雕拉去砌坑烤烟，变成石灰，说是“一举两得”。地面下的大桥一条又一条地被扒拆，西安门遗址下的木桩被吊起堆积如山。我忧心如焚，担心我材料还没写完，遗址倒先拆光扒尽了。我到处奔走呼吁。凡是找上门来请我介绍明中都的，不管远近，一律接受。我带了明中都遗址、石雕、琉璃构件的照片、复制的书影、测绘的平面图和少量原件，到安徽省文化局去汇报。1975年春节回京，就走访国家文物局的领导和有关专家，要求保护明中都遗址。

1975年春，《明中都城考》上篇“历史篇”初稿印出来了。国家文物局收到《明中都城考》以后，立即组织了专家调查组前往凤阳考察核实。省、地、县的文物领导同志也一起参加了调查。经过专家鉴定，肯定了明中都在历史、文物、城市规划、建筑设计、石雕艺术等方面的重要价值，认为明中都在建筑史上具有承上启下的重要地位，是后来改建南京和营建北京的模式和蓝本。侯仁之教授说，这是一个大发现，过去大家都不知道。单士元同志说，发现明中都，功劳比萧洵写《故宫遗录》大得多。

1982年3月，经国务院批准公布，明中都皇城和皇陵石刻被列为第二批全国重点文物保护单位。

1981年3月，参加了安徽省滁县地区文化局组织的明中都遗址普查工作，证实了明中都遗址地层清楚，基础尚全，上无覆盖，是全国唯一的一个完整的古代都城遗址。我把普查结果和以前积累的资料写成《明中都遗址考察报告》，共十二章，约13万字。

1983年9月,被邀出席在凤阳召开的专门讨论保护明中都遗址的中国建筑史学术委员会年会,在会上介绍了发现明中都遗址以及有关明中都的情况,会后写了《对〈凤阳明中都皇城及皇陵石刻保护规划〉的意见》,建议应从宏观上予以完整的整体保护,伸展明中都皇城和皇陵的重点保护区,以使这份珍贵的文化遗产得以永久保存。

《明中都城考》已作过两次修订和补充,增加了地图、插图和照片,共分八章,约20万字,对明初选择建都地点和宫阙位置,营建都城的各项准备工作,建筑材料的征集,工匠劳力的调配,规划布局的设计和修改,营建工程的安排和进度,各项建筑的规模和制度,罢建中都的原因,中都的利用及其对凤阳人民的影响,中都建筑的变迁,明末农民军攻占凤阳、焚毁皇陵的情况,等等,都作了详细的考证和叙述。对至今尚完好保存的皇陵碑的碑文,也作了考释。现已改名《明中都》,交中华书局出版。

此外,这几年发表的有关论文还有:

《〈明中都〉提要》,载《建筑历史与理论》第二辑,1982年1月。

"Lost Ming City Was Model for Beijing",《中国建设》外文版1982年第9期。

《凤阳方志考》,中国地方史研究会成立大会暨首届地方史学术讨论会论文,载《文献》第十一辑,1982年3月。

《明初营建中都及其对改建南京和营建北京的影响》,全国历史地理学术讨论会论文,载《历史地理》第三辑,1983年11月。

编者按:本文撰写于1984年初,为王剑英先生手书件。

四、相关信件

给夏玉润同志的信(之一)

玉润同志:

8月9日晚,去看望了孙亦林同志,孙说杜建纲同志刚走,就立即骑车到音乐出版社宿舍把建纲同志找来。建纲同志已睡下了,听说是“凤阳来的同志”,马上起床来相会。他说要了解凤阳花鼓的曲调及其来源,可再抄一份来,由他向中国音乐史研究所询问,并希望看到凤阳当地有关凤阳花鼓的调查材料和曲调。

前日在《清代北京竹枝词》十三种(1962年,北京出版社)的《燕九竹枝词》里发现了清初北京唱凤阳花鼓的资料。《燕九竹枝词》纂于康熙癸酉(二十三年,1684年),《序》里说:“京师以正月十九日为燕九之会。相传元时丘长春于此日仙去,至今远近道流皆于此日聚城西白云观,观即长春修炼处也。车骑如云,游人纷沓,上自王公贵戚,下至舆隶贩夫,无不毕集,庶几一遇仙真焉。”按,邱名邱处机,应元太祖成吉思汗召,往见于雪山,卒赠长春真人。是日,《桃花扇》作者孔尚任等九人“走马春郊,开筵茅屋,命简抽毫,各为十绝句”,其中的《燕九竹枝词》里都提到凤阳花鼓:

孔尚任:秧歌忽被金吾革,袖手游春真可惜,留得凤阳旧乞婆,漫锣紧鼓拦游客。

陈于王:小儿花鼓凤阳调,士女周遭拍手笑。

袁启旭:秧歌初试内家装,小鼓花腔唱凤阳。如蚁游人拦不住,纷纷挤过蹴球场。

此外,有关词句有:

蒋景祁:箫鼓声中花似雾,绮罗影里人如鹜。

陆又嘉:早春戏馆换新腔,半杂秧歌侑客觞。偏是醉归人似蚁,太平鼓闹蹴球场。

柯 煜:秧歌小队闹春阳,毂击肩摩不暇狂。

曹源郯：画鼓秧歌不绝声，金钗撇下迷归路。

从这些词句里，可以看到：

一、康熙时北京也有"凤阳旧乞婆"，并不限于往江南乞食。

二、康熙时凤阳花鼓已成为北京的一种民间曲艺，颇能吸引观众，深受群众的欢迎。

三、腔是"花腔"，调是"凤阳调"，内容是"唱凤阳"。

四、鼓是"小鼓""花鼓""画鼓"。

五、有锣配合，"漫锣紧鼓拦游客"。

六、唱的人有"凤阳旧乞婆"，还有"小儿"。

七、与秧歌、太平鼓有一定的联系。

另一种《百戏竹枝词》里也有两首讲到凤阳花鼓，作者李声振，据后记，写于康熙三十五年至四十五年。

《十不闲》凤阳妇人歌也。设一桁（剑英按，"大械"曰"桁"），上铙、鼓、钲、锣各一，歌毕，互击之以为节，名打十不闲。

铙鼓钲锣备特悬，凤阳新唱几烟囊。问渠若肯勤蚕织，何事令人十不闲？

《打花鼓》凤阳妇人多工者，又名秧歌，盖农人赛会之戏。其曲有《好朵鲜花》套数。鼓形细腰，若古之搏拊然。

赛会时光趁踏青，记来妾住凤阳城。秧歌争道鲜花好，肠断冬冬打鼓声。

（附《太平鼓》：形圆平，覆以高丽纸，下垂十余铁环，击之则环声相应，曲名《太平年》，农人元夜之乐也。句丽画纸黑连环，春鼓声中不夜天。怪道灯街杖农乐，歌声已是太平年。）

从这些词的题解和歌词里，进一步可以看到：

一、康熙时已正式有"打花鼓"之名。

二、打得好的多是"凤阳妇人"。

三、"鼓形细腰，若古之搏拊然"。按，《吕律正义》云：搏拊"如鼓而小，鼓腰施以环系绳，作乐时，悬于项，击以左右手，每建鼓一击，则搏拊两击，以应和之。"图：形如今天的腰鼓。

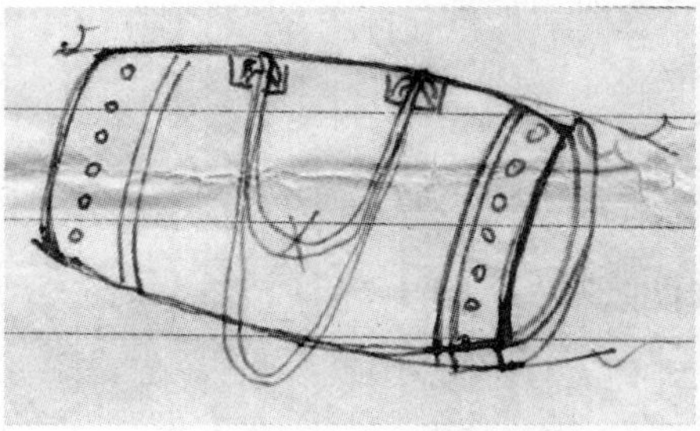

王剑英亲笔手绘图

四、凤阳花鼓又名“秧歌”，是“农人赛会之戏”，是农民在劳动中的文艺创作，原是民间文娱活动的一种形式，并非专为乞食。

五、曲有《好朵鲜花》等套数，“争道鲜花好”；还有“新唱”，但均未提及“自从出了朱皇帝，十年倒有九年荒”。

六、凤阳妇人还打“十不闲”，像一个大枷，上面挂铙、鼓、钲、锣各一，“歌毕，互击之以为节”。

七、太平鼓与凤阳花鼓是两种不同的乐器和曲调。

这是有关凤阳花鼓的极为珍贵的文献资料。既然偶然翻到了这些材料，我推测在别的诗文集、杂记里以后还可能有新的发现，因为只要有客观存在的历史，总会或多或少地反映出来，载之于笔墨。但哪一天才能再找到，那就难以期日以待了，只有靠有心人随时留心察访，勤于翻检了。

祝好！

剑英

1975 年 8 月 18 日凌晨

编者按：夏玉润于 1974 年春调入凤阳县文化馆工作，分管全县的群众音乐，有幸拜王剑英先生为师，想从史料上寻求凤阳花鼓的历史信息，曾多次前往“五七”干校总部抄录王老师的相关资料。王剑英返回北京后，两人仍书信不断。王剑英老师在为夏玉润收集凤阳花鼓史料的同时，也为《明中都城考》（历史篇）增添了资料。这封信中新发现的资料，添入 1976 年 2 月刊印的《明中都城考》（历史篇，二稿）中“明中都的利用及其对凤阳人民的影响”一文。

给夏玉润同志的信(之二)

玉润同志:

来信收到了,因为赶着课本修改发稿,把回信耽搁了下来。先把您提出的几个问题,就我的了解说一说。

一,关于罢建中都以后,工匠、民夫、军士有无定居在凤阳的问题。明朝工匠有匠籍,明初因营建中都、南京,工匠长期集中使用,但他们的原籍都是有老家的。洪武十九年,改为轮班赴京输作的制度以后,绝大部分就回了老家,后来又改为纳银代役以后,一般就都不来京城了。但匠籍仍受国家控制,不能随便迁移,工匠逃亡了,当地要赔补“逃匠”的输班银。因此,一般说来原来匠籍在哪里,就回到哪里去,籍贯不是在凤阳的就不会留下定居在凤阳。罢建中都以后,绝大部分工匠都去南京“改建大内宫殿”去了,但是凤阳还有一些工程继续在进行,如洪武八年十月“城凤阳皇陵”;八年十一月,建鼓楼、钟楼;十一年,新建皇陵皇堂,重建皇陵碑,十王四妃坟也同时兴建;十四年,建演武厅;十六年,修建龙兴寺;二十六年,筑洪武、北左甲第、朝阳、涂山门;三十年,筑南左甲第、独山、长春、前右甲第、后右甲第门等等。进行这些工程,是需要很多工匠留在凤阳继续工作的。而洪武十九年工匠改为轮班制以后,轮班赴工输作的工匠,三月递代,流动性很大,但是,有些技术性大的工作,需要水平很高的工匠来主持和继续下来,就有可能“自愿”地常留下一批高手艺的工匠作为骨干。从后来分工匠为“轮班匠”“住坐匠”两类来看,住坐匠可能就是这样逐渐产生的。“住坐匠”,我想大概是工部挑选出来的工匠中的精华,把他们留在京城,不回原籍去了。他们的户籍是如何解决的,我还没有看到过这方面的记载。凤阳的营建和大的修缮是由南京工部掌握和负责的,因此这些定居下来为住坐匠,也是定居在南京,大概不会定居在凤阳的。只有原籍是凤阳的工匠,当然就留在凤阳了,但这已不属于定居到凤阳来的范畴。

民夫是邻近各州县征派来的,工程完了,都返回原籍,是不会定居到凤阳来的。

营建中都的军士有过几次调动，洪武五年筑皇城、宫城，六年甓皇城、宫城，造作军士最多时达70000，六年四月减至52000多，到六年六月，中都皇城筑成，并开始修建南京以后，造作军士的数字遽然下降到只有7000多人，以至要从浙江调7000多人来凤阳驻守。洪武八年十月建凤阳皇陵，也是一项大工程，人少了是不行的，时间也正好在南京城筑成以后。文献上虽然没有记载军士、工匠调动的情况，但从工程项目的安排和衔接来看，我认为营建中都和南京的军士和工匠是一套班子，两地来回调动。我希望将来能从文献中找到确凿的根据，来证明我的这个设想是符合历史事实的。《中都志》说，凤阳国初有许多卫，"既定鼎金陵，后皆革调"，所以后来留在凤阳的，仅存八卫一所了。这八卫一所就是定居在凤阳的军士。

凤阳军队屯田是长期的，不是短期的。明初凤阳驻军一边屯田，一边练兵。后来，大部分军士常年调去运粮、京操，守城仅存老弱三千，因此耕种屯田的已不是军士本人，而是他们的家属和军余了。

二，关于罪犯、罪官是否继续谪凤阳屯田的问题。罢建中都是一件大事，是一个重大的决定，也是一个政策的转变。这个问题我在《明中都城考》里边没有说透。虽然起来造反的是工匠，但工匠只是出了头，他们不是罪犯，头上没辫子；他们不是军士，没有那么严格的军纪约束；他们不是民工，他们有高超的技艺，营建都城少不了他们，因此他们冲了头阵，结果遭到了血腥镇压。朱元璋心里大概也是明白的，是杀鸡给猴子看的。所以事后，他一面表示要抚恤爱惜工匠，一面留李善长等在凤阳"抚谕诸屯"，说"恐斯民之众，下人不能驭，特留卿等督责其事而提调之"，觉得江南移民14万很难对付。同时以下诏罢中都役作，而中止了继续把罪犯、罪官谪凤阳输作屯田的措施。下令输作凤阳先后有洪武五年正月、五年十月和八年二月三次，范围一次比一次扩大，第三次正好是中都城外城"土城已完，方集砖工"的时候发布的。罢建中都以后，外城始终没有再继续筑下去，就是外城的九个城楼也是一二十年以后陆续建成的，可见大批的罪犯并没有继续再来。但是已送在凤阳的，则继续留在凤阳干下去。八年十月"城凤阳皇陵"就用上了这批劳动力。九年闰九月叶伯巨上万言书，就说"今凤阳皇陵所在，龙兴之地，而率以罪人居之"。方志里记载了不少罪官一直在凤阳屯田，有的后代做了大官，才请求朱元璋放他离开凤阳。但凡未曾获准放免的罪犯罪官，可能全部留在凤阳了。

三，关于刘大成的问题①，我不清楚，刘继祖是在今二十里营一带，离燃灯寺路程不少，是否就是刘大成，难以判断，可能性不太大。

四，赵翼为什么说“家住庐州并凤阳”，不清楚。庐州即合肥，《史记·货殖列传》就说它是江淮之间的都会，确实是好地方。后人可能难解其意，遂改易词句为“说凤阳，道凤阳”。隋唐至元均称濠州，明初改为临濠、中立、凤阳，称凤阳府，就不能并称濠州；如称凤阳县，钟离县也已改为中立、临淮，也不能并称濠州，因此绝不会是“濠州”的笔误。庐州府、凤阳府和安庆府是江淮之间并列的三个府。庐州府的六安州并英山（滁州并全椒、来安，二十五年直隶京师南京）原属凤阳府，洪武十五年改属庐州府。庐州在各府中与凤阳关系最为密切，出民夫，参加凤阳的文武乡试。明初移民江淮之间屯田，可能庐州也有不少。但江南14万移民尽在凤阳，有朱元璋敕李善长等谕为证。因此说家住凤阳前要加上一个庐州，不可解。

五，有关凤阳花鼓的材料，我在修订《明中都城考》二稿的时候，到处找了一下，还托了音乐出版社的同志，打听了音乐研究所，均无结果，将来还得沙里淘金，下力气去找。我找过民歌、明代歌曲选等，只有一个说凤阳道凤阳。因此，我想你乘有些老人还能记忆的时候，赶快记录、录音他们的歌词、曲调，把他们的演出录像，把他们听到的古老传说和本人流浪卖艺的经历都记录整理下来，是非常有意义的。如能打印或复写，可寄一份给我看看。

原想去冬今春来一次凤阳，因为日本要翻译我们课本，又做了一次修改，赶着发稿，时机错过了。目前还有不少工作，都是应了兄弟单位，等着要的，不能误了人家，因此还要忙上年把。

文物出版社要我写一本《明中都》小册子，看来似乎还等着要，还未挤出时间来写，他们想到凤阳来照些好的照片作为插图，要我先给凤阳打个招呼，把要照的东西事先准备好。可能是委托新华社驻合肥记者来照。他们还想5月里约罗哲文和我再来一次凤阳，到时再说。明中都的学术专著，也做了出版计划，但具体安排落实一要看我有没有时间来补写后面几章和把前面再修改增订一下，再一方面我也要听听他们提些具体的修改要求。文物局约我给中国古代建筑史论丛写一篇有关明中都的文章，不好拒绝，希望四五月交稿，正在发愁，哪来时间写。北京图书馆编的学术性、资料性刊物《文献》创刊号，逼着我写了一篇文章，介绍明泗州祖陵的署户田粮清册，说明明朝土地集中的具体情况。现在，又来约我再写一篇介绍、考证皇陵碑的文章。也是先应了下来。再挤时间

①民间传说朱洪武少年时在凤阳县燃灯乡一带替地主刘大成放牛。

搞罢。

听说(刘)建桥身体不好,是吗? 情况怎样,请你代我问好。

凤阳情况我很关心,盼来信告知一二。

县里、馆里、局里、所里的熟人前,均请代为问好。

去年县建设局金铁铮同志托我买书,还剩一元钱,附邮票一元还他,请代转。

武谋、(蒋)汝成、(刘)建桥等同志前,均此不另。

此致

敬礼

王剑英

1980年3月14

给夏玉润同志的信(之三)

玉润同志:

来信和《说凤阳》①一稿早收到了。由于赶着教学参考书要发稿,大百科全书历史卷要审稿、审图,而我是副主编,必须及时认真审阅,提出书面意见,因此《说凤阳》一稿一直端放在我家里的书桌上,还没有抽出时间来看一看。

8 月上半月,有两周休假,带了女儿王红到大连、千山、沈阳参观游览了一番。参观了努尔哈赤和皇太极的陵寝福陵(东陵)和昭陵(北陵),气势宏伟,建筑完整,特别是祭殿的台基、石阶、石栏、柱础全部都有雕刻,这是我初次见到的这类建筑石雕,虽不如中都的精美,但也可想见中都宫阙的大致面貌了。福陵、昭陵原都是省级重点文物保护单位, 1982 年 3 月,清昭陵已提升为第二批全国重点文物保护单位,而福陵仍为省级保护单位。明中都皇城虽已被严重破坏,但仍被列为全国重点文物保护单位。讨论时,一批批的申请单位被砍下来,而明中都则一再被肯定,不知当地干部群众是否了解这点。我参观昭陵、福陵时,感慨万千,明中都皇城如不损毁,现在就有条件对外开放,凤阳其他方面也可得益不浅。现在明中都的全部遗址,特别是皇城内外的重要宫阙庙坛遗址,仍是一份极为珍贵的文物,不知广大干部群众能否认识,如若仍认为:“已经拆成这样子了,还有啥用!?”继续不断地予以损毁,那就实在对不起600 年前辛勤建筑的祖先和后世万代的子孙了。

认识是有一个过程的,我也是这样,对于每个领导、每个干部、每个单位社队、每个群众,都是这样。因此要宣传,提高对明中都遗址的认识。将来遗址发掘弄清了,明中都在中国历史、都城规划、设计、建筑史、石雕艺术等方面的地位还将大大提高。因此我衷心地希望凤阳的所有干部群众都能爱护中都遗址,保护它的每个遗址、每块石雕,等待时机成熟时,把它清理出来,让它重新放出光

---

①《说凤阳》,是吴庭美、夏玉润编著《凤阳古今》的原名,该书已于1986 年由黄山书社出版。

彩。千万不要为一点小利,实用主义地损坏祖国的这个瑰宝。

凤阳的会日期尚未定①,要等罗哲文同志8月底从美国讲学回来后再最后确定。只要开,我一定来。宁可放弃别的相冲突的会不参加,也要来凤阳跟全国的专家们一起探讨研究一下明中都的地位、价值、前途,为明中都遗址和凤阳的发展尽些绵力。

目前,我还要赶着参加北京市学术讨论会写论文,为应邀回乡讲学准备讲稿,为社内编绘历史地图册制定具体规划方案,拜读《说凤阳》我一定放在心上,这不但是盛情难却也是我理应担当的"责职",我希望能提出一些意见来跟你探讨。

《凤阳方志考》是我两年前写的论文,当时给陈庭元同志寄过三五册,请他分发有关单位。《文献》刊载时,对现尚存的乾隆《凤阳县志》、《续志》、光绪《凤阳府志》等做了大量删节,仅存条目而已,所以对您来说,还是全文为好。但原文已全散发,仅存一份残本,好在还有一份留存,复印两页仍为全文寄上,供参考。

到北京来看资料要介绍信,北图善本要省级介绍信,所有善本书都要在介绍信中写明作者、书名、版本、查阅目的、任务。北图善本室现在管理越来越紧,所有善本都作为国家文物来看待。只要稍有不符,立即拒绝接待,目录也收了起来,读者不能亲自检阅。因此,要看什么书,到什么图书馆,都要十分明确,手续俱全,否则是会碰壁的。科学院图书馆开架书多,比较方便。北京住房一向紧张,只好来了再说。实在找不到,在我家将就总还可以。

《我爱凤阳》一百题,我抽空看看,等你来了再面议。

请您转告一下蒋汝成、龚庞、孙祥宽同志,他们的信都收到了。因为忙都还未复。

《明中都》尚未出版,龚庞托联系购买15套的事只好以后再说了。

(王)乐民、(刘)建桥、(穆)世均等老熟人前均请代为问好。

此致

敬礼

王剑英

1983年8月19日

①指1983年9月25日,中国建筑学会建筑历史学术委员会在凤阳召开的会议。

给刘思祥同志的信(之一)

思祥同志:

前几天寄给您的信和《明初营建北京始于永乐十五年六月考》一文收到了没有?写信时,没有找到您9月21日的来信,因此只泛泛谈了一下。刚才找到您的来信,又看了一遍,想了一想,觉得把明中都遗址再摸一摸,跟您原来的计划、设想、考虑完全可以结合起来。现在把我想到的,再写封信说说。

我想,可以举办一个滁县地区文物普查训练班,在凤阳办,在凤阳进行实习。

一、普查遗址(包括地下的)、遗物、碑刻、石雕、城砖、琉璃等等,进行记录,照相,测绘,绘制平面分布图。

二、结合理论进行试点发掘。

明中都宫殿是我国都城建筑发展史中的灿烂明珠,可惜遗址已夷为平地,但地下尚有遗址的基础,如能摸清楚,那是一件很有价值的事,是文物、古建、历史方面的重大收获,值得试一试。

先试挖一条一定宽度的中轴线上的部分地段(试挖掘);

后宫部分再横向挖一侧;

个别点的试探测。

由于人力、经费、时间的限制,不作为正式的发掘来全面展开,只作为试探性的发掘,只要有了结果,一定会引起国家文物局和考古所等单位的重视,是否进一步安排发掘,以后考虑,那就不属于这次举办普查训练班的任务了。

三、时间,以今年12月至1981年1月为最理想。

冬季田野没有作物覆盖便于观察和工作;

省里、地区如这方面尚有结余经费,可投入使用;

还有近一个月的时间可以筹备;

我也正好想在这时候来凤阳考察遗址,互相结合。

四、人员

1. 本地区各县每县来 1 ~2 人；

2. 凤阳文管局(所)全体人员；

3. 凤阳县的有关区社，各来 1 ~2 人；

4. 适当吸收一批未考上大学的等待分配工作的知青。

五、经费

1. 各县区社参加学习班的学习，按出差标准在原单位报销；

2. 事业费用由地区开支，省文物局补助；

3. 膳宿、交通等由凤阳县筹办；

知青在培训期间供给伙食，田野工作期间，每天补助几毛钱。这样可以少花钱，多办事。

六、教师

省文物工作队，讲普查方法 、要求，带领发掘实习；

地区文物(化)局，讲物探 、原理、方法；

考古所徐苹芳，讲一次元大都城的试探发掘；

南京文管局、南京地理研究所，讲一次明南京城砖的调查；

我，讲讲明中都的情况。

还可约请国家文物局罗哲文同志(他曾说过想来一次凤阳看看)、中国建筑科学研究院搞古建的同志等来讲学。

侯仁之同志忙极了，不知能不能请他也来讲一次，可以试试，他有想来凤阳看看的想法，就是时间排不过来。

由于中都宫阙的特殊地位，虽然只是举办一个地区的训练班，请到他们中的若干来讲讲学，不是完全不可能的。有的同志，只要本单位同意他来，回去报销。

七、协作

1. 南京大学历史系(洪焕椿)、南京师范学院历史系、安徽大学历史系，邀请他们来凤阳野外实习；

2. 请愿意出版明中都石雕艺术图集的出版单位派摄影师前来拍摄照片。

八、任务

1. 掌握为地区开展文物普查和文物保护的基本训练和作业方法；

2. 对明中都城遗址做一次普查，摸摸情况，绘出遗址分布图来；

3. 对明中都宫殿做一次试探性发掘，测定它工程完成的程度、布局以及特点，绘出平面图来；

4. 对明中都石刻进行普查、收集、摄影，准备出版；

5. 对明中都城砖的品种、类别进行普查、拓片、照相，准备出版或撰写调查报告。

九、其他

如组织地区范围内文物遗址的参观等等。

以上种种设想，能做到多少，要看领导的支持程度和您的努力。不妨跟局长和省文物局洪沛同志等商量商量，如同意搞，能给予支持，拨些经费，工作就马上开展起来。

1. 拟一个计划、预算；

2. 发通知下去，让各县区社安排人来参加训练班；

3. 请凤阳安排住宿、吃饭、交通等等；

4. 上北京、南京、合肥联系，请人讲学，邀请实习人等；

5. 到北京图书馆复制滁县地区古方志缩微胶卷，购买缩微胶卷阅读机。

事情可以先办起来，讲学可插在里边，不必集中在一起搞。这样，时间好安排一些。

供参考。

《明中都城考》因为最近还抽不出时间来修订一下，因此还没有去中华书局问。上次，中华书局古代史组的室主任亲自跟我说，准备出版，接着责任编辑又来信明确年底付排，明年见书。既然说得那么肯定，我想大概不会有什么变动，现在讲经济核算，我想这类书，明摆着是要赔钱的，不知会不会有什么影响。待我抽空再去问问。如中华不太想印了，而洪局长仍愿意在安徽出版，我一定转过来。

信上说起没有发表过的碑刻不许拍，我曾想过可以印一下皇陵碑，字迹清晰，端正，作法帖不知够不够标准，可请书法家鉴定一下。皇陵碑本身是一件很有历史文物价值的碑刻，过去刻本错字很多，发表的照片太小，看不清字迹，可照法帖那样印，既作文物，又作楷书法帖，一举两得，我可以写一个详细的考释。这样，历史、文物、旅游、书帖，可以一举而兼数用。

关于宋代知州的名称，宋初命朝臣出守列郡，号“权知某州军事”，后来，文武官参为知州军事，二品以上及带中书、枢密院、宣慰使职事的，称“判某府州军监”，此外，大藩府、沿边州郡，或当一道冲要者，还并兼带一些职衔。

此致

敬礼

王剑英

1980年12月3日

编者按：刘思祥，时任安徽省滁县地区行署文化局文物科科长。

给刘思祥同志的信(之二)

思祥同志:

省里开完会了罢,一定在等我信了。

接到来信的时候,正好手头工作方完,想到凤阳对明中都遗址做进一步考察的愿望即可实现了。因等室领导赴日考察归来,未能即复。室领导说:要单位正式来函(指我们邀请王剑英来凤阳考察明中都遗址事——刘注),这类费用在本社均不能报销;交日本翻译的教材不能全都用现行教材的历史地图,新教材里所没有的地图也得尽可能重新编绘,明年2月小学历史要发稿,也得配历史地图,现在不能就走,要等交稿后再考虑。这样,时间势必要后推了。而秋后到春节前是野外考察最理想的时间。

滁县地区每县来一位同志,是一支很好的力量。一个星期,太短了些(原计划一个星期,后来为一个月——刘注),单是沿中都城转一圈,看一看,问一问,就得好几天,如果安排不好,实际的考察工作似乎有可能落空,难以取得成效。但大家都很忙,时间再长也有困难,如何用这支力量,我完全心中无数。

最近读了明景泰中修的《寰宇通志》,卷九"凤阳府"有"宫殿"一栏,载:"中都宫殿,在府城万岁山南,国朝洪武三年建。"这是官方的正式记载,它的重要意义有二:一是明确记载中都宫殿已建成,至景泰时尚存;二是证实了我在《明中都城考》里的推断,即中都宫殿不是如《凤阳新书》所说是洪武十六年修建龙兴寺时除兴福宫外全部撤除,而是天顺三年重建龙兴寺时才撤尽的。《中都志》开始编撰于天顺二年,完成于成化,作者柳瑛是亲眼目睹撤尽中都宫殿的过程的。因此,他说:"宫殿,洪武三年建,在皇城内,今遗址存","今惟城垣存"。若能对中都宫殿遗址的中轴线和前殿、后宫、午门前等几处要害部位找几条横线钻探一下,并画出一幅中都宫殿遗址平面分布大意图来,则对中都遗址的地位和价值将有很大的提高。但这第一需要有时间,第二需要有技术力量。我是业余爱好者,只能短期抽空来个把月,需要有人配合,能接得下去。我对考古又是外行，没有受过训练，需要有得力的合作者。为了做好遗址的调查工作，走到哪里，都应该做一些必要的宣传工作，最好能配合些图片展览，做好各级领导的工作，进行调查、访问，寻找并考察遗址，进行摄影拓片、绘图、钻探记录。要有最详细的地图，要有必要的工具和记录材料……我想得很多，中都遗址是一大片面，不是一个点，就怕走马看花走一遍，拿不到多少实实在在的材料。我实在后悔当初不应该回北京，应该留在干校把《中都考》写完。现在就只能根据条件和可能来办，来比不来好，能有多少收获，也只能尽力而为。

建桥（凤阳文管所干部——刘注）最近身体如何？能否在凤阳再多找两位得力些的助手配合工作？

将来来安徽时，是否先到地区，再去一次合肥，听听领导意见，然后再到凤阳开始考察。到凤阳后，先跟县领导碰碰头，然后少数几位同志先到各遗址转几天，初步了解一下情况，摸摸底，商量一下中都遗址考察工作怎样展开，要达到什么要求，准备一下，然后各县同志再都来一起正式开始工作。最后，初步总结一下，向县、地、省领导汇报一下再返京。我打算在安徽待一个月。不知这样设想是否合适，有无困难，会不会打乱地方原来的工作。

我到底什么时候能动身，现在还说不定。信我想由地区文化局给人民教育出版社写就可以了，写恳切一些，只要我手头工作完了，是会同意的。

《酿泉》上的文章拜读了（指我的《醉翁亭兴废考》一文——刘注），有几个错字，杨士奇均印成了琦，“基存”不如改为基址犹存。刊物不在手头，一时记不清了。

几位局长和（刘）乐山同志前，均请代为问好。

此致

敬礼

王剑英

1980 年 12 月 25 日

给刘思祥同志的信（之三）

思祥：

张荫曾来京，领摄影奖（金杯），以一名县级的文化工作干部，用普通的海鸥相机，夺得了四年中全国摄影作品一等奖，名列首位，考上了摄影状元，这是滁县地区文化工作者的光荣，也是全国基层文化工作者的骄傲。这次参加全国摄影评奖发奖大会的代表，县级的就他一人，其余全部都是省级以上，用的相机也都是高级相机，因此，更显出荫曾的技术和功夫。全国摄影家协会看他“没有”照相机，答应代他买一架价值三千元的三镜头日本相机，帮他“鸟枪换炮”，武装一下。我想，如光源、遮光板、放大机、暗房、胶卷、相纸、药液都能改善一下的话，质量一定会有更大的提高。

我请荫曾为明中都和石雕照一套高质量的相片，他满口答应。我已写信给你请他摄影的事，他还不知道。我原只是为文物出版社的小册子和文物杂志的介绍文章筹集照片，并打算写皇陵和编明中都石雕艺术。中都石雕艺术这个项目，单（士元）老见面必提，洪沛也约请罗哲文去凤阳拍摄，但匆匆几天不一定能照全照好，道理很简单，有时间可以等最好的季节、时间、光照，不理想可以重来，反复来，从不同的角度、取景来拍摄。荫曾听我说8月底要到上海在有国际友人参加的全国历史地理学术会议上介绍明中都的情况，主动提出愿意提供一套好照片拿到会上去介绍。这是第一次在全国性的会议上作公开介绍，介绍好了，有利于各方对明中都的了解和重视。圆明园遗址还不是由几位“起劲人”搞起来的。荫曾说，要我写封信给你，开一个要照的单子，他和你两人用十天半月时间就能搞出来了。八月下旬给我寄到北京，或八月底我车过滁州时送上月台车厢。如能连同上次滁县展览过的整套照片送往上海会上展览最好。会期预定9月1日至5日。您如有空来次上海办个临时展览最好，若能有几件实物就更光彩了。您跟白（振亚）局长商量商量，如可行，可用局名义写信给上海复旦大学历史地理研究所会议筹备处联系。我也可以给谭其骧写信联系。如反映不错，可以扩大修改，送到北京来展览。

反正摄影是要你们协作了：

一、为文物出书配图；

二、为编明中都石雕艺术和给《明中都遗址考察报告》与明皇陵等配图；

三、在上海学术会议上作介绍，有条件则展览；

四、供其他报刊需要写文介绍时提供照片；

五、协助凤阳文管所、中都博物馆筹备处准备一整套完整的、高质量的照片，以代（待）展出。

现在就看你俩有多少时间来投入这项工作。

我现在是既没有好的照片，有的照片也分不过来，老在本（相册）上往下撕，越撕越少。因此，以后如能给我一包，均寄两份，就有一份可以保存得完整些了。

摄影条目另开。

凡有新发现，请凤阳及时拍下照片。

孙祥宽写了《凤阳发现明中都石匠工场》，写得很好，不知照了相没有。因手头还有不少事，尚未复信。

……

明中都照片：

一、石雕。要全，要清晰，精致的要有局部细刻。这是明中都的精华，作建筑石雕艺术来处理。

二、中都遗址。宫殿、午门、皇城、角楼、东华门、西华门、北安门等城门、护城河。承天门遗址、禁垣及改成的公路。

洪武门等9门、水关，独山门、老北门等城垣。

鼓楼（整体，白石门券、砖砌花饰、题字、石础等）、钟楼、云霁街。

太庙、社稷坛遗物。

独山观象台、日精峰、月华峰、万岁山。

龙兴寺、铜镬、石刻、第一山碑。

中都下水道（鼓楼东口地下最大）。

圜丘、方丘。

中都城隍庙、中都国子监遗物。

金水河、桥。

三、各色琉璃（要字）。

四、各种城砖（带字，要齐全）。

五、各种遗址、遗物。

六、皇陵。皇陵碑(全,细部分段照全)、石刻(细部)、皇堂遗址、陵地、城及城门、土城、皇堂桥。

皇觉寺遗址、二十家营现貌。

汪氏老母坟。

皇陵卫。

七、其他中都建筑遗址、功臣宅第、坟墓、碑刻等等。

项目很多,是否分步走,第一步以画圈的石雕为主,其他带着解决一部分。下一步,再全面拍遗址、城砖。先供急需,然后求全,为《明中都遗址考察报告》正式出版和编明中都石雕艺术、写明皇陵做准备。

上海会后,想去湖北实地看看几个"赤壁"①。

祝

暑祺并问

夫人好

剑英

1982 年 7 月 20 日

按:文中的张荫曾,时任嘉山县(今称明光市)文化馆副馆长,负责摄影工作。

①王剑英撰写的《赤壁考》,发表于《史学月刊》1985 年第 6 期。

给刘思祥同志的信(之四)

思祥同志：

接读来信，知道省文物工作队已组织力量开始试掘，并拟制定总体规划，提出具体措施，希望我能来一次，十分高兴，这是揭开明中都历史的新的一页，我当然非常愿意来出一点力，也是使我能提高对明中都认识的绝好机会。

已与社领导谈过，同意我来，日子不能太长，具体日期另行商定。年底以前要进行工作总结，明年上半年要修订教学参考书并发稿，看来是元旦前后至春节前最为合适。不妨先按你们想法来信邀请，如行，立即成行，如一时走不开，再行磋商。不知你那时能否一起来搞。

试掘工作可以多找几个点继续进行，不要停顿，情状摸得透一点，制定总体规划就更能心中有数。

小红正是寒假，继续带她来不知是否合适，我想培养她以后能帮我弄弄，当个助手。

编《中都志》挺好，我想，如果要编好，就得把明中都事和人都深入摸索一下，弄弄清楚，例如哪些人到过凤阳，他们在凤阳做了哪些事，写了哪些东西，都要排个队，查一查；罚到凤阳的罪官有哪些人，各人的具体情况如何；十四万移民是怎么移来的，他们的组织、管理、生活情况怎样；高墙幽禁过哪些宗族，高墙内的生活情况；营建中都时，各地派并征料的具体情况，等等等等。总之，人们对整修中都的情况，还是知之甚少，有的还情况不明。而这些情况的进一步弄清，对了解朱元璋，了解明初的政治经济，了解明中都的变迁都有很大的好处。这个《中都志》虽然只是资料汇编，不是学术论文，但是不下工夫去研究探索，沙里淘金，集腋成裘，就价值不大，不如把《中都志》《凤阳新书》标点考订重印一下，更为实惠。我意思可以几头并进，队伍可扩大一些，多吸收些人来分头进行研究,每年能出一些成果,特别是能吸收一批中青年业余来搞,逐渐形成一支研究明史、地方史的有生力量。我也愿意参加进来,跟同志们一起切磋研究。

局里的几位领导和同志们前,均请代问好。向周陶(刘思祥夫人)同志问好。

此致

敬礼

剑英

1982年12月12日凌晨

给刘思祥同志的信(之五)

思祥:

来信收到了,可是安徽始终没有来信,凤阳也没有来信,倒是编辑室同志不断问我什么时候去安徽。现在已临春节,车辆很挤;春节后又要忙修订一本教学参考书,要到4月中发稿后才能空下来。近期内最好的时机大概算是错过了。我是很愿意对明中都的发掘规划提提意见,说说自己的想法的。最好是一起就地看,边谈边议,容易取得一致意见,也比较实际。这样需得有交通工具,抓紧时间,实实在在搞,大约野外搞一个星期就够了。

孙祥宽有来信,说在具体试挖。我鼓励他好好干,可以较快地成长起来。同时告诉他中国社会科学院副院长、考古研究所所长夏鼐同志让我转告安徽和凤阳同志要按文物保护法办事的话,请他转告有关领导。还希望继续把《凤阳文博》办下去,不要初放花蕾就夭折了。

您搞春节文艺会演,我又有一个想法,就是工作的压力和负担有两重性:如果纯粹看作是一种差使,就会陷于应付、被动;如若把它看作是一个学习、锻炼的机会,又是机不可失。我在想,为什么百行百业,大批的人成了芸芸众生,而其中终会出现个别出类拔萃的人物呢?为什么很多人对坎坷遭遇只留得一个暗淡的回忆,而又能成为个别人难得的了解下情、接近群众和奋发读书的机会呢?可见事在人为。要充分利用你的有利工作条件,多接近群众,多想想问题,钻进去多学习,例如滁县地区的群众喜欢哪些文艺形式,它们的历史,它们的内容、表现形式、发展情况,怎样能更好地表达人民的心声,怎样能更好地利用这种文艺形式向群众进行宣传,怎样通过这种活动把青年组织起来,进行自我教育和教育群众。特别是凤阳花鼓、花鼓灯、花鼓戏以及其他当地群众喜闻乐见的地方剧种和文艺活动……这对你研究历史、考古不会发生矛盾,而在某些角度上深入下去了。要组织力量收集老的调和词,不使失传;又可以谱以新词,成为有力的宣传工具,甚至可以组织业余的或自负盈亏的小演出队。也可以演一出宣传保护文物的节目等等。从忙碌的事务工作中领着大家往前闯。凤阳闯出了一个包产到户责任制,现在不但全国农业生产战线都推行了,商业也在试点了,其势看来还要发展,成为提高经济效益和一切工作效率的、切合当前实际的、适合国情民心的思想。滁县地区的文艺会演,这是一个主题思想,搞好了有典型性,很有意思。

春节到了,请代向白局长、薛局长、花局长、(刘)乐山同志等问好,代向荫曾、宋霖等地区里能见到的熟人问好,向您夫人和孩子问好。

祝

春节快乐

剑英

1983 年 1 月 28 日

给洪沛同志的信

洪沛同志：

安徽人民出版社文教编辑室6月15日来信已经收到。我去中华书局了解，中华书局决定接受出版《明中都城考》，争取年内发稿，明年见书。由于书稿是正式交给中华的，中华既然作了安排，不便再索回转交给安徽出版，很是遗憾。

两次来信都问及《明中都城考》下篇的问题。自1976年“历史篇”二稿完成以后，即打算接下来写“文物篇”，但刚试写了一小部分，就停下来了。凤阳（县）文化局局长武谋同志曾亲自来京到教育部借调我去凤阳继续撰写下篇“文物篇”，滁县地区文化局也曾来信探询。由于编写全国通用教材的任务十分紧迫，工作繁重，人手又少，领导都未能同意。因此，继续撰写《明中都城考》下篇“文物篇”的愿望，多年来一直未能得以实现。

目前，我的工作刚好即将告一段落，领导已告知我年底以前不再安排其他任务，可以自己搞些研究工作，写点东西，这是一个很难得的机会。如若安徽现在来函人民教育出版社借调，很可能就会答应。但事不宜迟，一旦编写高中文理分科的教材上马，势必又不肯放了。

下篇“文物篇”主要写明中都的遗址和遗物，因此，我希望有机会再次到凤阳现场来，一边继续考察，一边整理撰写。不知省文物局和文物工作队对明中都的进一步考察有什么考虑和安排，如能结合起来一起搞，当然搞得更好一些；若仍让我一个人来搞，也可以。但由于时间有限，希望配备几位助手，使调查、测量、探测、摄影、绘图、拓片等多方面的工作能同时配合进行。

对明中都进行考古发掘，目前似乎还不具备条件和力量，必要性也不大，因此只想作一些可能情况下的探测。又想，蚌埠机场离凤阳那么近，不知有没有可能试试航空考古。

一、有关明中都遗址方面要进行考察的：

1. 对明中都宫阙作一些初步的探测，了解朱元璋说的“功将完成”究竟达到了什么程度。从文献考察来判断，凤阳中都的地下，应该有一个与现存北京故宫建筑平面完全相似的建筑遗址。也就是说，有待于探测证明：现在的北京故宫，以及南京的明故宫，都完全是仿照中都宫阙的设计、布局来营建的。

2. 对曾挖掘过的西安门、五龙桥、东华门内大桥、西华门内大桥、钟楼、水关等建筑作进一步的调查、测量和搜集遗物。

3. 对已经确知方位的圜丘、方丘、太庙、太社稷、端门、大明门、东西长安门、中书省、大都督府、御史台、开国功臣庙、中都城隍庙、中都国子监、会同馆（凤阳府）、观星台、中都留守司、教场、凤阳县（山后）、皇觉寺（在二十里营）、龙兴寺、皇陵（包括洪武十一年改建以前的皇陵）以及一些城门、桥梁等遗址，进一步摸清它的范围和主要建筑的确切位置。

4. 对中都城、皇城、皇陵砖城、皇陵外墙，作一些补测和核对。

5. 寻访山川坛、朝日坛、夕月坛、鬼神坛、广储五仓、几十处公侯宅第和坟墓、白塔湾十王四妃坟、中都八卫、五处高墙等建筑的具体位置。

6. 街道、城坊下水道、窑址等建筑遗址的考察。

二、有关明中都遗物方面要进行考察的：

1. 对明中都石雕要进行深入的普遍的调查、登记，并摄制高质量的照片。中都石构件上的“雕饰奇巧”，是中都建筑“穷极侈丽”的实物证明，也是中都建筑的精华，在中国古代建筑史和石雕艺术史上都具有重要的价值和地位。

2. 对中都各类城砖进行普查、记录和摄影、拓片。这对了解明初州县设置、徭役制度、工匠制度、卫所制度、罪犯罚作工役制度、赎罪制度，以及明初营建中都与营建南京之间的相互关系等等，都是极为重要和珍贵的实物资料。

3. 中都琉璃构件及其上面的文字的收集。

4. 碑铭、墓志等有文字记录的文物资料的采访、收集和拓片。

5. 建筑器材、劳动工具、刑具、其他遗物以及遗骸的搜集。

考察的目的，使文献中有关中都设计、布局、建筑的记载基本上都能得到证实，并具体落实到中都遗址平面图上来；同时，从遗址的实际考察、探测中丰富、补充或纠正文献记载中的疏漏，进一步弄清明初营建中都和中都遗址的面貌，以便确定它在历史、文物、都城规划设计、古建、艺术等方面的价值。

上篇历史篇着重于叙述明中都的历史和文献方面的考证，拟改称《明中都》，下篇文物篇着重于文物考古，拟暂定为《明中都遗址考察报告》，分为单独的两册书,分别出版。明中都遗址考察报告写成以后,即可交安徽人民出版社出版。

上面这些思考,请你们商量一下,初步做出决定以后,盼即先复一信,以便作一些准备和安排,并可推辞其他单位要求的写作任务。

陈局长前均此不另,并请代为转告安徽人民出版社文教编辑室。

此致

敬礼

王剑英

1980 年 7 月 9 日

编者按:在王剑英的遗物中,发现了写给洪沛同志的两封信。第一封是草稿(未完成,未落款),第二封即本篇。王剑英自 1975 年 11 月初起认识了洪沛后,洪沛一直对明中都遗址的保护给予很大的帮助与支持。

本信是王剑英即将来凤阳进行明中都遗址考察工作前的一些想法,向洪沛作了较为细致的说明,并希望如能与安徽省文物局、安徽省文物工作队“结合起来一起搞,当然搞得更好一些”,并提出了对中都城遗址尝试“航空考古”的可能,因种种原因,未能成功。

洪沛,安徽盱眙(今属江苏)人。1949 年后,历任安徽省人事厅副厅长、中共安徽省委统战部部长、宣传部副部长、安徽省第五届政协副主席,是第三、第四届全国政协委员。王剑英写信给他时,他任中共安徽省委宣传部副部长,兼任安徽省人民政府文物事业管理局局长。

给陈庭元同志的信

庭元同志：

今年三、四月来凤阳考察明中都遗址，承蒙热情照顾安排，十分感激。上黄山也得到接待，饱览河山。

最近为准备参加中国地方史研究会成立大会及首届地方史学术讨论会，写了一篇《凤阳方志考》，现奉寄三份，请分送县内有关单位参考，并提意见。

《凤阳方志考》原稿已被北京图书馆《文献》编辑部索去付排，准备在该刊发表。但《考》中介绍的解放后新修的《凤阳县志》三册，仅1974年在凤阳县档案馆中翻阅过一次，当时未作文字摘录。现北京找不到，只凭印象写了几句，很不像样。因此特来函商借，希望能再读一遍，重新改写，以便在校样时改排。如请你阅，请挂号寄北京沙滩后街人民教育出版社我收，估计一个月即可奉还。

县内各位同志均请代为问好

此致

敬礼

王剑英

1981年7月20日

编者按：陈庭元，时任中共凤阳县委书记。

给凤阳县文物管理所的信

凤阳县文物管理所：

(1982年)5月30日给(王)乐民同志(凤阳县文物管理所负责人)的信发出以后，天天在等你们寄来好的明中都文物照片。《中国建设》急等发稿，等不及了，6月18日来选取了几张照片，质量不高，又选刘思祥寄来的彩色底片：龙蟠石础和午门洞双凤石雕(带砖墙，看出是在建筑物上)，但这次是用黑白版，因此要换成黑白底片，以免损失层次。

在《中国建设》上介绍明中都，是首次向国外介绍。《中国建设》杂志社十分重视，许多外国专家看了选去的照片后，兴趣大极了，19日即来电话，要求提供更多更好的照片，抢先在国际报道。原想是否能推迟一期，延期到九月号刊登，因考虑到八月下旬我到上海参加全国历史地理学术讨论会上作了介绍(论文的题目是《明初营建中都及其对改建南京和营建北京的影响》)以后，参加这次国际学术讨论会的外国专家们很可能会立即涌向凤阳，抢拍镜头，抢先报道。而国外这种报道是非常快的，这样担负着向国外用各种文字进行报道的《中国建设》，就要陷于被动的局面。所以他们坚决要抢在这次国际学术讨论会之前报道出版。他们要我立即给安徽写信，索取高质量的黑白底片(120型)。

这次急需的底片有：

明中都午门

明中都午门洞内延续不断的精美石雕

午门洞内带一段城墙的龙浮雕

午门洞内带一段城墙的凤浮雕

明中都城墙(包括护城河)

蟠龙石础(两个，有水面，能巧妙地显示巨大最好)

由城埂改成的公路(远眺万岁山即雷达山)

由城埂改成的公路(淮南公路，最好能显示出鼓楼台基或钟楼遗址)

明中都城墙遗址(独山或老北门)

完整的石栏板

完整的正吻(至少有龙头)

鼓楼台基

照片要求采光好,富有层次,清晰、配景、游览者可适当组织,作为陪衬。底片冲洗后附说明,于6月底前挂号寄北京百万庄《中国建设》杂志摄影组吴楚平收。照片署凤阳县文物保管所×××摄,摄影者姓名请一并告知,以便刊登和致酬。时间十分紧迫,请予大力支持配合,为向国外宣传做好工作。

此致

敬礼

王剑英

1982年6月20日

给复旦大学中国历史地理研究所的信

复旦大学中国历史地理研究所、全国历史地理学术讨论会筹备处：

安徽凤阳明中都遗址是今年3月11日国务院正式公布的第二批全国重点文物保护单位，但是明中都的情况目前还不太为人们所了解。安徽滁县地区文化局有关同志听说我8月底来上海参加全国历史地理学术讨论会，介绍明初营建中都的情况，今天来信表示，为了使代表们对明中都能得到一些感性的认识，可以考虑到上海来给会议办一个临时性的明中都遗址图片展览。去年滁县地区文化局和凤阳明中都遗址博物馆已曾在凤阳和滁县先后办过这样的展览，内容相当丰富，有遗址、石雕、城砖、琉璃，等等，尤其是中都的石雕艺术，极为精美。如要求略增一些古地图、古文献、拓片、遗址图、书刊文章和实物，亦当尽量去办。由于会期已近，只要会议给滁县地区文化局正式发个函，即可立即开始筹办。场所有一两间房即够，利用休息厅、过道即可。来人（一两人）食宿事宜，请一并函告滁县地区文化局。是否可行，请酌情处理。

此致

敬礼

王剑英

1982年8月2日

给白振亚、丁星里同志的信

振亚、星里同志：

《明中都遗址考察报告》油印本二十册今天已收到，文字和图刻都比较清晰工整，谢谢地区和来安县的同志们。

去年三月底，与思祥同志一起去省文化局时，曾当面答应洪沛同志，报告写好后，可交安徽正式出版，请予联系。如若安徽不拟出版，当再与别的单位联系。

今年八月底至九月初，在上海召开全国历史地理学术讨论会，会期五天，全国知名人士、国际友人均将赴会。会议主题只有两项：一是中国古代自然地理，一是中国古代城市。明中都是新公布的全国重点文物保护单位，过去一向不为人所知，因此颇为引人注目。我已给大会提交了《明初营建中都及其对改建南京和营建北京的影响》的学术论文。

去年四五月间，曾先后在凤阳和滁县办过两个临时性的明中都展览，反映强烈，效果不错。如若能以原有资料为基础，略增图片、实物，再送到上海去临时展览一下，一定能引起与会代表的极大兴趣，为以研究我国古代城市为中心的全国性学术会议增加光彩。不知以为如何！

展览场所等问题，我另写信给上海复旦大学历史地理研究所与会议筹备处联系。

（陶）兴礼、（纪）益昆、（花）纯儒等同志均此不另。

此致

敬礼

王剑英

1982 年 8 月 2 日

编者按：白振亚、丁星里，时任滁县地区行署文化局负责人。

给刘聿才同志的信

聿才同志：

来信及介绍祖陵的稿已收到，写得不错。后面讲山陵制度部分虽然长了一点，但提出了皇陵、祖陵、孝陵的制度演变情况，足供参考。

文字作了一些修改：

“第一代帝陵”改为“最早的帝陵”，“第一代”容易产生歧义，遥尊帝号，并未在位；

“原凤阳府泗州蠙城北”一句移前置洪泽湖西畔并今址前；

神道石刻完整地保存在洪泽湖下，改为“倒塌在洪泽湖水下，水浅时常露出水面”；

第一页第三段前四行因与后文重复，删减，移“设祠祭署，置奉祀一员、陵户二百九十三”一句于“号曰祖陵……”一句之后。

陵城长度加“明里一里为180丈，华里一里为150丈，合今里若干”句；

“城有四门及角楼”，“城”字前加“内”字；“神道石刻由南向北”句中加字成①，以明确位置；

“明中叶后，因黄河夺淮，淮口淤高”，容易产生歧义，因黄河夺淮始于宋金之时，改为“……因黄河夺淮造成的淮口逐渐淤高”。

原稿寄赵联珠同志，不知是否来得及改一改，也不知改得是否合适。

九月到上海参加全国历史地理学术讨论会，写了一篇论文《明初营建中都及其对改建南京和营建北京的影响》，寄上一份请指正。

最近参加北京史学术讨论会，赶写了《萧洵〈故宫遗录〉考辨》，因时已晚，来不及打印了。

---

①由“内城南门内”自南向北

盼能早日看到祖陵照片。

此致

敬礼

王剑英

1982 年 11 月 2 日

编者按:1981 年 3 月下旬,王剑英先生等前往泗州考察明祖陵,结识了江苏省泗洪县文教局刘聿才等同志。1982 年 10 月,王先生向《中国建设》杂志社推荐了明中都陵寝中的重要组成部分——明祖陵。《中国建设》杂志社赵联珠同志写信向江苏省泗洪县文教局约稿。该稿由刘聿才等同志撰写,写好后寄给王剑英先生审稿。此信是审稿后的意见。

给杨恒亮同志的信

恒亮同志：

顷读来函，得悉蚌埠要修复汤和墓，非常高兴。蚌埠在津浦铁路修筑前原属凤阳，是明中都的一部分。除汤和墓外，十王四妃坟、长淮卫均在蚌埠境内。汤和墓在曹山之阳，树木青葱，西有龙湖，风景秀丽，近在市郊，又为合蚌公路所经，为去明中都遗址和皇陵的必经之路，地理条件十分优越，作为市郊的一处名胜古迹和风景游览区是十分好的。

古代，帝王的坟墓叫“山陵”，并各有专名，如祖陵、皇陵、孝陵、长陵等等；职官的坟墓叫“坟茔”，一般称墓，因此汤和的坟墓只能叫“汤和墓”，不能叫“陵墓”。汤和死后追封东瓯王，因此正式名称应该叫“（明）东瓯王汤和墓”。

据《明太祖实录》《大明会典》《明史·舆服志》记载，汤和墓的制度，应符合洪武五年六月丙申复详定，并于（洪武）二十九年十一月己巳诏颁《稽古定制》的规定，即：

碑碣，功臣殁后封王，螭首高三尺二寸；碑身高九尺，广三尺六寸；龟趺高三尺八寸。

坟茔，功臣殁后封王，茔地周围一百步，每面二十五步；坟高二丈，四围坟墙高一丈；石人四，文武各二，石虎、石羊、石马、石望柱各二。

棺椁，品官棺用油杉朱漆，椁用土杉。

明器，公、侯九十事（均有名目），纳之墓中。

志石二片，品官皆用之。其一为盖，书某官之墓；其一为底，书姓名、乡里、三代、生年、卒葬月日及子孙、葬地。二石相向，铁束埋墓中。

墓室制度和地面建筑未见记载。当以调查遗址和考古发掘资料补充文献资料的不足。

我于1973年间曾多次去过汤和墓，对地面碑碣、石象生和正在发掘的墓室进行了简单的测绘记录：

碑碣，碑身高4.9米，宽1.55米，厚0.41米，断成两节。碑文扑倒向地，仅能用手触摸，每字都已凿坏。我判断很可能是建文时所立，成祖即位，即予毁之,又未再重立。因此,汤和就没有神道碑铭传世。龟趺高1.6米,长2.9米,宽1.64米。螭首完好,碑四周有四组石础遗迹,每组四础,共残存三础,当有碑亭。

石象生排列次序为文臣、武臣、石羊、石马(附牵马俑)、石虎,与实录及明史记载都不一致。当不致有移位,可与明初其他功臣墓进行对比核定。

坟茔仅存土丘,已无坟墙,难以测量。

墓室前后两室。前室墙侧有明器木俑,西南角有青花大瓷罐。前后室之间有砖墙,正中为石门。石门前为墓志。墓志请凤阳府县学官撰书,不请勋戚名公,志文仅记履历,不涉功勋,云书已载册府,这是汤和晚年十分谨慎和当时一再株连公侯宿将的反映。内室铺木板地,后侧正中为棺椁,已被盗。西有侧室,棺椁无存。墓用六层砖券砌,侧室未详。北侧有拱券,置牌位;左右侧有小券,当为灯券。

曹山龙湖地区有山有水,又有名胜古迹,就在市区边上,很有发展前途。我以为首先要有一个长远的整体的全面规划布局,范围应包括整个曹山和龙子湖以及周围地区。整体规划可包括整修山林、湖区,布置园林,修筑登山,环湖公路和穿越铁道立体桥,疏浚治理湖岸,设置游艇、游泳区,养殖蚌珠、银鱼,增设旅游服务项目,划出部分地区为旅游、疗养建设区等等。建筑位置和高度要有一个远景规划,有碍发展的建筑要逐步迁走和拆除,需要纳入规划的地段,逐步回收,在若干年内,把曹山龙湖地区建设成为一个规模广大、风景秀丽的郊游、消夏和度假疗养的胜地。汤和墓应作为主体之一,按明初制度全部修复,碑碣扶起接好,重建碑亭;重筑坟墙,修整坟顶、茔地,修复并开放墓室。坟墓范围内不适当的建筑要搬迁。建筑陈列室,介绍汤和及有关历史和文物。这些附属建筑,包括管理部门,都不要喧宾夺主,以影响汤和墓的主体性、完整性和肃穆气氛,而是锦上添花,烘云托月。

顺笔写了这些,仅供参考。

请向有关同志问好。

此致

敬礼

王剑英

1983年6月22日

《初步考察报告》暨有关资料,盼能一读。

编者按:1983年6月14日,蚌埠市园林处规划设计室杨恒亮写信给王剑英先生。信中说:"市委市政府指示修复汤和墓,我于今年元月份接受了这一任务,二月份写了《初步考察报告》,但对汤和陵墓的规模及其建筑了解甚少……希望您老在百忙中予以赐教指点。"王剑英收信后即回复。

给蚌埠市城市建设管理局的信

蚌埠市城市建设管理局：

顷接来函，得悉蚌埠市委、市政府决定修复汤和墓，希望我能对汤和墓的建制提供一些资料。

谨将所知点点滴滴述于后，供参考。

古制，帝王坟墓称“山陵”，各有专名，如祖陵、皇陵、孝陵、长陵等等；职官坟墓叫“坟茔”，简称墓，不能叫“陵墓”。汤和殁后，追封东瓯王，因此，正式名称应为“明东瓯王汤和墓”，简称“汤和墓”。

万历《大明会典》卷二〇三“工部·坟茔”，洪武二十九年定：

> 坟茔：公侯茔地，周围一百步；坟高二丈，围墙高一丈。
>
> 碑碣石兽、公侯石碑：螭首高三尺二寸；碑身高九尺，阔三尺六寸；龟趺高三尺八寸。石人二。石马二。石羊二。石虎二。石望柱二。

按《明太祖实录》，洪武三年十月丁丑，“礼部尚书陶凯奏定品官坟茔之制”，未有公侯之制。洪武五年六月丙申，“诏定官民婚丧礼物”：“碑碣，功臣殁后封王，螭首高三尺二寸；碑身高九尺，阔三尺六寸；龟趺高三尺八寸”；“坟茔，功臣殁后封王，茔地周围一百步，每面二十五步；坟高二丈，四围坟墙高一丈；石人四，文武各二，石虎、羊、马、望柱各二”。洪武二十九年十一月己巳，“诏颁稽古定制。先是，上以诸功臣之家不循礼法，往往奢侈自纵，以致覆亡。虽屡加诫敕，终莫之省。乃命翰林儒臣取唐宋制度及国初以来所定礼制，参酌损益，编类成书。凡勋旧之家，坟茔、碑碣丈尺，房屋间架，及食禄之家货殖禁例，皆有定制。命颁之功臣之家，俾遵行之。”其中坟茔、碑碣之制，与洪武五年所定同。《明史·礼志》：碑碣，“洪武三年定”，“五年复详定其制”；“坟茔之制，亦洪武三年定”，“五年重定”，所载与《实录》同，未言二十九年定。汤和晚年极为谨慎，撰书墓志都请凤阳府县学官，不请勋戚大臣，因此汤和虽卒于洪武二十八年八月，坟茔制度一定按洪武五年规定，决不逾越制度。

《大明会典》"工部·王府坟茔"载,永乐八年定亲王坟茔。

享堂:七间,广十丈九尺九寸,高二丈九尺,深四丈三尺五寸。

中门:三间……

外门:三间……

神厨:五间……

神库:同

东西厢及宰牲房:各三间……

焚帛亭一……

碑亭一:方二丈一尺,高三丈四尺五寸。

周围墙:二百九十丈。

墙外为奉祠等房:十二间。

正德十三年定。

亲王坟茔:地五十亩,房十五间。

郡王:地五十亩,房九间。

……

"职官坟茔"载:凡功臣武官造坟,洪武二十六年诏,"自今凡功臣故,不建享堂,其坟茔葬具,皆令自备,惟殁于战阵者,官给",又定"若有旨许……造享堂者,临期定夺施行"。

据《明史·汤和传》,洪武二十七年,汤和"病笃不得兴,帝思见之,诏以安车入觐,手拊摩之,与叙里闬故旧及兵兴艰难事甚悉。和不能对,稽首而已。帝为流涕,厚赐金帛为葬费。明年八月卒"。仅说"厚赐葬费",未曾提及旨许建造享堂。因此,汤和墓仍遵洪武二十六年"自今凡功臣故,不建享堂"的诏书,是未建享堂的。

《大明会典》除详载亲王坟茔的建筑外,郡王以下都未载;功臣坟茔提到不建享堂外,仅提到公侯伯造坟"合用朱红椁、冥器、志石、砖、灰、人工",并无木材、石料、瓦等建筑用材。因此,汤和墓地面是否有建筑的问题,文献上没有记载。《中都志》《凤阳新书》等明代方志也都没有记载。再从南京、凤阳等地的许多明初功臣墓的情况来看,可能都是没有享堂等地面建筑的。但不排除有少量其他房屋,总数不会超过亲王的十五间,可能相当于郡王的九间,决不会少于郡王之子、郡主、县主的三间。

汤和墓茔地的面积,决不会超过亲王五十亩,可能相当于郡王三十亩,也不至于少于郡王之子二十亩、郡主县主十亩。

综合以上文献资料,汤和墓规模:

占地,约三十亩。

茔地,周围一百步,每面二十五步。

坟,高二丈。

四周围墙,高一丈。

坟前,当有石台、石供。

碑碣,从现存柱础看,当有碑亭。

前有石人,文武各一对。

石羊,一对。

石马及牵马俑,一对。

石虎,一对。

石望柱,一对。

墓地内应遍植松柏。

无享堂及有关建筑,有房约九间。

因此,汤和墓的修复工作比较简单:

划定占地范围,栽植松柏,整理环境,不适当的建筑应拆除或迁移,恢复明初东瓯王墓的原状;

修筑坟顶;

整修茔地;

砌筑坟墙;列置石供、石桌;

扶起、粘接断碑,重建碑亭:

铺砌神道;

原地扶正石人、石兽、望柱;

进门口可考虑砌一石牌坊式大门,上书"明东瓯王汤和墓";

石人、石兽两侧稍远处可考虑建展览室、保管所等建筑,造型、外形应带一些明朝特色,并附带一些花园式的连接廊、山石、花草等等,以点缀美化环境。

汤和墓神道碑我猜很可能是建文时撰刻的,因此明成祖即位后就把字迹凿毁了,所以明初功臣惟汤和无神道碑铭传世。现断碑尚存,虽字迹已无法辨认,仍不失为一件罕见的、经历了特殊遭遇的重要文物,千万别作为无用废石弃了。它和汤和墓志相配,成为明朝初期政治变化的见证。

前几天,蚌埠园林处规划设计室杨恒亮同志来信问起汤和墓的规模制度,我已于6月22日函复，并说了我1973年前去测绘的情况和对龙湖风景区规划的一些设想，不再赘述。如有需要我相助之处，请来信示知，当努力为之。

此致

敬礼

王剑英

1983年6月25日

编者按：1983年6月22日，蚌埠市城建局以公函的形式，去信给王剑英。信中说："市委、市政府决定，对我市东郊龙湖风景区域内的明代汤和墓进行修复……特此来函向您求教，敬请为我们提供一下汤和陵墓的原有建筑规模、陵墓地面建筑造型，以及与此有关的其他明代开国元勋的陵墓建制"。3天后，王先生即回复。

给李奉三同志的信

奉三同志：

春节好！我已于(19)87年退休，仍回聘工作，但不必坐班，就自在得多了。这两年主要是审改了《中国历史地理概论》上下册、《中国三千年历日检索表》等学术专著，点校了《春明梦余录》七十卷，我为参加一些学术讨论会写了一些论文。现奉上《元大都文献资料论述》《元大都总体规划的深远影响》《历史地图的编绘和为国家制定长远规划提供宏观趋势图幅的设想》三篇，敬请指正。我的社会活动也多了，分散了不少精力，好在身体还可以。

我未从中华书局索回《明中都》交安徽出版是一个失误，交稿近十年，去年看了清样，《明实录》有了最好的版本，改了一下，又作了很小的修订增补，因系照相排版，要重排一部分，又搁了下来，更是失策。今年准备好好写一下点校《春明梦余录》的前言，然后再安排别的工作。

前几天刚写了一篇《大明皇陵之碑考释》，是为纪念邓之诚老师诞辰一百周年而作的，34页。如安徽能出版单行本或刊载，对参观介绍皇陵至少能提供些资料，请予介绍推荐。如不拟录用，则烦请原稿退回。如能刊印，我可初校。

(陈)毓秀也退休了，但也仍很忙。孩子们也都好。

敬祝

新春阖家欢乐

王剑英谨上

1989年2月4日

编者按：李奉三(约1920—1999年)，安徽定远人，1950年2月至1952年3月，曾任凤阳县副县长、代理县长、县长。一次偶然相遇，二人结为好友。

给王俊山同志的信

俊山同志：

夏玉润同志来京，说起拙著《〈大明皇陵之碑〉考释》一稿已由奉三同志转至凤阳，征求我对该稿出版的意见。今年初，故宫博物院副院长、中国古建筑史老专家单士元同志鼓励我把有关明中都和明中都遗址的论文、资料编集一下，予以出版，是很有价值的。六月，我把编好的学术论文集《明中都遗址》交给了单老，计11篇，25万字。单老看后，告我：好极了，每篇都很有分量，水平高，很有研究参考价值，并答应写一篇序。原稿现存单老处。

现奉上《明中都遗址》目录一份，其中包括《〈大明皇陵之碑〉考释》。是否可与黄山书社联系出版，为安徽历史、文物提供一份有保存价值的文献资料和学术研究成果。

十多年前，（安徽）省文物局长洪沛同志，两次亲笔来信，表示安徽愿意出版《明中都》专著。因稿已交中华书局，错失良机，深为遗憾。而中华书局又一拖再拖，排了两次版，三校已校过两年，尚在厂中待印。中华书局一再向我表示歉意，说承印该书的厂子濒临倒闭，我们一定着力催催，争取年前把它印出来。现《明中都遗址》一稿愿意交黄山书社出版，是答谢洪老等老前辈对我的厚爱，偿了我的心愿，还了一笔人情债，也是我对安徽的一点微薄贡献。如《明中都遗址》和《明中都》两书先后相继出版，对明中都的著名度当能起一定的影响。

《明中都遗址》出版时，地图可以统一安排重绘，照片、插图可以根据需要大量增加，如当地能全部重照高质量的照片则更能图文并茂。

我明年即偕夫人陈毓秀赴美探亲，大约半年左右回国。出国期间，有可能进行讲学交流，准备向国外介绍介绍明中都。

旅美通讯地址：（略）

此致

敬礼

王剑英谨上

1992年8月20日

县里各位领导均请代为问好

附:给夏玉润同志的信

小夏:

致王俊山县长函及《明中都遗址》目录一份请代为转呈。

近日因下咽困难,跑几天医院。昨日在北大医院做了饮餐透视,食道有刮伤和发炎,未发现异物,结果要今日才能告我。

此致

敬礼

剑英

1992 年 8 月 20 日晨

昨日上午,北医诊断系食道癌,需立即住院动手术,赴美探亲之行临时作罢。

又及,8 月 21 日凌晨

编者按:1989 年 2 月 4 日,王剑英写信给好友李奉三同志,托他能否把近日撰写的《〈大明皇陵之碑〉考释》在"安徽能出版单行本或刊载"。后来,李奉三让时任共青团中央第一书记李克强处理此事。李克强通过凤阳县驻北京办事处负责人丁宝佳,联系了时任凤阳县委副书记的王俊山。王俊山收到《〈大明皇陵之碑〉考释》(打印稿)后,交给了夏玉润,征求出版意见。

1992 年 8 月中旬,夏玉润前往北京拜见了王剑英老师,谈起了《〈大明皇陵之碑〉考释》及王先生撰写的其他有关明中都的文章,建议放在一起结集出版,与即将出版的《明中都》一书成为姊妹篇。王先生听从了夏玉润的建议,写此信给王俊山。后因种种原因,该书未能出版。

2003 年,朱元璋研究会陈怀仁、夏玉润主动与时任河南省委书记李克强联系,决定重新编选《明中都研究》一书,并于 2005 年由中国青年出版社予以出版,从而完成了王剑英先生的遗愿。但稍有遗憾的是,《明中都研究》出版时,王先生已仙逝,他答应的"地图可以统一安排重绘,照片、插图可以根据需要大量增加"未能实现,只是用刚刚面市的数码相机,对明中都遗址"全部重照",插入书中。

五、自绘地图

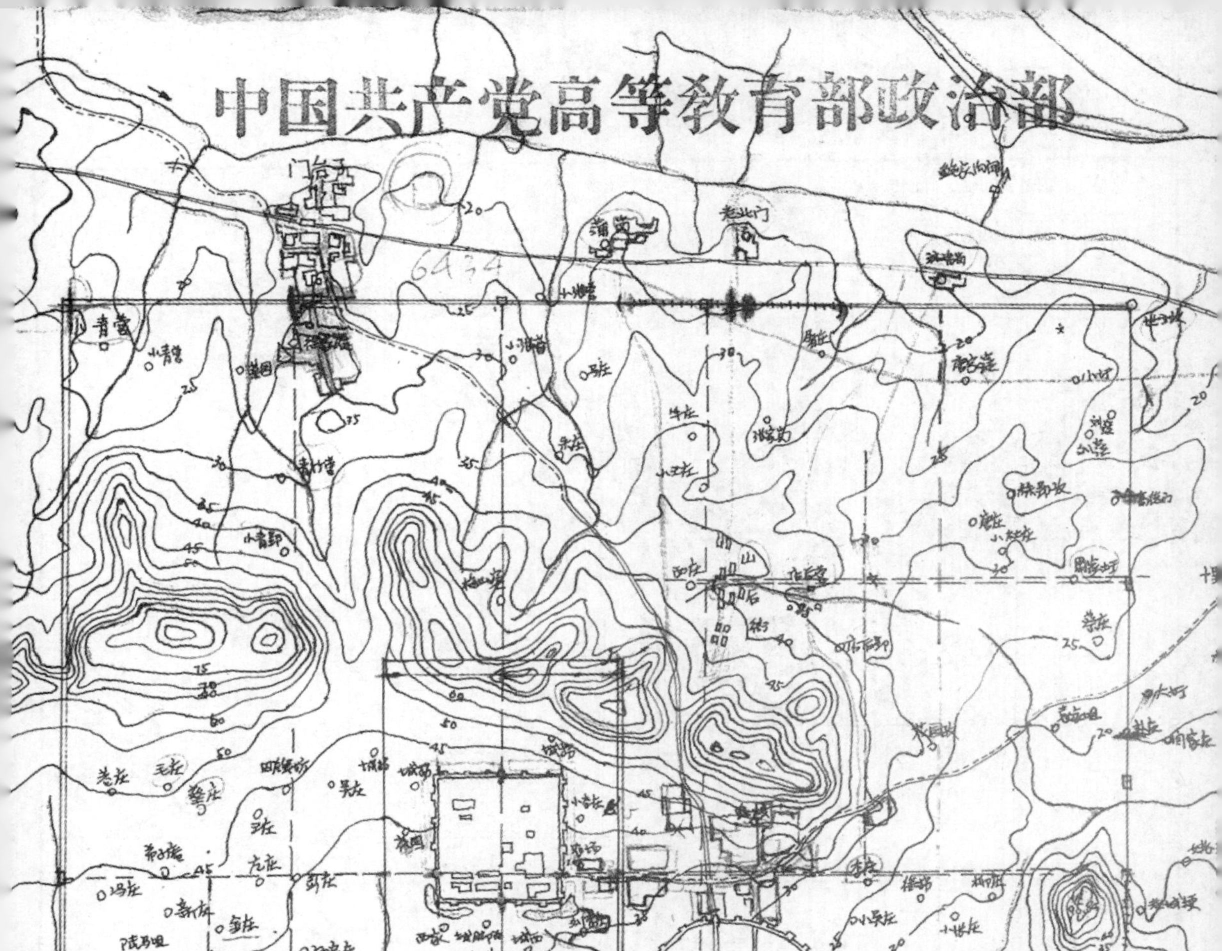

明中都城草图一

19×26 厘米，1973 年草绘

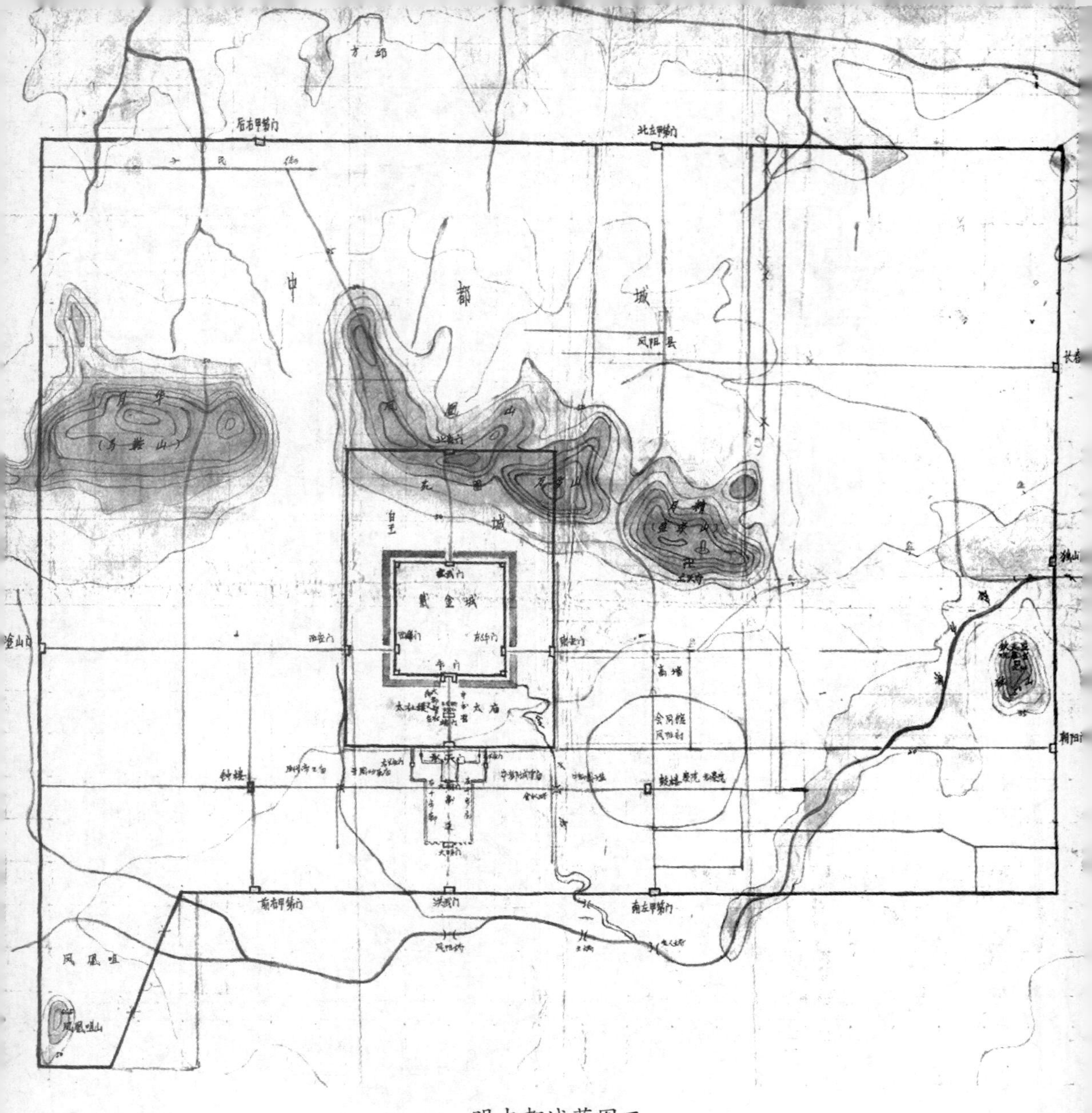

明中都城草图二

51×54 厘米，1973 年草绘

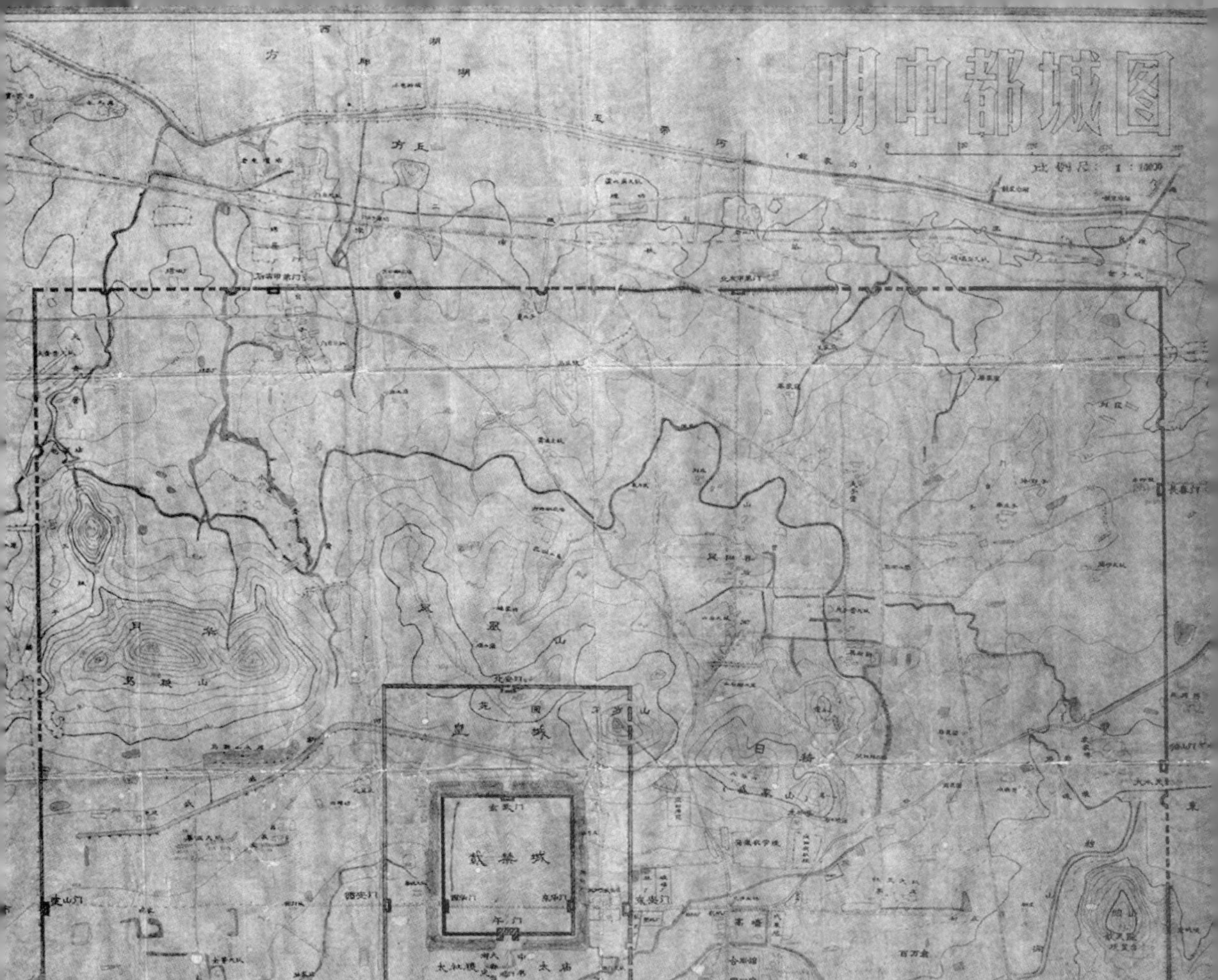

明中都城图

76×55 厘米，标注：1975 年 2 月测绘，4 月校订，1981 年 12 月校订王剑英编制

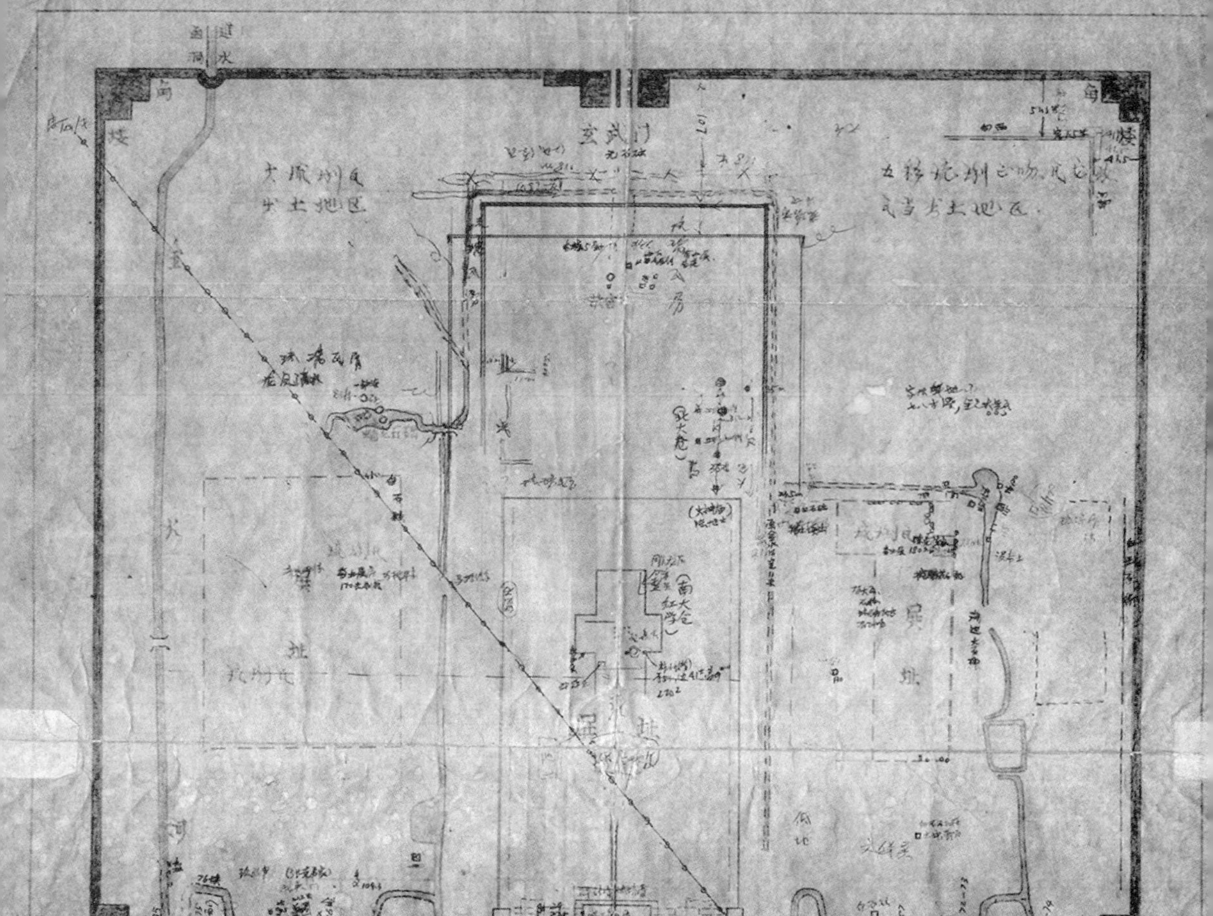

明中都皇城遗址实测图

60×44 厘米，标注：1973—1975 年实测，1975 年 1 月制，1981 年 4 月调查复测增补

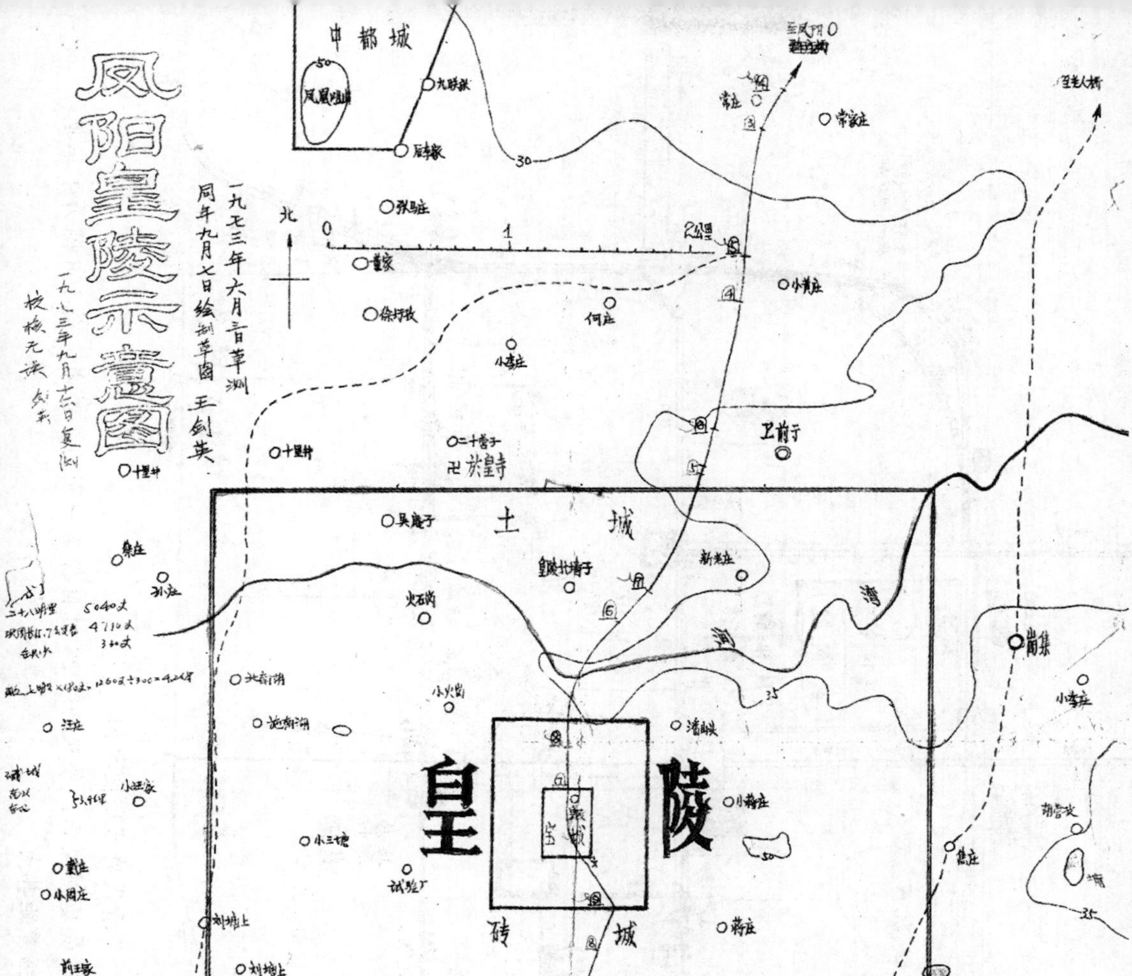

凤阳皇陵示意图

52×38 厘米，标注：凤阳皇陵示意图，1973 年 6 月 3 日草测，同年 9 月 7 日绘制草图，王剑英。又：1973 年 9 月 16 日复测，校核无误，剑英

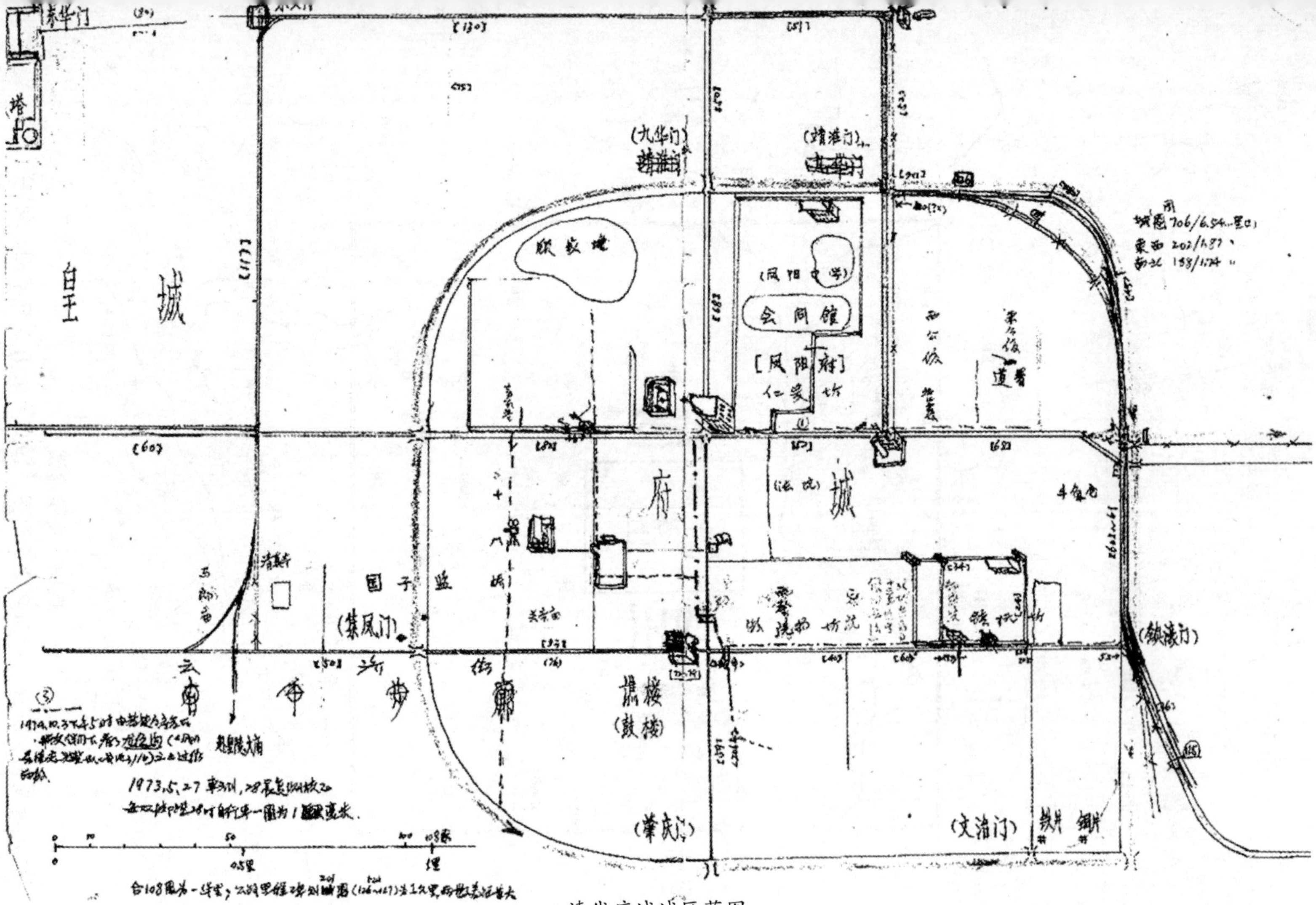

清代府城城区草图

38×26 厘米，标注：1973 年 5 月 27 日车测，28 日晨复测校正，每双脚蹬 28 吋自行车一圈为 1 毫米。合 108 圈为 1 华里；公路里程碑则 201 圈（126~127）为 1 公里，两数据差距甚大。

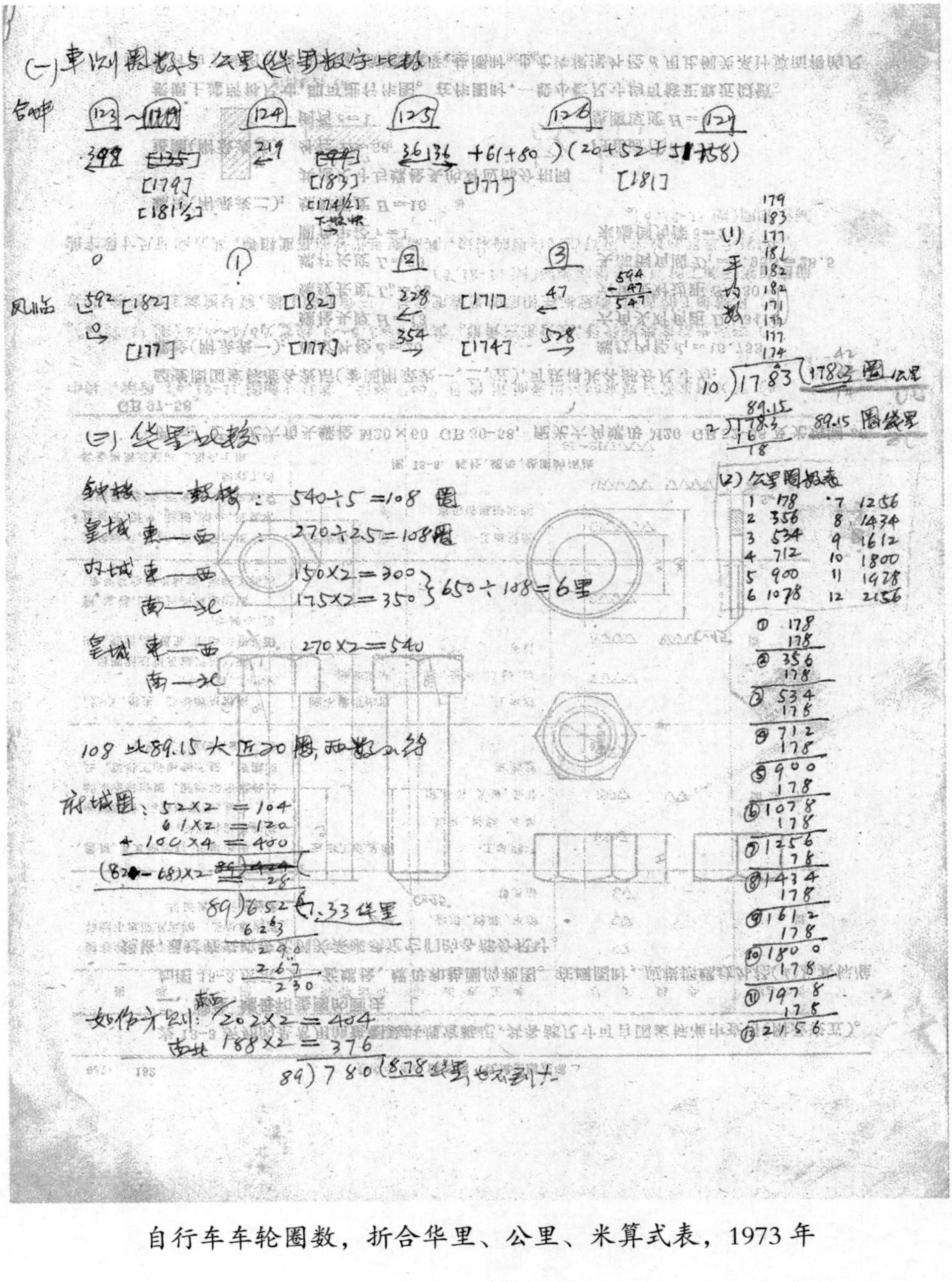

自行车车轮圈数，折合华里、公里、米算式表，1973 年

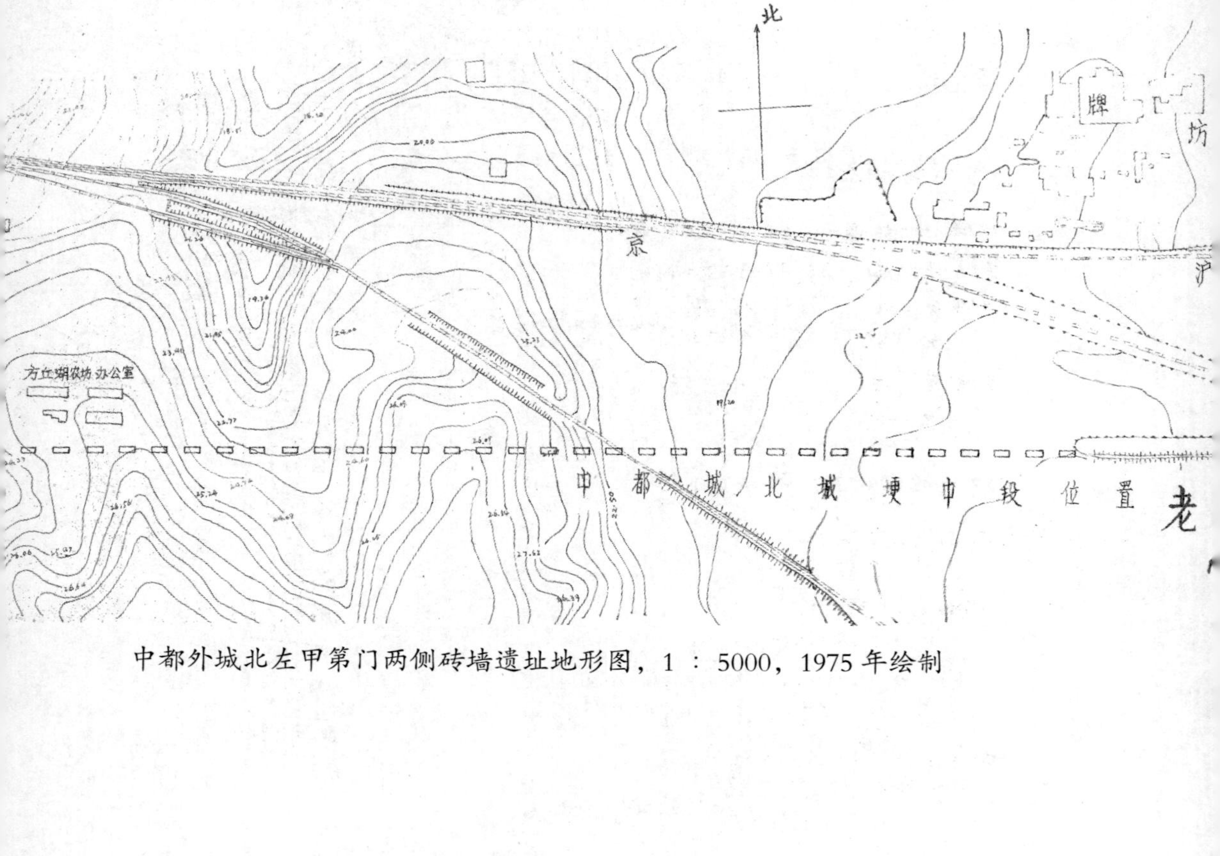

中都外城北左甲第门两侧砖墙遗址地形图，1 ： 5000，1975 年绘制

老
北
铁
路
琉
璃
北左甲第门遗址
北 门 城 墙 遗 址
中都城北城垣位置

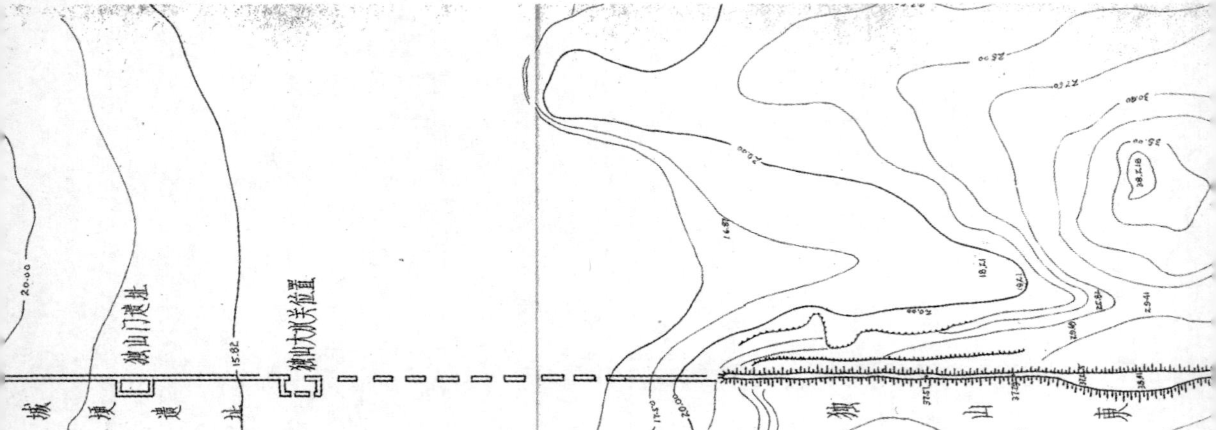

中都外城朝阳门两侧砖墙遗址地形图，1 ： 5000，1975 年绘制

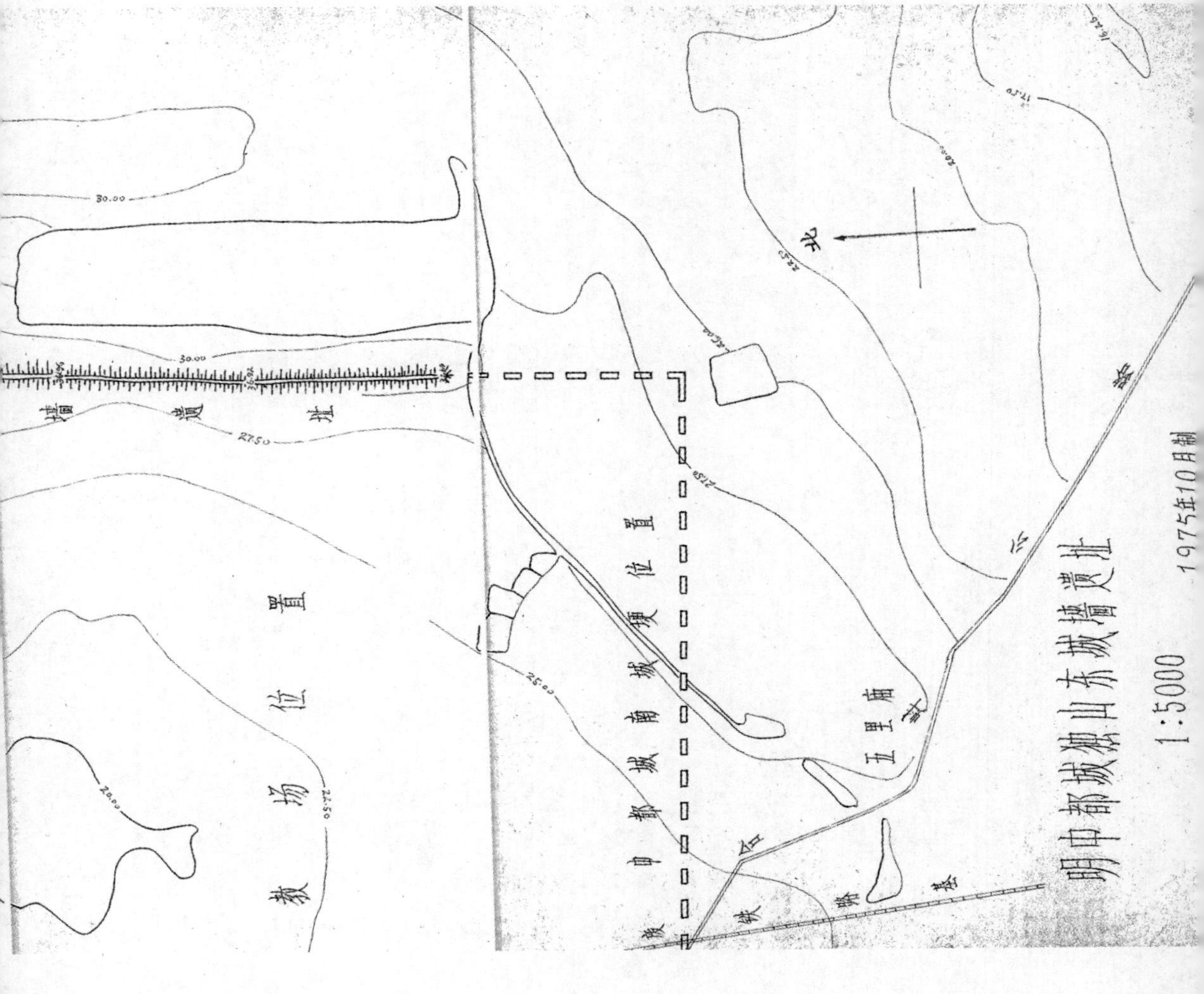
明中都城独山东城墙遗址
1:5000
1975年10月制
北
中都城南城墙位置
教场位置
城墙遗址
五里庙
铁路
公路
30.00
27.50
25.00

附 录

永远的回忆　不尽的思念

陈毓秀

1996年10月24日，老伴王剑英永远地离开了我，离开了我们大家，他驾鹤西去了！近半个世纪的长相厮守，种种往事，不尽的思念，时刻萦绕脑际，压在心头，天上人间永相暌隔的伤痛，不能释怀。今日铺纸提笔，想记下剑英二三事，笔在手中转，却止不住泫然泪下，多次提笔又多次搁笔，难以成章。

得名师真传　读史学经典

剑英和我是南京中央大学的同学。1940年夏，剑英考入南京中央大学，读先修班一年，政治经济系本科四年，1945年毕业。我在同一年考入中大，是先修

1993年王剑英夫妇参加“南京中央大学”校庆活动，并在校友书画展前留影

1993年，王剑英先生在南京大学知行楼作学术报告

班同班同学。在同学中，他的学习成绩拔尖，被选为班长。

剑英出生在山明水秀的江苏太仓，他风度翩翩，天生一副江南书生模样，性温和，体羸弱。他喜欢博览群书，常常可以在图书馆里见到他的身影。他对什么事都要穷根究底地去研究，因此他在同学中以“博学”著称。在历次讨论会上，他滔滔的言论恢宏精当，常常举出一大串的史学、地理、哲学、国际问题作根据，善于把过去与现状、世界潮流与中国社会恰当地比较权衡，令人钦佩，甚至相信他以后会成为一个大思想家、大学问家。

他内心真诚，博爱仁慈，乐于助人。只要有求于他，他无不鼎力相助，就是无求于他，他也会主动助人。1945年大学毕业后，他在家乡娄东中学执教历史和地理。他的课深受学生喜爱。剑英70寿辰时，在京的当年娄东中学的10多位学生在我家里聚会，回忆起中学时代往事，仍然记忆犹新，兴趣盎然：地理课上，他随手便能在黑板上勾画出中国和世界地图的轮廓，山脉河流、港湾曲折，准确且规范；他要求学生把中国地图按省剪开，课余练习拼图，拼图既是课余作业，也是一种游戏。他自制的教学挂图，精彩无比。历史课上，以邓之诚的《中华二千年史》等为主要参考材料，讲来有根有据，有血有肉，翔实生动，因此赢得了学生的崇敬，也激发了学生对历史和地理的浓浓的兴趣。他们师生约定，他在中学任教三年，报考北京燕京大学研究院；学生学习三年，也报考北京的大学，共赴北京继续学习。三年后的1948年，剑英果真考上了北京燕京大学历史研究院，取得了哈佛燕京学社奖学金。他的学生也考入北京大学、清华大学、燕京大学学习。其中四人选择了地理专业，后来分别成为大学地理系主任、省地理研究所所长。

剑英是燕京大学研究院最后一届毕业生,他有幸得到邓之诚(中国史研究导师)、齐思和(西洋史研究导师)等著名教授的直接教导和严格训练。邓先生博学而严谨,注重考据,有清初顾亭林朴学之风,剑英有幸从师门下,成为邓先生最后一名及门弟子。剑英曾跟我谈及当时学习的情况:那时候燕京大学历史研究生第一年只开设两门课程,中国历史研究和西洋历史研究。入学之初,邓先生、齐先生各开列出一份书单,要求研究生自己通读自学。中国史方面,邓先生每周给研究生上半天课,逐一介绍这些名著及其作者,指导如何去读,去领会,吸取其精华,剑英每周到导师家里一次,汇报读书体会,面对面请教。届时师母都会亲自端出茶点,在一种既亲切又轻松的氛围中,师生促膝而谈。剑英在燕京大学三年受到了比较全面和严格的训练,他读了大量史学名著,掌握了历史学、考据学、古文字学、目录学等研究史学的方法,培养了严谨的重考据的研究学风,为以后从事历史学术研究奠定了坚实的基础。

最近我翻阅到了1987年剑英在纪念邓之诚先生百年诞辰学术讨论会上的发言稿,下面是他在发言稿中回忆入学第一年中读过的中国史部分的一张书单,抄录如下:

> 史学类:刘知几《史通》、章学诚《文史通义》;
>
> 考证类:王应麟《困学纪闻》、顾炎武《日知录》、王国维《观堂集林》(综合的)、崔述《考信录》(上古三代)、钱大昕《廿二史考异》、王鸣盛《十七史商榷》、赵翼《廿二史札记》(通史);
>
> 典章制度类:杜佑《通典》、马端临《文献通考》、王庆云《熙朝纪政》;
>
> 目录学类:晁公武《郡斋读书志》、陈振孙《直斋书录解题》、马端临《文献通考·经籍考》《四库全书总目》、张之洞、范希曾《书目答问补正》、孙殿起《贩书偶记》;
>
> 史实方面指定读的是纪事本末,有马肃的《绎史》、历朝纪事本末、《三藩纪事本末》、魏源《圣武记》、王闿运《湘军志》、尚秉和《辛壬春秋》。

剑英毕业参加工作后,每逢年节假日,仍不断登门问候,聆听教诲;或有事受先生召唤时,帮助联系代办《中华二千年史》的修订再版等等事宜。我与剑英婚后,历史学家顾颉刚来京,邓先生设家宴招待,我和剑英被邀作陪,从此以后我得以与大师相识,也多次到邓先生家,分享到了邓先生的亲切教诲,成为邓先生的一名“编外弟子”。

邓先生病故以后,师母孤身独居多年,每逢春节、中秋等佳节,剑英仍一如既往,手提东安市场买的大母鸡、稻香村的桂花百果年糕、应时水果等礼品登门探望，直到师母辞世。剑英对于有恩有情于他的人，必以真情相待，终身不忘。

1951 年夏从燕京大学毕业，剑英被中央教育部选留，参加筹建教科书编审委员会，任历史科助理编审。1953 年教科书编审委员会并入人民教育出版社，从事编写历史教科书、编绘历史地图等工作。为了编好历史地图，他一边工作，一边苦苦研究。这期间，通过邓之诚先生的介绍，他又得到上海复旦大学历史地理学教授、我国历史地理学泰斗谭其骧教授的亲自教导，从此与谭先生过往频繁。谭先生首先赠给剑英一本他的旧作《秦郡新考》，一幅新版朱墨套印《秦郡图》，这一文一图就成了剑英学习历史地理的起点。

剑英在纪念谭其骧先生 85 周年诞辰国际学术讨论会上的发言中谈到，谭先生不仅细细审阅、具体指导了他早年编制的教科书历史地图，而且向他传授了历史地图的大原则大问题，介绍了历代历史地理学的重要著作及其价值。剑英说，谭先生胸怀坦荡，畅所欲言，话语精辟，毫无保留，虽然我没有在课堂上听谭先生一堂课，但我所有有关编绘历史地图的知识和方法，都是谭先生亲口传授，可以说我是谭先生的及门研究生，只是授课的地点或者是北京中科院历史研究所，或者是在上海复旦大学谭先生家里。剑英经常同谭先生一起参加各种有关的学术会议，因此各地开会时居住的宾馆也都成了他向谭先生请教的地方。

是谭其骧教授把好学不倦的王剑英领进了研究历史地理、编绘历史地图的大门。剑英得其真传，结合编绘中学历史地图的工作，很快登上了历史地理研究的殿堂，并且屡屡得到大师的赞赏与肯定。

邓之诚、齐思和、谭其骧都是《中国大百科全书》上单列词条介绍生平的我国著名的博学鸿儒，培养出了很多高层次的研究人才。剑英得天独厚有幸与邓先生、齐先生、谭先生以及陈梦家、翁独健等大师相逢，得名师真传，读中外经典，获得了他从事历史研究的极高起点。

“磨刀背”功夫

剑英在人民教育出版社工作几十年中，从青年到老年，从助编、编辑、副编审到编审和（课程教材研究所）研究员，从未间断过编写历史教材、编绘历史地图。他把每一项工作——教材中每一章节的编写、每一幅地图的编绘——都当作一项研究课题来对待。因此地图上一点一线的落笔，课文中每一历史事件的考证往往都是在大量占有原始材料、经典著作，从史料之源入手，对不同文献进行对比、考证、辨析，在进行去伪存真研究和反复求证后完成的。

剑英乐于下苦功夫。为了查清一个史实细节,核对一个年代,落实一条边界,考证一个已经被认可了千百年的谬误……他常常要跑遍京城几大图书馆,查遍各种文献资料(包括善本书),寻根究底,非弄他个水落石出不可。

他编绘三国时期赤壁之战的历史地图,古赤壁的地理位置在今湖北嘉鱼东北。他这个落笔是经过翻阅千余年间有关赤壁位置的纷纭诸说后,才确定下来的。他指出:指古蒲矶山即赤壁山是错误的,这个错误始自唐朝李吉甫的《元和郡县图志》,而赤壁刻石亦为南宋以后附会之作,并不足为据。剑英又一一查证了《水经注》《通典》《大清一统志》等文献,肯定古赤壁在今嘉鱼东北的依据。最后他把教科书地图上赤壁的一个小小战争符号从原来的蒲矶山挪到了嘉鱼东北,并以《赤壁考》发表于《历史月刊》,这一论证得到了史学界的广泛认可,基本上结束了关于赤壁位置的千年之争。

他又确证了明初永乐迁都北京之前,明成祖开始营建北京的年代。明初营建北京城始于何年?《明史》等史书都有明确记载,300多年来治史者深信不疑。剑英在写教科书时发现了疑点,他追根寻底,经过大量文献考辨,最后,根据确凿可靠的《实录》《祖训》等原始材料,终于纠正了几百年来长期相沿的附会和曲解,得出了“始于永乐十五年”的结论,并指出了传统的“永乐四年”之说其实只是“诏建北京”而未曾动工。剑英纠正了这个持续几百年的谬误。他的《明初营建北京始于永乐十五年六月考》一文发表后,群儒折服,这个结论已被史学界普遍接受和采用。

有一幅历史地图需要标绘1900年中东铁路和西伯利亚铁路的修筑状况,可是连铁道研究院也没有这样的资料。剑英又一头钻进了《义和团档案史料》和沙俄军人的大量回忆录,花费了无数个日日夜夜,查找了数十百条相关材料,经过研究消化,终于解决了这个问题,在历史地图上精确绘出了不足一厘米长的一段铁路线,填补了中国近代史地图上的一个空白。他说,历史地图表达的内容比之用文字编写的课文面更广,精确度更高,情况也更复杂,因此探索史料的面也更广,要求编者更加广博的学识,更加深入细致地去钻研,所投入的精力和时间也就更多。

剑英不迷信古人,也不迷信权威,发现问题就抓住不放。凡经他研究查证而得出了不同于前人的新的结论发表在各种刊物上,往往都得到了史学界广泛认可与赞誉。这些成就正是得力于他乐于吃苦的“磨刀背”功夫,十分严谨的治学态度。

剑英为做学问而下的这种苦功夫,他自己称之为“磨刀背”。在磨刀背功夫下编写出来的教材,特别是由他编绘的历史地图是经得起历史检验和时间的考验的。谭其骧先生及中国社会科学院历史地理研究所的专家对他的成果给予高度评价。业内人士经过比较后评论说,他编绘的历史教科书上的历史地图,达到了我国自有课本历史地图以来,包括港澳台课本在内的最高水平,中学历史教科书上的这套历史地图,因其严谨与精确被沿用至今,也成为科研机构、高等院校、中小学历史教学和研究历史地理、历史地图的基础。

磨刀背功夫往往花费大力气却不能立竿见影地见到效果,远不如东拼西凑、抄袭沿用他人成果来得便捷。旁人也许会说他"傻",笑他"笨",但他绝不改变自己的做法。他说,我永远不会后悔自己下的这种磨刀背功夫,我甘心情愿干"傻"事,下笨功夫,只有这样才对得起工作,对得起读者,对得起后人,也对得起自己。他坚持"必须从第一手材料中得出自己的成果",反对那种不肯下功夫、专门走"捷径",躺在别人成果上,把别人的东西改头换面变成自己的著作的学术腐败。他常对我说,没有经过扎扎实实的研究,没有确凿的史料为依据,没有自己独到的见解,就不要去写,东拼西凑出来的书一无价值,这样的书我一本也不会去买,这样的文章我一篇也不会去写。

长期的磨炼探索,潜心研究,扎实工作,剑英学识渊博、功底深厚,贯通古今,能编能审,经验丰富,成为在历史学界颇具声望的历史地理学家和明史专家。

1958—1959 年,中国历史博物馆在天安门广场东侧建立新馆,剑英以专家身份被国务院和中宣部聘请抽调到历史博物馆参加筹备工作,担任历史地图组组长,负责并亲自编绘了自秦到清的全套陈列地图。

1972—1973 年"文革"后期,中国历史博物馆筹备复馆,他再次被从安徽凤阳"五七"干校抽调回京,担任历史地图组组长,负责修订补充陈列历史地图,这些陈列图长期被沿用于中国通史展览。

20 世纪 70 年代,他参加了中国社会科学院近代史研究所《中国近代史稿地图集》的编绘工作。

从 1981 年开始,剑英受聘兼任《中国大百科全书》历史地图编审组副主编,和主编谭其骧老先生,另一位副主编刘宗弼先生合作,审阅了中国历史地图,写出了大量高水平的审读意见。

1992 年,剑英接受中国社科院委托,开始审阅《中国国家历史大地图集》图稿。痛心的是,此项任务未及全部完成,而剑英竟撒手人寰而去。

处逆境而不馁　历艰辛而弥坚

明中都遗址与明皇陵遗址的发现和研究,是剑英学术研究生涯中最为重要的一页。

明中都是明太祖朱元璋在明朝初年筹建于家乡安徽凤阳的第一座都城。在都城建筑将近完工之际，因民工造反而停建未予启用。其后，朱元璋依照明中都规模制度营建并建都南京，永乐年间明成祖又按明南京规模制度营建并迁都北京。从此之后，明中都壮丽的都城和宫殿却随岁月的流逝而被遗弃被遗忘。由于历史文献缺载，几百年来人们只知明朝先后建都在南京和北京，不知有凤阳的中都城。

十年动乱时期，从1969—1975年，剑英随人教社全体下放安徽凤阳教育部"五七"干校劳动，他从城墙脚下、午门内外等处散落地面流光溢彩的琉璃碎片、雕刻精美的盘龙石础、龙凤石刻、残破风蚀的古城遗址中，凭借其深厚的明史造诣和考古学、历史地理学者的敏感，渐渐地发现了明中都遗址尚存。当时凤阳正在大规模拆卖明中都城砖，遗址正在遭到严重破坏。为了撩开这层600年前都城建筑的神秘面纱，还原她的真相，并抢救这一行将毁灭消失的珍贵文化遗产，从1973年开始，他于艰苦繁重的劳动之余，单枪匹马地开始了对明中都全面的遗址寻访、文献探索和分析研究。

他根据历代都城和宫殿建筑传统的规划思想，即左祖右社、前朝后寝、南北中轴突出等的规律，以及从明中都到南京到北京先后三个都城建筑格局的承袭规律，以"小心求证"的研究态度，结合实地勘察、文献考证，得出明中都城墙、宫殿和皇陵的位置、长度、间距；他跟社员一起劳动，到社员家里访问、查看石础石雕、琉璃瓦当、城砖、建筑遗址保存情况；绘出遗址复原草图和踏测图、平面图，拍照留存遗址遗物图像；到南京、北京、上海等各大图书馆查找抄录文献资料，写出考察研究报告；向干部和社员宣传保护文物，他通过讲座、做报告，向广大群众和基层干部宣传介绍保护遗址的意义；他到北京国家文物局汇报考察情况，并争取派出顶尖专家考察团做最后认证……其间遭遇的艰辛困难难以想象：没有研究经费，没有任何测绘工具和仪器，最初他只能靠自己的两条腿围着宫殿和城墙步行计数来测算距离，后来干校领导张健同志借给他一辆自行车，他想出了数车轮转动圈数的办法测算距离，通过这种"计步测距"和"自行车转轮测距"土办法测出的距离，竟然与后来用现代仪器测出的结果完全吻合。

有趣的是，剑英从干校回京后，我发现他养成了一边走路一边数步测距的习惯。只要有事出行，或散步园林，他总在默默地数着他的脚步，颐和园长廊多少步，所以是多少米，北海公园旁门到北京图书馆多少步，所以是多少米。当然，后来边步行边数步的做法对工作对生活都没有了实际意义，习惯已经成了自然，每次我和他同行，如果半天不和我交谈，他准是又在数步测距了。

为了留下遗址的图像资料，剑英自费买了一架120照相机、放大器材、显影定影药粉和各种容器，自制了洗印机，还买来专业书籍，自学了配制药液、冲放底片照片、放大等技术。在北京承恩寺家中过道里自辟的狭小暗房中，留下了数以千计的明中都遗址珍贵的第一手图像资料。当时家里住人的房间已不够用了，洗印资料照片却还要独辟一室，占据了大约6平方米空间！

当时没有复印设备，许多重要古籍还没有整理出版，为了查找相关文献，以与半年来实地考察结果相印证，1973年10月到1974年初，他自费往来奔走于凤阳和北京、南京各个图书馆之间，像大海捞针般在浩如烟海的古籍中查寻。《凤阳新书》（南京地理研究所馆藏）、《临淮县志》（南京图书馆藏）、万历《凤阳县志》、康熙《凤阳府志》（中国科学院图书馆藏）、《明实录》、《大明一统志》（南京大学图书馆藏）等大量文献中有关的材料就是靠每天自己带一壶茶水一盒冷饭，在图书馆善本室中抄录下来，并且把抄写和整理的全部资料分门别类一一编目，还买了针和线自己动手装订成册。

当其时，他的工资被部分扣发，有限的工资余额中，火车票和旅途食宿、对明中都遗址的摄影、洗印和设备、原料采购等成为最大支出。在南京查找文献最困难的时候，不得不把每顿饭压缩到二两光面、一碗白饭，没有菜；冷了就把随身换洗衣服、雨衣加到身上。饥寒交迫中，他终于病了。事后他告诉我，胸口感到憋闷，全身疲软无力，医生检查为心脏病，嘱咐休息，不要劳累，补充营养。他看完病，在床上躺了两天，根本没有休息，更谈不上营养，非但没有回北京休养，也没有时间给家里写信，继续泡在图书馆里查抄资料。在那一段到处奔走的日子里，一度我们失去了联系，家里甚至不知道他在哪里，在南京还是在上海？（他曾到上海参加全国历史地理学术研讨会，并在复旦大学查抄资料）住在南大招待所还是投宿哪个小旅馆？或者已经回到了凤阳干校，白天骑着自行车啃着干粮咸菜走访社员，晚上开夜车赶写他的考察报告？家里只有我和成长中的三个儿女，孩子逐渐长大，原来的屋子太小不够住了，人教社给调了房，搬了一次家。搬家对于一个家庭来说是件大事，我多么希望他回家帮忙。可是从看房、决定搬迁、修理新家门窗、粉刷墙壁、收拾什物整理上万册书籍、借车请人、搬家，以及筹备砖木沙土盖小厨房、打制家具……他都从未过问，更不用说参与其事。1974年临近春节，“五七”干校的干部们大多回到北京过年了，仍见不到剑英的踪影。搬家不见人，过年不见人，他似乎把我和孩子们完全忘记了。

除夕那天他还是回家了，回家后他审视着新家，说“终于可以增加书架了，还可以在过道里布置一个暗房。”他又添置了两个大书架，十几个旧书箱，顿时家里新增加的房屋面积又被书占领了。他回来了也不在家休息，不断向国家文物局、中科院考古所、故宫博物院、历史博物馆、北京大学、人教社等单位的专家、朋友交流汇报，几天时间里，就我所知拜访了单士元、李怀瑶、罗哲文、徐萍芳、侯仁之、叶圣陶、陈梧桐等。在故宫、景山、钟楼、鼓楼等地继续考察，把北京故宫和明中都皇城做实际对比研究；到北京图书馆拍了几十卷文献资料，又到科学院图书馆、北大图书馆搜索抄写所需要的资料。回到家里，又钻进暗房冲洗放大所需的遗址、文物、文献照片。

1975 年春，一部 20 万字的《明中都城考(历史篇)》初稿终于完成并油印发送到相关部门。为避免这珍贵的遗址遗物进一步被破坏和湮没，剑英带着《明中都城考(历史篇)》及拍摄的大量遗址遗物照片回京，向国家文物局作了要求保护明中都遗址的汇报，引起国家文物局高度重视。当年 10 月，国家文物局随即组织了以故宫博物院副院长古建筑学专家单士元先生、杨伯达先生、故宫博物院金石雕刻专家李怀瑶先生、中国社会科学院考古研究所所长徐苹芳先生，以及剑英五人专家调查组到凤阳考察核实。1982 年国务院公布明中都皇故城及皇陵石刻为全国重点文物保护单位。

被遗忘了 600 年之久的明中都遗址的发现，震动了历史学界、考古学界和古建筑学界。单士元先生高度评价王剑英"科学复原明中都原貌"的工作"弥补了古代史、古建筑史上的空白"，"是极大的贡献"，"功劳比萧洵《故宫遗录》大得多"。国学泰斗叶圣陶先生读《明中都城考》后，欣喜吟诗并书赠剑英，赞曰："明祖奠京都，凤阳宁善图。残民营故里，惊变辍中途。断刻搜罗富，遗踪稽访劬。一编承贶我，致绩喜君殊。"叶老的赠诗使他非常高兴，把叶老的手笔配上镜框悬于客厅。

1992 年，剑英的《明中都城考》(历史篇)一书由叶圣陶题写书名、单士元作序，中华书局以《明中都》为名正式出版。该书被誉为国内一流的学术著作。徐苹芳特撰文《一处被人遗忘了的古都——评王剑英著〈明中都〉》，高度肯定了遗址发现和该书出版的意义。《光明日报》《新观察》等报刊也对"著名明史专家王剑英遗址发现和复原研究"事迹予以了图文并茂的报道。《中国建设》杂志把王剑英的 *LOST MING CITY WAS MODEL FOR BEJING* 一文，以英、法、德、日、俄、西、阿拉伯等文字同时发表，向世界各国介绍了明中都遗址的发现。

明中都遗址的发现和研究是在一种极为恶劣的条件和环境下进行的。那时候正是"文化大革命"时期，全国到处都在"破四旧"，拆毁古文物。正在凤阳"五七"干校劳动的剑英背负着"历史问题"的包袱，在沉重的政治压力和体力劳动下，经历了种种困难、阻碍和艰辛，处逆境而不馁，历艰辛而弥坚，以专业的自信、历史学者的使命担当、宽广豁达的内心承受住了各方面的压力。

发现和研究明中都，本是一项庞大的系统工程，从寻访、发现、勘察、宣传、摄像、考证文献资料、绘出遗址复原图、撰写研究报告文稿、出版《明中都》，直至争取国家文物局派出考察团作最后认证。剑英在这样一个非常的历史时期，在凤阳"五七"干校这样一个几乎毫无进行学术研究的时空条件下，没有领导的支持，没有研究经费，没有测绘工具和仪器，没有助手，没有合作伙伴，甚至没有一张可以写字的桌子。偌大一项发现和研究，几乎是单枪匹马，以一己之力在短时期内取得了令人难以置信的考古和历史研究成果。

他不是忘了老妈妈忘了妻子和孩子们，也不是忽视了自己的身家性命，他是把他自己忘记了！他完全沉浸在对明中都遗址的发现和研究之中，他完全处在一种忘我的境界中了。曾经遭受的种种不公不幸和加之于他的种种非议和屈辱，与他作为历史学家所从事的历史发现带给他的震撼和惊喜相比，又算得了什么！他为考察研究所付出的那份奋力拼搏、辛劳困苦已经升华为一种乐趣，甚至可以说是一种享受，他的这种痴迷与执着，快乐与享受，不是每个人都能理解的吧。

剑英，"天生我才必有用"，命运特为你安排了完全偶然的一个机缘，让你从千里之外降临凤阳，做出了一份意外的贡献，你竟在凤阳的破砖碎石中找回了一座被历史遗忘了600年的古都，为凤阳明中都验明了正身，填补了一段历史的空白，相关的历史也随之进行改写、补写。凤阳也一举成为一座历史遗存丰富、文化内涵充实的历史文化名城。

剑英，你是幸运的。逆境中蕴藏着机遇，困难与艰辛中交织着成功与成就。你成功地实现了你的学术追求和人生理想。你的名字已经与明中都共存。

恩师和挚友

剑英不但对他本人分担的教材编写、历史地图编绘等工作呕心沥血，一丝不苟，保持了高质量，在编辑加工别人的书稿，审阅别人的绘图时，同样细致详尽，亦审亦改，全力以赴，往往令作者感激不尽，尊称为"恩师"，结为挚友。

剑英对上海师范大学王育民的《中国历史地理概论》（上下两册）编辑加工的过程，是他无私奉献的一个范例。

《中国历史地理概论》是新中国成立以来第一部全面论述我国历史地理状况、反映当代历史地理研究水平的学术著作。剑英接任审读和编辑加工的工作后，以"对作者负责、对出版社负责、对读者负责、对时代负责、对我国历史地理研究水平负责"的态度，他从篇章结构、论述内容到引证文献、文字、地图，都进行了深入细致的编辑加工：修订补充内容，核对引文，特别补充了关键第一手材料，或改用更好版本，增补最新科研成果。他与作者进行商榷的来往书信多达上百封。最后审读校阅时的审读意见和补充、改写内容的文字多达数万字。作者对剑英感激不尽，该书两次获奖之后，他写信给剑英说："这本书实际上是你和我两人共同的研究成果……我岂敢掠人之美，独自享受国家给予该书的殊荣。因为这一成果，首先应归功于你。"在信中他称剑英为"恩师"，此后两人仍书信来往不断，更成为挚友。

在王育民写给人教社领导的信中谈道："谭其骧生前曾在一次国际历史地理学术会议，公开表示，感谢王剑英同志做了件大好事，编辑加工出版了《中国历史地理概论》这部好书，填补了本学科的空白。北京大学侯仁之教授也说，剑英对此出了大力，做了件大好事。"此书已被复旦大学、北京大学等高校规定为报考历史地理研究生和博士生的指定参考书，该书发行远及日、美、澳、新等国以及中国台湾，深受海内外读者的欢迎。

北京教育学院历史系主任徐锡祺的《中国三千年历日检索表》，是在剑英反复审读、提出非常具体的改写意见后，作者改变了原来的编写体例，充实了表式和内容，增加了日本、朝鲜、越南纪年，并可与农历、西历、回历互查，使其具有更广泛的使用价值和更高的学术水平后得以出版的。该书出版后，也获得了国家级大奖。

剑英一心只想着要出好书，他在编辑岗位上付出了许多职责之外的贡献。同仁曾对他说："文责自负，你何必花那么多精力、时间为他人作嫁衣。"他只是一笑置之。

剑英在教材研究、参加各种学术会议和解答各方咨询的同时，写出了一批高质量的论文。他观察问题站得高，看得远，史料扎实，思路敏捷，具有独创性，能揭示出历史内涵，往往令学界瞩目。

剑英退休后，又接受北京古籍出版社委托，点校孙承泽的《春明梦余录》七十卷。这是他在古籍整理方面的代表作。该书是研究明代北京典章制度方面的基本史料，有重要的史料价值。徐苹芳说："王剑英同志按照古籍整理的原则，广泛校阅有关材料，最后慎断决疑歧，极其精深，赞誉为古籍整理的典范。"

献计献策　心系家乡

剑英是 1921 年 12 月 13 日的生辰。他生在太仓，长在太仓，27 岁考入燕京大学研究院后定居北京。他后来虽长期生活在北京，却始终心系家乡，热情关注家乡的变迁发展。太仓经济的直线上升,获评全国百强县的喜讯,太仓“废县改市”的盛事,都使他兴奋不已。对于太仓在发展过程中的事情,无论是经济建设、精神文明建设等大事,还是一个学校的庆典,一个家族的寻根,他都无不热心地为之出谋划策,提供咨询,撰写文章,以至四方奔走。

太仓驻京办事处负责人须廷贵先生多次对我说:“我不会忘记这样的情景——夏日炎炎,烈日当头,王老他头顶草帽来办事处联系工作,满头大汗、气喘吁吁地上楼来,从书包里拿出一瓶在家中灌好的茶水,……这种情景让我不忍,一再告诉他办事处有车,可他怎么也不肯坐;我又说或者乘坐出租车,车费由办事处报销,可是王老就是不肯。”

1985 年,由剑英首先提出建议并发起的“太仓在京人士经济科技咨询服务处”在京成立。剑英和太仓籍的闵庆全(北京大学教授)、陆伟(中国农科院果树研究所研究员)、狄原溟(首都医科大学教授)忙前忙后,四处调查探访,整理出了一份 140 多人的名录,组织起了太仓在京高级人才联络网,从此保持联络,定期碰头,为太仓经济建设提出了许多宝贵的建议。

剑英建议太仓政府在大力进行经济建设的同时,还应重视文化建设,他查找历史资料,对修复张溥故居和天妃宫遗址,成立郑和纪念馆,提供了重要的历史依据,并把故宫博物院副院长单士元、国家文物局专家罗哲文、国家建设部顾问郑孝燮等几位老先生也一起请到太仓考察遗址,帮助制定修复方案,争取到国家文物局的拨款对遗址进行修复,张溥故居和天妃宫遗址现在已成为太仓重要的旅游点。张溥故居成为全国重点文物保护单位。

1994 年,王剑英与陈毓秀在刚竣工的太仓港码头

太仓要修订地方志，请剑英撰写的《郑和航海与天妃宫石刻》成为全书唯一的一篇由今人撰写的文章。

太仓市政协结合王时敏诞辰400周年纪念活动出版《王时敏与娄东画派》一书，剑英查阅《二十四史》《清史稿》以及明清两代各类相关文献古籍，写成《王时敏和他的家族》一文，介绍了王时敏家世及其绘画成就①。

泰国王氏华裔代表团要到中国寻根。剑英接受太仓市政协委托，翻阅大量文献资料，进行研究考证，提供了太仓三槐王氏的历史渊源，并撰文《三槐王氏考》发表在《学林漫录》。

太仓师范筹备85周年校庆之际，剑英作为太师北京校友会长，在京四处奔走，一一联络校友、组织捐赠贺礼等，承担了大量烦琐的事务。

上海浦东开发的消息传出，热爱家乡的剑英以一个历史地理学家的视角，敏锐地觉察到，开发太仓刘家港的时机到了。太仓刘家港是元明两代的深水良港，朝廷海运码头。剑英从历史上刘家港曾有过的辉煌，看到了明天太仓的繁荣前景。他建议太仓市政府抓住时机大力开发刘家港开发区，使之与上海浦东开发区接轨，争取成为东方大港，带动太仓经济大发展。为此，剑英放下了手头其他工作，邀请太仓籍在京各界专家座谈，共同研讨，又在占有大量历史资料的基础上，撰写了《刘家港的兴起、发展与未来展望》一文，论证了刘家港开发建设的可行性和巨大的经济潜力。这个"开发刘家港，与浦东接轨，发展太仓经济"的富有远见的建议受到了太仓市政府的高度重视，目前刘家港更名为太仓港，已经开发有成，太仓经济的发展蒸蒸日上，剑英的梦想已经成真！

剑英满腔热情、倾其所能地关注支持家乡建设，家乡也十分热情地倚重剑英等专家的咨询建议，多次邀请他们回家乡讲学和提供咨询意见。每年春节前太仓三套班子的领导都要到京召集大家齐聚一堂，向在京专家汇报家乡建设的情况，同时听取专家们的建议。

1996年10月，剑英不幸辞世，告别会那天，太仓市政协秘书长朱微园代表市领导从太仓专程赶到北京，太仓驻京办事处、在京太仓籍朋友、太仓师范和娄东中学的学生都来到八宝山与鲜花丛中的剑英告别。并且有人哀恸赋诗，有人书写挽联："勤孜孜，研史求真发现发掘明中都，意切切，关爱家乡献计献策金太仓。"剑英，你爱家乡爱母校，眷恋着家乡的山水草木父老亲情，家乡的亲朋好友们也舍不得你匆匆离去呀！

---

① 王剑英是明朝首辅大学士王锡爵第十三世孙，明末清初画坛"四王"之首的王时敏第十五世孙。

导师和书僮　生活散记(一)

青年王剑英,1953 年 5 月于北京

剑英在人民教育出版社编写中学历史教材,而我则在中学执教历史。

早在结婚之前,我们就有着学习、研究历史的共同兴趣。在我们婚前来来往往的两地书,也总是充斥着历史问题的讨论,婚后又由于工作相关联的缘故,我们常常在家里交流或争论一些历史学术或历史教学方面的问题,家中充满了学习气氛。

剑英俊秀文雅,风度翩翩,天生一个江南书生的美丰仪;他待人热情宽容大度,性格随和又好脾气。家庭生活中,小他四岁的我,难免使点小性子,耍点骄娇之气,却总也点不燃他的火气来。因而在我们家里,只有关于学问的争论,而没有令人生烦的生活琐事上的争争吵吵。

“导师”与“书僮”(一)(1983)

“导师”与“书僮”（二）（1983）

我欣赏他乐于助人且又不计人过，不言人短，不去纠心于小利小害、是是非非的处世态度与大家风范。同时我不计较他生活中的无序状态：他生活中的无序状态以睡眠为最，从年轻时直到老年，不管是白天黑夜，困了就睡醒了就起，没有一个睡觉的准时候，看起书，写起文来不分昼夜。他的书桌是超大的。书桌上正在撰写的稿纸与翻到一半的古籍、图册纷然杂陈，有用无用的纸片与吃剩的瓜子点心胡桃仁乱堆一气，别人不能动他的桌子，他自己则数月难得清理一次。我问他什么时候我们可以过上窗明几净的日子，他总是以“再说吧”搪塞。

剑英是我生活中的伴侣，又是我教学生涯中的导师，我敬重他知识的广博与贯通，治史治学中那份痴迷和执着。教学中我遇到了困难.他自然成为我求助的首选。他自身工作很重，但不管有多忙，对我教学工作的倾情关注是始终如一的。我的一些在全国、全市影响较大的观摩课、录像课，他总是我试讲的第一个听众；我在各种历史教学杂志上发表的论文以及专著，他都是第一个读者。当繁重的工作任务（诸如参加高考命题、审阅历史教科书、为北京市中学高级教师评职称、为青年教师辅导评优，以及担任人大代表、历史学会理事等种种社会工作）同时从四面八方向我袭来，令我感到压力太大甚至力不从心时，他总能给我鼓励和支持，从业务上、心理上、家务上缓解我的压力。在剑英的宽慰、支持下，我愉快地全身心地投入我的教学工作。我上的课和写的书，受到了广大中学历史教师的偏爱和美誉，我也成为一名中学历史特级教师。

五上黄山(1984)

我对剑英以导师相敬,他却总是以“书僮”自谦。我备课,他帮我解释疑惑,指点迷津;我找资料,他爬到书柜顶部帮我探取;我出行,他为我画好路线示意图;我写信、写稿,他为我把信封、稿件粘上胶水和邮票,投进邮筒……。

剑英不吸烟、不喝酒、不玩牌、不逛商场,他最大的爱好是接近大自然,沉浸于山水与古迹。剑英爱读书也爱旅游,旅游对于他来说,不单单是观赏山水欣赏大自然,也不完全是休闲和放松,而是考古,是考察,是在行万里路,是一种文化旅游,是他学术研究的一种补充。与他一起读书论史是一种享受,与他一起旅游则另是一种高级享受。到野外,到名山大川,到名胜古迹去遨游山水,漫步园林,实际上就是在听他解读《水经注》,解读《徐霞客游记》《天府广记》《昌平山水记》。剑英有广博的知识、高雅的情趣、乐观

1963 年全家合影

的性格、充沛的精力，和他一起出游漫谈，能从他的海阔天空、说古道今中引领我进入更广阔的时空中，与他同游赏心悦目、心旷神怡，忘却人间烦恼，成为一种极大的享受。我戏称他是我的“超级导游”。

生活中有如此知我爱我的导师、书僮、超级导游相伴同行，我感到幸福！

剑英在家里是老母亲的孝子，又是孩子们的好爸爸。我们有子女三人，长女王燕，儿子王飞，小女儿王红，都聪颖好学。“文化大革命”结束，恢复高考后，1978年三个儿女同一年考上了大学，当大学录取通知书接二连三地频频传来，在宿舍大院里一时传为佳话，剑英和我是何等欣慰啊！

几十年间，我们本分地过日子，认真地做学问。生活的风风雨雨更使我们懂得了互相体谅和互相理解，我珍惜我们之间互敬、互爱、互相体谅、互相理解这样一种和谐与温馨，也许，正是这样一种和谐与温馨，令我们双方都能以全力专注于各自的工作，并获得可能获得的最佳成绩。

相聚星期天

爱书无价　买书有癖

剑英爱书无价，买书有癖，见好书不放。他长期订阅并保存《古籍整理情况汇编》，了解古籍出版动态，有暇时常到琉璃厂、中华书局、中国书店走一走看一看。每次少不了买几本感兴趣的好书带回家。因此中国书店的职工大多认识这位常客,也知道他的购书需要,一旦出版有售,就与他联系,主动送书到家。数千元一套的《明实录》和《清史稿》是他的常用书,就是这样接二连三摆进了家中的书柜。这种书的价格往往是他工资的几倍或十几倍。其实家里已经购买过一套影印本《明实录》,只为缺几本,自己也已复印补齐,但用起来不如新版标点本方便。其他一些常用书如《资治通鉴》《二十五史》等等也都是新版本一出,马上买齐、更新,以替换下原有的旧版本。买到新书后,他把旧书送给了需要此书的朋友。改革开放后,剑英在生活上依旧简朴,而买书时却大手大脚,俨然一"富翁",有时候他写一篇文章、编绘一幅历史地图或审一部图籍所得的报酬,远远没有他特意为此而买的书的费用大。为了审阅《中国近代历史地图集》,就一次性买了七八十本参考书,价值远远超过了审读报酬。

我曾劝他别再买书了,他不以为然地说:"工欲善其事必先利其器。我与收藏家不同,只买用得着的书,研究问题时有了书便可以左右逢源得心应手,买书是最好的智力投资,不是生财之道,而是增才之路,可以增加才智学识,可以使人在深度广度上不断提高。"他又对我说:"我并不是见书就买,只选择有保存价值的,能引以为据的原始资料或重要工具书才买,没有学术价值的我一本也不买。"他说,我们的月工资条上有"书报费"类目,也从一个侧面说明了,对于知识分子,每月订报买书是一种必要消费。

他专门篆刻了藏书印章,对他来说,在每本新书上加盖藏书章成为一种神圣的入架仪式。

他的爱书藏书使家里到处都是书,家中的书柜"横看成林竖顶天",四间居室中两间半被书柜占领,书房里除了门窗,三面墙都是书柜书架书桌,书都是顶天立地双层码放。除了书柜书架上码放整齐的书,书桌上有书,床头枕边有书,厕所里有书,饭桌旁有书,地板上堆放的纸箱里是书,到了老年买菜时菜篮子里装着书,出门取奶拿报、散步上公园走在路上时手里拿着书,即使住在医院里,每次要家里给他带的还是书。

家里藏书之多已经远近闻名。有朋友在书店里买不到的绝版书,在图书馆里借不到的专业书,就到我家里来借阅;有朋友带了成长中的孩子到家里来,特为看看剑英的藏书,以鼓励、启发他博览群书;甚至居委会的大妈大姐也要借故到家里来见识见识。附近摆书摊的女摊主听说剑英藏书,竟也要请求上楼参观参观。

辛辛苦苦几十年,没有什么家当,却有藏书万卷,他为此自豪。是否知足?没有。在生命最后的日子里,剑英躺在医院病床上,依然还在筹划病愈之后的购书计划。对于买书,剑英痴心不改。

王剑英先生家中书柜一角

剑英曾为卖书而发脾气。“文化大革命”初期，他的书也成了“破四旧”的对象，为此我卖掉了一些书，以及从创刊起就订阅了多年的《文物》《考古》《历史研究》等几套杂志，待他从“五七”干校回北京知道以后，非常生气，好脾气的剑英破天荒地为卖书而生我的气了。剑英为人随和脾气好，生活上格外能将就，唯独对买书卖书这件事非常固执，不容商量，无法改变他的意志。

在美国探亲时，有人问他，还回国吗？在美国住下来吧。剑英说，要回国的，这里没有我的书，没有我要做的工作。

环拥书城而坐，潜心研究学问，伏案写作和工作，这是他的人生享受。

亦歌亦画　兴趣广泛　生活散记(二)

剑英兴趣广泛，旅游、绘画、摄影无所不能，长跑、太极拳、太极剑、游泳无所不爱。他学什么成什么，干什么专什么，理发修鞋拨弄电器、装炉子安烟筒扎风斗、烹饪美食，他是家里身手不凡的多面手。

篆刻。在一方石头或木头上刻字，是剑英自小练就的本领，他能刻阴文阳文、楷体宋体、隶书小篆，急需的时候这种本领就派上了用场。有一次邮递员送来挂号邮包，一时家里找不到图章，情急之下他随手拿起块白薯三削两刻，即成图章。待邮递员送完院内别家邮件再回来时，他已经把一方印章交给了我。他说，我小时候手工课学得很好。演戏唱歌。剑英对戏剧演出有浓厚兴趣，中大读书时，他参加学校话剧团，画布景，做道具，设计、搭拆舞台场面，是剧团里的活跃分子；执教太仓娄东中学时，他是学生话剧团唯一的教师，既要全面领导，又身兼导演；五六十年代他还粉墨登场，有一次人民教育出版社联欢会上演出昆曲《十五贯》片段，他饰演娄阿鼠，在台上一招一式惟妙惟肖，引得大家笑声不断，拍手称道。那时社里有位干部是女高音歌手，每逢教育部或人教社有联欢活动，必请她登台演唱。有时需要男女声二重唱，她总是邀请剑英合作，放声高歌中展示出了他出众的歌唱水平。

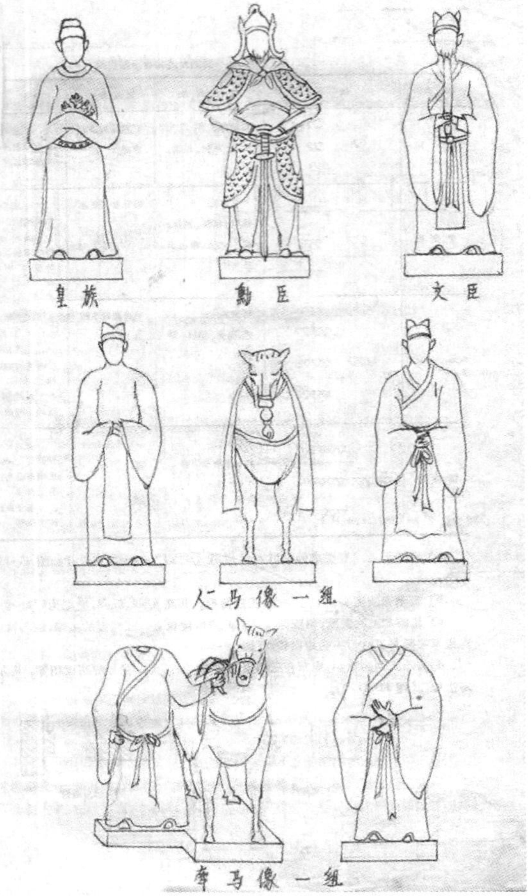

皇陵石象生写生，1973 年。
王剑英考察明中都初期，因无相机，利用写生的方式，描绘明中都文物当时的原貌

绘画。他不仅擅长画历史地图，素描、水彩、中国画都有一定造诣。

他在凤阳绘制的明中都城墙城门遗迹图、各种龙凤石雕、明皇陵石像生、皇陵碑、神道图等速写图，也都是专业水平。1984 年，剑英的大姐从台湾回家探亲，带来了几幅她画的中国画，所有见过的人都赞不绝口，剑英幽默地说，我们有擅长绘画的基因。他是指王家祖先“清初四王”中的王时敏、王原祁开创了清初娄东画派的事迹。我与剑英也因他擅长绘画而结缘。我们在南京中大读书时，他善于绘画已是人所皆知，我有一块雨花石，图案像极了一幅山水画，想到剑英有绘画才能一定喜欢，就送给了他。就是这件不经意的小事从此触发了日后久长的情感，一直到老，始终在我们的经典回忆之中，每当重温当时的场景和心情，都会使我们这对两鬓已白的老头老太重新沉浸到美好的青春年华中。

1977 年，叶圣陶先生读《明中都城考》后，书赠王剑英。
两侧为王剑英所绘水墨画

健身。剑英曾因患严重的胃下垂病而住院治疗，出院后为了强身健体，开始锻炼身体。他认定我国传统的健身方法太极拳和太极剑，几十年间坚持不断，读剑书看图谱，动作规范优美，成为人教社工间操太极拳太极剑的领操员和辅导员。60 年代初的一次北京市职工业余太极拳比赛，他获得了个人第三名。70 年代他又成为民族宫太极拳太极剑辅导站的教练和站长。在凤阳“五七”干校时他开始在劳动之余练长跑，回北京后在西郊香山编写教材，经常跑步到颐和园，有时候也推辆自行车，骑一段跑一段。这时候，他开始参加每年一度的北京市春节环城长跑，因为跑得慢，总是倒数几人之一，与几位高龄老人最后跑到终点。有几次竟然终点站的工作人员已经撤离了，他才跑回来，但他仍然每年都乐此不疲地报名参加这一传统赛事，他每次都乐呵呵地说，我是殿军！他和一群健康乐观热情的中老年长跑爱好者共同发起成立了北京市长征长跑队，每个星期天上午的长跑运动，也成了他的业余爱好之一。

王剑英先生的太极拳，动作规范优美

游泳也是王剑英的一项体育爱好

摄影。为了把明中都城遗址和文物用镜头完整保留下来，他买了架海鸥牌120照相机和冲洗扩印等各种设备，甚至自制了放大机，自己动手把床单染成黑色，家里的一个小过道被他改造成了一个暗房。还买了一批有关摄影的专业书籍，一边研究一边反复实践，自拍自洗自印自放。他对掌握药液浓度、温度的微妙，曝光、显影时间的长短，胶卷和相纸标号的不同，大都操作在行。每当他从凤阳“五七”干校回京探亲，便一头扎在暗房中，把带回来的一批批胶卷变成了明中都遗址最原始的考古资料。

美食。剑英平日虽能安于粗茶淡饭，但是对饮食不时有所挑剔。他有很多爱吃的美味：天福号的酱肘子，浦五房的酱肉和熏鱼，稻香村的桂花、百果年糕……从小生长在江南水乡大宅门里的他，最爱吃的是螃蟹。他吃螃蟹利索、干净、快捷，吃完一个蟹，收收拾拾，把碎乱的壳全装回到蟹兜中，仍然是一个完整的螃蟹。有时他也把蟹壳做成一只只蝴蝶，摆在餐桌上展翅待飞。对饮食文化颇有些研究的剑英，懂得不同的季节应该进补什么样的食物，他也懂得若干菜肴和点心的吃法做法。他也许可以称得上是美食家了。他还有自己的一套饮食与保健理论：饮食适时，营养全面，想吃什么，说明身体缺什么，就吃什么，不必忌口，不过为宜。想睡就睡，说明身体疲倦了，不必强撑，精神好了再工作。适当锻炼，太极拳太极剑游泳慢跑，顺势运动，不必勉强。

未能实现的“五年计划”

剑英热爱生命，从不言老。由于长期坚持锻炼，古稀之年，心理年龄还在40岁，退休以后依然精神矍铄地写稿审稿，孜孜不倦，甚至夜以继日通宵达旦。由他圈点整理考证，被誉为整理古籍典范的《春明梦余录》和几部获得了国家级大奖的著作，如《中国历史地理概论》《新编中国三千年历日检索表》等就是在他退休后负责加工并审核完成的。

剑英长期担任人教社民盟支部主任委员、北京市民盟老龄委副主委的工作。他带头认真组织学习党和国家的重要文件，不顾劳累不怕麻烦地组织老年盟员在市内或外地参观游览，活动开展得既认真又生动活泼，多次受到盟市委赞扬和盟员的欢迎。人教社的民盟组织不断得到发展。

他在盟市委老龄委座谈会上作“老有所为”的发言，介绍自己知足常乐的人生观时，他说，凡事总要从好处想。古人云“人生不如意事十常八九”，那么至少还有十之一二如意事，何不多想想那一二呢。他的“常一二”人生哲理使他健康开怀，延年益寿。

剑英的晚年充满幸福感——环书城而坐，潜心研究，陶醉其中。这是他的乐趣。人到老年，仍能保持豁达乐观，精力旺盛，充实有为，他为此感到骄傲。他在知足中常乐！

儿子王飞赴美留学，读完硕士后，在美成家立业，育有一对儿女。1993年夏，剑英和我准备到美国探亲。一切准备就绪：飞机票、行李、到飞机场路上的汽车……天有不测风云，情况突变。由于吃东西下咽困难，剑英到北大医院检查，临出国前两天得到了诊断结果：食道癌！他仍是乐呵呵似若无其事，一听到是癌，我的眼泪顿时夺眶而出，反而是他来劝慰我，他说：“目前首要事情是治病，癌症是可以治好的，美国也不是去不成。病好了还可以去美国看儿子。”他还告诉我说，他已经咨询了医生，这种癌症应该保守治疗还是手术治疗，手术治疗的可行性和危险性，他还买了几本食道癌治疗与康复的书籍研究他的病情。

在整个治疗过程中，他遵医嘱吃药、检查、放疗，也和医生一起分析病情，研究治疗方案；做郭林气功打太极拳，甚至还带病友徒弟，教授太极拳。住院期间仍一卷在手，或看食道癌方面的医疗书籍，或翻《石头记》等休闲养性的书，或读他喜爱的《徐霞客游记》，看书养病，豁达乐观，怡然自得。不到一年，他的病竟然在这极短的时间得到痊愈！医生、家人、同事、亲朋好友都认为这是个奇迹。

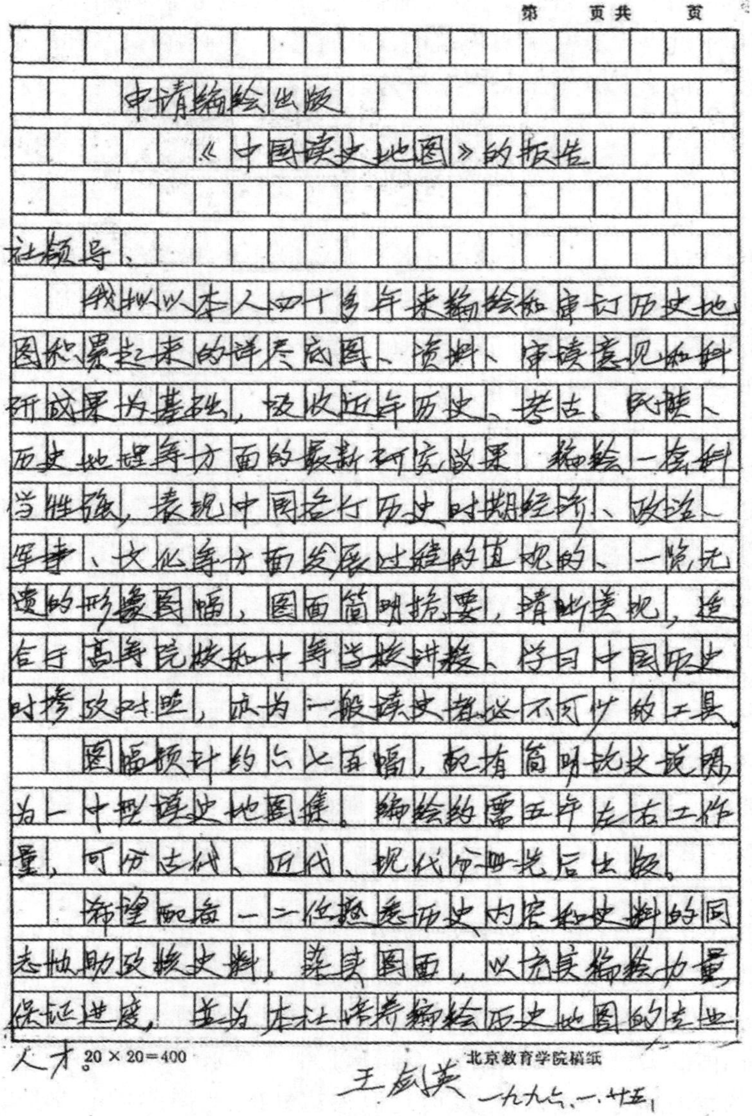

第　页共　页

申请编绘出版

《中国读史地图》的报告

社领导、

我拟以本人四十多年来编绘和审订历史地图积累起来的详尽底图、资料、审读意见和科研成果为基础，吸收近年历史、考古、民族、历史地理等方面的最新研究成果，编绘一套科学性强，表现中国各个历史时期经济、政治、军事、文化等方面发展过程的直观的、一览无遗的形象图幅，图面简明扼要，清晰美观，适合于高等院校和中等学校讲授、学习中国历史时参考对照，成为一般读史者必不可少的工具。

图幅预计约六七百幅，配有简明扼要说明，为一中型读史地图集。编绘约需五年左右工作量，可分古代、近代、现代分册先后出版。

希望配备一二位熟悉历史内容和史料的同志协助考核史料、设计图面，以充实编绘力量，保证进度，并为本社培养编绘历史地图的专业人才。

20×20=400　北京教育学院稿纸

王剑英　一九八六、一、廿五

剑英对自己的健康长寿信心十足。他与我相约要好好生活，一起活到 100 岁，“还能做好多事呢”。我看到他强健的体魄，乐观平和的心态，以及他眉宇间几根长长的寿眉，心想“你也许能吧”。

1995 年春，我们到美国探望儿孙，享受了儿孙绕膝的天伦之乐。九个月中，身体健康,心情舒畅。

1996 年初归国后不久,剑英检查身体时,却查出了糖尿病、心脏病,他依然日夜伏案,赶完了出国前未完成的约稿,又接受了一次安装心脏支架的手术,手术预后非常好,这更增加了他战胜一切疾病的自信。

笔耕不辍的王先生(1988)

这一年 9 月,剑英的心脏病突然发作,在郑州病倒了。住院治疗的一个多月中,大夫护士尽心尽力,儿子女儿女婿、弟弟一家先后从美国从北京从郑州赶到医院日夜守护照料,虽然病情严重,他却心情愉快,充满幸福的感情,他说他是个有福之人,夸老伴夸儿女夸弟弟和侄女一家,他感到心满意足。医生护士都说,一般病人在病情严重时心情往往会变坏,像剑英这样乐观开朗的病人不多见。

躺在病床上,体力不支而豪情常在的他念念不忘的依然是他的学术研究。10 月 23 日他和我最后一次长谈,他说病好回京后,还要去颐和园,颐和园是他最喜爱也是去的次数最多的皇家园林;他还谈到最常去的图书馆是北京图书馆、北京大学图书馆以及中国科学院图书馆,那里有其他地方看不到的古籍。他牵挂着还没有实现的“五年计划”——要为大学文科学生和中学教师编一套历史地图,要图文并茂;圈点整理《大明一统志》是剑英与北京古籍出版社几年前便已策划约定的,他珍爱并熟读这部书,他还自负地对我说,由他来圈点整理也许是最合适的人选……他握着我的手,安详地向我诉说着。热爱生命、壮心不已的他以为自己还可以活很多年,没想到就在这次谈心的第二天,在刚刚回到北京之后,他的心脏突然再度梗塞。他的生命在编织着“五年计划”的设想中过早结束了。

剑英常说,人生一世,要为社会做点事情,要给后人留下点东西。剑英是幸福的,他实现了他的人生价值。人民教育出版社在王剑英的讣告中对他作了如下评价:“王剑英同志为我国历史研究、历史教育和历史地理学术事业耕耘了一生,是国内享有盛誉的历史地理学家和明史专家。他的逝世是我国历史学界的一大损失,他的名字和他的学术业绩将永垂青史!”

2005 年于北京

2018 年修改

一处被人遗忘了的故都

——评介王剑英著《明中都》

徐苹芳

中华书局1992年5月出版的王剑英同志著《明中都》一书,令一处被人遗忘了的故都重现于世。在明史研究和中国古代城市史的研究上,这本书都是十分重要的。

明中都在今安徽凤阳,是朱元璋的故乡。它始建于洪武二年(1369年),建成于洪武八年(1375年),只有六年的时间,是中国历史上历时较短的都城。但是,并不因为它历时短,便无足轻重,在中国都城发展史上它毕竟是占据了一个环节,是处于明代的南京与北京之间的一个重要环节。在这篇短文中,我一方面要评介王剑英同志的《明中都》一书,另一方面,我想借这个机会,对明中都在中国都城史上的历史作用,谈点个人的意见。

《明中都》共分八章:一、明初营建都城的概况;二、明中都是朱元璋统一全国后悉心经营的高标准建筑;三、明中都建筑是在封建统治下全国劳动人民的血汗结晶;四、营建明中都的过程;五、劳动人民的英勇斗争迫使朱元璋停下穷侈极丽的明中都营建工程;六、明中都的设计、布局和建筑;七、明中都的利用及其对凤阳人民的影响;八、明中都建筑的变迁。全书附有83幅插图。前有叶圣陶先生的题词、单士元先生的序,后附参考书目。

据我所知,这本书是王剑英同志《明中都城考》的一部分。《明中都城考》分两篇,一为历史篇,一为考古篇。这本书是《明中都城考》的历史篇,中华书局将这部分题名为《明中都》出版。考古篇有油印本,记录了文献上没有记载的明中都的遗迹和遗物,也是很重要的。《明中都》是以文献为主,简述朱元璋营建明中都的过程,明中都建置的规制及其城市规划的设计布局,这些内容都见于前六章。第七、八两章则叙述明中都停建以后,明清两代对中都的改建和废毁的情况。

王剑英同志是明史专家,从他所用的文献中可以看出,是以《明实录》(主要为太祖、太宗、英宗、世宗四朝实录)、《明史》、谈迁《国榷》、《大明会典》(徐溥修李东阳校 180 卷正德四年司礼监刻本、申时行重修 228 卷万历十五年内府刻本)、柳瑛《中都志》、袁文新《凤阳新书》,以及自明万历以来所修的凤阳县志、府志等书为基本史料,辅以文集笔记和其他有关的专书。可以说,《明中都》从史料上来衡量,是迄今为止最完备的著作。

从叙述的体裁上看,以讲中都沿革史实为纵线,以考订各类建置为横向而展开,并有专章讨论其城市规划。研究一个城市所涉及的大体便是如此。这样纵横交织,专题深入的写法,给读者以清晰的脉络,是很得体的。作者在构架剪裁时,是很费了一些思考的。

作者运用史料娴熟,但又不拘泥于史料,能从中撷英钩沉,发幽阐微。最突出的一个例子是关于明中都设计方案的变化修改这一史实的揭示。《明中都》第六章第一节《明中都城址和城墙的设计与修改》,先叙述现存明中都城的范围,平面为一扁方形,西南角突出包容凤凰嘴山。但洪武五年正月"定中都城基址,周围四十五里"(《明太祖实录》卷 71/6a)的记载,与现中都城址周 50 里又 442 步之数不合。作者清晰地作出判断:

"最初设计的明中都城是呈正方形,皇城居中,东西对称的。但是,这样就把独山留在城外,居高临下,俯瞰全城,于防守极为不利,为了改正这个严重的缺点,经过权衡比较,最后在施工中还是放弃了以皇城为中心、东西对称的原来设计,而把中都城东城墙线向东推移展出了将近三里,把独山包括在城内。这样,不利变成了有利,独山就成了中都城的形势要害之地。中都城从正方形变成为扁方形,皇城就不再在全城的正中了,稍呈偏西;而万岁山则恰好在中都城两条对角线的交叉点上,它不但是全城的制高点,而且又成了全城的中心点。"

这段分析,精彩之至。请读者特别注意书中第 70 页的插图①,文图对照,一目了然。这个分析抓住了明代初年,戎马一生,在群雄割据中苦战出身的朱元璋的心态,他不大考虑以皇城为中心的礼制,军事上的争战利害是第一位的,所以,他采取了把独山、凤凰嘴山包入城内的设计。从军事上考虑占第一位的设计思想,同样地也体现在明初南京城的建设上。洪武十七年至十九年间(1384—1386 年),将处于南京宫城和原应天府城北面的富贵山、覆舟山、鸡笼山,以及沿江的五台山、清凉山、马鞍山和狮子山,全部包入城中,便形成了今日所见的南京城。实际上,当时从原应天府城向北,东为玄武湖,西则临近长江,中间多是丘陵起伏的空旷之地,把这片地区括入城内,完全出自军事上控制山

① 参见黄山书社 2021 年 9 月版《明中都城考》,第 88 ~ 89 页插图。

头制高点的需要。所开之街道，也多随山势蜿蜒曲折，在城市规划上实在是毫无意义的。明中都和明南京这两座城市，都是在朱元璋直接干预下建设的，军事考虑的因素占了重要成分。

明中都的城市规划，在中国都城发展史上的作用，剑英同志在《明中都》第六章各节中均有简述。由于对中都街坊未进行全面的考古勘探，详细情况，特别是街道与城中诸山如何布局，尚待进一步探明。但宫城前的布局是清楚的，这是封建城市规划的核心，有五点值得注意。

一、宫城前的“T”字形街道布局

中都自洪武门至大明门的南北干街洪武街，与大明门前的东西横街云霁街，形成了宫城前的“T”字街，这是中都城内最重要的街道。在云霁街北侧大明门东西，自西向东布置着历代帝王庙、功臣庙、中都城隍庙和国子监。洪武街是御街，两侧为千步廊，在中都城市规划上既是中轴线，又是象征皇帝威严的御街。云霁街是贯通东西的横街。这种布局被明代北京城所继承。北京从正阳门到承天门（天安门）中间是御街，承天门前为东西长安街，御街与长安街也构成了“T”字形的街道布局。北京宫城前的“T”字形街道布局，盖仿自明中都城之规划。

二、钟鼓楼的位置

中都钟鼓楼的位置，在皇城前横街云霁街上，东为鼓楼，西为钟楼，均跨街而建，鼓楼楼台尚存，钟楼已毁。在都城中安排钟鼓的制度始自元大都。元大都钟鼓楼在宫城之后（北），不在城市规划的中轴线上，而是稍偏西一些，钟楼坐落在十字街中心，鼓楼在其南，与处于都城中轴线上的大天寿万宁寺中心阁并列，元大都钟鼓楼附近为商业区，此即所谓“前朝后市”的规划。明中都钟鼓楼的位置与元大都完全不同，置于皇城前东西两侧，颇类似寺庙大殿前之钟楼与经藏楼之安排，是一个特例。明南京则放弃了明中都钟鼓楼安排在宫城前的做法，把钟鼓楼并列于新扩城之北部中央，恢复了元大都的传统。到明代北京城，钟鼓楼的位置比元大都的安排更进了一步，放在全城规划最醒目重要的地方，成为全城中轴线的终点。

三、宫城前“左祖右社”

明中都宫城午门前，左为太庙，右为太社稷，此即所谓“左祖右社”的规划。“左祖右社”“前朝后市”是符合“周礼”王城制度的。明中都以前，元大都的太庙在宫城以东、齐化门内，社稷在宫城以西、和义门内，都不在宫城前，与宫城有相当之距离，但从方位上来说，仍可称是“左祖右社”。

至正二十七年(1367 年)朱元璋在南京建吴王宫时，仍沿袭了元大都的设计，太庙在皇城东北，社稷在宫城西南。洪武八年至十年间(1375—1377 年)重建南京宫殿时，按照明中都的设计，将太庙、社稷迁建于宫城之前。朱元璋自己承认“愚昧无知”，建吴王宫时对太庙社稷的安排“未尽合礼”。《太祖实录》云：洪武八年七月辛酉，“以改作太庙，躬祀后土、太岁等神，祝曰：‘祖宗神室，旧建皇城东北，愚昧无知。始建之时，未尝省察，是致地势稍偏。兹度地阙左，以今日集材兴工，特告神知。’”(《太祖实录》卷 100/4a)

洪武九年正月壬午，“定王国祭祀之制。凡王国，宫城外左立宗庙，右立社稷。”(《太祖实录》卷 102/4a)洪武十年八月癸丑，“命改建社稷坛。先是，上既改建太庙于雉阙之左，而以社稷国初所建，未尽合礼。又以太社、太稷分祭配祀，皆因前代之制。欲更建之为一代之典，遂命中书下礼部详议其制。……上览奏称善，遂命改作社稷坛于午门之右。”(《太祖实录》卷 114/1b－3b)明北京的太庙、社稷的位置，在皇城内宫城前，一仍明中都创立的制度，太庙在东，社稷在西。“左祖右社”之制自明中都定制，明清两代皆遵其制。

四、中央官署的位置

明中都中央官署——中书省、大都督府和御史台，集中在宫城午门外，中书省在东，大都督府和御史台在西。改变了元大都中央官署分散于全城的规划。元大都最初的规划，中书省在宫城北，枢密院在宫城东，御史台在宫城西北肃清门内，极不方便。后来将中书省移建于皇城前、丽正门内东侧，御史台移建于宫城外东南文明门内。明中都一改分散不便之弊，从城市规划上来说，是一个进步。明南京延续中都中央官署集中的设计而加以调整，宫城午门前为“左祖右社”，东为太庙，西为社稷坛。将中央官署迁出皇城承天门外，东为宗人府、吏、户、礼、兵、工部、鸾驾库、翰林院、詹事府、太医院，西为五军都督府、太常寺、仪礼司、通政司、锦衣卫、旗手卫、钦天监。将三法司——刑部 、都察院、断事府置于宫城之北。明北京完全继承了明南京的规划，也将中央官署集中于宫城承天门外东西两侧，东为宗人府、吏、户、礼、兵、工部、鸿胪寺、钦天监、太医院、翰林院、詹事府，以及銮驾库等，西为五军都督府、太常寺、通政使司、锦衣卫。三法司——刑部、都察院、大理寺在宫(皇)城西(清代始将刑部与大理寺迁至天安门西侧明代锦衣卫旧址，明代三法司衙门改为九门提督衙门，然地名仍以旧刑部街称之)。盖明代南京、北京中央官署之布局，实滥觞于明中都。

五、宫城东、西华门的位置

明中都宫城东、西华门的位置，在宫城前朝正殿之前南侧，改变了自北宋汴梁宫城东、西华门在宫城东西垣中央的布局，这在宫城布局上是一个很大的变化。

北宋汴梁的宫城分前朝与后宫两区，这两区之间用一条横街相隔，此横街之两端，东辟门曰东华，西辟门曰西华，大体上相当于宫城中间的部位。宫城分前后两区的这种布局，为金中都和元大都所继承，成为定制。明中都一反宫城内分两大区的布局，把后宫更加封闭起来，将前朝与后宫连为一体，把东、西华门间的横街，置于前朝五殿之前。明南京接受了中都的布局，将宫城上的东、西安门置于前朝正殿奉天殿(门)之前两侧，外与皇城东、西华门相对。明代北京一仍南京之制，宫城东、西华门在前朝皇极(奉天)殿(门)东西两侧，东华门与皇城上东安门相对应，西华门则与西苑的西苑门相对应，而皇城的西安门则沿用了元大都皇城上的红门，并不与西华门相对应。宫城布局的改变，体现在东、西华门位置的移动上，这种改变始自明中都。

从以上五点可以看出，明中都虽然存在的时间很短，城市建设半途而废，但在城市规划上仍起着承前启后的作用。

明中都自洪武八年停建以后，至洪武十六年拆毁宫城内殿宇，修建大龙兴寺。正统五年，大龙兴寺毁于火。天顺三年，再拆中都中书省等衙门房500余间，重建大龙兴寺。经过这两次拆毁，中都宫殿衙署建筑基本上无存。但城垣、宫殿、衙署之基址，仍然保存着。明末战乱之后，中都残破。清康熙六年，移凤阳县于中都宫城。乾隆二十年，在中都宫城之东南，以明中都鼓楼为中心，新建凤阳府城。至此，明中都城内又建新城，城市布局为之改观。

明中都城遗址，自乾隆二十年新建凤阳府城之后，迄今已238年。它的知名度远远不如明南京和北京，一直不太为人们所注意，包括历史学界和考古学界。“文化大革命”期间，中都宫城城垣和殿宇基址中的砖被拆卖，甚至远销至上海。就在此时,王剑英同志从 1969 年到 1975 年在凤阳“五七”干校劳动,利用劳动之余,对明中都遗址进行了全面的调查,写成了《明中都城考》上、下篇,当时做这件事情是很不容易的,要承受很大的压力。这与王剑英同志一贯执着追求钻研学术的精神是分不开的。

王剑英同志是我的学长。1950 年我进燕京大学历史系时,他已是研究生,是邓之诚先生的研究生,研究明史。我第一次见邓先生,便是剑英同志带我去的。毕业后,他一直在人民教育出版社工作,很有成绩。“文化大革命”时他受到很大的冲击,却能坦然处之,毫不介意,钻研学术的毅力,丝毫未减。1975 年我与故宫博物院单士元先生、杨伯达同志和王剑英同志受国家文物局之委托,去凤阳调查了解明中都保护中的问题,发现王剑英同志对中都的一砖一瓦、一草一木都很熟悉,那种严肃认真、一丝不苟的治学精神,令人起敬。我想,也就是凭着这种精神,他才能写出《明中都》这本书。

(本文载于《书品》1993 年第 2 期,中华书局)

他撩开了明中都历史的面纱
——忆人民教育出版社王剑英编审

陈梧桐

20世纪末,我曾重返安徽凤阳,参加第一届朱元璋国际学术讨论会。会议期间,参观明中都遗址,同京、沪等地的几位学者登上中都皇城午门的城墙,俯瞰城墙内外绿油油的庄稼,远眺北面凤凰山起伏的山峦,不禁想念起已驾鹤西去的老同事、人民教育出版社的王剑英编审。我想,如果没有那段“五七”干校经历,如果没有王先生躬履田亩的探查考证,明中都遗址很可能还掩埋在历史的尘土之中,不为世人所知晓。此后,每每翻读王先生的专著《明中都》,脑海中都会涌现这样的念头。

王剑英先生曾与我一起在人民教育出版社历史编辑室共事。他比我年长十几岁,学识自然也比我渊博得多。王先生是江苏太仓一个名门望族的后裔,自幼酷爱文史。从南京中央大学毕业后,他在娄东中学任教,授课之余潜心钻研中国历史。后来,北上报考燕京大学研究院。据说当时燕大研究院的研究生入学考试,只考世界史和中国史两门课,世界史要求用英文笔答,他未注意试卷上的要求,用中文答卷,没有成绩,但中国史答卷却考了满分。几位主持考试、录取的教授,反复研究他的试卷,发现他的世界史虽用中文答卷,但内容大体无误,说明他完全读懂了英文的试题,具有一定的英语水平,而中国史能考满分,表明他有相当的国学基础,殊为难得,决定破格录取。燕大三年,他师从邓之诚、齐思和教授,打下了扎实的史学功底,在中国历史地理和明史方面有着很深的造诣。后来到人民教育出版社历史编辑室当编辑,20世纪50年代末曾被借调参与中国历史博物馆的筹建工作,担任历史地图组组长。在编辑室,王先生除撰写中国历史课本明清部分的稿子,还负责中国历史地图的设计与草绘工作。他做事不急不躁,认真细致。一件史事的考证,一个地名的定点,都要查阅许多史籍,直到准确无误,才肯罢休。王先生对明太祖朱元璋怀有浓厚的兴趣。记得在编辑室的一次会上,他曾侃侃而谈,说吴晗的《朱元璋传》写得不错,但篇幅还是少了点，才 20 万字，好多重大事件、重要问题没有涉及，没有说透。将来如果有时间，他打算写部大型的朱元璋传。可惜，当时出版社的工作非常繁忙，后来又爆发了“文化大革命”，王先生的这个心愿一直没能实现。

1969 年，“四人帮”一声令下，中央党政机关及其下属单位的干部均被下放农村“五七”干校参加劳动锻炼。我们人教社的编辑，也同主管部门教育部的干部，一起下放到安徽凤阳的“五七”干校。凤阳本是个好地方，由于种种的历史原因，到明末清初已变成“十年倒有九年荒”。一到灾荒年头，就如那首著名的《凤阳歌》所唱：“大户人家卖骡马，小户人家卖儿郎，奴家没有儿郎卖，身背花鼓走四方。”新中国成立后，劳动人民虽然在政治上翻了身，但在“以阶级斗争为纲”的“左”的思想干扰下，农村的贫困状况并没有多少改变，农民的温饱问题仍然没有解决。在这样的农村进行劳动锻炼，其艰苦是可想而知的。王先生又因什么“历史问题”被列为“审查对象”，除了没完没了地做检讨，写交代材料，还要干最脏最累的体力活，其内心之痛苦更是超过了我们这些普通的干校学员。不过，王先生坚信总有雨过天晴、重新恢复研究和编辑工作的一天，只要“留得青山在，不怕没柴烧”，因此在艰苦的劳动之余，非常注意锻炼身体。他过去得过胃下垂的慢性病。在人教社一直注意体育锻炼，练就一手漂亮的太极拳和太极剑，曾在北京市的教工体育比赛中拿过好名次，得过奖。下干校后，每晚就寝之前，他都坚持到房前屋后空旷的田野里，打上一套太极拳，或舞上一阵太极剑。到工休或节假日，还到村旁的公路上练长跑。有时到凤阳县城的校部开会，大家乘卡车去，他则脱下外衣外裤，让乘车的同志带着，自己光着膀子，顶着寒风或烈日，跑上十几公里地进城。当地的老乡大概从未见过这种景象，常问我们：“这个人神经是不是有点毛病?”由于长期坚持锻炼，困扰他多年的胃下垂竟不治而愈了。

凤阳是朱元璋的家乡，虽然他小时候住过的钟离东乡、西乡和太平乡，已无朱元璋踪迹可寻，但他称帝后修建的明皇陵、龙兴寺和明中都遗址犹在，这对王剑英先生具有很大的吸引力。他是作为先遣队员，比大家早个把月来到凤阳的，已先行探访过这些古迹遗址。我们大队人马到达干校后，他在节假日曾领着我们编辑室的几个同志前往观览凭吊。当时展现在我们面前的，是一片颓败残破的景象。朱元璋当年出家的龙兴寺，经“文化大革命”初期的破坏，他撰写的《龙兴寺碑》和亲笔手写的《第一山》碑均被炸毁。朱元璋画像、佛经、字画、铜佛、碑刻和其他珍贵文物皆被扫荡一空，僧人被遣散，寺院改成县民政局下属一家工厂的厂房，大雄宝殿成为翻砂车间，轰隆隆的马达声早已把悠扬的梵音钟声驱散得无影无踪。埋葬朱元璋父母的明皇陵，经过历代的破坏已破败不堪,“文化大革命”中又将基本完好的石人、石兽与华表推倒砸毁,只剩下高大的皇陵碑和断成几段的无字碑,陪伴着高高隆起的坟堆,矗立在空旷的田野之中,像在与难得一见的游人诉说着什么。曾被朱元璋定为都城并已基本建成的明中都,经过历代的改建和破坏,只剩下一座雄伟壮观的鼓楼台基和几段残缺的皇城城墙,就连这几段城墙也正遭到县“革委会”下属“拆城小组”的扒拆,以每块壹角伍分的价格出售城砖,旁边停着几辆大卡车和拖拉机,正在装运拆下的城砖。看着这一幕幕凄怆的场景,王先生和我们都唏嘘不已,而又相对无言。

转眼到了1972年初,元旦刚过,干校宣布遣散学员,分配工作。大部分同志去了边疆,我被分到广西。小部分因各种“问题”未被查清的同志,继续留在校部接受审查,王剑英先生亦在其中。过了三年,我从广西大学调回北京的中央民族学院(今中央民族大学),王先生也回到了人教社。我回京后,仍住在人教社的大院,离历史编辑室不远,王先生常在工间休息时来访,并告诉我他正在撰写《明中都城考》的专著。原来,我们大部分同志离开干校后,干校分散在凤阳各个公社的几个点也相继撤销,农田和房屋都交出去,留下的同志全部集中到县城的校部去搞“斗批改”。农田交了出去,没有农活可干,空闲时间很多,又没有什么书报杂志可读,一些同志打扑克。他则利用这个机会,寻访考察明中都遗址。原先许多人以为,经过数百年风雨的侵蚀,明中都的遗址不过如唐代麟德殿、大明宫等,仅残存几堆土丘瓦砾而已。他躬履田亩,发现中都紫禁城尚存,大部分宫殿遗址仍历历在目,踏寻其间,其原先的布局、布置仍清晰可辨。于是,便在县文化馆主管文物的同志协助下,进行仔细的探查,并收集大量散落在地上的宫殿石刻栏板、琉璃瓦件和城砖,进行细致的辨析研究。每逢返京探亲,又一头扎进北京图书馆、中国科学院图书馆、人民教育出版社图书馆,查找《明实录》及众多正史、方志、野史、笔记等史籍,摘抄大量的文献资料;并拜访故宫博物院、中国社会科学院和一些高等院校的专家、学者,问难解疑。经过三个寒暑的实地考察,并与文献资料相印证,终于撩开了明中都历史的面纱,弄清楚它的历史沿革、设计规划、建筑雕刻艺术及建筑物的变迁状况。他已写出一个《明中都城考》,并正在撰写《明中都遗址考察报告》的专著。全书拟分上、下两篇,上篇为历史篇,下篇为考古篇。现已写出历史篇的初稿,正在修改加工,准备将它和考察报告一起上报国家文物局,希望有关部门能采取措施,对明中都遗址加以保护。我很为这位老同事感到高兴,祝愿他获得成功,并期盼能早日读到他的这部专著。

不久,王剑英先生就送来了凤阳县文化馆替他刻印的《明中都城考》历史篇的油印稿,令我兴奋不已。当晚,在灯下翻开这部散发着墨香的书稿,不知不觉就被吸引住，一口气把它读完。如同他以前所有的论著一样，这部书稿文字平实，但资料丰富，考证扎实，很有独到的见解。所附的中都复原图，根据实地测量的遗址绘成，比之依据文献推想，或仅凭几个土丘再参照古代壁画绘制的复原图，真实可靠得多。全书根据遗址文物，并征考文献，科学地复原了明中都的历史面貌，使被遗忘了600年之久的中都遗址重现于世人面前。书中根据实地的勘查和文献的记载，考证中都城的设计布局取法于《周礼·考工记》，如左祖右社、前朝后市之制，是总结中国数千年来历代王朝都城宫殿设计的杰作，从而为后来南京都城宫殿的改建和北京都城的修建提供了蓝本。他的这一研究成果，填补了我国古都史、古建筑史上的空白，实在令人钦佩。

“四人帮”被粉碎后，邓小平同志抓教材建设，教育部以人教社原来的人马为主，借调各地的一批教师，集中在西苑饭店（后来挪到香山饭店），编写中小学课本。我也在被借调之列，又有幸和王剑英先生再度共事。当时我的专业方向已由世界古代、近代史转向中国古代史，负责执笔撰写宋元明清的部分稿子，因而得以同他朝夕相处，共同切磋，从他那里学到了不少东西。经过一年多的努力，这套教材终于编写完毕，我重回中央民族学院任教，并开始研究朱元璋。王剑英先生回人教社，继续《明中都城考》考古篇的写作。由于两人的研究方向一致，研究课题密切相关，他在工间休息时仍常到我家坐坐，聊上一阵，就朱元璋和明中都的有关问题交换各自看法。后来王先生除了人教社的编辑工作，又兼任《中国大百科全书》中国历史地图组的副主编，任务十分繁重，我又搬出人教社的大院，彼此相隔较远，见面的机会少了，但仍互相关心，常交换各自的学术论文。

王剑英先生孜孜不倦，锲而不舍的探查和研究，终于结出了丰硕的成果。1982年，国务院正式公布明中都遗址为全国重点文物保护单位。1992年，王剑英先生的《明中都城考》历史篇经几次修改增订后，改名为《明中都》，由中华书局正式出版。此书一出版，立即受到史学界、考古学界的广泛赞誉，被认为是一部一流的具有原创性的学术著作。海内外许多研究朱元璋和明代都城的论著，纷纷加以引用。拙著《洪武皇帝大传》有关明中都的论述，也吸收了他的许多研究成果。他的《明中都城考》考古篇也已完稿，只是由于种种客观条件，迟迟未能正式出版，与读者见面。

安徽凤阳，在历史上出现了两件对全国产生深远影响的大事，一是出了明朝的开国皇帝朱元璋，二是在1979年春创造了农业“大包干”的生产责任制。随着“大包干”的推行，凤阳彻底改变了贫穷落后的面貌。改革开放以来，凤阳的经济更是突飞猛进地向前发展。伴随着经济的发展，在凤阳掀起了一股研究朱元璋和明史的热潮,于1994年11月成立了朱元璋研究会。王剑英先生受聘为研究会的顾问,他尽职尽责,为研究会工作的开展提供了许多很好的建议和指导性的意见。可惜为时不久,他即因心脏病突发于1996年10月与世长辞。最近,凤阳的朱元璋研究会决定将王先生的论著包括未曾发表的手稿结集出版,以表达对他的怀念与敬重之情,推动朱元璋和明中都的研究。我想,这确实是对王剑英先生的最好的纪念。

2005年

会有丰碑立世间

——怀念王剑英老师

刘思祥

我和王剑英老师相识于1974年,他那时为打印《明中都城考》到滁县地区解决纸张困难,我在地区文化局工作,他找到我,我们认识了。这或许是一种缘分吧,以后我们频繁交往,我至今还保留着1975年至1990年间他给我的数十封信件。后来他退休搬到北京西郊新居后,暂时没有装电话,要靠传呼下四楼接电话,非常不方便,加上我的工作调动和事务繁忙,1993年以后我们竟断了联系。他1996年去世以及骨灰撒进颐和园昆明湖的消息,我又是隔了数年才知道。2000年8月我全家去北京旅游,22日那天,出门时天气晴朗,快到颐和园时,天突然变阴,游湖时竟下起毛毛细雨,出了颐和园雨不下了,天也转好了,我也因脱掉外衣给外孙女挡寒而感冒。并不迷信的我,为此而感到震惊:难道是天助我在他长眠之地加深缅怀的气氛和印象?抑或是王老师在责备我没能一如既往地把中都城的研究进行下去?不过他不责备,我也要自责:在他病危期间我没能前去探望,更没有在历史研究领域作出更多的奉献而辜负了他曾经对我的殷殷期望。如果这篇短文能够安慰九泉之下的王老师,就请王老师接受我的这一瓣心香吧!

一

中都一考慕师名,有志学生五内倾。
失臂当初游帝阙,推心别后铭京城。
泛舟不畏崦嵫远,攀径还求泾渭明。
负重如牛须捷道,指迷常恐累公辛。

我这首《赠王剑英师》的诗写于1979年5月。1978年底我去北京,与王老师做过一次长谈,他给了我许多教诲,即诗中所云"推心别后铭京城"。在这之前虽有书信来往，但对王老师并不了解，那时我还没有从事文物工作，去看望他只是聊聊。他非常热情，推开手头工作，和我细细地聊。他没有学者的架子，平易近人，谈他自己的经历和治学经验，对我启发极深。写这首诗的时候，我已向局领导表示想搞文物行政管理工作了，所以诗中表达了今后要多请王老师指教的愿望。

从这次见面谈话中，我才知道一点王老师的简单经历和他与凤阳明中都结缘的过程。

老师1945年毕业于中央大学政治经济学系，先后任教于江苏省立太仓中学和太仓娄东中学，1948年由娄东中学获美国哈佛燕京学社奖学金考入燕京大学历史研究生班，研究明史，1951年以论文《明代的奴婢》毕业。原分配到北京市华北行政委员会，后由翁独健点名要去教育部教科书编审委员会搞编审，1953年编审委员会与出版社合并为人民教育出版社，他便一直在人民教育出版社从事历史教科书及地图编辑、编审工作。

王老师说他中学时地理课很好，从未考过99分，都是满分。但学校不教绘图，他是在邮电局一个高级邮员家里看到自绘的地图而留下了很深的印象，认为绘图是一个很好的方式，地图可以反映历史的空间面貌，所谓“左图右史”。以后他便开始学画地图。他在教中学时，打破惯例开始教学生绘图。1945年他向谭其骧请教，在谭的指导下自己摸索，借鉴而不抄袭，有时他提出自己的设想，问“对不对?”谭说:“谁回答你这个问题?”由此，他认为做任何事，要自己大胆去闯，要自己独立思考，只要认真，什么事都可以做成。

1959年中国历史博物馆建馆，请他去任历史地图组组长。后来绘出一些地图，有人提意见，找原始资料找不到，这才意识到自己的工作方法还不科学，于是开始大量找资料，建卡片，综合排比，看异同，然后由繁入简，再请谭老师审查，提意见。

记得1980年后我在北京中国科学院图书馆查资料，遇到王老师也去查资料，他在查证清代的“黄埔”是在珠江东岸还是西岸。不绘图，就不必要这么做，要绘图，就必须弄清楚这个小圆点的具体位置才能标得准确。王老师说:“用别人的东西，不要轻易草率地用，没有见过原始资料，不轻易落笔。”他这么做，别人说他是“磨刀背”，吃力不讨好，他说:“没有现成的东西，不磨怎么办呢!”几十年中，他就是靠这种严谨、踏实的作风去干工作的。

王老师说:他曾经受到过燕京学社严格的科班教育，对他来说是质的飞跃。在学术上曾经受乾嘉学派的影响，注重原始资料，后来学习辩证唯物主义和历史唯物主义，又超出一步，但还是务实。他又说写论文是一个训练，凡涉及的论文都要看一遍，掌握大量的资料，才能做到论从史出。

谈到与明中都的结缘,他说,1969 年教育部分九个点,连锅端下去,他被下放到凤阳县教育部“五七”干校。起初,他看到凤阳有很好的城墙和浮雕,又听到老百姓关于刘伯温反对在凤阳建都的传说,不清楚是怎么回事;1972 年第一批干校学员分配后,他与留守的同志一起移到县城干校总部(现在的县委党校),无意中发现了古城砖上有文字,便开始留心这些文字。同年,他去参加在复旦大学召开的《中国历史地图集》审图会,在图书馆看到乾隆《凤阳县志》,才第一次知道凤阳明代中都城。1973 年回干校,劳动学习时间之外开始抄录砖上的文字,接触中都遗址。干校组织学员去南京、杭州游玩,他申请留在南京,自费住了三个月,去南京图书馆、南京大学、中科院南京地理研究所抄录了大量资料。那时他的经济并不宽裕,以至钱粮都不够,有时吃光面,有时买二两米饭,没有菜,天气冷了就穿雨衣挡寒。经过一段时间的努力,他查阅了《中都志》《凤阳县志》《高皇帝御制文集》《皇明祖训》《大明会典》《明实录》,积累了大量的文献资料,对明中都有了进一步的了解。

1974 年暑假,干校负责人张健司长借给他一部照相机和一辆自行车,他开始对中都遗址做实地踏查。测量用的尺子是断了 3 米、只剩 27 米的卷尺,后来改用自行车,在轮胎上扎上手帕做记号,推车数圈数来核实距离,就这样沿外城查了两次(中都外城 30 多公里)。后来为了保留影像资料,他自己买了照相机和冲洗设备,测量、绘图、拍照、访问,一应费用都是自己掏腰包。一次他在蚌埠找到五千分之一的地图,高兴极了,经过核对,差异不大,更增强了信心。再后来县文化馆通过多种渠道,获得干校同意,他被借调到凤阳县文化馆,开始写《明中都城考》。

他不仅仅写中都城资料,更对中都城遭到破坏而心痛。那时破坏现象天天发生,他制止不了,便用所拍照片,对比遗址被破坏前后的状况向有关领导呼吁,然而效果都不大。

1975 年回北京后,他积极向有关部门和专家宣传,如文化部国家文物局、故宫博物院、考古研究所、文物保护技术协会,单士元、侯仁之、徐苹芳、杨伯达、罗哲文、齐思和等。人民教育出版社社长叶圣陶 1977 年 11 月看到他写的《明中都城考》书稿后,给他写了一首五言诗:

明祖奠京都,凤阳宁善图。
残民营故里,惊变辍中途。
断刻搜罗富,遗踪稽访劬。
一编承贶我,致绩喜君殊。

剑英同志居凤阳干校数年,学习劳动之暇,调查研究洪武初年营建凤阳为国都之史，撰《明中都城考》，承贻一册，赋此奉酬，至希正之。

1977年11月　叶圣陶

磨难与成就往往是一对孪生兄弟。“五七”干校对王老师是一个磨难，而明中都遗址却为王老师明史研究取得的成就提供了一个偶然的机遇。正如他1980年10月1日给我的信中所说：“我30年来事实上是一直在进行历史科学的研究工作，从未中断过，但由于编辑任务在身，教师学生等着用书，催着发稿校样，不但要写，还得编图，但就是没有时间细细把材料都记录下来，没有时间来写论文和著作……可竟在干校的时候写了一个《明中都》，而一上班反而又什么时间都没有了。”

王老师的积极宣传，首先引起国家文物局的重视。1975年文物局派杨伯达、单士元、李怀瑶、徐苹芳等人和王老师五人专家组一道来凤阳考察；1981年5月，又派出故宫博物院万依、王树卿等六人专家组来凤阳考察。此后，明中都遗址大规模的破坏现象得到制止。

1982年3月10日，中央人民广播电台公布明中都遗址暨皇陵石刻被列为国家重点文物保护单位。当时我正在扬州参加华东地区文物干部培训班学习，兴奋之余，写了两首诗寄给王剑英老师：

其一

寂寞帝乡喜讯传，残阳故垒换新冠。
老师劬影时时健，会有丰碑立世间。

其二

用叶圣陶老师赠王剑英老师韵。

勤苦考中都，临濠起画图。
疲躬踏坎迹，胼手抹平途。
立业当凭志，成功理在劬。
涓流归大海，应诧一人殊。

至今我仍然认为，明中都遗址能被列为国家级文物保护单位，明中都遗址能有今天的保护现状，王剑英老师的功劳是毋庸置疑的。是他，第一个掀开明中都的神秘面纱，又从极左路线的破坏中抢救下了这颗创痕累累的都城瑰宝，而使其免遭荡然无存的厄运。诚然，没有王老师的考察、撰文、宣传，明中都遗址最终也可能会有今天的归宿，但时间一定会向后延，效果也肯定不会如此显著。王老师的功劳还在于，没有他在遗址遭受破坏最严重的那段时间里保存下来的资料,我们今天获得的资料是不完整、不全面、不系统的,无论中都遗址将来如何整理、保护,王老师留下的这份资料都将是十分珍贵的。同时,他也对滁县地区和凤阳县的文物干部为保护和研究明中都遗址起了辅导和促进作用,没有他留下的资料和他指引的一条保护和研究路子,凤阳县的文物干部肯定缺少一个良好的基础,甚至要走许多弯路,这也是地县文物干部们之所以对王剑英老师深深怀念的原因所在。

二

王剑英老师写成《明中都城考》,只是完成了历史文献部分,虽然他在北京动笔写作遗址考察部分,但总是感到心里不踏实,需要再到凤阳来考察,但时间和经费都有困难。1979 年以后,我从事滁县地区文物行政管理工作,理所当然地把保护明中都遗址列为工作重点,为此,我请示局领导并获得同意,在凤阳县举办一次全区文物工作培训班,主要是想请王老师来考察遗址,我们协助,也跟着学习;同时,各县文物干部新人多,想通过考察,让他们掌握遗址调查的基本方法,学会拓片、摄影等技术。

他得知消息后非常高兴,给我提出了很好的设想和建议。他在 1980 年 12 月 2 日的来信中,为中都遗址考察活动拟定了较为详细的任务:“1. 掌握为地区

1984 年 3 月,王红在中都皇城东宫东北角金水河畔清理宫殿石础

开展文物普查和文物保护的基本训练和作业方法；2. 对明中都城遗址做一次普查，摸摸情况，绘出遗址分布图来；3. 对明中都宫殿做一次试探性发掘，测定它工程完成的程度、布局以及特点，绘出平面图来；4. 对明中都石刻进行普查、收集、摄影，准备出版；5. 对明中都城砖的品种、类别进行普查、拓片、照相，准备出版或撰写调查报告；6. 组织地区范围内文物遗址的参观等。”另外，在具体的组织、生活、工作方法上，都做了详细的指点。

为了便于他回北京后的写作，我们同意他和正在北京师范学院历史系读三年级的女儿王红一道来。为了给我们节省费用，他提出自带被子来，随便给他找间办公室支一张床，有一张书桌能写作就行了，我们当然没有同意。但经费确实有限，我们找了县军人接待站的招待所，他们提供了平时不用的平房，条件简陋，但可以布置暗房，允许我们晚上用电照明不受时间限制，也不影响其他住客休息，王老师没有半句怨言，还连声说“蛮好，蛮好”。

考察活动从 1981 年 3 月 10 日正式开始，30 日结束，整整 20 天时间，考察分成两个组：王老师带一个组主要考察遗址，我带一个组调查字砖。为了工作成效高，我们将王老师原来调查到的字砖写成小册子，让调查的人带在身边，有相同的可不必拓片，调查结束时，统计发现比王老师发现的多出了许多，如地名砖，王老师发现的是 40 个县，这次共发现 68 个县，多出 28 个县。

为了调查明初全国各地哪些府、州、县给中都城提供了城砖，在王老师的指导下，我绘了一张“地名砖分布图”，每发现一县署名砖，就把该县的小圆圈涂成红色，看着地图上的红点越来越多，我和王老师一样，心情都非常愉快。每每站在地图前，共同分析朱元璋派役的动机和特点，便体会到在实践中干、在实践中学的乐趣。

王老师带的那个组要跑到遗址上调查，路途远，没有汽车，都是大家一起骑着破旧的自行车往返，十分辛苦。

考察期间，他听说皇城东七里处的独山大队小铁路基附近曾经挖出整窑城砖，另外在独山东窑湾、城西公社南窑湾都发现过大批砖窑。于是他两次到独山西庄现场发掘，发现“金字号”砖和窑围，但没有发现烧地方砖的窑；他又听说这里过去有运

1981 年 3 月，王剑英先生在中都奉天殿遗址测量

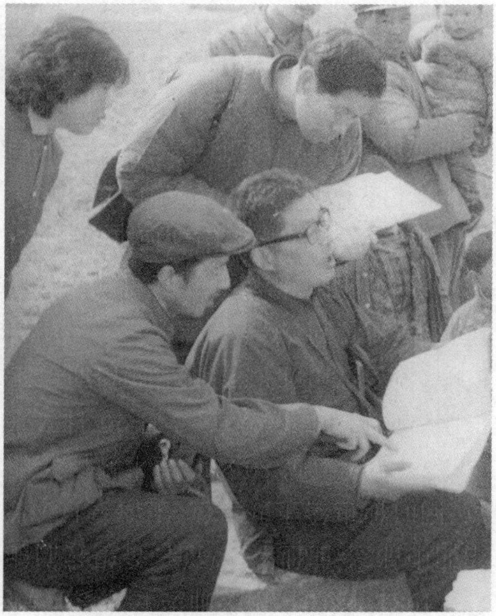

1981 年 3 月，本文作者（左一）与王剑英先生在中都奉天殿遗址测量

粮河，井也很多，由此，他初步断定：从湖广、江西到凤阳几千里地，运输困难，各地到凤阳烧砖的可能性很大，但他并没有武断地认为各地运送的城砖就一定在凤阳烧制，还需要进一步挖掘砖窑窑址来证实。

对皇陵遗址，他过去在研究资料时，产生一个推断：认为朱元璋 1366 年诏修皇陵，1369 年 2 月诏立皇陵碑，此时尚未确定在凤阳建中都，应该是将皇陵建筑向南设计的，后来营建中都，才将皇陵建筑改向朝北的，否则，为什么到洪武十一年要吴良立皇陵华表、竖石人石兽呢？他想证实这个问题，调查期间，他骑车十几里地去皇陵踏查，还到了皇陵城南门外东南一公里的姜薛家调查汪氏老母家的坟地（尽管汪氏坟地是向南的），但在皇陵南部地表上却没有找到任何可以证实他的推断的证据。他希望我们今后有机会在陵墓南部直线上做一些地层探测，以便对这个问题作出定论。

他在遗址调查中既认真，又对我们要求非常严格。记得汇总遗址测量时，有一个数字不准确，大概是甲乙间和乙丙间的距离之和与甲丙间的距离数应该相等而不相等，但差距不是太大，有人说差不多了，王老师说差不多怎么行呢，再去测量，直到准确为止。

我们白天调查，晚上搞材料，或冲洗胶卷、放大照片，王老师和我们一样，几乎每天晚上都在 11 点半左右睡觉。而第二天一早，我还没有醒来，王老师已经晨练回来又坐在桌前考虑一天的调查安排了。

还有一个印象很深的事是，王老师在凤阳的几年考察，皇城周围的许多群众都认识他，但叫不出他的名字，只说“北京来的王老师”“高教部的那个老王”，可见他的平易近人的态度和深入细致的作风，在当地群众中已经广为人知。

考察期间，我们还去江苏省盱眙县（原属泗洪县）参观考察了明祖陵遗址。当时祖陵遗址刚从洪泽湖中露出，江苏文物部门在遗址外围筑了土坝，遗址上的石象生断裂倾倒，还没有来得及整理。王老师不顾疲劳，一如在凤阳那样，测

1981年3月，王剑英先生等人指挥农民挖掘砖窑窑址（位于校场北濠河南、安东桥东北角）

量、记录，寻找地下玄宫的可能和地点。随行的13人，因劳累、饥饿，都不想动了而躺到一边休息，直到下午两点多钟去遗址临时工地吃午饭时，我发现王老师是带着遗憾离开的。后来他对我说，祖陵和皇陵都是明初的建筑，从两处遗址的考察比较中，可以发现许多没有文献记录的新资料，这在任何图书馆都是找不到的。记得当时我还产生这样一个想法：人说“入得深山去，不愁空手归”，这应该是对有心人说的，对走马看花、心里不专的人，这话就不准确了。

由于经费和技术力量的限制，王老师原来计划的一些设想项目，如对宫殿遗址做小规模试掘等，都无法进行，给这次考察活动留下一点遗憾。但总的说来，王老师还是很满意的。我们在商定给各级文物主管部门拟考察汇报时，实事求是地定出六点收获：一、在皇城内找到了文华门、武英门、后宫遗址，明确了

凤阳明中都考察队赴江苏泗洪明祖陵考察，与祖陵工作人员合影

（后排左起：王红、朱承艺、陈士兵、向彩林、李文清、吕品、刘建桥、武家成、石寅、尹增淮、周学之、井东荪、邓凡忍、余亚梅、王昭　前排左起：朱德福、吴加芳、王乐民、蒋中健、王剑英、刘聿才、刘思祥）

宫殿遗址下面有1.8米左右厚的夯土层以及部分石础的位置，找到了一些宫墙和殿基遗址。原来所知道的东宫范围扩大了，探听到了一条原不为人知的白玉石街。对皇城内金水河和桥梁变迁情况有了进一步了解。二、测量了圜丘、观星台遗址。三、找到了太庙、太社稷、功臣庙、帝王庙遗址的位置，有的做了测量和拍照。四、调查了皇陵及汪氏老母坟的遗址，为皇陵碑做了拓片。五、了解了砖窑情况，调查和摩拓了为数可观的有字城砖。六、了解了一些建筑结构。调查结束后，王老师带王红去南京，又在南京城墙上找字砖，以便与中都字砖做比较，找异同。回到北京后，他立即补充修改考察报告，5月份完成12万字的初稿，寄给我刻印。

这次考察，虽然粗糙了点，但为中都遗址的后期保护保留了珍贵的原始资料。例如，那时凤阳县许多房屋的墙壁都裸露着城砖，很好发现砖上的文字，10多年后我到凤阳，发现城里和周围村庄的房屋外墙都抹了水泥或石灰，再找字砖就困难了。

这次活动，我给王老师也留下了很好的印象，他在6月给我的信上鼓励说："和你在凤阳一起相处的日子里，给我的印象很好，肯干，麻利，快。有条件，只要投入时间、精力，持之以恒，必能取得成果，前途是无量的。脚踏皖东实地，认认真真地读书、调查，组织好地区的文物工作队伍，是能做出一番成绩的。要在全地区多跑跑……整天坐办公室，是不会有大出息的。"

明中都遗址考察以后，我想编一本新的《中都志》，虽然最终没有实现，倒不是因为王老师泼了"冷水"，因为其难度不是我当时所能想象的，但是他的意见确实又是十分中肯的。我不厌其烦地把他的意见写出来，或许对凤阳县有志于编中都新志的同行们有参考价值。他在1982年12月的来信中说："编《中都志》很好，我想，如果要编好，就得把明中都的事和人都深入地摸索一下，弄弄清楚，例如哪些人到过凤阳？他们在凤阳做了哪些事？写了哪些东西？都要排个队，查一查。罚到凤阳的罪官有哪些人？各人的具体情况如何？14万移民是怎么移来的？他们的组织、管理、生活情况怎样？高墙幽禁过哪些宗族？高墙内的生活情况如何？营建中都时，各地派差征料的具体情况等等。总之，人们对整个中都的情况，还是知之甚少，有的还情况不明，而这些情况的进一步弄清，对了解朱元璋，了解明初的政治、经济，了解中都的变迁，都有很大的好处。这个《中都志》虽然只是资料汇编，不是学术论文，但是不下工夫去研究探索，沙里淘金，集腋成裘，就价值不大，不如把《中都志》（注：指明朝柳瑛的《中都志》）、《凤阳新书》标点考订重印一下，更为实惠。"

事后证明，王老师的意见是对的，凭我的水平和能力，搞新的《中都志》，成功的概率是很低的。值得高兴的是,我的凤阳老友夏玉润写出《朱元璋与凤阳》,其内容和我当初的设想非常吻合,只是其深度,我是望尘莫及的。

三

王老师离开凤阳后,对中都遗址仍然十分关心,他总希望各级政府能做好中都遗址的宣传和保护工作。他虽身在北京,却不断地与他熟识的各级领导和凤阳县的工作人员保持着联系,谈想法,提建议,只要有见缝插针的地方,他都要插一针。

1981年4月,省文物局副局长葛许光到凤阳,与县委研究筹建明中都遗址博物馆,我把省地县三级座谈会情况汇报寄给王老师,他非常兴奋。在5月的回信中表示:“愿明中都遗址能早日重放光彩,我也愿意为此多出点力。”

后来,他找到故宫博物院副院长、中国博物馆协会筹委会副主席单士元谈这件事,单老说,现在全国已有100多个博物馆,就是没有都城遗址博物馆。明中都遗址博物馆筹办起来,全国头一份。他在信中还强调说:中国博物馆协会10月份在北京召开成立大会,希望我们积极争取成为团体会员,一时成立不了遗址博物馆,可来列席会议,建议我通过省文物局给国家文物局局长任质斌写信争取。由于我们没有积极努力,中都遗址博物馆也迟迟没有确定方案,他的愿望最终没有实现。

1982年9月,王老师去上海参加全国历史地理学术研讨会,要在会议上介绍明中都,会前他给我写信,希望我们能在会议期间办一个明中都小型图片展览,同时他也给主办单位、上海复旦大学去了信。我按他的意见,做了准备,买了厚卡片纸,裁成80×50厘米规格,绘图、贴照片。8月20日他来信问我收到复旦大学的邀请信没有。8月26日又来信说,接到上海方面的辞谢信,由于住房紧张(会议由苏步青、谭其骧出面请汪道涵安排的),会议无法接待,所以没有发邀请,他感到“极为遗憾”。

这两件事虽然没有办成,但我却感到王老师对明中都遗址的感情是无法用语言来表达的,他对明中都遗址的贡献也是无法用语言来评价的,他为明中都遗址所付出的辛勤劳动,凤阳人是不应该、也不会忘记的。正如我1982年给王老师写的那首诗中说的“会有丰碑立世间”。今天,凤阳为王老师出版《明中都研究》,我觉得是对王老师最公正的评价,也是对他最美好的怀念。

如今王老师离开我们已经好几年了,古人说得好,“人生得一知己足矣”,王老师于我既是老师,也是知己,他放下架子和我交往,放下繁忙的工作给我写信，而且又是那么认真、诚恳，用“诲人不倦”来概括是非常恰当的。在治学的道路上，他已经给我指出了明晰的路子，树立了可亲的榜样，我非常知足了。但我仍然记住他曾经对我的鼓励和教诲，在自己的工作和研究中时时提醒自己：“动笔快，有文采，是你的长处；做学问则还要细致踏实。天长日久，功夫自见，共勉之。”

王老师，您安息吧！到我和这个世界告别的时候，我继续找您请教，拜您为师。

2004 年 10 月于合肥

怀念王剑英　保护明中都

陈怀仁

30年前的一天，身为凤阳县委办公室秘书的我，随从县委负责人到城西公社检查工作时，第一次见到王剑英先生。只见满身灰尘的王先生身背相机、水壶，正用皮尺丈量明中都承天门遗址。不远处是他的一辆自行车，车旁一个化肥塑料袋盛满了破瓦片。当地干部背后嘲弄地对我说，这个人是高教部"五七"干校的下放干部，神经有点问题。后来，我又在皇城、皇陵等处遗址多次见过他。每次都见他这身打扮，都在埋头测量、记录。

1981年3月，凤阳县文化局和滁县地区行署文化局联合组织一些文化干部，配合王剑英先生对明中都遗址进行全面考察。当时，我已是凤阳县文化局的负责人，自然有机会与王剑英先生接触。王先生送给我一本他签了名的《明中都城考》书稿，后来又经常给我讲述有关明中都、皇陵以及朱元璋的历史。这时我才明白，王先生根本不是什么"神经病"，而是对人热情、开朗、平易近人，对工作认真、执着，知识渊博，并在明中都的研究上取得重大成就的中国一流的专家学者。也就是从那时起，我把他认作自己的老师。正是这位老师，把我带进了研究凤阳历史文化、研究朱元璋、研究中国明史的大门，并对我以后的工作和人生的选择，起到了重要作用。

后来，王剑英先生又数次来凤阳考察或参加会议，每次来我都到住地看望他，听他谈论明中都与朱元璋。每次谈话都给我诸多启迪，为我在以后的工作中将发展地方经济与弘扬民族文化联系在一起指点了方向，带来新的动力。

1990年，我调至凤阳县治所在地——府城镇任党委书记。任职期间，我对凤阳府城靖淮门（今称小北门）一带垃圾堆放地进行改造，建立以商贸、旅游、文化为一体的商品集散中心，并取名"中都商城"（又名"小中都"）。"小中都"的布局与建设采用了明中都的建筑风格，首次将明文化引入凤阳县的城镇建设中，为凤阳以后的城镇建设，起着一定的示范作用。

不久，我调任凤阳县委宣传部任负责人。我紧抓这一工作条件，在中国明史学会专家们的指导下，与全国各地专家学者一起，于1994年10月在凤阳成立“中国明史学会朱元璋研究会”，并担任常务副会长。王剑英先生担任研究会学术顾问。朱元璋研究会自成立以来，先后在凤阳举办了规模盛大的第六届国际明史学术讨论会、第一届朱元璋国际学术讨论会；组织撰写并出版了《洪武御制全书》《第六届国际明史学术讨论会论文集》《洪武六百年祭》《起源——凤阳大包干实录》等书籍。上述工作，正是王剑英先生在凤阳撒下文化种子后的收获。

1981年3月，王剑英(左)、陈怀仁(中)、王红(右)合影于凤阳

在王剑英先生的遗愿中有两件事涉及凤阳。一是建议成立明中都遗址博物馆，对整个明中都遗址、皇陵遗址以及其他明初遗址进行全面保护，并制定凤阳城市的长远发展规划。为此，王先生于1983年10月6日撰写了《对〈凤阳明中都皇城及皇陵石刻保护规划〉的意见》。对此，历届凤阳县政府都十分重视，一直想筹建一座明中都遗址博物馆和遗址公园。通过对明中都文物的有效保护和合理利用，带动全县旅游业的发展，并以此作为发展凤阳社会经济的三大支柱之一。2000年5月，时任中共中央政治局委员、国务院副总理钱其琛同志重返凤阳视察，在听取县领导汇报明中都皇城保护与利用后指示：可以建一座遗址公园。

王剑英先生的第二个遗愿，是想将自己一生的学术成果编纂成书。

2002年9月26日，我与夏玉润先生受凤阳县委、县政府委派前往北京，呈送关于请求建立明中都遗址公园的请示报告。接着，我们又两次前往王剑英先生家，与其夫人陈毓秀老师、女儿王红老师相见，共同筹划编辑本书的具体方案，并达成一致意见。自北京返回后，我们便投入《明中都研究》的编辑工作。

“王师北定中原日，家祭无忘告乃翁。”尊敬的王先生，今天您的遗愿已经实现。您一生的部分学术成果，已经编辑成书，并已正式出版。一座符合您意愿的明中都遗址公园正在陆续修建，明中都遗址的有效保护和合理利用已成现实。“文化大革命”期间毁坏明中都遗址的巨大教训，将永远铭记在凤阳人民心中，被您重新发现的明中都遗址所发出的灿烂文化光辉，将永远照耀着凤阳这块土地。凤阳人民将永远记住您的名字——王剑英。

2005 年

明中都皇城城墙的变迁

——兼述王剑英先生保护中都皇城城墙的经历

夏玉润

“中都皇城”是全国第二批重点文物保护单位。关于皇城城墙的变迁，主要发生在我们这一代人的记忆中，甚至笔者也曾是扒拆城墙的一员。基于本地人写家乡当代史的忌讳，一直不愿动笔。今年恰逢王剑英先生100周年诞辰，笔者在整理、编选王先生遗作《明中都资料钩沉》时，为王先生曾在极其艰难的社会环境下冲破重重阻力保护明中都大遗址做出鲜为人知的重要贡献而深深感动。既然一个外地人都能为保护明中都而尽心竭力，而作为一个凤阳人又为何不能把耳闻目睹、甚至亲身经历的事情写出来，为明中都文化史留下一点文字呢？于是我开始寻找资料，终于把中都皇城城墙变迁的过程基本勾勒出来。

撰写本文，不仅达到存史的目的，亦能给凤阳人，尤其是以后主政凤阳的领导们一些启迪，或许能对如何保护明中都大遗址提供一些借鉴和教训。

20世纪50年代初期，皇城城墙墙体虽较完整，但城墙顶上的女墙、城堞被陆续扒拆

洪武八年(1375)四月，朱元璋诏令“罢中都役作”后，中都皇城便基本上闲置起来。洪武年间，朱元璋曾多次命皇太子及秦、晋、燕、吴、楚、齐、靖江诸王，以及稍后的蜀王，驻凤阳讲武练兵。他们应该就住在凤阳皇城内。成祖即位以后，建文帝的儿子和弟弟都被废为庶人，关在皇城内达57年之久。明成祖自己也在“千官万骑”的陪同下，四次路过凤阳，亦可能住在皇城内。

中都皇城于洪武十六年(1383)修建大龙兴寺时，被拆除部分宫室。后因大龙兴寺毁于火，天顺三年(1459)“撤皇城内中书省等衙门房五百余间”，依式重建龙兴寺。据王剑英考证，中都皇城宫殿的拆除，有可能是在天顺三年。从此，皇城完全被封闭，不再有皇族居住，仅派“守备太监”守护管理。

崇祯八年(1635)，农民军攻占凤阳，凤阳民众房屋被焚，崇祯皇帝同意老百

图 1　1938 年的中都皇城城墙东南角，除部分女墙、城堞损毁外，其余均较完好

图 2　20 世纪 60 年代初期的中都皇城午门城台，此时的女墙、城堞已基本损毁，其余均较完好

姓暂居皇城内。明亡后，中都皇城已非禁地。清康熙六年（1667），凤阳县治从盛家山后（今称"山后街"）迁入明皇城，从此改称"县城"。由于居民长期居住达 300 余年，至 1949 年止，皇城内的明初建筑遗址遭受很大破坏。据王剑英调查，到抗日战争前，县城内有居民上万人，千把户，街道整齐，濠梁门（即东华门）至涂山门（即西华门）为白玉石大街，街南有南北小街六条，街北无街。衙门、店铺、民舍均在南城，北城多农田。原皇城正殿位置，被康熙二十五年从盛家山后移来的凤阳县儒学所占，当地人称为"红（黉）学"，乾隆、咸丰、光绪历经修缮重建。黉学的白玉石台阶、雕龙石栏、石柱为明初原物，其柱子两人不能合抱。

尽管中都皇城在明清两代中历经沧桑，但四周的城墙却基本完好。究其原因，是因为中都皇城城墙质量很好。一般城墙的中心是土芯，土芯的外面才用城砖包砌，而从 1975 年拍摄被扒拆的中都皇城城墙照片来看，它从外至里全部为砖砌。这种全部使用城砖砌墙的制度，在中国古代城市（包括都城、皇城）是独一无二的。至 20 世纪 50 年代初期，中都皇城城墙仅有两处损毁：一是康熙六年(1667)因遭遇特大地震,部分城墙有裂缝。二是城墙顶上两侧的女墙、城堞①因人为因素(如战争、人为损毁等),部分毁坏。

目前,我们所看见的中都皇城城墙最早的两张图片,均是1938年侵华日军所拍。从图1来看,皇城的东南角台及两侧城墙完整,城堞大部分亦比较完整。图3是中都午门阙台的一角,城墙底部白色的须弥座完整,除地震所造成的部分城墙开裂,以及女墙、城堞部分损毁外,其余均较完好。

另从20世纪60年代初期的两张图片来看,(见图2、图4),中都皇城城墙旧貌仍在,但午门城台及城墙上的女墙、城堞已大多损毁。其中图4城隅下面的废弃渣土,是扒拆城堞后遗留下的。说明在这一时期,城墙顶上的女墙、城堞遭受扒拆。

图3 1938年中都午门阙台一角城堞仍在,城墙开裂系地震所为

图4 20世纪60年代初期中都皇城东南城台上的砖塔,后毁于"破四旧"运动中

二、1958年以前,扒拆的仅是城内建筑遗址、金水河河岸、桥梁等处城砖,没有伤及城墙

扒拆皇城城墙究竟始于何年,没有明确的记载。但从全国的情况来看,20世纪50年代,全国经历了一次扒拆城墙运动。其原因有四:一是古代城墙的功能用于防御,而现代战争使用了飞机大炮,城墙所起的作用很小;二是拆除城墙是为了方便老百姓进出城市;三是以前的城池较小,随着人口的扩张,城市的扩

① 女墙,亦称宇墙,指城墙顶部内侧的矮墙;城堞,指城墙顶部外侧的墙,则由女墙、垛墙和垛口组成。

建，城池限制了城市的发展空间；四是城池是旧社会的东西，与新中国的思想文化格格不入。所以包括北京城墙在内全国各地城池，大多在这一时期遭到扒拆。凤阳县政府所在地——府城城墙，便拆于1954年。

然而中都皇城与府城不同，城池里面所居住的民众很少，抗日战争期间城内居民跑了三分之二，不少房屋坍塌，1949年后城内仅有四五百户。1952年华东军区准备利用完好的县城城墙作为战犯监狱，把城内居民全部迁出，公私房全部拆除。“红(黉)学”也拆去盖了凤阳县粮食局仓库，殿台石料作了烟草研究所的房基和墙基。由于原来居民的上告，改变了计划，但重新迁回城内的居民不多了，至20世纪70年代，城内只有百把户，均从事农业生产。

既然中都皇城已成为农村，里面的人口很少，为何还想扒拆中都皇城城砖呢？主要是因为凤阳县各机关、学校、单位想利用皇城城砖来修建房屋，而县政府可以通过出售城砖的办法来扩大财政收入。这从1955年的一份报告中可知端倪。

1955年3月16日，凤阳县人民政府接“滁县区专员公署”通知：根据安徽省公安厅的通知，指示滁县专区凤阳县监狱在原来的基础上扩大一倍，为了节省扩建支出，“要求凤阳县划一段(中都皇城)城墙砖给监狱(无偿)使用”。为此，凤阳县人民政府于3月29日“就无偿使用城砖问题提出如下意见”(见图5、图6)：

> 1. 我县1955年预算内已列城砖□□收入一万元预算。凤阳第一初级中学经专署指示，已无偿使用四五万块(城砖)，该监(狱)经初步了解需用砖数十万块，数字相当庞大，将占全年该项预算收入的二分之一，对整个预算的完成受着很大的影响。
>
> 2. 县所在地各机关单位修缮需用城砖，是照价购买，若该监(狱)无偿使用，其他单位意见较多，驻我县的第一速成中学，目前拟建盖大礼堂，需砖甚多……亦要求无偿使用，这样使我们在公产管理和处理方面，增加很多困难。为此，我们意见，无论各单位修建，凡需用城砖者，应一律照价购买，以利对公产的统一管理和处理，避免反映和影响。①

从文件的内容来看，扒拆中都皇城城砖早在1955年之前就开始了，使用城砖者为“县所在地各机关单位”“第一速成中学”“凤阳第一初级中学”(后称凤阳中学，今称凤阳县实验中学)等，均为机关学校单位。批准扒拆并出售城砖的是凤阳县人民政府。中都皇城城砖被列为“公产”，具体由县政府下属的“财粮

---

① 藏于凤阳县档案馆。

科”管理，其收入归县财政。从文字中可以估算，当时每块城砖仅 0.02 元左右，1955 年财政预算出售城砖 1 万元，需要扒拆 50 万块城砖，这是一个庞大的数字。鉴于此时的皇城城墙墙体基本完好，推测被扒拆的是府城城墙，县城内建筑遗址、金水河河岸、桥梁以及城墙上的女墙、城堞等。

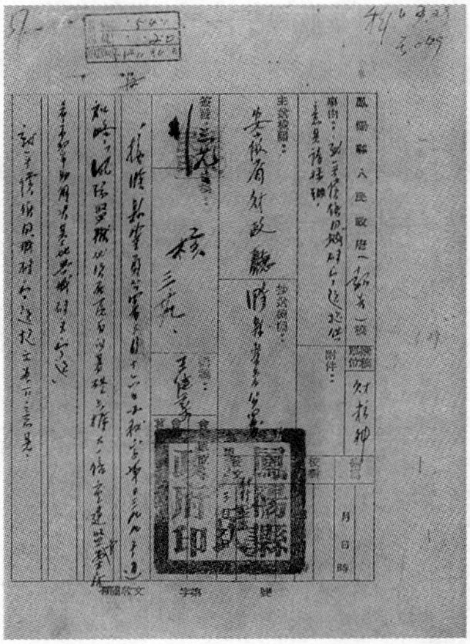

图5　凤阳县人民政府上报给安徽省财政厅的文件（一）

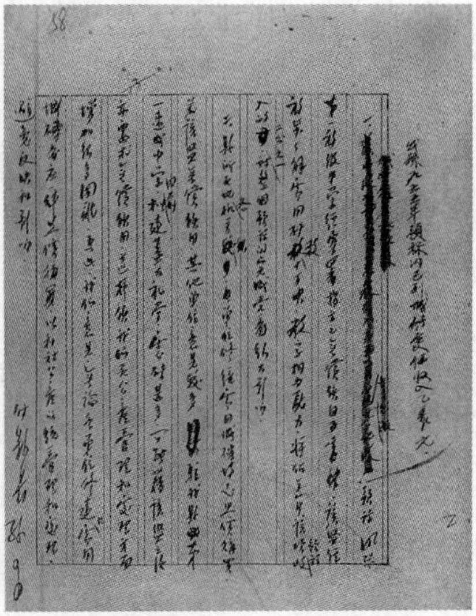

图6　凤阳县人民政府上报给安徽省财政厅的文件（二）

1955 年，国家开始重视文物工作。首任国家文物事业管理局局长郑振铎对破坏文物的惩罚力度较为严格，甘肃有个图书馆不慎烧毁，馆长被撤职，文化局长受处分；浙江温州拆了龙泉塔，县长被撤职。随着党和国家对文物工作的重视，1956 年 7 月 10 日，凤阳县人民委员会下发了《关于禁止各机关与群众签订购买城砖合同的通知》（［56］凤财政字第 2449 号），从文件中所涉及的单位来看，扒砖单位有：城北乡、城西乡、府城镇；购砖单位有：各局、农校、凤阳一中、门台采购站、县工会、供销社、安徽省第四监狱、县卫生院；执法单位是：县法院、检察院；财政管理单位是：人民银行、农业银行、县财政科等①。

在上述购砖单位中，用砖较多的单位有“农校”，即今天的安徽科技学院，它成立于 1950 年，初名皖北高级农林学校，1952 年更名凤阳农业学校。它建在大龙兴寺的遗址上。据笔者调查，该学校初建时曾购买了大批城砖。这些城砖既有 1954 年扒拆府城时的砖城，也有皇城内的城砖。

另一个用砖较多的是“凤阳监狱”（后更名“安徽省第四监狱”）。据王剑英

① 藏于凤阳县档案馆。

调查,“1957 年,安徽省第四监狱叫劳改犯扒了文华大桥、四眼井东北大桥。第四监狱全是扒桥建的”①。根据 1955 年党和国家开始对文物工作的重视情况来看,上文的 1957 年应该是 1955 年。

通过上述文件,我们可以初步了解 1958 年前中都皇城遭受毁坏的情况。

1. 扒拆中都皇城城砖始于 1952—1954 年,当时扒拆的是城内的房屋,内金水河两侧的砖石,城内宫室遗址上的砖石,城墙顶上的女墙、城堞,以及拆除城内桥梁上的砖石。

2. 中都皇城城砖被列为“公产”,凤阳县政府是业主,并向外出售。1955 年财政预算出售城砖 1 万元,每块城砖 0.02 元,需扒拆城砖 50 万块。收款单位是县政府下属的“财粮科”(后称“财政科”)。

3. 购买城砖者均为全县各机关单位、学校、监狱等,亦有少数私人私下购买。扒拆者主要是府城镇、城西乡、城北乡等乡镇。

三、中都皇城城墙的扒拆,始于 1958 年的“大炼钢铁”运动

皇城城墙的扒拆始于 1958 年。这年全国进入了“大跃进”时期,其中一项重要的内容是“大炼钢铁”。据王剑英调查,“凤阳县委副书记未经呈报批准,以建高炉和沼气池为由,下令扒拆了东华门里侧南北两边各一小段约 15 米城墙。后有人向上反映,安徽省委宣传部部长陆学斌立即通知县委,予以制止”②。这年 9 月,凤阳中学为了修筑围墙,亦让学生们到东华门搬运城砖。刚读初中一年级的我,参加了学校组织运砖活动,每人每趟搬一块整砖或两块半截砖运至校内。记得我从东华门南侧券洞进入,看见城门还较为完整,便在东华门北侧城墙的豁口下面捡砖,被另一位同学从上面扔下来的城砖击中右手拇指,造成终身残疾。

1961 年 3 月 4 日,国务院颁布了《关于进一步加强文物保护和管理工作的指示》,共 4 条,其中第一条说:“各级人民委员会必须认真贯彻执行《文物保护管理暂行条例》,凡是具有历史、艺术、科学价值的文物,都应当妥善保护,不使遭受破坏和损失。”同一天,国务院还公布了“第一批全国重点文物保护单位”和

---

① 王剑英《明中都遗址考察报告·前言》(初稿),手抄件,1981 年,藏于凤阳县博物馆。安徽省第四监狱于 1968 年迁出凤阳。1969 年其旧址改为教育部“五七”干校总部,1975 年以后,改为凤阳县党校,今已改造成居民区,位于府城镇楼东街的东部。

② 王剑英《明中都遗址考察报告·前言》(初稿),手抄件,1981 年,藏于凤阳县博物馆。此文已收入本书中。

《文物保护管理暂行条例》。为了贯彻国务院颁布的上述文件,1961 年 8 月 17 日,凤阳县文教局发布了《关于禁止拆用县城城砖的通知》([1961]文字第 25 号)。① 该文件的签发单位,最初是“凤阳县人民委员会”,后改为“凤阳县文教局”,降低了发文机构的级别。

1962 年 4 月 19 日,凤阳县人民委员会重新发布了《关于禁止拆用县城城砖的通告》([62]文字第 93 号),《通告》说:“查近来有些机关、团体、公社、大队和少数群众擅自拆用县城城砖,严重地破坏国家名胜古迹……县城不但是明代的建筑,而且对研究明代历史和建筑艺术,具有一定的价值。为了加强对凤阳这一名胜古迹的保护,今后任何机关、团体、公社、大队或个人,都不得擅自拆用城砖。违者应按照国家文物管理条例,根据情节轻重给予应得的处理,务希遵照执行。”②

然而,凤阳县人委会的实际做法却与文件中所说的恰恰相反,他们先后于 1962 年 5 月 3 日、12 月 20 日,两次向安徽省人民委员会发去请示报告,要求拆除县城城墙。其中第二次《凤阳县人民委员会关于拟拆县城城墙的请示报告》(办太字第 329 号)(见图 7)全文如下:

安徽省人民委员会:

关于我县拟拆县城城墙的问题,我会已于 1962 年 5 月 3 日以文字第 110 号报告请示省人委在案,至今未予批复。这座城虽系明代修建的皇城,但城内并无名胜古迹,群众住户也不多,大部分于解放后迁出。现在仍是一座空城。(19)58 年大办钢铁期间已被拆除一段,建筑小高炉。以后,机关、团体、学校以及附近农村社队群众和街道居民陆续扒拆。县人委虽屡次出布告制止,派人看管,仍禁止不住。现这座城的原貌已经损坏,特别是东门、南门和东城墙几乎已被扒光。根据上述情况我们认为,此城已无保留价值。同时,农村社队建造炕房,街道铺路,下放职工、转业军人盖房均买不到砖、石。这座城拆除以后,不仅能解决上述方面的需要,而且能增加一笔财政收入,据计算每块砖 0.1 元,还可卖 30 万元。

妥否,请批示

抄送:滁县专员公署

1962 年 12 月 20 日③

---

① 藏于凤阳县档案馆。

② 藏于凤阳县档案馆。

③ 藏于凤阳县档案馆。

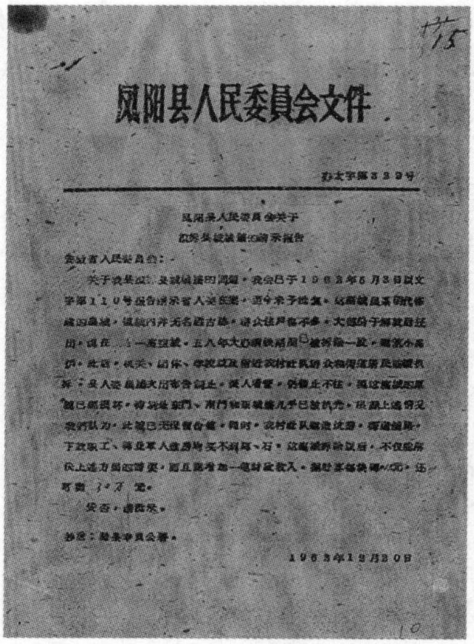
凤阳县人民委员会文件

图 7　凤阳县人委会拟拆县城城墙的报告

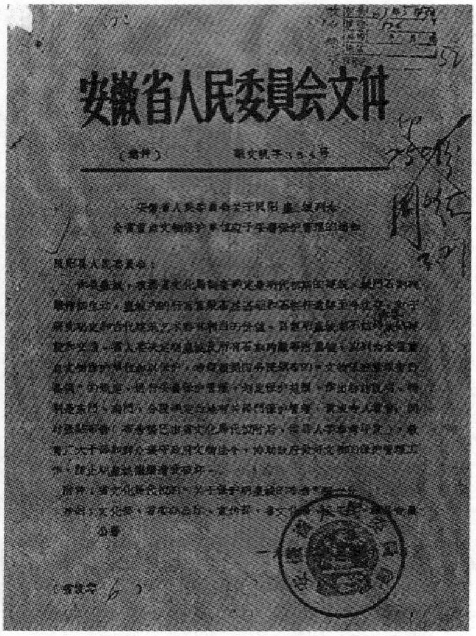
安徽省人民委员会文件

图 8　安徽省人委会列“皇城”为全省重点文物保护单位的通知

凤阳县政府要求扒拆县城的报告，并没有得到省政府的批准。相反，100 多天后，安徽省人民委员会于 1963 年 3 月 18 日下达了《安徽省人民委员会关于凤阳皇城列为全省重点文物保护单位应予妥善保护管理的通知》（急件，议文机字 364 号）（见图 8），《通知》说：

> 你县皇城，根据省文化局调查确定是明代初期的建筑，城门石刻砖雕精细生动，皇城内的行宫宫殿石柱基础和石栏杆遗迹至今犹存。对于研究明史和古代建筑艺术都有相当的价值。目前明皇城并不妨碍你县城镇建设和交通。省人委决定明皇城及所有石刻砖雕等附属物，应列为全省重点文物保护单位加以保护。希即根据国务院颁布的‘文物保护管理暂行条例’的规定，进行妥善保护管理，划定保护范围，做出标志说明，特别是东门、南门，分段确定当地有关部门保护管理，责成专人看管；同时张贴布告（布告稿已由省文化局代拟附后，供县人委参考印发），教育广大干部和群众遵守政府文物法令，协助政府的保护管理工作，防止明皇城继续遭受破坏。①

① 藏于凤阳县档案馆。在此之前，人们一直认为“皇城”是安徽省第二批全省重点文物保护单位。笔者查阅 1961 年 7 月 3 日《安徽省人民委员会关于公布第二批全省重点文物保护单位名单的通知》（文字第 00129 号），这次公布的名单共 31 处，凤阳“皇城”不在其中。“皇城”是安徽省人民委员会于 1963 年 3 月 18 日专门下文，有可能皇城列入“第二批全省重点文物保护单位”的补充名单。

安徽省人委会突然下达保护皇城文件的原因,是因为凤阳县人委会先后两次向省人委会请示报告要求拆除凤阳皇城,因此省人委十分慎重,让省文化局派专家前往凤阳调查,发现凤阳皇城是一座明初建筑,极其珍贵,并非像凤阳县人委会所说的“城内并无名胜古迹”。为此专门下文,把凤阳皇城列为全省重点文物保护单位。

凤阳县人委会未曾料到,他们盼来的却是相反的结果,只得于1963年4月2日下达了《凤阳县人民委员会关于明皇城列为重点文物保护坚决制止扒取城砖的通知》(文太字第085号)。《通知》说:“几年来,特别是去年以来,有不少单位、不少大队、生产队,不少群众擅自到皇城扒砖取石,破坏文物古迹,损坏了皇城原貌。对此,县人委决定,对已扒拆的城砖,各公社、镇人民委员会,要逐队、逐单位清查,查清以后,除给予批评外,并要将清理情况统计上报,听候处理。今后皇城的保护管理由文教局负责,并责成城西公社具体看管……如再发现到皇城扒砖取石者,要视其情节轻重,以破坏古迹、盗窃国家财产论处。”①

1963年3月27日,由以副县长王宝太签名的《凤阳县人民委员会关于保护明皇城的布告》(文周字第80号),在凤阳县城乡张榜公布。

然而,凤阳县人委会并不甘心,依然想拆除这座皇城。在公布皇城为全省重点文物保护单位仅10个月后,即1964年元月18日再次向安徽省人委会呈交了《凤阳县人民委员会关于县城城墙处理意见的请示报告》(办张字第016号)。《报告》说:

> ……县人委虽多次张贴布告,派人看管,但仍禁止不住。现在这座城的四门已经扒塌,东城墙、南城墙也已成段拆光,原貌已根本损坏。看情况,将来有被群众全部偷拆扒光的危险。
>
> 经我们考察,这座城虽为明朝所建,但并非明朝都城。据历史记载,此城尚未建成,明太祖就移于南京建都。同时城里也没有任何建筑。土地已被社、队开垦种植多年,全是一座空城。因此,历史价值不大。
>
> 由于上述情况,我们有两个意见:1. 仍请求批准拆除这座城墙,扒拆的城砖,不仅能够解决县城的市政建设和一部分生产队建造烤菸炕房用砖的需要,而且国家可以组织很大收入,按每块城砖价一角计算,至少可收100万至150万元;2. 如果确需保存,不能扒拆,就要固定专人日夜轮班看管,否则实看守不住。按照城的范围,每班需要5人,两班共需10人,按每人

---

① 藏于凤阳县档案馆。

每月需经费(包括工资、福利、办公、电话、照明等费用)45 元计算,一年计需 5400 元。此外,鉴于城的四门已经扒塌,东城墙、南城墙也已成段扒光,需要进行一次维修。据初步计算,至少需要维修费五六万元。其经费来源:看管人员的编制和工资请省人委责成有关部门研究解决,城的维修费亦请省人委拨给。①

凤阳县人委会不仅把扒拆城墙的责任推给了“群众偷拆”,而且以经济利益为由,向省人委提出不正当的要求,当然遭到省人委会的拒绝。

此时文物保护的气氛在全国日益浓厚。文化部先后于 1963 年 4 月 17 日颁布了《文物保护单位保护管理暂行办法》,同年 8 月 27 日颁布了《革命纪念建筑、历史纪念建筑、古建筑、石窟寺修缮暂行管理办法》,1964 年 9 月 17 日发布经国务院批准的《古遗址、古墓葬调查、发掘暂行管理办法》,这三条办法,连同 1961 年国务院颁布的三个文件,在 1966 年之前初步形成了一套中国文物法规。正是这些文物法规,使破坏中都皇城的行为暂时中止。凤阳县人委会多次想拆除县城的目的未能达到。

四、1966—1972 年,是大规模扒拆中都皇城城墙时期

中都皇城城墙的大规模扒拆,与“文化大革命”息息相关。

1966 年 6 月 1 日,《人民日报》社论《横扫一切牛鬼蛇神》提出了“破除几千年来一切剥削阶级所造成的毒害人民的旧思想、旧文化、旧风俗、旧习惯”的口号,这就是著名的“破四旧”运动。同年 8 月初召开的中共八届十一中全会,通过了《中国共产党中央委员会关于无产阶级文化大革命的决定》,进一步肯定了“破四旧”的提法。

1966 年 8 月 19 日凌晨,北京大中学生红卫兵正式开始了“破四旧”,并立即扩大成一场全国规模的“破四旧”运动②。席卷全国“破四旧”运动传至凤阳,凤阳造反派们不甘示弱。10 月 2 日,经县委批准,全县 5 区、18 乡人民公社全部改成最革命的名称,例如府城镇改名“红卫镇”,凤阳中学改名“红旗中学”。接着,把焦点集中在明中都遗址的文物上。10 月 10 日,造反派们捣毁了朱元璋诏

① 藏于凤阳县档案馆。

② 戴舟主编《中华人民共和国大事记》(1946—1999),1966 年 8 月 19 日,北京:光明日报出版社,2000 年版,230 页。

建的“大龙兴寺”，炸掉了“御制龙兴寺碑”“御制第一山碑”及诸多碑刻，砸烂了全部菩萨，把珍贵的释迦牟尼铜像拉倒，运至废品收购站，并把大雄宝殿变成了工厂的翻砂车间。拆除了府城楼东街“西察院”官署的石牌楼。推倒了皇陵的石兽，砸断了兽腿、石人头。整个皇陵石像生，约十分之六有残缺。总之，大凡有文物古迹的地方均遭到不同程度的毁坏。

随着“破四旧”运动深入开展，人们开始把矛头对准了中都皇城城墙。1966年10月10日，造反派炸掉了中都皇城东南城隅上的砖塔，拉开了扒拆城墙的序幕。1966年秋，凤阳县四清分团向安徽省委、安徽省人民委员会请示，要求拆除中都皇城一部分城砖，支援“四清”①地区的社队抗旱打井，得到了批准。于是通知城北、门台、周圩、汤府、梨园、江山、大通桥、总铺、黄泥铺、殷涧、大庙等社队来扒拆城砖，砌井筑坝。当时负责看护县城的李忠庭②不同意扒城，便找到了四清分团。分团负责人高某说：你不要管闲事，出问题由我们负责。李忠庭因多次到四清分团，不准他们扒城墙，反被分团领导下令关押起来。李忠庭是个单身汉，关押期间无人送饭，几乎被饿死。

紧接着，为了提供红卫兵的串联经费，允许红卫兵扒拆城砖。这年秋天，我与几个好友在东华门与东南城隅之间扒拆城砖，记得当时这段城墙已基本扒光，只能在城墙的底部挖砖。城砖十分难扒，正如王剑英所说的“洋镐下去，火星迸发，城砖虽被劈断，但粘接处仍不能分，十分坚实”③。因难度太大，扒了2天就不干了。

1967年初，凤阳县委领导班子全部被打倒，四清分团撤走。凤阳县造反派分成了两大派，双方发生了武斗，全县陷入无政府状态。混乱之机，城北公社社员自发开始扒城砖卖钱，接着城西、门台公社社员也纷纷加入，扒拆城墙的社员一度达数千人之多。仅4个月时间，城北公社、门台公社的社员就把皇城北门两侧城墙扒掉一半。

为了整治扒拆城砖的无政府状态，1968年3月18日，凤阳县支左联络处、

---

① 四清运动，是指1963年至1966年，中共中央在全国城乡开展的社会主义教育运动。四清运动又分“前十条”“后十条”。四清运动的内容，一开始在农村中是“清工分，清账目，清仓库和清财物”，后期在城乡中表现为“清思想、清政治、清组织和清经济”。

② 李忠庭，前文（第4页）有注，请参见。

③ 王剑英《明中都遗址考察报告·前言》（初稿），手抄件，1981年，藏于凤阳县博物馆。此文已收入本书中。

凤阳县生产第一线指挥部①成立了"拆城小组",并下达了《立即停止收买市场城砖的通知》②。《通知》说:

1. 任何单位和个人,因基建、修缮、支农所需城砖,须凭单位或公社以上介绍信向县财政局联系,办理购买手续。一律不准私自向社队或个人收购,更不得擅自提高或压价收买城砖。

2. 任何单位自行购买的城砖,必须凭"拆城小组"统一发票报账,否则一律不准报销。

3. 任何单位不得以任何理由借故向社队或个人收购城砖,因收购城砖造成后果者,由单位负责,根据情节进行处理。

1968年7月19日,"凤阳县革命委员会"成立,于当月23日成立了"拆城领导小组"③。8月24日,分管"拆除县城领导小组"的凤阳县革命委员会生产指挥组,针对当前扒拆城墙的乱象,向凤阳县革命委员会呈交《关于拆除县城,出售城砖有关问题的请示报告》([68]生32号)(见图9),现摘录如下:

原县城因年久失修残缺不全,失去了文物保管的价值。1966年,经旧省委、省人委同意拆除一部分支援"四清"地区的社队,抗旱打井。事后,旧县委、县人委措施不力,管理不严,这个缺口打开,形成自流,给现在的管理工作带来很大隐患。

"文化大革命"初期,……群众成群结队扒拆城砖,……短短的时间内,据估算偷扒乱拆城砖200多万块,国家损失有10多万元……

适今春有蚌埠、上海等地主动来县洽购城砖用于基建。为支援社会主义建设,增加地方财政收入,变无用之物为有用之才,复经县支"左"领导小组首长同意,出售300万块。事经决定,由原"县抓革命促生产第一线指挥部"出面,召集政法、交通、计委、房管、城西公社、红卫镇、财政、财贸等部门有关人员组成"拆除县城领导小组",来共同搞好城砖的扒拆、保管运输,交售等一切事宜。具体工作仍由财政局指定两个同志经办。扒拆城砖的人

① "凤阳县支左联络处"的全称是:中国人民解放军六五三五部队、凤阳县人民武装部支援无产阶级革命左派联络处。"凤阳县生产第一线指挥部"的全称是,凤阳县抓革命促生产第一线指挥部。是凤阳县革命委员会成立之前的最高权力机关,分别由军队和地方组成。

② 藏于凤阳县档案馆。

③ 《凤阳县志》大事记,北京:方志出版社,1999年版,第36页。

员由窑厂、红卫镇、城西公社的生产队等157人承担。并于8月10日与上海南市、长宁区建筑材料公司签订合约100万块,每月发运12.5万块,从9月份起开始装运……

初步确定,临时雇用扒拆城砖人员300人。具体是红卫镇120人,城西公社120人,窑厂40人,采石场20人。①

此文件告诉我们:1. 从军管时期的"拆城小组"到凤阳县革命委员会的"拆除县城领导小组",目标一直很明确:拆除县城。2."拆除县城领导小组"在县财政局内办公,属"县生产指挥组"管辖。3. 拆砖销售所得的钱,上交县财政。4. 经领导同意,出售300万块城砖。

1968年11月6日,凤阳县革命委员会生产指挥组发布了《关于调整城砖出售价格的通知》(生字[68]082号),《通知》调整了城砖的出售价格:1. 整块城砖每块1角;2. 断砖(以15厘米以上若干块断砖相加的长度以40厘米为一块折合成整砖数计算)每块8分5厘。3."一面口"②次砖每立方3元(如自己摆方,每立方2元)。4. 碎砖碴,每立方1元(如自己摆方,每立方5角)③。

1969年初夏,王剑英先生作为人教社"五七干校"的先遣队员,最早来到凤阳。干校最初任务是建筑校舍,经凤阳县委批准,卖给干校一批城砖,干校派大卡车前往午门东墙运砖。王先生被派来当搬运工,他看到自东华门至午门,到处都在扒城砖,砖垛自城墙根一直码到护城河边。

"拆除县城领导小组"卓有成效的工作,大大加快了城墙扒拆速度。1970年9月6日,凤阳县革命委员会生产指挥组召开会议,由军代表金根生主持。会上有人提出,目前存砖仅有25万块,而外地买砖要15万块,本县几个工厂需用城砖约50万块,目前主要解决加快扒砖速度问题。会议决定,再扒100万块城砖。另外,南门(午门)附近的城墙分给城西公社扒拆,两个城门(午门、东华门)分给机关、红卫镇组织的人员扒拆④。

以上文件、会议记录告诉我们,"拆除县城领导小组"前后共下达了扒拆城砖约400万块的指标。

从1970年12月5日卫星影像图来看,除西城墙、午门以西城墙外,其余城

① 藏于凤阳县档案馆。

② 城砖共有6面,除上下2个大面外,凡城砖保留一个完整面(即城砖厚度的一面)的碎砖,俗称"一面口"城砖。

③ 藏于凤阳县档案馆。

④ 会议记录藏于凤阳县档案馆。

墙全部遭到扒拆。其中东城墙、东南角台全部扒光，午门以东的城墙也几乎被扒平，北城墙、东北城台及西北城台均被扒拆了一半。另外，东华门被扒拆只剩下3个城门洞，午门、西华门、玄武门均遭到不同程度的损毁。

扒拆城墙一直持续至1972年5月。这年春天，安徽省委为了贯彻1967年5月14日颁发的《中共中央关于在无产阶级文化大革命中保护文物图书的几点意见》（中发[67]158号）文件精神，召开了安徽省文物保护工作座谈会。会上，省委领导公开点名批评了凤阳县破坏安徽省重点文物保护单位“皇城”的行为。

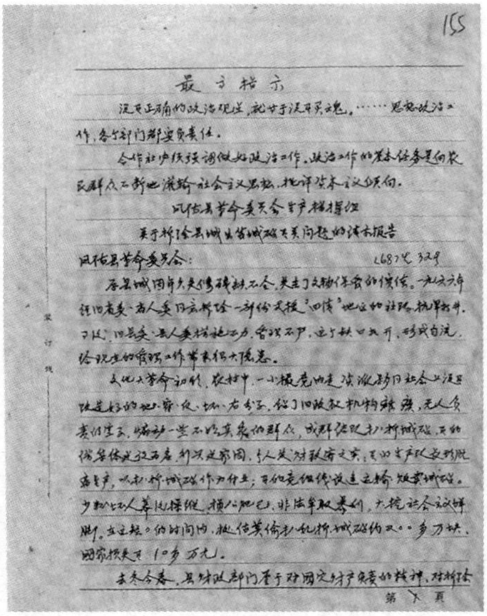
155

最高指示

没有正确的政治观点，就等于没有灵魂。……思想政治工作，各个部门都要负责任。

合作社中经常地做好政治工作。政治工作的基本任务是向农民群众不断地灌输社会主义思想，批评资本主义倾向。

凤阳县革命委员会生产指挥组

关于拆除县城出售城砖有关问题的请示报告

凤阳县革命委员会：

第 页

图9 县生产指挥组关于拆除县城、出售城砖的报告

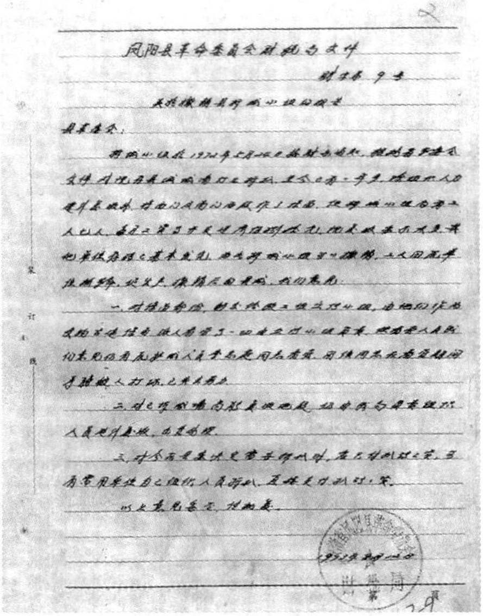
凤阳县革命委员会财税局文件

县革委会：

图10 县财税局关于撤销“县拆城小组”的报告

面对省委领导的批评，1972年6月1日，凤阳县革命委员会下达了《关于加强文物保护工作的通知》（革改[72]060号），《通知》说：

现根据《中共中央关于在无产阶级文化大革命中保护文物图书的几点意见》和（安徽）省文物保护工作座谈会议的精神，对我县文物保护工作提出如下几点意见：

1. 关于明代皇城（即县城）问题，1961年7月安徽省人民委员会公布列入省重点文物保护范围。目前未拆的西边城墙应当坚决保护，任何单位和个人不得以任何借口再进行扒拆……

此外，明陵的石刻、石碑、墓葬，龙兴寺的铜锅、铜钟、石碑，李二庄公社

古城文化遗址，城南公社岗子集大队的古堆桥文化遗址，以及红卫镇的明代鼓楼，列入县一级保护单位。一律交所在地镇、公社革委会进行保护。今后，有关部门在确定水利工程，修建人防、桥梁等线路时，应尽量回避，如回避不了，应报告县领导部门批准后方得施工……

为了加强文物保护工作，县革委会决定成立“文物保护领导小组”……①

显然，凤阳县革命委员会下达的这个文件，是迫于安徽省文物保护工作座谈会上省委领导的批评。“拆除县城领导小组”并没有解散，仅是拆城的速度放慢了。1972 年 7 月 21 日，滁县地区行署亦召开了全区文物工作会议，再次强调了保护文物的重要性。面对上级领导的一次次批评，凤阳县对“拆除县城领导小组”的解散仍在犹豫，但改“扒拆”为“复收”“捡碎砖”，即暂时停止扒拆城墙、城门，仅对已扒拆的城墙、城门遗址，进行第二、第三次扒拆。直到 15 个月以后的 1973 年 9 月 12 日，凤阳县财税局才起草了一份题名《关于撤销县拆城小组的报告》（财字第 9 号）（见图 10）。《报告》说：

拆城小组于 1972 年 5 月 24 日接财办通知，根据（安徽）省革委会文件，对现存县城城墙停止拆扒，至今已有一年多。除组织人力进行“复收”外，将西门及南门西段作了保留。但拆城小组尚有工人 7 人，每月工资等开支近 380 元。现复收亦不太多，其他单位存砖已基本发完。为此“拆城小组”可以撤销。工人回原单位抓革命、促生产。撤销后的县城，我们意见：

1. 对保留部分，移交给政工组宣传小组，由他们作为文物古迹保留。派人看管等一切由宣传小组负责，但看管人员我们意见仍为原护城人员李忠庭同志看管。因该同志在看管期间手臂被人打坏，已失去劳力。

2. 对已拆除城墙尚能复收地段，仍由我局负责组织人员进行复收、出售处理。

3. 对今后县委决定需要拆扒时，应只付扒砖工资，可省需用单位自己组织人员拆扒，直接支付扒砖工资。②

---

① 藏于凤阳县档案馆。

② 藏于凤阳县档案馆。

从这份文件可以看出,“拆城小组”虽被撤销,但财税局仍保留“拆城小组”的职能,即上面的2、3两条,扒拆城砖的工作没有完全停止。仅把未被扒拆城墙看管任务的难题,推给了宣传小组①负责。

五、从1974年新建化肥厂起,城西乡公社成为唯一扒拆城砖的组织者、执行者

1974年初,凤阳县委、凤阳县革命委员会决定,为了深入开展“农业学大寨”运动,并根据安徽省委提出的“大干快上多贡献”精神,在临淮镇新建一座县化肥厂,需要扒拆30余万块城砖,并把扒拆城砖的任务全部交给了城西乡公社。从此,城西乡公社成为唯一扒拆城砖的组织者、执行者。

为新建化肥厂扒拆城砖,是“拆城小组”解散后的又一次大规模破坏中都皇城的行动。此时王剑英刚刚被抽调至县文化馆考察明中都,他每天行走于扒拆现场,并把自己所见所闻向宣传小组组长陈彭年报告。自“拆城小组”解散后,承担中都皇城文物保护工作的宣传小组,面对中都皇城再次遭受严重破坏的现实,于1974年6月8日向县政工组和县委写下了《关于采取紧急措施,立即制止扒拆县城城墙的请示报告》(见图11),内容如下:

> 县城(即中都城)……前几年虽经有组织地扒拆,但自1972年以来,县革委会又重新下文停止扒拆,进行保护。今年以来确定城西献砖支援化肥厂后,扒拆城墙的现象又重新发生,虽经我们多次请示并向城西提出意见,仍不能解决问题。据我们初步了解,西门生产队扒掉了西门内的五龙桥和西门城墙部分砖头有三四万块砖,他们除卖给化肥厂外,还卖给城西供销社仅一次就有5000多块,还卖给私人(县建筑工程处)李某某1530块。整砖每块1角,碎砖每块7分②。南门生产队除伙同西门队扒拆西门内五龙桥外,还扒拆南门内五龙桥和城墙。该队与县山场管理委员会订立了7000块砖头合同,已交付2000块。6月2日,还派人到府城镇有关单位联系出售城砖。麦收前公社个别负责人还批准和平生产队扒拆南门城砖有3000

---

① 凤阳县革命委员会下属“办事组”“政工组”“保卫组”和“生产指挥组”。宣传小组隶属于“政工组”,其工作范围较广,负责全县的宣传、文化、广播、体育、新华书店等。

② 在文件的左侧,标注“20多个单位,近十几万块砖头”的字。

多块给下放学生盖房子。最近又听说县医院盖门诊楼也与城西挂钩订砖。目前午收大忙季节到来，扒拆城墙的现象虽有收敛，但午收大忙一过，肯定还会继续发生。如不采取紧急措施，城墙务必遭到更严重的破坏。我们认为：现有城墙暂不讲其艺术价值，就其经济价值来讲，也还是一笔巨大的国家财富。生产队随意扒拆变卖，不仅是一种破坏文物的行为，也是一种扒社会主义墙脚的行为。为此，我们建议：

1. 以县革委会名义召开一个由城西公社党委、生产大队、生产队负责人参加的紧急会议（到县里开），学习中央有关文物政策，宣传保护文物的意义。指出扒拆城砖的严重情况，研究保护措施。以队为单位成立护城小组，约法三章，明确分工，坚决实施。

2. 凡生产队出售城砖的资金，不论钱多钱少，都要一律上交县地方财政，不能让他们在这方面占便宜，不这样今后无法制止。对少数从中投机倒卖、贪污盗窃的应当严肃处理。

宣传小组的报告呈报县委后，同年 7 月 15 日，凤阳县革命委员会下达了《关于严禁扒拆城墙并予妥善保护的紧急通知》（革政［74］098 号）（见图 12），《通知》说："查近年来不断发现县直与府城镇有的单位与社队私自挂钩，扒拆城砖。仅去冬今春以来，就有 20 多个单位购买新扒拆城砖十万多块"。为此，作如下 4 条通知（本文仅录后 3 条）：

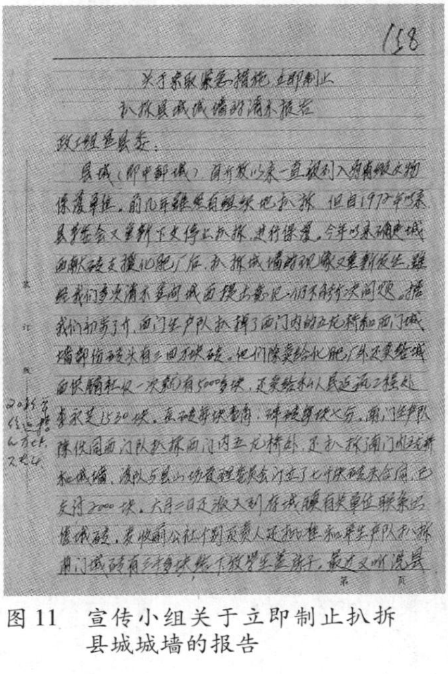

158

关于采取紧急措施立即制止
扒拆县城城墙的请示报告

政工组并县委：

图 11　宣传小组关于立即制止扒拆县城城墙的报告

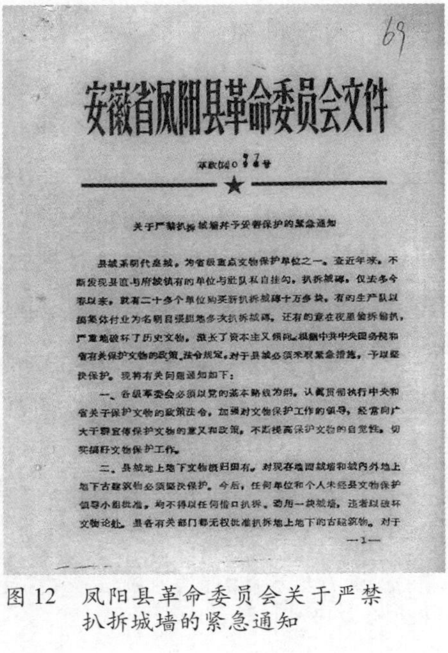

69

安徽省凤阳县革命委员会文件

革政(74)0[illegible]号

关于严禁扒拆城墙并予妥善保护的紧急通知

县城系明代皇城，为省级重点文物保护单位之一。查近年来，不断发现县直与府城镇有的单位与社队私自挂钩，扒拆城砖。仅去冬今春以来，就有二十多个单位购买新扒拆城砖十万多块。有的生产队以搞集体付业为名明目张胆地多次扒拆城砖，还有的竟在夜里偷拆偷扒，严重地破坏了历史文物，助长了资本主义倾向。根据中共中央国务院和省有关保护文物的政策、法令规定，对于县城必须采取紧急措施，予以坚决保护。现将有关问题通知如下：

一、各级革委会必须以党的基本路线为纲，认真贯彻执行中央和省关于保护文物的政策法令，加强对文物保护工作的领导，经常向广大干群宣传保护文物的意义和政策，不断提高保护文物的自觉性，切实搞好文物保护工作。

二、县城地上地下文物概归国有。对现存皇城城墙和城内外地上地下古建筑物必须坚决保护。今后，任何单位和个人未经县文物保护领导小组批准，均不得以任何借口扒拆、动用一块城墙，违者以破坏文物论处。县各有关部门都无权批准扒拆地上地下的古建筑物。对于

—1—

图 12　凤阳县革命委员会关于严禁扒拆城墙的紧急通知

2. 县城地上地下文物概归国有。对现存地面城墙和城内外地上地下古建筑必须坚决保护。今后,任何单位和个人未经县文物保护领导小组批准,均不得以任何借口扒拆,动用一块城砖。违者以破坏文物论处。县各有关部门都无权批准扒拆地上地下的古建筑物。对于未经批准,偷扒城砖,偷挖地下古建筑物,进行投机倒卖破坏文物者,所在社队革委会应予追究。对其所获赃款全部追交地方财政。并视其情节轻重,严肃处理。

3. 决定将县城交城西乡公社负责保护。由公社建立护城小组,制定保护措施、制度。公社可将现存地面城墙和地上地下古建筑物交所在大队、生产队分片包干,分段管理,切实做好文物保护工作。

4. 县直机关和府城镇各部门、各单位均不得与城西公社有关大队和生产队挂钩,购买城砖。对于已经挂钩的应立即停止。对所订购砖合同,应一律作废,不准再继续买卖城砖。

中都皇城位于城西乡公社县城大队境内,城西乡公社扒拆城墙当然是近水楼台。早在1968—1973年“拆城小组”期间,城西公社前进大队的“几个生产队在征用土地赔偿青苗上,要附加条件”“周天纠缠,讨价还价”,城西公社及大队干部以“群众要求”为借口,从中支持,甚至“不参加县里召开的会议,有意刁难”①,其目的是想独吞这块肥肉。正如城西乡公社领导认为:“你县财政局能扒砖卖钱,我公社为什么就不能搞呢?”“扒拆城砖是为社会主义建设服务的,又没有落入私人的腰包。”鉴于城西乡公社尾大不掉,在城砖问题上自行其是的做法,县革委会也无可奈何,只得把中都皇城这块“肥肉”送入城西乡公社的虎口,同时也把扒拆城墙所产生的风险推给了他们。从此,中都皇城城砖的扒拆、出售等权力,全由城西乡公社掌握。扒城砖成为他们的副业,即便是县革委会用砖也要找城西乡公社。(见图13、图14)

凤阳县委下令让城西乡公社挖砖建化肥厂一事告诉城西乡公社干部群众:只要是经过领导批准的,都是合法的。当时的情况是:即便是私人盖房子,只要找到领导批个条子,就可以到城西乡公社下属的生产队去买城砖。在经济利益的驱使下,大队、生产队一些干部公开带头扒拆,公社领导背后支持,再加上县里领导的默许,中都皇城的扒拆行为在“严禁”“坚决制止”“从严处理”号令下合法化。凤阳县革命委员会下达了《关于严禁扒拆城墙并予妥善保护的紧急通

---

① 凤阳县革命委员会生产指挥组:《关于拆除县城、出售城砖的有关问题的请示报告》([68]生32号)。

知》完全失去了权威性。

就在凤阳县革委会“决定将县城交城西乡公社负责保护”的23天后，国务院下达了《关于加强文物保护工作的通知》（国发［1974］78号）文件，《通知》有3条，均为强调保护文物工作的重要性，要全国各地遵守执行。

针对城西乡公社肆无忌惮扒拆城砖的行为，文化馆分管文物工作的刘建桥①先是拿着1974年7月15日中共凤阳县委下达的《关于严禁扒拆城墙并予妥善保护的紧急通知》找城西乡公社一位副书记：“县里不是下了紧急通知，怎么还在扒拆？”这位副书记说：“嗨！那还不是一张白纸！”刘建桥又拿着1974年8月8日国务院下达的《关于加强文物保护工作的通知》找公社另一位副书记，副书记看了看文件说：“这个国务院文件没有明文讲要保护凤阳这座县城嘛！”②

1974年7月，县委拨1万元给城西乡公社盖办公大楼，城西乡公社组织四类分子20余人挖午门以北的内五龙桥。刘建桥多次找公社，公社让他找县里，刘建桥找到县委书记谷志瑞，谷书记说：“这样扒城砖不好，你给他们讲讲去，不要扒了，就说是我讲的。”刘建桥揣摩：我怎能这样传话呢！他和宣传小组组长陈彭年一起找到县人武部书记鲍启豪，请他出面讲话。鲍说：“这也难怪城西乡公社，你县里给人家1万元盖办公大楼，试问这1万元怎能够？这明明是叫人家去扒城砖，再找已经没有用了。”陈彭年、刘建桥听后，无话可说（见图15、图16）。

图13　城西乡公社以“捡碎砖”的名义，正在扒拆午门的基部，1975

图14　文化馆刘建桥（左一）与护城人李忠庭（左二）在午门扒拆现场，1975

① 刘建桥，前文（第4页）有注，请参见。

② 2003年9月，笔者采访刘建桥时的记录。

图 15　城西乡公社组织四类分子挖内金水桥现场，1974

图 16　扒午门内金水桥的砖，新建的公社办公大楼，在当时曾风光一时，2004

内金水桥一直挖至年底，扒砖约 50000 余块，除盖城西乡公社办公楼外，剩余的还卖给了城南公社。东门生产队长朱荣全不同意扒城砖，公社找个借口把他革职①。

在“明初三都”(南京、北京、中都)的皇城中，中都皇城的桥梁最多。其中较大的桥梁有：内金水桥、奉天门东桥、奉天门西桥、四眼井大桥、二眼井大桥、东华门内大桥、西华门内大桥、文华殿桥、武英殿桥，以及午门以南的外金水桥等。上述大桥，除一部分毁于 1955 年前后，另一部分毁于 1974—1976 年之间。至此，中都皇城内外的桥梁全部扒拆。

其中，午门以南的外金水桥(俗称“马王桥”)，于 2018 年进行考古发掘，发掘清理出桥基 7 座。7 座桥基分为 3 组，中间组 3 座，正对午门中间的 3 座门洞；两侧各有 1 组，每组 2 座，各自正对午门的两阙(观)。这一考古发掘在中国考古界引起轰动。人们在感叹明中都外金水桥特殊规制的同时，亦感叹仅仅因为建了一座小化肥厂，而毁坏了包括外金水桥在内的 3 座桥梁以及午门城台。如今，凤阳县化肥厂的命运与城西办公大楼一样，早已倒闭，连厂房也被拆迁。面对这一结果，只能太息而已。

六、王剑英在考察明中都的同时，向干部群众呼吁保护明中都的重要意义

从 1973 到 1975 年，既是王剑英先生考察、研究明中都和撰写书稿的繁忙

① 城西乡公社南门生产队民兵营长齐志元亲笔撰写的材料。现藏于凤阳县博物馆。

之时，也是中都皇城遭受严重毁坏的多事之秋。他无法面对中都皇城一面面城墙、一个个城门、一座座金水桥、一块块石刻在他眼前逐渐消失的现实。中国知识分子那种对民族文化的深切情感和强烈的责任心，驱使着他在撰写书稿的同时，向领导、向群众大声呼吁：这是凤阳历史文化的重要遗产，同时也是世界独一无二、完整的都城遗址，是祖国文化的瑰宝。为此，他多次要求立即停止任何破坏明中都遗址的行为。他在《明中都遗址的发现及其研究》一文中写道：

> 从酷暑炎夏到严寒隆冬，我夜以继日地开始了研究和写作，并不时到现场去考察核实。那时，大规模的拆城工作已经停止，但搜挖和偷拆城砖的事时有发生，还有把白玉石浮雕拉去砌坑烤烟，变成石灰，说是"一举两得"。地面下的大桥一条又一条地被扒拆，西安门遗址下的木桩被吊起堆积如山。我忧心如焚，担心我材料还没写完，遗址倒先拆光扒尽了。我到处奔走呼吁……①

王剑英保护明中都的方式，在当地主要有以下两种：

一是向凤阳县文化部门领导反映。王剑英主要找两位领导：陈彭年、蒋汝成。

陈彭年是凤阳县宣传小组组长，借调王先生到文化馆工作，就是在他的运作下进行的。一天，笔者在宣传小组有事，看见王先生面带愁容正向陈彭年汇报中都城墙又遭扒拆的情况。只见陈彭年拿起电话，打给文化馆长蒋汝成，让他立即前往事发地处理，并交代说：把调解的结果告诉我，如果调解不好，我找县委领导！

另一位是文化馆长蒋汝成。1986 年 10 月 14 日笔者采访他时，他对我说："我最怕王剑英找我说，某某地方又在扒城砖了。我去吧，又无权处理，县里领导又不支持；要不去吧，又怕挫伤他的积极性，只好跟着他到那里去制止，我被他的精神感动了。"

二是通过演讲的方式，到处宣传保护中都城的重要意义。

王剑英先生在撰写书稿最紧张的日子里抽空到处奔走宣传，主动要求在县直机关各单位、各学校，城西乡公社各大队、生产队作演讲报告。凡是有单位请他介绍明中都的，不管路途远近，时间早晚，天气好坏，一律接受。只要听说城

① 王剑英：《明中都遗址的发现及其研究》，手抄件，1984 年初，藏于凤阳县博物馆。此文已收入本书中。

西乡公社水利工地开工,他必主动前往,宣传明中都。

笔者在整理王先生当年撰写《明中都城考》时的遗稿、遗物时,发现了当年宣传国家文物政策的两本小册子和两页宣讲提纲。其中两本小册子是国家文物事业管理局编印的《文物法令选编》①和安徽省展览博物馆革命委员会编印的《文物保护工作手册》。另外还有他亲笔撰写的两页宣讲提纲:1. 广播马克思、列宁、毛主席语录;2. 宣讲中共中央、国务院关于保护文物的文件;宣讲凤阳县革命委员会 1974 年 7 月 5 日关于加强保护县城的紧急通知;3. 介绍 1961 年 3 月 4 日国务院公布的"第一批全国重点文物保护单位";4. 全面介绍明中都历史文化,介绍明中都是历史上最好的都城,具有重大历史、艺术、科学价值(见图 17)。

图 17　王剑英在城西乡公社向干部群众宣讲国家文物政策及保护明中都的重要意义,1974

据不完全统计,他曾在县文化馆、县委食堂饭厅、凤阳师范、安徽农学院凤

① 国家文物事业管理局编印的《文物法令选编》中收录了如下文件:1. 1967 年 5 月 14 日,《中共中央关于在无产阶级文化大革命中保护文物图书的几点意见》(中发[67]158 号)2. 1974 年 8 月 8 日,《国务院关于加强文物保护工作的通知》(国发[1974]78 号)3. 1961 年 3 月 4 日,《国务院关于发布文物保护管理暂行条例的通知》(《文物保护管理暂行条例》共 18 条)4. 1961 年 3 月 4 日,《国务院关于公布第一批全国重点文物保护单位的通知》(共计 180 处)5. 1974 年 12 月 16 日,《国务院批转外贸部、商业部、文物局关于加强文物商业管理和贯彻执行文物保护政策的意见》等。

阳分院等多处进行演讲。其中在城西乡公社进行演讲的次数最多。笔者曾数次参加过王老师保护明中都的演讲活动,其中有一场是在“县委机关大食堂饭厅”举行的,下面的听众全是县直机关的干部,包括多位科局长以上的领导干部。他们从王剑英的演讲中得知,那座正在扒拆的“县城”是朱元璋营建的中都皇城,它相当于北京的故宫。此外,凤阳还有太庙、太社稷、圜丘、方丘、山川坛、日坛、月坛、中都国子学、中都城隍庙、历代帝王庙、开国功臣庙……凡是北京有的皇家建筑,凤阳全有,而且质量比北京还要好。这些闻所未闻的家乡厚重的历史文化,顿时在县直机关大院内引起了很大轰动,“中都城”逐渐成为凤阳干部群众的议论中心,都知道有一位从北京教育部来的研究明史的大专家,他叫王剑英,是他发现了凤阳有一座朱元璋营建的中都城,而且中都城竟比今天的北京还要豪华壮丽……王剑英的一次次演讲、一次次的呼吁,逐渐唤醒了凤阳民众,让他们从“破四旧”的阴影中走了出来,转化成对家乡震古烁今、光前裕后的历史文化产生了爱与骄傲,并开始形成要求保护中都皇城的舆论。其中,从县委机关大院内发出来的舆论对县委领导逐渐改变对明中都的态度,起到一定的作用,使明中都的破坏速度得以扼制与约束。

七、1975 年 10 月,王剑英参加了
国家文物事业管理局调查组前往凤阳调查

1975 年春节前夕,王剑英结束了在凤阳的生活,随教育部五七干校全体驻凤队员返京。返京后,王先生把《明中都城考》书稿分发给国家文物事业管理局、故宫博物院、北京大学、中国社科院考古所等单位的领导及相关专家,引起了文物界、古建筑界、史学界的重视。与此同时,王剑英还数次前往国家文物局,要求对正在破坏中的明中都遗址进行保护。国家文物事业管理局研究决定,委派故宫博物院副院长杨伯达、单士元,金石雕刻专家李怀瑶,王剑英和中国科学院考古研究所徐苹芳等 5 人组成调查组,前往凤阳对明中都遗址进行调查。

10 月 26 日,调查组一行 5 人来到凤阳,此时安徽省文物工作队队长葛伯和、安徽省博物馆副馆长常秀峰和滁县地区行署文化局文物科长刘乐山已在凤阳等候(见图 18)。

调查组安排在凤阳宾馆唯一的二层小楼内居住,笔者参与了调查组的服务工作。记得调查组在凤阳期间,秋雨绵绵,虽雨水不大,但王剑英原先设计的几

个考察点，因道路泥泞而未能前往。期间，安徽省委宣传部副部长韩寅还特地来凤阳看望专家调查组。王剑英记录这次调查的经过：

从10月28日起，连续5天，我们一起考察了明中都紫禁城、皇城的城垣、城门、宫阙、桥梁遗址，水系和下水道，中都鼓楼，皇陵土城、砖城、享殿遗址和皇陵石刻，拍摄了遗址和石雕的照片，采集了一些龙凤瓦当、滴水和琉璃瓦残片，还亲眼看到了中都城继续在遭到破坏的情景，亲耳听到一些群众的反映。由于连日下雨，道路不通，原计划去看看的中都城其他遗址未能前往。此外还看到龙兴寺、临江侯陈德墓、古钟离城以及馆藏的中都琉璃构件和其他文物。

我们和省地县的同志一起，对明中都城的历史、艺术、科学价值作了估价……提出了一个书面的《关于保护明中都皇城遗址和皇陵石刻的建议》，向省、地、县委汇报。①

《关于保护明中都皇城遗址和皇陵石刻的建议》共六条，主要是如何对皇城、皇陵进行保护：

一、皇城（指紫禁城，俗称县城）的城垣、城门、宫殿、桥梁、河湖水系等地上建筑和地下遗址及遗物，均在保护范围之内。在皇城之外的有关建筑和遗址，如鼓楼、承天门、涂山门、独山城根等，也应予以保护。

二、皇陵的石刻及皇陵碑应严格进行保护。建议对倒斜残破的石像应立即进行维修，石刻之间的树木应迁移，穿过石刻的公路不利于保护文物，应绕行。如有条件可建立保护围墙。

三、根据《通知》和《条例》②的规定，一切文物都是祖国珍贵的文化遗产，是人民的财富，都属于国家所有。任何单位和个人，都不得私自挖掘破坏，都不能据为己有。严禁买卖或倒卖出土文物。对于破坏、损坏、盗窃文物的分子，应当按照情节轻重给予应得的处分。

四、根据《条例》第七条、第五条规定，建议县委对这两处省级文物保护单位的保护和管理工作定出具体措施，在制定1975年至1980年农田基本建设规划时，应将这两处省级文物保护单位纳入规划，加以保护。

---

① 国家文物局五人调查组撰稿，王剑英执笔《安徽凤阳明中都皇城及皇陵调查报告》，手写复写件，1975年11月初。现藏于凤阳县博物馆。此文已收入本书中。

② 《通知》和《条例》分别指《国务院加强文物保护工作的通知》（国发［1974］78号）和《文物保护管理暂行条例》。

图 18　调查组在皇陵考察时的合影，前排左起：李怀瑶、单士元、凤阳皇陵农场场长、葛伯和、王剑英、凤阳县大庙区文化站长原因。后排左起：常秀峰、徐苹芳、蒋汝成、杨伯达、刘乐山，1975

五、根据《条例》第七条规定，如需要在保护范围内进行工农业、水利、交通建设时，如修路盖房、开沟挖渠、深翻土地等，建设部门应事先会同省革委会协商，并且必须取得一致意见以后才能动工。意见有分歧时报请上级决定。

六、根据《条例》第三条、第五条规定，建议县委设立保护管理文物的专门机构，负责文物保护管理、调查研究、宣传、搜集、发掘等具体工作，并建立科学的记录档案。①

11 月 2 日、4 日、7 日，调查组分别向凤阳县、滁县地区行署、安徽省委宣传部、安徽省文化局领导汇报了这次调查的结果及所提出的保护建议。其中，滁县地委副书记王郁昭、滁县地区革委会主任高峰、安徽省文化局副局长余耘、安徽省文化局副局长田玉生、安徽省委宣传部副部长韩寅均讲了话。地区、省各级领导因认识不清、措施不力、使明中都皇城遭到严重破坏，承担了责任，并对如何坚决制止继续破坏，加强宣传教育，设立文物保护管理机构，划定保护范围、竖立重点文物保护单位标志等等，提出了许多具体的意见。特别是安徽省

① 杨伯达、单士元、李怀瑶、王剑英、徐苹芳《关于保护明中都皇城遗址和皇陵石刻的建议》，打字机打印件，1975 年 11 月 1 日，藏于凤阳县博物馆。此文已收入本书中。

委宣传部副部长韩寅对如何重视和加强明中都文物保护工作,提出了应该采取的一系列具体措施的意见,坚决把皇城遗址保护下来。

俗话说,"县官不如现管"。在省、地、县三级领导的意见中,凤阳县领导的意见才是最重要的。因为具体行使保护明中都遗址的权力,均在凤阳县和城西乡公社领导的手上。11 月 2 日,在调查汇报会上,凤阳县委副书记兼城西乡公社第一书记支道友,凤阳县委第一书记、县革命委员会主任谷志瑞等发了言,现将二人发言摘要如下:

支道友:皇城破坏,经历了四个阶段:1958 年到 1966 年以前,是小干;1966 年到 1968 年,是大干;1669 年到 1971 年,是组织起来有计划的干;1972 年以后,是我们公社偷偷摸摸的干。

1966 年开始扒拆皇城的时候,群众大部分是有看法的,是不愿意把好好的皇城扒掉的。后来,(凤阳)县财政局来管,就是由我财政局拆,你不要拆。我们想,你财政局能扒砖卖钱,我公社为什么就不能搞呢?以后,省里虽曾三令五申要保护,我们却认为已经扒成这样了,价值就不大了,只当耳边风,继续偷偷摸摸的搞。"砸烂旧县城,建设新凤阳"的口号,是我们公社于 1973 年提出来的①。

这也要怪省里……列为省级文物保护单位,我们都不知道,没有立个牌子,没有看到文件。文件里也从来没有说过要保护皇城。扒了,上边也没人管,没有具体措施。现在才派人来,晚了,搞迟了,可惜了。从现在开始,今后再动一块砖,我们负责。回去后要向群众宣传,讲清楚。农田基本建设要有利于文物保护,如认为有必要的话,皇城里两个生产队全部搬出去都可以。要求省里把(全省重点文物保护单位的)牌子树起来,没有牌子,群众认为是吹的。

谷志瑞:农业学大寨,别的顾不上。

这样完整的都城建筑,是我们民族的珍贵文化遗产,过去认识很不够,遭到了破坏,责任主要在县委领导,要吸取经验教训。皇城地上地下不能再挖了。午门洞内不再填土。散置皇城内外的石雕集中保管。皇陵公路改线。成立中都文物保管所……

---

① 据原安徽省社科院历史所副所长刘思祥日记:1972 年 5 月 1 日他第一次到凤阳,5 日下午参观中都皇城,在东华门遗址上亲眼看到大幅红布标语,内容即是"砸烂旧县城,建设新凤阳",可见这一口号早在 1972 年就已提出。

要保护好皇城，关键是省，看省里什么意见。中都皇城已经破坏成这样了，是否仍为省级文物保护单位，要省里表个态。①

如果说，支道友书记的发言还是比较客观的，而主政凤阳的第一把手谷志瑞书记则提出了“农业学大寨，别的顾不上”和“要保护好皇城，关键是省，看省里什么意见”等，与调查组提出的《六条》建议相左，究其原因有如下三点：

其一，从当时的政治环境来看，两个月前即1975年9月，党中央、国务院召开全国“农业学大寨”会议。会上发出“全党动员，大办农业，为普及大寨县而奋斗”的号召。要求到1980年全国有三分之一以上的县建成“大寨县”，基本实现农业机械化，以解决中国的农业问题。就在国家文物局调查组赴凤调查的同一天，即10月26—27日，凤阳县委召开了常委会议，全面贯彻全国“农业学大寨”会议精神。11月1日，县委在“五一广场”召开了全县生产队长以上干部6000人大会，传达了全国“农业学大寨”会议精神。会上提出，到1980年实现“凤阳变昔阳，实现大寨县”的目标。

昨天还在召开6000人“农业学大寨”会议，今天却听到国家文物局调查组提出要求保护中都皇城遗址的要求，于是谷书记的第一句话便是“农业学大寨，别的顾不上”，他在话中似乎表达这样的意思：与“农业学大寨”“普及大寨县”运动相与比，保护中都皇城是次要问题。

其二，保护明中都的《六条》建议，仅是你们专家的建议，或者说是部门领导的意见。作为县一级领导，更想听省委领导（主要是省一把手）的意见。

其三，目前中都皇城已经扒拆一半有余，已不是完整的皇城了，还有保护的价值吗？是否还是省级文物保护单位？省政府要下个文。

因此，谷书记的表态，其倾向性十分明显。

倒叙一段插曲：据凤阳县文化馆馆长蒋汝成回忆，1975年下半年，因凤阳县唯一一座召开会议的会场——凤阳县大礼堂（亦称凤阳县电影院）已成危房，县委打算新建一座“凤阳县影剧院”，并按照建县化肥厂的办法，决定再扒中都皇城数十万块城砖。在11月2日调查组向凤阳县委汇报会上，蒋汝成和分管宣传文化的县革命委员会副主任宁金茂坐在一起。宁金茂在调查组提供的《六条建议》的背面写下“影剧院泡汤了”6个字。

① 《省地县各级主要领导人的发言摘要》，王剑英纪录，手抄复印件，1975年11月，现藏于凤阳县博物馆。此文已作节选，编入本书收录的《安徽凤阳明中都皇城及皇陵调查报告》一文中。

自10月24日到11月7日,历时半个月,调查组完成了明中都的调查、汇报工作。临行前,由5人调查组撰稿、王剑英执笔撰写了《安徽凤阳明中都皇城及皇陵调查报告》,《报告》分三部分:1. 工作过程,2. 县委、地委、省委的态度和意见,3. 我们的认识和建议。其中,在"我们的认识和建议"中写道:

> 我们从了解明中都皇城遭到破坏的过程中,发现从(凤阳县)领导到干部都存在着一个对文物保护的认识问题。明中都皇城究竟有什么价值,为什么保护它,特别是已经遭到破坏之后,是否还有价值要保护它,这个思想认识问题一定要首先解决,不解决就谈不上保护,否则即使作了决定,发了文件,还是落空。这个问题过去有,今天还存在,今后还会产生。有的人认识了,还有的人仍不认识。因此要经常、反复地进行宣传……
>
> 从中都皇城遭到严重破坏的经验教训来看,文物保护单位是从文化系统一条线贯彻下来是很不够的。要使省委、地委、县委、公社党委都知道,经常予以关心。特别是(凤阳)县委和(城西)公社党委二级领导更为关键。县社领导重视了,工作就能做出成绩……县社领导不重视,虽然省里多次予以制止,明中都皇城这个省级文物保护单位却仍不断遭受严重的破坏,公社甚至提出"砸烂旧县城,建设新县城"的口号,制定1975—1980年农田规划时,完全无视有这个省级文物保护单位的存在。要是我们还晚来一些时候,也许连明中都皇城这个遗址也都破坏了。①

早在1968年,在"破四旧"运动的口号下,"拆城领导小组"就决定"撤除县城",即将中都皇城全部拆除。至1975年,周长约3703米的中都皇城城墙,被扒拆了2485米,仅存1218米,约三分之二以上的城墙已被扒拆。1975年下半年,全国掀起的"农业学大寨""普及大寨县"运动如火如荼地开展。在中都皇城即将继续遭受毁灭性破坏的关键时刻,国家文物事业管理局派出的调查组,对凤阳中都皇城和皇陵进行了调查,并撰写了《六条》建议,提出对明中都皇城、皇陵的重要遗址进行保护。这是凤阳县破坏明中都皇城以来受到来自国务院领导机构的指责。

追根求源,如果王剑英没有下放到凤阳"五七干校"劳动,没有考察研究明中都,没有把《明中都城考》送给国家文物局及相关领导专家,国家文物局是不

① 国家文物局五人调查组撰稿、王剑英执笔《安徽凤阳明中都皇城及皇陵调查报告》,王剑英手写件,1975年11月初,现藏于凤阳县博物馆。此文已收入本书。

会派出5人专家调查组来凤调查的。那么在当时压倒一切的“农业学大寨”“普及大寨县”运动中,在制定凤阳县1975—1980年农田规划时,在新建凤阳县影剧院以及后续凤阳县重大工程中,完全有可能把残存的中都皇城遗址彻底毁坏。

八、受调查组的委托,王剑英留在凤阳继续调查,寻找保护皇城的办法

11月8日,调查组4人自合肥返京,留下王剑英先生前往凤阳,继续把明中都皇城破坏的经过、遗址的现状、保护管理的措施等作更深入的调查。

当日,王先生与安徽省文物工作队李新国再赴凤阳。9日下午在县文化馆召开会议,讨论了保护皇城的具体工作及年内工作计划和所需经费。10日起,王剑英和李新国一起去皇城察看保护情况,了解情况。11月12日,李新国带了凤阳县文化馆写给安徽省文化局的《关于当前对明中都皇城、皇陵保护的工作打算》①及经费开支预算返回合肥。11月16日,根据这几天收集的调查资料,王剑英撰写了《关于对明中都皇城、皇陵保护工作的汇报》。17日,王先生结束了凤阳考察工作返回北京,将调查结果向国家文物局汇报。现将王先生在凤阳的8天工作情况,作如下简介。

图19　南门生产队以开水沟为名,在午门西侧扒出的豁口,1975

① 凤阳县文化馆《关于当前对明中都皇城、皇陵保护的工作打算》(1975.11.11打字机打印件,现藏于凤阳县博物馆)拟定了五点工作打算:1.深入贯彻国家文物局调查组“六条”建议;2.增印《明中都城考》(历史篇);3.培训群众性文物保护考察队伍;4.对浮散在地面和分散在群众家里的石刻、浮雕等文物进行普查登记,在可能的情况下收集起来;5.把原龙兴寺交给文化部门管理,作为办公、文物陈列所用。

图 20　1975 年城西乡公社县城大队在完好的西城墙上，从底往上把城墙剥了一层皮，2012

图 21　1975 年冬，城西乡公社县城大队社员正在挖掘宫殿遗址，平整土地

图 22　1975 年冬，城西乡公社县城大队在午门与玄武门之间，修筑一条大道，穿越宫殿遗址。图为社员们在平整宫殿遗址时的情景

首先是调查中都皇城被破坏的情况，其中王剑英十分关注他于 1975 年元月离开凤阳后，中都皇城的保护情况，刘建桥以其亲身经历，向他作如下汇报：自王先生于元月离开凤阳后，扒拆城墙的破坏行为从未中止，其中较为突出的是：1975 年 5 月，城西乡公社前进大队以给下放知识青年盖房为由，扒拆了奉天门广场四眼井大桥城砖约 40000 块，多余的城砖对外出售；南门生产队以开水沟为名，在午门西边扒拆了一段城墙（见图 19），扒城砖 50000 块，卖了 3000 元；8 月 18 日，城西乡公社县城大队以给大队盖厨房为名，在完好的西城墙上从底往上扒了一大片城砖（见图 20），卖给在城西乡公社金董大队蹲点干部 5000 块。

11 月 8 日，王剑英返回凤阳后，对明中都遗址的保护情况作了调查，在短短的几天中就发现：东华门外，码在那里的城砖不见了；午门洞口丢失了两块石雕；筑路翻过了中都宫殿殿台遗址；皇陵石人被卡车撞倒一个。

其中最为严重的是,筑路翻过了中都宫殿殿台遗址,严重破坏了中都皇城最核心的中轴线上的奉天门、三大殿、后宫等重要遗址。城西乡公社之所以坚持要修这条道路,与当前在全国开展的“农业学大寨”“普及大寨县”运动有关。

在“农业学大寨”“普及大寨县”运动中有一项重要工作:大搞农田基本建设。即农村土地的改造,采用统一规划、削高填低的办法,把那些高低错落、大小不一的零碎地块,整修成统一标准、平平整整的农田,也叫“大寨田”。由于皇城内宫殿遗址较多,分布全城,均为高地,使得皇城内的土地高低不平。另外,弯曲的金水河几乎贯穿全城的每个角落,把农民耕作的土地分割成无数块零碎的小地块,这与统一标准、平整齐楚的“大寨田”相差很大。只有把高耸的宫殿遗址铲平,把弯曲的金水河填实,筑成整齐划一的田埂,才能达到“大寨田”的标准。

国家文物局调查组来凤阳调查期间,正是城西乡公社做规划的日子。调查组到皇城考察时发现,从午门往北的新修大路已经修到殿台遗址的前面,从玄武门向南新修的大路,也已修到殿台遗址的后面。调查组又看了城西乡公社1975—1980年农田基本建设规划,根本没有把保护明中都皇城这个省级重点文物保护单位纳入规划之中,认为情况严重,因此向凤阳县委汇报时提出了书面建议,要求保护皇城遗址,不能把路修到殿台遗址上面。并明确指出,如因建设需要,根据国务院《文物保护管理暂行条例》第六条规定,“各级人民委员会在制定生产建设规划和城市建设规划的时候,应当将所辖地区内的各级文物保护单位纳入规划,加以保护”;第七条还规定,应向省革委会协商,并且必须在取得一致意见以后才能动工。如果仍按照“砸烂旧县城,建设新凤阳”的旧思路,非得要筑一条路,从午门进去,穿越“三大殿”遗址,直穿玄武门出去,这样就会把殿台遗址破坏净尽。通车以后,就会把午门石雕撞坏,如嫌城门洞狭,就有可能把残存的午门建筑拆掉。这是调查组不愿看到的。

对城西乡公社干部来说,他们认为,文物保护工作远不如当前压倒一切的“农业学大寨”“普及大寨县”运动重要。城西乡公社县城大队书记庞某某得知调查组的建议后公开反对:“嗨,你说的倒省事了,规划也不用搞了,不准填沟,不准扒土堆,怎么规划?”所以当调查组刚刚离开凤阳前往滁县、合肥向省地两级领导汇报,人还在安徽,就在殿台遗址上新修筑了一条道路,且深挖一米左右(见图21、图22)。

11月10日,王剑英与李新国到皇城看到这种情景,甚为惊异,并了解到凤阳县事先根本未同省革委会打过招呼,便立即给省委宣传部副部长韩寅同志发了电报,要求立即予以制止。第二天,韩寅就打长途电话进行干预。王剑英记录了他与凤阳县委发生冲突的经过：

> 11月15日晚，我见到谷志瑞、支道友两位县委书记时，支道友说，省里来电话严肃批评，我摸不着头脑，不知道怎么一回事，城砖是不准再扒了，但是路不修上去，车子也进不来、过不去，路在上面翻过去，不深挖，影响不大……谷志瑞说，既然重要，文物局为什么不早来，现在搞成这样了才来，晚了，搞迟了。还说，过去胡耀邦来过，新疆的领导同志来过，都没有说中都皇城重要，宋佩璋也没有说过。表示对明中都皇城遗址是否有价值、（是否）还需要加以保护，仍有怀疑。县、社两级党委的第一二把手如果对文物法令不清楚，对保护明中都皇城遗址的意义不了解、有怀疑，保护管理工作就很难有效地持久地贯彻下去，一时的重视，很可能变成一阵风。县政工组长辛永成说："过去（我们也向城西乡）公社讲过几次，（城西乡公社）只当耳边风，认为只要自己不贪污，为集体搞一点，没有事。"①

在10月26—11月16日的22天中，王剑英作为国家文物局调查组的一员来凤，把全部精力用于寻找保护中都皇城及皇陵的办法。经过与省、地、县三级领导面对面的接触，深知凤阳县领导对保护明中都的态度并不积极。另外他还走访群众，了解群众对保护明中都的真实想法。通过调研，他提出了保护明中都的如下建议。

1. 中都皇城是省级保护单位，请省委主要领导出面支持一下中都皇城的保护工作。

如何保护中都皇城遗址的现状，关键仍然是凤阳县委领导。在当前开展的"农业学大寨""普及大寨县"运动中，凤阳县委主要领导存在着"学大寨，别的顾不上""只要生产搞上去，别的都好说"的思想。在"普及大寨县"运动中如何保护中都皇城，县委领导主要是看省委领导，尤其是省第一把手的态度。在这种思想支配下，在11月2日的汇报会上，谷志瑞说：关键看省领导有什么意见，是否仍把皇城列为省级重点文物保护单位？11月8日王剑英从合肥返回凤阳时见到了谷志瑞书记，他首先就问："省里有什么意见？"等王剑英转达省领导的意见以后，谷书记还是露了"宋佩璋过去也没有说过中都皇城重要"这句话。

鉴于凤阳县委领导的这一态度，王剑英建议：是否把凤阳当前的问题，向安

---

① 王剑英《关于对明中都皇城、皇陵保护工作的汇报》，手抄复印件，1975年11月16日，藏于凤阳县博物馆。此文已收入本书。

徽省委书记宋佩璋汇报一下，让他出面支持一下中都皇城的保护工作；并由安徽省革命委员会正式下文，重申凤阳中都皇城仍是全省重点文物保护单位。

2. 把中都皇城交给城西公社负责保护，是违反国家文物法令的。

1974 年 7 月 15 日，凤阳县革命委员会下达的文件《关于严禁扒拆城墙并予妥善保护的紧急通知》中规定："今后任何单位和个人未经县文物保护领导小组批准，均不得以任何借口扒拆动用一块城砖，违者以破坏文物论处，所获赃款全部追缴地方财政收入。"把批准扒拆省级重点文物保护单位的权限，擅自规定由"凤阳县文物保护领导小组"来执行，是违反国家文物法令的规定的。把拆卖省级文物保护单位的款项，以及追回赃款列为县财政收入，也是文物法令中所未尝有过的。由于自己授予自己这样的权利，并把明中都皇城这个省级文物保护单位交给城西乡公社负责保护，事实上造成了城西乡公社负责扒拆的结果。因为城西乡公社仅是中都皇城的所在地，没有这个权力。

3. 当前最迫切的任务是保护中都皇城的现状。

凤阳明中都皇城是我国城市建筑发展史和宫廷建筑史上极为重要的一个都城遗址，皇城内的文化层次极薄，有的地方一锹土下面就是白玉石雕、石础、金砖、石条，厚的地方也不过几十厘米到 1 米多些，下面全是琉璃瓦和殿台基础。而中都皇城的宫殿布局、设计、建筑情况，目前尚不了解，有待于勘测和清理发掘。因此当前最迫切的任务是保护现状，然后清理测绘地表情况，收集遗散的石雕、琉璃，再逐步地开始清理及考古挖掘。如果现在仍继续修路和"捡碎砖"，就完全有可能使遗址进一步遭到破坏。如今年 4、5、6 三个月，夹西生产队要在午门前盖猪圈，在午门东翼楼外侧和南城墙东段外侧清底，"复收"了 35 方城砖。这次调查期间王剑英亲眼看到把原已埋在积土里的翼楼外侧城砖扒了下来。因此要完全杜绝"捡碎砖"行为，以免发展成为皇城遗址继续遭到大破坏。

4. 做好中都皇城的宣传、组织、调查、登记、征集、树标、立志等工作。

明中都皇城的保护和清理发掘工作需要一支技术队伍来进行，在省、地区两级文化部门不可能投入较多的技术力量时，建议凤阳县文化部门自己培训一支"赤脚"文物工作队伍，从全县 40 多个公社，每个公社抽出 1 ~ 2 名回乡和下放知识青年，进行短期培训。培训期间一边学习，一边做些简易测绘、树标立志、文物登记收集等急办工作。培训结束，回社生产，成为"农业学大寨"运动中宣传保护文物的政策法令、进行文物调查和及时发现报告的业务人员，使祖国的文物不致遭到破坏和损失。再从经过培训的青年中挑选 10 人左右，继续边干边学，为明年在上级指导下对明中都城开始进行的勘察发掘工作，做好组织

图23　宋佩璋(左一)视察中都午门。刘乐山(左三)向他汇报国家文物局调查组的《六条建议》,1975

上的准备。待保护工作和清理、勘察、发掘工作稍有一些头绪后,可以利用遗址和遗物,通过陈列、展览的方式,宣传保护中都城遗址的真正意义和价值。

5. 要有足够的思想准备,清醒地估计到在保护、清理、发掘和利用明中都遗址的过程中,今后仍会遇到各种困难和阻力,仍会有破坏和斗争。

明中都城遗址现在已经得到了从中央到省、地、县各级领导的重视,保护文物的政策、法令的宣传工作正在进一步开展,这是过去所未曾有过的大好形势。在中央、省、地、县各级领导和文化部门的重视和支持之下,凤阳县一定能够在“农业大学寨”运动中,把文物工作搞好,一定能够依靠一支按照自力更生、艰苦奋斗的方针建立起来的赤脚文物工作队,在上级的关怀、指导、帮助之下,把明中都皇城遗址、明皇陵和境内的其他遗址的文物保护和考古发掘工作,做出成绩①。

然而事与愿违,王剑英期盼让宋佩璋支持一下的建议,反而达到了相反的结果。1975 年 11 月 30 日,安徽省委第一书记兼省革委会主任宋佩璋②来凤阳,听说国家文物局派调查组来凤阳调查,便专程来到中都城视察。当他听了(滁县)地区文物局刘乐山和(凤阳)县文化馆蒋汝成汇报调查组的意见后,他不耐烦地哼了一声……说:“这也要保护,那也要保护,这是什么金水河?都这个样子了!北京的那么好,都扒掉了,我们还要这个有什么用?可以填平生产嘛!”(见图 23)宋佩璋的话刚落音,城西乡公社立即行动,填平金水河,平整宫

① 摘自王剑英《关于对明中都皇城、皇陵保护工作的汇报》,1975 年 11 月 16 日,手抄件,现藏于凤阳县博物馆。此文已收入本书。

② 宋佩璋,“文化大革命”期间,任中国人民解放军第 12 军政委;1971 年 1 月至 1975 年 5 月任中共安徽省委书记兼省革委会第一副主任;1975 年 5 月至 1977 年 6 月任中共安徽省委第一书记兼省革委会主任,“四人帮”倒台后,1977 年 6 月被调离安徽进行审查。1984 年 2 月被撤销党内外职务。

殿遗址。此后扒拆城砖等破坏事件不断发生,致使中都皇城再次遭受破坏①。

虽然宋佩璋的指示对中都皇城的保护起到了恶劣的效果,但保护明中都的正面声音也同时响起。

1975年11月17日,王剑英结束了凤阳考察工作返回北京,把在凤阳撰写的《安徽凤阳明中都皇城及皇陵调查报告》《关于对明中都皇城、皇陵保护工作的汇报》两份材料向国家文物事业管理局进行了汇报。1975年12月18日,国家文物事业管理局下达了《关于明中都遗址保护的意见》([75]文物字第355号)文件。文件说:

> 关于凤阳明中都皇城遗址的保护问题,我局曾组织杨伯达等同志前往调查。他们曾向省、地、县负责同志作了汇报,得到你省有关部门领导的大力支持和具体指示,并采取了初步保护措施。
>
> 我局原则上同意杨伯达等同志所提的六点建议。目前除了做好宣传教育工作外,要密切配合"农业学大寨"的革命群众运动,做好文物保护工作。首先要进行遗址保护范围的划定工作。根据其他一些地区划保护范围的经验,可划作一般保护和重点保护两种范围。在一般保护区内经过批准和清理发掘之后,可以兴工动土。在重点保护区内非特殊情况不能改变原来的面貌。按照国务院《文物保护管理暂行条例》的规定,对于已经公布的文物保护单位,按保护单位的级别由省、自治区、直辖市或县市革命委员会划定范围之后交文物保护、基本建设、农田水利等有关部门共同执行。

这是国家文物局首次对明中都遗址保护,专门向安徽省文化局下达的文件。紧接着,安徽省文化局、滁县地区革命委员会进行了转发。

国家文物局的文件引起了连锁反应:1976年8月2日,安徽省革命委员会下达了《关于公布凤阳明皇陵为省级文物保护单位的通知》(革秘字[1976]41号),文件在确认明皇城是"原省级文物保护单位"的同时,决定把明皇陵列为全省重点文物保护单位。

由5名专家组成的国家文物局调查组在凤阳调查明中都的事迹,距今已有近半个世纪。今天,知道此事的凤阳人已寥寥无几。但此事肯定在明中都大事记中留下重重一笔。其意义表现在:1.向全县干部群众进一步宣传了明中都是

① 凤阳县文物管理所《揭批宋佩璋对抗中央反对党的文物方针政策》,1977年7月30日,手抄件,现藏于凤阳县博物馆。

我国优秀的历史文化遗产;2. 新建凤阳县影剧院使用城砖的决定被迫中止,自此,凤阳县委完全停止了大规模扒拆城砖的行为;3. 对城西乡公社小规模继续破坏中都皇城的行为,起着抑制作用。4. 中都皇城内的金水河虽被填平,宫殿遗址虽遭部分平整,但在调查组的努力下,"大寨田"对中都皇城的破坏降到了较低程度。

九、王剑英离开凤阳后,凤阳县文化部门承担了保护中都皇城的重任

2004 年初夏,刘建桥先生把一个档案袋郑重其事地交给了我,说:"这些材料十分重要,放在我这里已没有用了,只有交给你我才放心。请你把这些资料整理出来,让后人知道这段往事。"

档案袋内装有文件、报告、汇报、群众座谈会记录、问话笔录、旁证材料、购买城砖的单位证明(均加盖购砖单位的公章)、购买城砖的统计表格等等,有数十页之多①。材料的内容均为王剑英离开凤阳后,凤阳文化部门为保护明中都皇城所做的工作。现按材料的时间先后记述如下。

1975 年 12 月 2 日,凤阳县文化馆撰写了《关于要求县委对继续扒拆"明皇城"城墙、破坏国家文物的事件进行严肃处理的报告》。报告说,自国家文物局调查组赴凤以来,虽然得到省、地、县及城西乡公社领导的重视,但扒拆城砖的现象仍在继续,具体表现为如下几点:

1. 城西乡公社县城大队西门生产队和南门生产队有近 10 个芋头窖子,均系近来从午门南段城墙上扒拆的新砖。仅窖顶上的表面城砖,便有 200 余块。

2. 城西乡公社前进大队余庄生产队(距皇城 4 华里),组织 6 个劳动力,从 1975 年 11 月 25 日至 29 日,到午门西侧扒拆城砖,该队社员李某某用手扶拖拉机拉回。29 日上午运砖时,被护城人员劝阻,他们不但不听,反而强行拉走,于 30 日仍然继续拉城砖。被拉走的城砖,在现场发现就有数百块。

3. 城西乡公社西门生产队社员刘某某,正在兴建三间新房,从城墙上扒了不少城砖,于 1975 年 12 月 1 日上午又公开在城墙上扒砖。被护城人员发现,当

① 刘建桥交给我的材料,笔者已转给凤阳县博物馆收藏。

场统计就有 100 余块①。

凤阳县革命委员会收到文化馆的《报告》后，于同月 23 日下达了《关于在农田基本建设中加强文物保护工作的通知》（革政[75]0214 号），通知说："中央对文物保护工作极为重视，国务院国家文物局于 10 月下旬派调查组来我县进行检查……并提出了具体的保护意见。（滁县）地区革委会进行了转发，我们应坚决贯彻执行。对此，县委曾先后向城西乡公社等有关单位进行了传达贯彻……不准再扒拆城砖，挖掘宫殿遗址及遗物。"为此，做出了五项通知，以加强对中都皇城等全县文物的保护措施②。

然而，文件并没有阻止城西乡公社破坏中都皇城的行为。其中以"城西专业队"和东门生产队的破坏行为更为突出。

1976 年 12 月，城西乡公社成立了"城西乡公社农田基本建设专业队"（简称"城西专业队"），专业队由 50 多名农民组成，隶属公社直接领导。为方便工作，公社安排这 50 余人居住在中都皇城西华门南券洞内。他们借口城门洞两头通风，必须堵上两头才行。经公社领导同意，专业队以"复收""碎城砖"的名义，多次对城墙、城门及遗址下手。

为了阻止城西专业队扒拆城砖的破坏行为，新成立的凤阳县文物管理所于 1977 年 9 月 18 日向凤阳县革命委员会呈上《关于要求对扒拆明中都皇城城砖、破坏国家文物的首要分子应依法惩处的报告》，《报告》说：

> 经初步调查，城西乡公社专业队打着为集体的招牌，不听劝阻，近几个月来，明目张胆地、公开地、经常不断地扒拆明中都皇城的城砖，砌猪圈、砌锅台、砌桥。我护城人员李忠庭同志，于 8 月 7 日至 8 月 9 日，数次发现城西专业队数十人，扒拆午门城砖，经多次劝阻，他们不仅不听劝阻，反而扬言说："扒城墙是领导叫我们来的，你李大个子只能管城墙，管不着我们。"基于这种情况，于 9 月 8 日我们把情况向城西乡公社党委孙殿华副书记进行汇报，要求对破坏文物事件立即进行严肃处理。同时县委书记孙秀山和副书记支道友同志，对城西乡负责同志进行指示，（县委）宣传部部长、（县）文化局局长均向城西乡负责同志提出具体意见。这一事件发生后，至今没有得到及时认真处理。相反城西乡公社专业队变本加厉地扒拆明中

---

① 凤阳县文化馆《关于要求县委对继续扒拆"明皇城"城墙、破坏国家文物的事件进行严肃处理的报告》，1975 年 12 月 2 日复写本，藏于凤阳县博物馆。

② 凤阳县革命委员会：《关于在农田基本建设中加强文物保护工作的通知》（革政[75]0214 号），手抄件，藏于凤阳县博物馆。

都皇城城砖。9月23日,我们派人到现场进行调查时,城西专业队数十人正在西华门城楼上进行扒拆城砖,现场五六千块没有运走。由于在他们的影响下,县城大队从各生产队抽调若干人集中在北门扒拆城砖,卖给县食品厂。东门生产队扒东华门内五龙桥砖头,卖给府城供销社、县印刷厂等单位,售价每块均为0.2元。城西乡公社专业队还扒拆城砖数百块卖给城西乡公社前进大队和平生产队王某某私人盖房子。另外城西乡公社砂石厂、西门生产队、县城大队小学也都经常扒拆。对此,群众反映极坏,为什么公社专业队等单位经常扒拆城砖,破坏国家文物,不受任何处理?他们的特权是谁给的?①

从上述报告来看,自城西专业队成立的10个月以来,一直对中都皇城遗址进行着破坏。

面对中都皇城被严重破坏,凤阳县委先后于1977年4月、1977年10月,两次派出调查组,前往城西乡调查。其中第二次调查组由城西乡公社人保组长许帮仁、县公安局刘安业、县文化局郑一镁、县文物管理所刘建桥、城西乡公社文化干部汪福成5人组成。10月20日,县调查组开始工作,首先找到了县城大队书记马某某,马某某拒绝配合。有关生产队的负责人均采取"推、拖、抗"的态度,"使调查工作无法进行"。调查组冲破阻力,通过召开群众座谈会,发动群众检举揭发,写检举信,在派出所内传唤、问话,以及让购买城砖的单位、个人,出具购买的证明(见图24、图25、图26)等方法,收集部分生产队扒拆城砖的证据。从刘建桥留下材料的时间跨度来看,从1977年4月初到1978年4月中旬,历时一年之久。

调查组发现城西乡公社先后有如下单位扒拆、出售城砖:城西乡公社农田基本建设专业队、东门队、南门队、西门队、宝盒山队、双庙队、城拐队、夹西队等,甚至城西小学、县城大队小学也出售城砖。亦有社员个人出售城砖的现象。

购买城砖的单位主要有:县轧花厂、府城麻纺厂、县基建局、建筑队、县食品厂、县铁合金厂、县印刷厂、县酒厂、县棉织厂、县医院、安徽农学院凤阳分院、城南公社、县农具机电厂、府城房地产管理所等。另有私人购买城砖。其中,仅县棉纺厂、县印刷厂、安徽农学院凤阳分院、府城麻纺厂、县食品厂、县轧花厂合计购买整砖36210块,每块0.23元,合计金额为8328.13元。

---

① 凤阳县文物管理所《关于要求对扒拆明中都皇城城砖、破坏国家文物的首要分子应依法惩处的报告》,打字机打印件,1977年9月18日,藏于凤阳县博物馆。

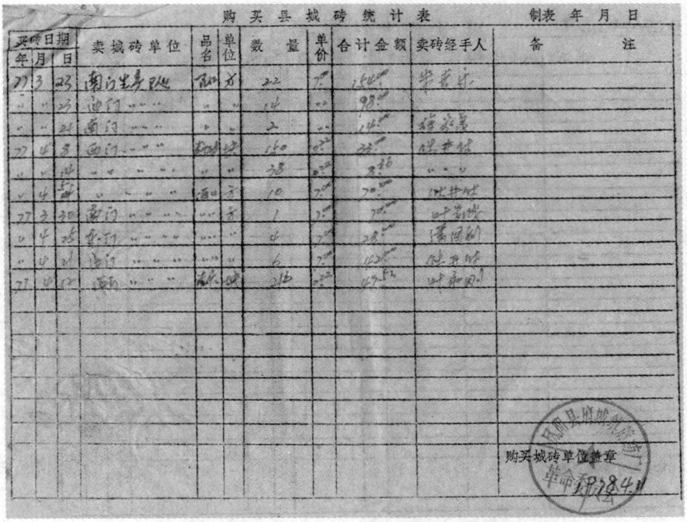

购买县城砖统计表　　制表　年　月　日

买砖日期			卖城砖单位	品名	单位	数量	单价	合计金额	卖砖经手人	备注
年	月	日								

购买城砖单位盖章

图 24　府城麻纺厂购买南门、西门、东门队城砖的证明

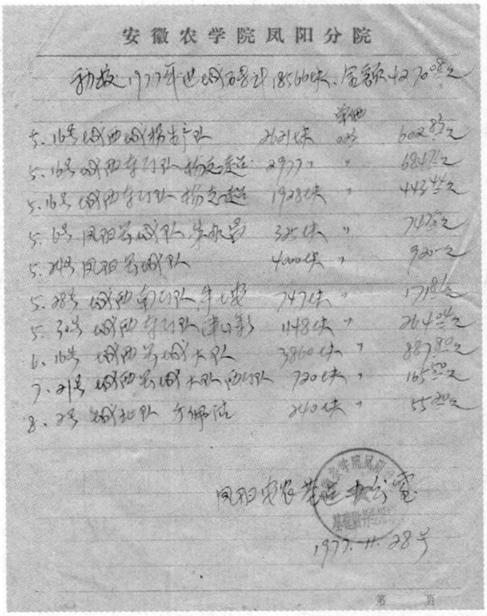

安徽农学院凤阳分院

第　页

图 25　安徽农学院凤阳分院购买东门、南门、城拐队城砖的证明

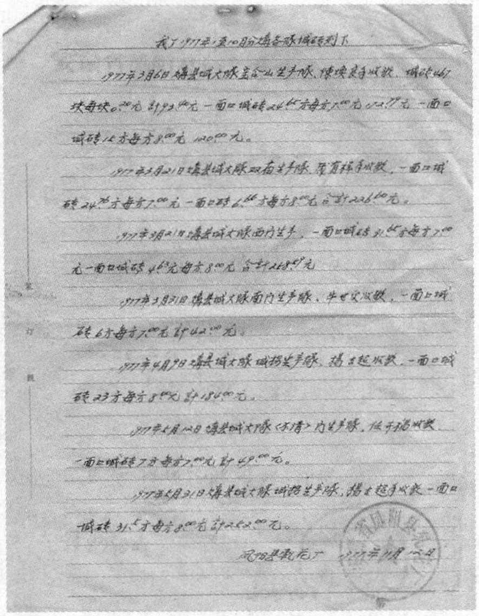

图 25　凤阳县轧花厂购买宝盒山、南门、城拐、双庙队城砖的证明

在调查材料中，还有一件凤阳县人民医院出具的“证明材料”：1974 年上半年，县医院要搞基建，找到了城西乡公社领导购买城砖，并汇给公社 3000 元。城西公社安排南门队、东门队、城拐队各卖给县医院 1000 元的城砖。有可能是这 3 个生产队没有收到钱，除城拐队只给了部分城砖外，南门、东门队均未执行公社的决定，一砖未给。县医院经常到公社要砖，一直拖到 1978 年，此时城砖加价了，需要按新价格来结算。县医院被迫同意，结果只有南门队送了部分半

截砖和碎砖，以次充好，仍然未能结清账款①。

在调查过程中，调查组遇到了来自东门生产队阻力。该队队长马某某自恃得到公社领导及大队书记的支持，对调查组进行强烈抵制，在调查组调查期间，反而加大对皇城的破坏力度。为此，调查组对该生产队及其队长进行了重点调查，在写给凤阳县委的《关于马某某破坏国家文物一案的调查报告》中，将其破坏行为归纳10多条，现摘录如下：

1. 1976年3月至1977年4月期间，扒拆文华门金水桥、东华门内路北的金水桥等桥梁4座，扒城砖67000余块，桥下基础木桩232根。

2. 1977年8月，扒掉后宫两座大水井，扒出城砖5000～6000块。

3. 1977年10月至1978年3月，组织本队及相关人员，分别在皇城北门（玄武门）、东南城拐、东北城拐等处，扒整砖8000多块、“一面口”砖约160余车。

4. 近几年来，东门队发现石刻约500余件。上面大多雕刻龙、凤、花卉、珍禽异兽等，1978年将上述石刻全部炸（砸）掉，然后以普通石块的价钱卖出去。1978年4月3日，县调查组到现场查看，发现有10余件石刻刚被砸坏，还发现一块上面有字的碑刻，已被炸碎②。

经研究决定，队长马某某于1978年4月8日被行政拘留。1978年4月13日，县革命委员会召开了会议，由革委会主任吉诏宏主持，刘建桥在会上进行了汇报。决定：1977年10月份以前的事不予追究，10月份以后再扒拆城砖，由调查组处理。会上，吉诏宏对城西公社领导进行了批评③。

然而，城西公社破坏中都皇城的行为仍然没有中止。直到1980年春滁县地区文物会议上，地区领导对凤阳明中都皇城继续遭到破坏的问题提出了严肃批评，才得到了县委领导的重视。6月，城西乡公社前进大队年某某、马某某等6人分别受到拘留、罚款处理。此时凤阳农村已普遍实行了“大包干”，大队书记、生产队长再也没有能力把忙于在自己承包地里劳作的社员组织起来扒拆城砖。历时多年的扒砖拆城行为，终于完全停止下来。

---

① 凤阳县医院总务股长师增谦《证明材料》，手写件，1978年4月10日。县医院加盖了公章，写道：上述证（明）属实。藏于凤阳县博物馆。

② 调查组写给凤阳县委的《关于马某某破坏国家文物一案的调查报告》，1978年4月，手抄件，藏于凤阳县博物馆。

③ 会议记录收藏于凤阳县档案馆。

十、结束语

中都皇城城墙的变迁,与三场运动有关:1. 1958 年的“大跃进”“大炼钢铁”运动,开启了城墙的扒拆;2. 1966 年的“文化大革命”“破四旧”运动,把中都皇城城墙扒拆了三分之二,是最疯狂的年代;3. 稍后的“农业学大寨”“普及大寨县”运动,主要是对已扒拆的城墙遗址以及皇城内外的金水河、桥梁、宫殿遗址、石刻等进行彻底的毁坏。

在这三个阶段中,1958—1966 年、1968—1973 年主要是县政府组织扒拆。1967—1968 年主要是无政府状态下的群众性扒拆。1974—1980 年主要是城西乡公社的扒拆。

归纳起来,毁坏中都皇城的理由如下:1966 年前,在多份文件中均说它是“一座空城”“历史价值不大”“无保留价值”“并无名胜古迹”“原貌已根本损坏”,拆除它可以“增加财政收入”。1966 年以后,则是“封建社会的残渣”“砸烂旧县城,建设新凤阳”“让朱元璋为社会主义服务”“农业学大寨,别的顾不上”“城已残缺不全,失去了文物保管价值”,“已经破坏成这个样子,只剩下土堆、碎砖,里面啥没有,没有用了”①等。甚至把整天到中都城遗址考察的王剑英也说成“这个人神经有毛病,整天翻找碎砖破瓦,不知道搞什么名堂”。

从历史档案来看,早在 1955 年,凤阳县就把城砖当成“公产”对外出售。1962 年,凤阳县政府就想整体“拆除县城”,即使“皇城”成为全省重点文物保护单位以后,凤阳县仍然打报告要求拆除。1968 年凤阳县革命委员会成立后,所提出的口号依旧是“拆除县城”。

“拆除县城”均是在最盛行的革命口号下进行的,而背地里却隐藏着一个“钱”。正是为了这点“钱”,硬是把凤阳历史文化的金饭碗砸烂了,成为凤阳子子孙孙的永远遗憾。

拯救中都皇城者有四:一是 1963 年 3 月 18 日安徽省人民委员会把“皇城”列为全省重点文物保护单位;它在 1972 年凤阳县革委会全力扒拆皇城时,起着当头一棒的阻挡作用,凤阳县被迫解散了“拆城小组”。二是 1973 年至 1975 年初期间,王剑英一边考察明中都,一边到处演讲、宣传。使“中都城”逐渐成为凤阳干部群众的议论中心,从而形成了凤阳干部群众热爱家乡文化遗产、并要求加以保护的强大舆论。这对县委领导(包括城西公社领导)逐渐改变对明中都的态度,起到了至关重要的作用,使明中都的破坏速度得到了一定程度上的缓

① 尤其是最后两句,一直风行于 21 世纪初,成为毁坏明中都遗址的理由。

解。三是1975年10月底至11月初,国家文物局调查组来凤阳,对凤阳县正在开展“农业学大寨”“普及大寨县”运动中加速毁坏中都皇城的速度,进行了强有力的阻止。王剑英借助于来自国家文物局的行政力量,做了大量调查工作,并将调查报告及时地向国家文物局汇报,让国家文物局关于保护明中都的政令早日下达凤阳,抑制了凤阳继续破坏中都皇城的行为。四是深受王剑英影响的凤阳文化部门及广大干部群众,承担了继续捍卫中都皇城的重任,经过不懈努力,迫使城西乡公社部分生产队完全中止了破坏行为。

从1958年到1980年,在长达22年的损毁中都皇城城墙的岁月里,凤阳县财政和城西乡公社因销售城砖获利虽达数百万之巨,但凤阳并没有因此富裕起来。与之相反,至1978年止,凤阳县成为闻名全国的“吃粮靠回销、花钱靠救济、生产靠贷款的”的“三靠县”。从1979年起,凤阳开始实行“大包干”,至1980年止,包括城西乡公社在内的凤阳县全部实行了大包干。正是这种农业生产责任制,彻底改变了凤阳贫穷落后的面貌。这一事实告诉我们,一心想靠变卖家财、毁坏家乡历史文化遗产为代价幻想致富者,只是败家子行为。只有走上改革开放的正道,凤阳才能富裕起来。

1982年3月10日,国务院公布明中都皇故城及皇陵石刻为全国第二批重点文物保护单位。

随着国家对明中都皇城的重视,1983年9月,中国建筑历史学术委员会在凤阳举行“明中都遗址保护讨论会”,会议根据当时皇城内共有居民124户、653人、住房585间(其中厨房170间)、600多亩耕地的现实,提出将皇城内居民整体迁移出去。当时的设想是:1. 力争二三年内,把皇城内居民全部迁至城河外居住;2. 有关拆迁动员、迁移地点、住房建造、群众生活、劳动安置等,均由凤阳县政府负责统筹安排解决;3. 据凤阳县预算,居民迁补费约需55万元,其中国家补助40万元①。后因凤阳县对此事不积极,计划未能实现。

自2011年起,凤阳县政府再次启动了皇城内居民整体迁移的工作计划。尤其是自徐广友同志主政凤阳以来,凤阳县政府先后投入13.8亿元,将中都禁垣内的1300户居民、20个工厂、10个养殖场、4所学校全部迁出;至2017年5月,中都皇城完全实现了居民全部迁出、土地全部收回,回归至明代全封闭的原始状态。这年距康熙六年(1667)居民迁入中都皇城,恰好整整350年。

2021年12月于上海双佳翠庭

① 明中都遗址保护讨论会议筹备组《明中都城、皇陵的营建、变迁及保护该遗址的规划设计》,打字机打印电子扫描件,1983年6月。

王剑英专著、论文目录

一、著作

1.《明中都》,中华书局,1992 年。

2.《明中都遗址考察报告》,滁县行署文化局油印本,1982 年。

二、古籍整理

1. 点校孙承泽《春明梦余录》,北京古籍出版社,1992 年。

2.《春明梦余录》前言,北京古籍出版社,1992 年。

三、编辑加工

1. 王育民《中国历史地理概论》上、下,人民教育出版社,1990、1991 年。

1992 年获全国第二届优秀教育图书一等奖;1992 年 10 月获国家教委首届高等学校出版社优秀学术著作作者、责任编辑优秀奖。

2. 徐锡祺《中国三千年历日检索表》,人民教育出版社,1992 年。

3. 谢天滔等《中国边疆地理》,人民教育出版社,1991 年。

4. 张维华主编《中国古代对外关系史》,高等教育出版社,1993 年。

四、审读书稿

1.《资治通鉴历史地理考证》,中华书局,1978 年。

2. 中国大百科全书《元史》分册,大百科全书出版社,1983 年。

五、编绘、审订历史地图

1. 编绘全国中学课本中国历史地图，人民教育出版社，1954—1993 年。

2. 编绘部分高等院校历史地图挂图，地图出版社，1959 年。

3. 编绘中国历史博物馆陈列地图，1959、1973 年。

4. 参加编绘《中国近代史稿地图集》，地图出版社，1976 年。

5. 审定地图出版社历史教学地图册、历史教学挂图，1954—1993 年。

6. 审订《中国大百科全书》中国历史地图，大百科全书出版社，1992 年。

7. 审订郭利民《中国现代史地图集》，地图出版社，1992 年。

8. 审订《中国国家历史地图集》，中国社会科学院，1993—1994 年。

六、学术论文

〔北京史〕

1.《元大都总体规划的深远影响》，1987 年北京史研究会论文。

2.《元大都文献资料论述》，1987 年北京史研究会论文。

3.《萧洵〈故宫遗录〉考辨》，中国古都学术讨论会论文。1982 年《北京史研究》(一)。

4.《燕王府即元故宫旧内考》，北京史年会论文。1981 年《北京史论文集》第二辑。

5.《明初营建北京始于永乐十五年六月考》，1980 年北京史年会论文。《北京史论文集》1980 年第一辑。

6.《论从元大都到明北京的演变和发展——兼析有关记载的失实》，《燕京学报》复刊号，北京大学出版社 1994 年。

7.《对北京规划建设历史文化名城及开发旅游事业的意见》，《北京盟讯》1986 年第五期。《首都发展战略专号》。

8.《继承和发扬北京文化古都的风貌，把首都建设成为全国最优美的历史文化名城》1990 年北京与中外古都对比研究国际学术讨论会论文。

〔明中都〕

1.《〈明中都〉提要》1981 年《建筑历史与理论》第二辑。

2.《十四世纪的一座都城遗址》，《中国建设》1982 年第 9 期。

3.《Lost Ming City Was Model for Beijing》英、法、德、日、俄、葡、西、阿拉伯文

本 China Reconstructs /1982 年第三期。

4.《明初营建中都及其对改建南京和营建北京的影响》,1982 年上海全国历史地理学术讨论会论文《历史地理》第三辑 1983 年。

5.《明中都和明中都遗址》,为《北京志》撰写的附录,1983 年应邀在凤阳中国古代建筑史学术年会上作了专题报告。

6.《明中都》,《故宫博物院院刊》1991 年第二辑。

7.《〈大明皇陵之碑〉考释》,1990 年凤阳中国明史学会朱元璋学术讨论会论文,载《邓之诚学术纪念文集》,北京大学出版社 1991 年

8.《明泗州祖陵署户田粮清册一份罕见的有关明代土地占有情况的文献资料》,《文献》1979 年第一辑。

9.《凤阳方志考》,1980 年太原中国地方志研究会成立大会暨首届地方史学术讨论会论文《文献》1979 年第一辑、1982 年 3 月第十一辑。

〔考据〕

1.《关于范蠡墓》,《肥城春秋》第一辑。

2.《赤壁考》,《史 学月刊》1985 年第六期。

3.《三槐王氏考》,《学林漫录》第十集。

4.《王时敏和他的家族》,1992 年应太仓政协为作者十三世祖王时敏诞生四百周年纪念会约稿。

5.《王时敏与娄东画派》,浙江人民美术出版社,1994 年。

〔明史〕

1.《黄册和鱼鳞图册》,《古代礼制风俗漫谈》二集,中华书局,1986 年。

2.《郑和航海前后的太仓刘家港》,1983 年回乡讲学发言,其中《郑和航海与刘家港天妃宫石刻》部分已收入 1991 年《太仓县志》作为附录。

3.《李自成农民军的抗清斗争》,《历史教学》1960 年第六期。

4.《明代总志评述》,1990 年上海国际历史地理学术讨论会论文,《中历史地理论丛》1991 年。

5.《明代的百科图谱〈三才图会〉》,1990 年。

〔历史地理〕

1.《历史地图在历史教学中的地位和作用》,《课程、教材、教法》1985 年第二期。

2.《编绘中学〈中国历史〉课本历史地图的一些说明》,《历史教学》1980 年第七期。

3.《历史地图的编绘和为国家长远规划提供宏规趋势图的设想》。

4.《对“山西省历史地图集”和样图的评审意见》,1988 年全国历史地理学术讨论会论文,《地图》1990 年第三期,《山西地图》1988 年第 2 期。

5.《开发建设西北地区的历史回顾与今后发展的战略设想》,1986 年兰州国际历史地理学术讨论会论文。

6.《论刘家港的兴起、发展与未来展望》,《刘家港研究》1994 年。

7.《明长城的起讫和长度》,《历史教学》1983 年第 3 期。